北京大學《儒藏》編纂與研究中心 編

《儒藏》精華編選刊

北溪先生大全文集（上）

〔南宋〕陳 淳 撰
張加才 校點

北京大學出版社
PEKING UNIVERSITY PRESS

圖書在版編目(CIP)數據

北溪先生大全文集：上下册 / (南宋) 陳淳撰；北京大學《儒藏》編纂與研究中心編 . -- 北京：北京大學出版社，2025.3. -- （《儒藏》精華編選刊）. -- ISBN 978-7-301-35775-0

Ⅰ. B244.99-53

中國國家版本館CIP數據核字第20244078YY號

書　　名	北溪先生大全文集 BEIXI XIANSHENG DAQUAN WENJI
著作責任者	〔南宋〕陳淳　撰 張加才　校點 北京大學《儒藏》編纂與研究中心　編
策劃統籌	馬辛民
責任編輯	吴冰妮
標準書號	ISBN 978-7-301-35775-0
出版發行	北京大學出版社
地　　址	北京市海淀區成府路205號　100871
網　　址	http://www.pup.cn　　新浪微博: @ 北京大學出版社
電子郵箱	編輯部 dj@pup.cn　總編室 zpup@pup.cn
電　　話	郵購部 010-62752015　發行部 010-62750672 編輯部 010-62756449
印 刷 者	三河市北燕印裝有限公司
經 銷 者	新華書店 650毫米×980毫米　16開本　44.5印張　437千字 2025年3月第1版　2025年3月第1次印刷
定　　價	160.00元（上下册）

目録

上册

北溪先生大全文集卷第三

北溪先生大全文集卷第十九……二四八

北溪先生大全文集卷第二十……二六三

北溪先生大全文集卷第二十一……二七六

北溪先生大全文集卷第二十二……二八五

北溪先生大全文集卷第二十三……三〇一

下册

校點説明

陳淳（一一五九—一二二三），字安卿，漳州龍溪（今福建漳州龍文區）北溪人，學者稱北溪先生。《宋史·道學傳》有傳。淳一生主要以訓蒙爲業。光宗紹熙初朱熹守漳州，淳從學於郡齋。朱熹離開漳州後，陳淳仍以書劄問學。朱熹屢稱其「善問」，「甚長進」，「異日未可量也」，「區區南官，亦喜爲吾道得此人也」。十年後，陳淳於建陽考亭再次從學朱熹。此次師生分别後九十二日，朱熹逝世。陳淳對兩次問學情形詳加記録，今分類載於《朱子語類》中，成爲研習朱子學的重要資料。陳淳晚年尤致力於闡發和推廣朱子思想，樹立朱子學的正統地位，同時抨擊陸學。寧宗嘉定十年（一二一七）應試中都臨安（今杭州），在臨安和歸途經過的嚴陵（今浙江建德）、莆田等地，停留數月之久，與當地書院、郡庠的師友、諸生切磋研習學術，傳播朱子思想，「同志之士遠及川蜀，争投贄謁」，「歸自中都，泉之人士争師之」，産生了重要的學術影響。此間和稍後形成的《嚴陵講義》、《北溪字義》等，均聲名卓著。嘉定十一年授迪功郎、泉州安溪主簿，但他認爲「不足以行志」，「又需遠闕」，未到任，只就近短期代理長泰主簿一職。陳淳是朱熹的得意門生之一，與黄榦並稱。

《宋元學案》稱：陳淳對朱子學多所「發明」。實際上，作爲朱子門人和傳人，陳淳一方面力圖準確理解和把握朱子的思想精髓，另一方面，又十分注重義理推演和融會貫通，因而逐步形成了自己的理學思想體系，並在多方面豐富和發展了朱子的基本理論。如在本體論上，他關於「理氣不離、難分先後」的觀點，是在理本論框架下對朱子學的修正。他提出「理有能然、必然、當然、自然之義」的思想，揭示了「理」所内蘊的能動性及豐富義涵，對朱子思想有所補充。如在心性論上，他對於「已發」、「未發」與「寤寐動静」的討論，深化了朱子的精神理論，反映了中國古代對夢與潛意識的特殊見解。如在知行論上，他强調知行隨時互發、力行爲主致知副之，從而使朱子學的知行論更爲圓融。如在道德論方面，他對「根原」的推求，是在道德本體與倫理規範之間所作出的其時最爲理性化的邏輯探索。如在鬼神論方面，他繼承朱子的思想，反對淫祀、破除世俗迷信，也有重要的貢獻。陳淳問學致知，始終貫徹宋代哲學的思辨精神，特别是他的「字義」分析，繼承了朱子注重義理辨析的精神，完善了範疇研究的基本方法，建立了理學的範疇體系（參看陳淳的《北溪先生字義》，《儒藏》精華編一九〇册），在中國哲學範疇發展史上，具有非常特殊的意義。陳淳捍衛師説，而對陸學多存門户之見。簡言之，如果説朱子學是中國文化思想史上的一座豐碑，那麼，陳淳應被視爲塑造這座豐碑不可或缺的人物。

關於陳淳的著述，據陳淳門人陳沂所撰之《叙述》稱：舊所編輯，有《禮詩》（今存之《養正遺規》中有《小學詩禮》）、《女學》之書；外有《字義詳講》（即《北溪先生字義》）、《大學中庸口義》、《筠谷瀨口金山所聞》，皆爲諸生所録而陳淳筆削而成；陳淳著述及往復書問等，由陳淳之子陳榘（字方叟）編次爲五十卷。今《北溪先生大全文集》即爲陳榘所編，共五十卷並外集一卷，外集爲奠祭文、墓誌銘、叙述等。《北溪先生大全文集》初刻於宋理宗淳祐八年（一二四八），再刻於元至元元年（一三三五），三刻於明弘治三年（一四九〇），四刻於明萬曆十三年（一五八五），五刻於清乾隆四十八年（一七八三，此版編排有所調整，改稱《先儒北溪陳先生全集》），六刻於清光緒七年（一八八一，書名同於五刻），並有明、清多種鈔本（包括文淵閣《四庫全書》本《北溪大全集》）存世。此外還有選集刻本，如清康熙五十四年（一七一五）《陳北溪先生文集》，清咸豐刻本《宋北溪陳先生遺書》等。

《北溪先生大全文集》宋元刻本今已不存，明弘治刻本爲現存最早刻本。此次校點，即採用北京市委圖書館藏弘治本爲底本（該本曾爲清翰林院典範廳所藏，從該本中後標註的格式和書寫的校註等，可知該本爲文淵閣《四庫全書》本《北溪大全集》所據底本）。參校本包括：清乾隆時期刻本《先儒北溪陳先生全集》（以下簡稱乾隆本）、國家圖書館藏清鈔《北溪先生大全文集》本（以下簡稱清鈔甲本）、北京大學圖書館藏清鈔《北溪先生大全文集》本（以下簡稱清鈔乙本）、清康熙時期選集本《陳北溪先生文集》刻本（以下簡稱康熙本），並吸收了《四庫全書》本（以下簡稱《四庫》本）的校勘成果。

清乾隆本《先儒北溪陳先生全集》，是以明萬曆刻本爲底本，以明「刻本間有訛誤」，參照古人編書之例，以類相從，「改訂篇次」，「校正重編」而成。目次分爲：講義、書問、答問、各體文、各體詩等五門。內容經詳加校訂，故對明本舊刻有所補正。但自出的文字較多，今只迻録有參考價值之部分。

清鈔甲本，即今國家圖書館藏《北溪先生大全文集》鈔本（今綫裝書局《宋集珍本叢刊》已影印出版）。書中鈐有「秀野草堂顧氏藏書印」、「俠君」、「顧嗣立印」等多款藏印，表明爲顧嗣立（字俠君，一六六五——一七二二）藏本無疑。《鐵琴銅劍樓藏書目録》卷二十一著録，認爲「即從元刻本傳録」者，有人（如綫裝書局《宋集珍本叢刊》）推定其鈔録當在明世，爲明鈔本。但從避清世諱等方面來看，只能視爲清鈔本。該本與弘治本不同的文字較多，雖整體而言錯訛稍多，並有整頁漏鈔現象，但保存着一些舊本的信息，如有元刻本序，其所據鈔底本可能是元刻本或其鈔本，對今校點所據弘治本之殘缺，可提供重要之補充。

清鈔乙本，曾爲朱彝尊（字錫鬯，號竹垞，一六二九——一七〇九）所藏，其底本爲明弘治刻本，校改的字極少。它對於辨識今校點所據底本（弘治本）漫漶不清之處，助益良多。

康熙本，雖爲《全集》之節選本，但刊刻較早，内容與上述諸參校本可相互印證。此次校點，從該本中補録了陳沂《叙述》之末尾部分，這部分在現存的弘治本中，至少自清代（如《四庫全書》以及上述清鈔乙本鈔録時）即已闕如。

此外，此次校點，從上海圖書館藏《北溪先生大全文集》弘治刻本中，補入了明弘治本《序》；還參校了載於《晦庵先生朱文公文集》卷五十七《答陳安卿（淳）》中陳淳書問的相關内容，所據版本爲《朱子全書》，上海古籍出版社與安徽教育出版社共同出版，二〇一〇年修訂版，出校註時簡稱《朱子全書·答陳安卿》。

目録部分，悉依正文。僅存其目者，在正文相關段落出校。個別次序有變者，亦依正文之序，並出校説明。

校點者　張加才

北溪先生文集序

道之顯者謂之文。措辭艱深，造語險怪，文云乎哉？六經，乾坤也；四書，日月也。矢口成言，下筆成書，❶惟《盤》、《誥》雜以方言，❷初未嘗艱深險怪也。蜀之《玄》、蒙之《莊》，如駕蛟螭，如攫虎豹，文誠奇奇，❸求其顯斯道者，無有乎爾！

夫以見知聞知之傳，有所自來。孟子而後，斯道顯於濂洛。濂洛之後，斯道顯於紫陽，一時門人半天下。惟北溪陳先生，獨傳派漳南，始未獲見；員以成規，方以中矩，一聆謦欬，紅爐點雪，查滓渾融。觀其《問目》，如小戴《曾子問》，隨事辨詰，❹毫髮不遺。《戒懼》、《謹獨》二箴，與朱子箴《敬齋》同一轍；程、張、吕《言仁》二辨，與朱子辨《輯略》同一機。《字義》，《近思録》也；《雜詠》，《感興詩》也。篇篇探心法之淵源，字字究性學之藴奥，誠又與《朱子大全》文相先後。朱子之道學大明於世，羽翼之功，先生居多。當時稱爲朱

❶「成」，清鈔甲本作「皆」。
❷「雜」，原作「難」，今據乾隆本、清鈔甲本、清鈔乙本及《四庫》本改。
❸下「奇」字，《四庫》本作「矣」。
❹「事」，清鈔甲本作「時」。

子嫡嗣，其信然與！讀先生之文，當如菽粟布帛，可以濟乎人之饑寒。苟律以古文馳驟，連篇累牘風形月狀，❶能切日用乎否？

《集》五十卷，淳祐戊申，郡倅薛公季良鋟梓龍江書院，歲久佚壞。乙亥暮冬，幕賓本齋高公，念斯文之將墜，痛道統之無傳，遂乃文移有司，力請壽梓。❷於是太守張公是其説，推理烏古孫公贊其謀，遂以庠廩贏奇，委學録黄元淵之三山墨莊鋟刻。而黄又勉齋先生之裔，故其奉承惟謹，不三月而集事。

環翁備員教席，命序其事。生晚謏聞，揚休玉立不可得而見之矣。所幸者，嘉言善行猶未泯焉。思昔吾莆陳復齋、鄭子上、❸黄子洪諸老，與先生同在朱門，著述今無一二，❹其子孫亦不顧惜。使皆如諸公之敬前修、勉來學，安有奇寶横道側之歎哉？僕於先生之文，增景仰也夫！❺亦重有感也夫！

至元改元臘月，漳州路儒學教授莆宓軒王環翁舜玉父序。

---

❶「牘」，原作「櫝」，今據乾隆本、清鈔甲本及《四庫》本改。

❷「壽」，清鈔甲本作「受」。

❸「上」，清鈔甲本作「尚」。

❹「無」，清鈔甲本作「有」。

❺「增」，原作「韻」，今據乾隆本改。清鈔甲本作「願」，《四庫》本作「集」。

重刊北溪陳先生文集序❶

江西藩參龍溪林君進卿，得北溪陳先生集，捐俸，屬撫州守莆田周梁石鋟梓以傳。梁石素爲朱氏學，雅與藩參志向相合，遂捐俸以助。板刻垂成，各以改任去。後通守姚琛，乃續而終焉，尚未有序之者。林君以委孟中，辭，弗獲。

於乎！自孔孟没而道不明，至考亭朱子出，而後堯、舜、禹、湯、文、武、周公、孔子之道，始復大明，蓋考亭得濂洛之正傳。北溪之學，始而用力深久，考亭則語以上達；及其游心高明，則又欲其下學。自是而後，徹上徹下，該貫精粗，無復遺恨。故考亭嘗稱之曰：「安卿看得道理儘密，諸生未有及之者。」「南官，喜爲吾道得此人。」北溪之學，謂非得考亭之正傳者耶？

大抵吾儒之道，理一分殊而已。理不患其不一，所難者分之殊耳。故曾子從事於「貫」而後得所謂「一」，顔子從事於「博約」而後至於「卓爾」之地，蓋以聖道高深，其宗廟之美、百官之富，非得其門，曷由而入？今觀考亭之語，正所以通洙泗之宫墻；而北溪發性理諸論，又所以入考亭之蹊徑。考亭得濂洛之正傳，而先聖之道大明；北溪得考亭之正傳，而先賢之道益明。

❶ 此序原闕，今據上海圖書館藏弘治本補。

北溪平生著述，盡在此集，學者即其言以求其心，得其心而驗諸事，然後知此集之有補於名教，而林君用心爲不苟也。若概以世之詞章視之，豈知德者耶！

弘治庚戌春二月既望，後學廬陵周孟中書。

北溪先生大全文集卷第一❶

古詩

隆興書堂自警三十五首

堂中鶴髮老，臞臞未能寬。泮奐而爾游，❷於汝其獨安？
負米慚子路，殺雞愧茅容。汗顏戴履間，子職何以供？
富貴以榮親，有命不可必。道義以榮親，古人所無斁。❸
茫茫八極内，何莫非斯人？苟非富道義，何異彼黔民？
人稟五行秀，卓然與物異。由其達大經，秉彝不容已。

---

❶ 「第」，清鈔甲本作「之」。以下各卷同，不另出校。
❷ 「奐」，《四庫》本作「涣」。
❸ 「所無」，清鈔甲本作「無所」。

人爲天地心，體焉天地同。病於有我私，不能相流通。❶
二程十四五，即爲聖人徒。汝年已蹉跎，得無驚覺乎？
昔者抗厥志，欲效顔子復。今胡事悠悠，反作曹食粟？
古人用功處，步步最縝密。胡爾大闊疏，踐履無其實？
細味古人書，❷惕焉重深慚。循首以至足，百無一二三。
器局事宏大，心期勿卑汙。俗士不必效，汝爲君子儒。
百樂不足玩，萬好俱無益。休休事追逐，蕩志而害德。
輔仁貴有益，謹毋友善柔。良心放則死，胡爲樂佚遊？
克己貴乎嚴，存心大而正。改過勿憚吝，任道尤須勁。
知以達其行，行以精其知。二者互相發，不容偏廢之。
詩蔽思無邪，禮主毋不敬。二言書諸紳，時時與涵泳。
大學示絜矩，中庸發尚絅。昔人深工處，❸願言日三省。

❶「不能相」，清鈔甲本作「安能自」。
❷「書」，清鈔甲本作「詩」。
❸「深工」，清鈔甲本作「工心」。

周翁圖太極，張子銘訂頑。吾門禮義宗，毋離几席間。
言人必志聖，論學必志道。有如講爲邦，規模必王佐。
志一氣以動，氣一志以隨。持養使清明，和平毋暴之。
血氣有盛衰，理義無損益。理義要常勝，毋爲血氣役。
始學何所主？以心爲嚴師。動作必内懼，隱微毋自欺。
心藏隱奥中，乘間亦易動。須於動之微，堅持勿使縱。
人心甚可畏，動熾如奔霆。雖以刀鋸降，不能爲之寧。
居獨念無僻，境動情不肆。聖人然後能，學者須敬忌。
聖人於燕居，德容申天如。學者之自持，其可惰慢與？
吉士無妄語，德人不苟笑。容貌端以莊，話言謹而要。❶
勿謂善戲謔，於我固何尤？要知外不嚴，中爲之所流。
開卷必起敬，❷肅容正冠襟。如侍聖賢側，親承謦欬音。
事事物物間，私皆在所滌。一裘憾雖微，子路必勇克。

❶「話言」，清鈔甲本作「言語」。
❷「起」，清鈔甲本作「啓」。

質暴難入德，心麄寧配義。君看簞瓢人，磨礲極醇粹。

氣稟微有偏，積習日蕃衍。矯厲工弗深，其末必猶反。

今日一念差，不即伐以柯。明日又重生，習熟將如何？

顔子不貳境，如判桐葉然。一絶不復續，何嘗有遺根？

成湯之盤銘，新焉旦復旦。未聞作聖功，毫釐有間斷。

閒居雜詠三十二首

仁

仁人之安宅，在心本全德。要常處於中，不可違終食。

義

義人之正路，中實存羞惡。要常由而行，不可離跬步。❶

禮

禮者人之門，節文自中根。所主一以敬，出入無不存。

智

智者人之燭，於我非外鑠。清明本在躬，無容自昏濁。

---

❶ 「跬」，原爲墨丁，今據清鈔乙本及《四庫》本補。乾隆本作「一」，清鈔甲本作「半」。

孝

孝以事其親，斯須不離身。始終惟愛敬，二者在書紳。

悌

悌以事其兄，温恭盡乃情。出門惟敬長，内外一於誠。

忠

忠以盡諸己，其中不容僞。一毫苟自欺，在我先有愧。

信

信以實諸言，於外無妄宣。要須循爾物，何可背其然？

父　子

父子本天性，人倫此其大。一言在有親，不可薄厥愛。

君　臣

君臣本大分，天尊而地卑。一言在有義，不可以爲利。

夫　婦

夫婦亦大端，乾男而坤女。一言在有别，不可欲敗度。

兄　弟

兄長而弟幼，天屬之羽翼。一言在有序，不可事私鬩。

朋　友

朋友同門志，所以輔吾仁。一言在有信，不可私狎親。

耳

耳所以司聽，聽正乃爲聰。匪彝謹勿聞，❶聞之則爲聾。

目

目所以司視，視正乃爲明。非禮謹勿覩，覩之則爲盲。

口

口所以司言，所言必正説。非法謹勿道，道之爲噬嗑。

手

手所以司執，所執必正事。回德謹勿持，持必爲痿痺。

足

足所以司履，所履必正道。邪徑謹勿由，由之爲蹣跛。

心

心爲形之君，所主一身政。持養常清明，百體皆順令。

❶「謹」，乾隆本作「慎」，蓋以爲此處作者避宋孝宗趙昚（古慎字）諱改，今仍從底本。

博　學

泛觀事物間，是理真卓卓。無一非吾事，要在博所學。

審　問

物理本不齊，雜然各異分。參伍寧無疑，要在審所問。

謹　思❶

論學取諸友，舉隅發之師。欲自得其傳，要在謹厥思。

明　辨

利與善之間，微似未易斷。欲無毫釐差，要在明厥辨。

篤　行

學問思辨者，於中瑩且精。欲實據而有，要在篤於行。

隆　師

師者人之範，辨惑正吾疑。苟不就有道，倀倀其何之？

親　友

友者人之輔，以善相切磨。不取直諒聞，其如損德何？

❶「謹」，此處當爲《中庸》「慎思」之「慎」，爲作者避宋孝宗諱改，後文不再出校。

遷　善

善者性所有，不可無諸躬。每見必勇遷，吾德乃可崇。

改　過

過者動之差，毋容實諸己。才覺必速改，乃不爲吾累。

禮　維

禮以維其心，在心無不敬。非此勿言動，非此勿視聽。

義　維

義以維其心，在心常有制。惟爲理所宜，不徇情所利。

廉　維

廉以維其心，在心常有辨。一介不妄取，真如視土糞。

恥　維

恥以維其心，在心每知愧。❶不善臨吾前，真如負芒刺。

❶「每」，清鈔甲本作「惟」。

警惰

日月雙跳丸，❶一旦復一旦。於穆無疆命，後面催如趲。❷前頭只逗遛，不勇攻與戰。當然緊切功，一一事散漫。便是惰天職，天地一罪漢。

警滯

賓主辨貴白，❸死生路宜分。當克即便克，❹當存即必存。直須要脱灑，如彼霽月輪。超然物累上，無復查滓渾。不須事黏滯，如咬老樹根。彌年羉不斷，豈不妨吾仁？

丁未十月見梅一點

清清一點玉，❺枯枝絶鮮鮮。歷歷霜林奇，未省有此妍。雅如哲君子，覺在羣蒙先。揭之几案上，使我心洒然。

---

❶「跳丸」，清鈔甲本作「丸跳」。

❷「面催」二字，原爲墨丁，今據乾隆本補。

❸「賓主」，清鈔甲本作「主賓」。

❹「即」，清鈔甲本作「復」。

❺「清清」，清鈔甲本作「青青」。

俱徹然。

丙辰十月見梅同感其韻再賦❶

霜枝禿禿瘦，孤英自中鮮。出塵寒玉姿，❷熟視何清妍。端如仁者心，洒落萬物先，渾無一點累，表裏

憶李友叔皓三首以所贈墨《博雅堂》爲韻

君居郭之東，我館亦東郭。❸君已素我心，我未一君目。時初丙辰秋，一見洞肝腹。君即就我眠，我亦共君讀。歷代故史編，❹皇家新典牘，我獵未暇精，君記抑何博！寒燈窗竅紅，明月庭陰緑。君舉口不休，我聽膝屢促。相從半載餘，❺麗澤情方熟。胡爲一别後，終天訣遽作？嗟嗟懷若人，❻重攪我心曲。

二

君資蓋清湛，君氣亦温暇。厭渠市利囂，向我訪清灑。卑渠世學陋，就我咨純雅。肺腸無膠轕，襟懷悉傾寫。談義信即篤，不以吾言野。箴過聽益敬，不以吾爲訝。授之關洛編，晝夜閲不捨。竊喜得良朋，可與

❶「同感其韻」，乾隆本作「因感前韻」。
❷「姿」，清鈔甲本作「枝」。
❸「亦」，清鈔甲本作「在」。
❹「故」，清鈔甲本作「古」。
❺「相」，原殘損，今據乾隆本、清鈔甲本、清鈔乙本訂補。
❻下「嗟」字，原殘損，今據乾隆本、清鈔甲本、清鈔乙本訂補。

結仁社。同驅入德車，共策適善馬。胡此會乖違，使我聞陋寡？嗟嗟今而後，詎見斯人者？

三

初見即我贈，東京博雅堂。再見復我和，北窗小梅章。此物今只存，而人乃云亡。❶有時牽龍尾，濃磨發精光。恍惚金漆交，相與游翰場。間或展騷軸，熟玩題芬芳。嶙峋骨鯁語，猶能動剛腸。觸物即君感，感物復君傷。藏之不敢輕，於以無君忘。嗟嗟豈無朋？知心鮮其當。

自訟

氣一志以動，志動氣益狂。輾轉互攻擊，其端何有窮？哲人動知幾，清明常在躬。私欲絶微萌，天真湛流通。表裏皎如日，一隙無曖曚。

失言箴❷

言者身樞機，興戎亦出好。既正且中節，吉祥以類和。正苟發不中，忤物立召禍。不可言而言，夫子戒失道。❸言輕則招憂，子雲亦辨早。龍門有明箴，懇懇豈欺我？爾素重所出，胡茲失太果？策駟非難追，噬臍悔自蹈。從今臭不同，謹謹三緘些。

---

❶「云」，清鈔甲本作「已」。

❷「箴」，乾隆本下有小註：「箴，一作戒。」

❸「失」，《四庫》本作「勿」。

榘子名字義

小子爾定孫，來前吾語汝。爾今既加冠，盍以成人遇。今爾名以「榘」，字爾以「方叟」。告爾名字義，爾其敬聽受。榘所以爲方，是爲法度器。極天下之方，不能外乎是。在人事而言，不越乎此理。此理根所性，其本一而已。散諸事物間，各各有所止。當然不容易，❶萬殊而一揆。截截有成法，方正無少陂。聖人安而行，所欲不踰此。賢者勉而復，折旋必中矣。學者思聖賢，於學亦必以。所擇要精明，所執在固緻。法皆自中定，方非由外至。如或非禮視，是以不法視，於視爲不方，隨物而妄伺。如或非禮聽，是以不法聽，於聽爲不方，隨物而妄應。如或非禮言，是以不法言，於言爲不方，隨物而妄宣。如或非禮動，是以不法動，於動爲不方，隨物而妄往。惟視方而明，不爲非禮傾。惟聽方而聰，不爲非禮從。惟言方而信，不爲非禮徇。惟動方而直，不爲非禮適。一一守吾法，私意無容雜。尋絶枉尺爲，乘戒詭遇合。直道範馳驅，何行不檢押？其可者則與，不可者必拒。交遊自正方，不隨不可去。有善者則從，不善者必克。處事自正方，不隨不善溺。隨物則爲圓，非圓特其偏。同流而合汙，在方誠有愆。先方而後圓，於圓乃可全。既無一不方，斯無一不圓。動容皆中禮，從心得孔傳。豈但方之熟，實惟圓之安。聖法萬世在，榘爾其勉旃。稱名惕自省，聞字肅反觀。斯義無爾愧，服膺常拳拳。

❶「容」，清鈔甲本作「可」。

警懦

顏子之克己，鏌鋣斫空桑。曾子毅於仁，重擔硬脊梁。子路勇有行，勁兵赴敵場。孟軻剛不屈，砥柱立滄浪。嗟哉入聖門，迢迢萬里長。儻非四子才，寧不中道僵。爾宜變爾質，變爾柔而剛。

《謹所之》贈王氏子❶

寓嚴陵郡學，王生震欲往四明求師，因作《謹所之》以贈之。

我贈王氏子，作此《謹所之》。之子何所喜，喜有近道資。妙齡正弱冠，立志已不卑。與之語則解，知弗流俗隨。今聞欲有行，問之如何其？曰取天下友，曰求天下師。斯言美則美，乃大人之爲。在子則太早，恐非其所宜。去聖嗟已遠，名家好相持，師者煞異户，❷友焉亦多歧。志稚未堅定，焉保無轉移？識嫩未的確，那知真是非？同人遽于野，懍乎其亦危。既慕聖賢學，須循聖賢規。聖功有次序，躐進徒爾疲。非益欲速成，孔深闕童譏。登高必自下，子思端不欺。道邇求諸遠，❸孟軻尤所嗤。小學極纖悉，無非固骸肌。洒掃進退間，三千其威儀。子曾與周旋，有虧已無虧。大學入德門，綱條備無遺。開端在格物，大當致吾知。子曾與講貫，有疑已無疑。語孟兩部書，坦坦無嶢崎，盡是平實語，中藴至實輝。子曾得其趣，抑爾

❶ 此標題原脱，今據目録補。
❷ 「煞」，清鈔甲本作「乃」，《四庫》本作「每」。
❸ 「邇」，原作「爾」，今據清鈔甲本改。

獵其皮。入道貴有主，何須事支離？進德貴著實，何容慕新奇？後生所可畏，不在華藻摛。亦非記覽博，亦匪談辨飛。勇往識其正，路頭不參差。終始一敬入，絶無傲岸私。驅車萬里道，最謹發軔時。毫釐稍有差，千里謬莫追。志學錯所學，從心竟相違。知止失所止，能得之者希。康莊大通衢，無用徑捷窺。章韶大雅音，不必轉調吹。美璞要成器，切戒浪琢鎚。良苗善保養，粢盛方可期。惜兹少壯力，正宜自鞭治，一一務下學，俛焉日孜孜。聖門縝密功，不容漏毫絲，真積中欠缺，虚勞外奔馳。雜乎其胸臆，❶決墮狂與癡，不爲子行喜，抑爲子行悲。子既扣我門，吾何吝子醫，不覺寫肝肺，有此諄諄詞。此理無强聒，姑以誠吾思，於乎王氏子，念我謹所之。

名陳憲友清軒

陳憲於仁智堂之西，結小軒，植梅竹。求名，因以「友清」命之，而述其意云。

名軒何以清？惟有梅與竹。梅清清且白，竹清清更緑。雪蕊破清洒，霜操挺清肅。至哉雙友清！格韻真寒玉。伊誰與之友？相對淡無欲。清心仁智翁，妙趣於中足。

贈劉伯翔相師❷

孔孟不説相，於人洞肺肝。由也行行如，不得其死然。括也未聞道，其軀難以全。賜億亦屢中，執玉俯

❶「其胸臆」，清鈔甲本作「胸臆間」。

❷「劉」，原脱，今據本書目録及乾隆本補。

仰間。經禮視平衡，下憂傾則姦。茲皆以理決，初匪由術傳。劉君以相名，表裏須相關。備道最上格，溫恭厲而安。睟面盎於背，德人盛容顏。論心勿徇形，心廣體自胖。敬吉怠則滅，炳炳真如丹。此訣若未喻，所閱非神觀。

赴調歸憂時題壁

上林一株木，其大千百圍。栽培自上古，婆娑蔭八維。云何歲月老，頹衰復頹衰。守者勿灌溉，伐者交剥椎。木根既不固，枝葉何所依？心骨又有蠹，皮膚何能爲？安得善場師，轉回陽春熙？變却久悴態，如彼正茂時。坐令萬蟲蟻，稍託庇命絲。嗟嗟難爾必，慨然動長悲。

秋夜玩月

月出已林杪，夜深光更佳。可愛滿地陰，扶疎漏瓊花。興來不能寐，庭除步百迴。微吟弄清輝，❶幽意誰會哉？

---

❶「弄」，清鈔甲本作「動」。

北溪先生大全文集卷第二

古　詩

四　十

孔子四十而不惑，孟子四十不動心。爾年已及德未就，可不汲汲痛自箴？

和丁祖舜緑笋之韻

哦風徑遊衛山峬，溢耳謡言如春敷。猗猗青青發三嘆，熟察其調未免麄。當年載歌淇水澳，區區但取枝葉緑。惡知中有至味存，爽人神思勝於玉？料想厥種未爲良，校之吾邦君視僕。吾邦此君最佳處，唯在根萌毓坤腹。出塵妙質瑩無疑，徹骨不容疵纖釐。地靈精白氣所孕，圃師培壅工弗施。❶火行用事正炎鬱，故遺特特清南垂。鑽泥苯蓴伸蟄龍，軋石朧腫亞卧獅。蓄節正直已不拔，藏心塞實如亡私。❷新班黄甲固脆潤，半露青簪猶珍奇。雨餘荷鋤試一訪，穎穎競脱毛囊錐。發封奏之金錯刀，片片逐刃滋瓊脂。未

---

❶「弗」，清鈔甲本作「勿」。

❷「亡」，《四庫》本作「無」。

數冰谷素龍肝，豈遜金墉白雲芝？天然真味本自足，不待滑瀡甘以飴。烹煎燔炙無不可，論材宜爲百品師。疏腸滌胃掃煩穢，侑巵贊膳功誰知？九飣槃中若得此，方貢諸羞特餘子。簞瓢陋巷時相逢，炳腹琅玕焰欲起。❶從知種種山海腴，那有似此清中癯？吴蓴楚荇儻埒美，恰類䤓䤙音麥歷。酩滓也。擬醍醐。猫兒班孫真徒胥，何復敢校榮與枯？信哉超越天地爐，君子之德他所無。

和丁祖舜二月陰寒之作❷

東皇涖事已告半，農村恰恰脂田車。胡爲元冥尚偃蹇，暗弄威權未退斜？阿霿於今切。最癡鎖烏脚，阿香亦懶敲龍牙。❸竟日欲雨竟不雨，號寒往往悲啼鴉。原苗縮澁鮮生意，且悴且腐真可嗟。皇天本自愛下氓，陰陽舒慘元不差。不知當軸燮理人，此劑得之誰氏家。傅霖遁跡莫與用，鄒律束手難爲夸。安得巨力挽天河，洗净妖氣無蘖芽？放開和氣充人寰，均敷菽麥榮禾麻。同作堯民含哺樂，毋但獨醉盈畦花。

晴和再用丁韻

膏霖溉注既優渥，璇穹頓掃頑雲車。沉香久鬱悉清豁，無復沴氣東西斜。金盤擁出三足烏，赫赫耀目

---

❶「炳」，清鈔甲本作「滿」。

❷「二」，乾隆本作「三」。

❸「牙」，原作「芽」，今據清鈔甲本改。

伸爪牙。融融熙熙遍林谷，❶鳴有喜鶯無愁鴟。東阡土脉浸温暢，頗頗釋我農人嗟。壯者舉耜趾相摩，少者行饁肩相差。乃知乾元父萬物，仁育兩間同一家。太和生生終莫遏，不容癡寒固驕夸。殘陰噎噎終必退，安能掩軋壯陽芽。❷日涉老僊憂民隱，詩詞懇惻如黄麻。料對兹晨少慰懌，行歌豳頌筆生花。

西征鉛山遇霜❸

年來五十筋力衰，不耐風霜不耐雪。手爲寒凋可鑪磋，足爲凍冽如刀切。泥濘跋涉負塗豕，磽确陟降蟠山鼈。欹行横行又跳行，忍痛忍飢復忍渴。此勞此苦豈再堪，焚舟之戰惟一决！

遭族人横逆

顔子有犯不之校，胸懷洒落冰雪融。孟軻横逆必自反，律己程度嚴秋霜。君子於物本無悶，小人胡爾好有攻？矧今薄俗抑又甚，絶無禮義争豪强。大倫大法毁瓦礫，小計小數横干將。背面反覆蓋常態，是非毁譽無定章。朝爲懿親暮仇虜，外結同好中豺狼。奉之屈膝轉摇尾，擠之下石仍揮槍。喜躋跖蹻夷齊上，怒黜皋益共鯀傍。要之總總皆吾外，於我内者庸何傷。達人大觀等毫毛，不爲欣戚留心胸。剛應以柔逆以順，譟應以静暴以恭。紅爐點雪不少凝，曲直勝負何所量！况乎他石可攻玉，火經百鍊金始剛。堅吾志節

❶「融融」，清鈔甲本作「溶溶」。
❷「能」，清鈔甲本作「得」。
❸「霜」，清鈔甲本作「雪」。清鈔甲本目録作「霜」。

熟吾仁，❶理義之益端無窮。

上趙寺丞修學釋菜會餕❷

嘉定四年日在房，趙侯來守南清漳。下車百事所未遑，❸先務化原修泮宫。發帑市材鳩衆工，改偏易陋規模洪。❹大門復舊正當陽，直揭名第真仙峰。❺泮渠下疏清波溶，時與潮汐相流通。兩廊軒軒如翬翔，❻朱欄翼之森衛防。講堂嵓嵓峙中央，高明洞豁無曖曚。東西兩舍夾其旁，扉楹新敞標祠堂。❼諸祠疇昔亂無章，從今一正堯相望。❽東祀無極濂溪翁，❾渾淪再闢如羲皇。二程從而大發揚，千載絶學始有光。文公繼之擷精剛，發揮大學明中庸。善集諸儒粲朝綱，金聲玉振真瓕瓏。此邦况又舊遊鄉，流風遺澤尤洋

❶ 上「吾」字，清鈔甲本作「我」。

❷ 「上」，底本目録作「叙」，乾隆本、清鈔乙本同。「寺丞」，諸本目録均作「守」。

❸ 「所未」，清鈔甲本作「未所」。

❹ 「洪」，清鈔甲本作「弘」。

❺ 「真」，清鈔甲本作「直」。

❻ 「翔」，《四庫》本作「飛」。

❼ 「廠」，乾隆本、清鈔甲本作「敞」。

❽ 「正」，清鈔甲本作「改」。

❾ 「祀」，清鈔甲本作「祠」。

洋。合爲四座儼顒顒，卓示師表開羣矇。女令聖門知所從，❶無徒自棄甘面墻。西祀唐人相國常，名衮。首變蠻俗趨文風。配以周歐二俊良，破荒桂籍先傳芳。端明蔡公著清忠，始自蓮幕起騰驤。東溪高公拔上庠，勁節凛凛凌秋霜。力摧秦檜鋭鋒鋩，瀕死奮不顧厥躬。列爲五像竦昂昂，論世尚友激懦慵。要令片善有磨礱，無往不切進修功。越惟明年神祝融，羣工告備觸器藏。侯曰輪奐美而彰，落成合與諸賓同。釋菜之禮久已亡，在泮飲酒儀亦荒。今其舉之始自卬，不宜草略宜周詳。時惟月琯中林鍾，旬有三日方曈曨。闔郡文武諸曹郎，下及生員隸學供。廟廷叙立嚴班行，銀青錯間緋紫裳。主人升自阼階東，束茅灌獻文宣王。韭芹蔬筍羅芬薌，配食兖鄒二國封。跪伏拜起儀從容，精神昭格乎冥茫。恭惟道德萬世隆，參天配地相始終。再詣東祠諸儒宗，薦以時器陳時饗。粢盛醴齊烹羔羊，尊師一意昭無窮。三詣西祠諸賢蹤，饋薦一視東祠豐。豈應故事誠有將？❷示人友善何日忘！❸祀事既畢登堂埕，峩冠列坐咸肅恭。廣文巍榻歌魯頌，古音容。講揚經義發童蒙。卷經羣趨蹐而蹌，舊堂序列環而重。老少團拜敬而雍，申明孝弟消强梁。更衣紫袖巾縮縫，旋復故坐舉餕觴。羞桃華瓜仍蕉黃，左殽右胾羹及粱。五行大白益静莊，威儀秩秩無儴徉。徒倚也。三勸和樂恩意濃，酬酢揖遜交更相。主人載笑色而康，方今太平無征攘。幸與諸賓相慶逢，願

---

❶「女」，乾隆本作「要」。
❷「將」，清鈔甲本作「章」。
❸「友」，清鈔甲本作「有」。

均飲醉文字中。衆賓欣謝且慚惶，此會曠典昔未嘗。今幸親與沾霈霶，報之愧無圭與璋。文班進請輸肺腸，❶泮儀民則詩言颺。風教基本今既崇，禮遜興行道義充。觀聽感德還降衷，自達閭巷無姦兇。異時刺史入三公，又推此道柔萬邦。❷移風易俗歸醇釀，均令天下躋虞唐。武班進請披心胸，侯飲於泮爲道長。可屈羣醜服淮羌，獻囚獻馘不告訩。坐格飛鴞食我桑，賂金貢齒皆來降。異時錫命侯弓彤，又相君德成安强。樽俎自折萬里衝，❸會同四海無夷戎。諸生繼進吐卑悰，惟中文武無異方。加之俾爾熾而昌，加之俾爾壽而臧。降爾遐福如陵岡，嗣續與國同無疆。北溪野人狷且狂，躬陪盛儀喜莫量。直述詩史爲鋪張，昭示來世驚盲聾。

送趙寺丞解南漳赴湖北倉❹

前年邦人迎公來，人人喜公來何暮。今年邦人送公去，人人恨公去何遽。公在南漳甫三年，仁政率起百年慕。在民條目皆可書，及人惠愛何勝數！農歌田野士歌學，工歌市廛商歌路。攀轅無願以公歸，❺斷

❶「進請」，清鈔甲本作「請進」。
❷「柔」，原作「揉」，今據清鈔甲本及《四庫》本改。
❸「自」，清鈔甲本作「未」。「衝」，乾隆本作「疆」。
❹「寺丞」，諸本目録均作「守」。
❺「以」，清鈔甲本作「與」。

鞅必欲留公住。❶ 天子愛民南北均，豈暇私漳一隅故？ 命公乘軺使荆湖，歷訪民瘼清民蠹。❷ 况曰古來用武地，❸直瞰中原正門户。 英才分布豈苟然？❹ 籌畫端爲恢拓具。❺ 北視犬羊紛蠢蠢，義概寧無激衷素。一洗腥膻特餘功，不日入爲聖明輔。 沃心迪德文太平，上窺周召參伊傅。 鯫生忝出陶鎔下，日望清光日以阻。❻ 闔門惟知自好修，何敢越分求攀附！ 竊幸斯道有主盟，用舍行藏無所與。

用敖教所贈詩韻送行

臞菴先生仙籍豪，固非塵中浪骼骨。 挺特不隨時世粧，那學兒女誇首鬠。❼ 朅來龍江主文盟，鑪錘廣大無棄物。 裁狂雕朽誰弗容，遊刃三年不少剧。九勿反。刀曲也。 野人掩關北溪曲，於道未能探絲忽。 甘謝馳驅抱孤拙，反獲優容免呵咄。 紆軫衡茅過招邀，寘之學海滄流潏。 道德淵源漫斟酌，理義芻豢飽齧齕。

---

❶「鞅」，清鈔甲本作「鞭」。

❷「歷」，清鈔甲本作「密」。

❸「古」，清鈔甲本作「今」。

❹「分」，清鈔甲本作「公」。「苟」，清鈔甲本作「古」，《四庫》本作「偶」。

❺「具」，清鈔甲本作「地」。

❻「以」，清鈔甲本作「似」。

❼「誇」，原漫漶不清，今據乾隆本、清鈔甲本、清鈔乙本訂正。

由堂賜室縱步躡，淵鱗騫翼恣手捽。金篦刮瘼丹起廢，萬斛塵胸爲一拂。要令齪齪鑛璞姿，無或晶光向埋没。❶云何聚散不可常，征車已駕城東月。當今中原若角崩，曦娥薄蝕耀計孛。廟堂側席急選用，英才詎復偏方屈。便起鴞林箟鵷行，感時怒豎衝冠髮。整頓乾綱靖坤維，扶掖炎精复熛欻。拯危直鼓濟商楫，❷逢邪須奮擊泚笏。挽回一氣轉洪鈞，平地春雷百蟄出。雍容細旃講唐虞，正鞸垂紳其弁突。抑均斯道覺斯民，何但諸生私蔭樾。

詠陳世良天開圖畫之閣

九仙縣地名。來來到筠谷，居地名。誰向雲端締高閣？背倚金山後山名。作後屏，左右龍虎交蟠伏。前頭諸峰列碧霄，獻奇貢異相聯絡。文筆前山名。時時氣蔚葱，香騰前山名。旦旦煙醲郁。瀑布泉名。西奔扈衛雄，❸席帽山名。東出朝宗肅。玉欄山名。管住不斷勢，銅鼎山名。蓄就無窮禄。石潭溪名。通貫洗馬陂，溪名。一派寒流腰帶束。雨暘舒慘變萬狀，青黄紫緑呈千簇。十里風光盡入懷，四時春色常在目。好是天開一圖畫，丹青巨擘難描摸。閣中仙翁有佳趣，❹襟抱磊磊還落落。飽餐蒼秀炯詩囊，静挹菁華洗愁斛。

---

❶「晶」，清鈔甲本作「精」。
❷「濟商」，清鈔甲本作「湘江」。
❸「扈」，清鈔甲本作「[扌扈]」。
❹「佳」，清鈔甲本作「高」。

日暄晝永酒三樽，月明夜清琴一曲。興來草木欣榮意，意到鳶魚自飛躍。此外應無人境喧，於中覺有天真樂。試問仙翁爲阿誰？世良其字陳其族。

和林叔已詠揚守福壽林塘之韻

史君幽趣鍾靈臺，胸中圖畫如天開。居閒薄發林塘勝，根原福壽兩山來。石骨旁峙虎蹲踞，泉脉下繞龍瀠洄。高低隨巧結亭榭，收拾造化成錦堆。緋黄紫緑獻態度，纖洪濃淡敷條枚。四時春色常在目，嘘咻無用鄒律催。那知禁林鳳池上，須君緩步鏘鳴瓌。詎容袖手此山下，龜朋鶴侶相追陪。❶

和林叔已詠福壽林塘四十九韻呈揚守并謝保舉狀

漳臺最尊第一峰，分支福壽飛雙虹。壽山左蟠氣葱葱，福山右峙狀窿窿。中有洞壺出塵蹤，景物簇聚造化功。不減杜陵門城東，未數漆園舊崆峒。高人卓犖關西公，神僊識趣清瀛蓬。疏瀹寒泉衆流潨，刮築嵓石羣山嵩。滌洿剔穢輯和沖，❷飛甍敞棟勢如穹。福壽大亭名。林塘扁其中，銀鈎鐵畫燦黑松。以次亭榭隨窠空，各各標揭題踈通。濯纓亭名。一點塵不叢，澄澄北繞冰壺融。新緑亭名。東開青藻芃，磨銅徹底瑩

---

❶「陪」，清鈔甲本作「隨」。

❷「滌」，原爲墨丁，今據《四庫》本補。乾隆本作「疏」。

淵衷。水竹環之翠垂弓，波光暗射驚魚蟲。❶西問荷花亭名問花。滿池紅，❷千枝萬朵爛燒空。行行半山亭名。杖履逢，小憇平章景異同。絶巘亭名清漳奇觀。奇觀超陰朦，❸四方八達輝明瓏。俯瞰闤闠罔利翁，徒登壟斷誇樅樅。❹主人綠鬢碧方瞳，壽山崖峩福海洪。濟川才具如飛䑼，須遊鳳池職乃充。能蘇民瘼如香蒭，須從禁苑馳華驄。況屢秉麾天眷隆，陽春脚布隨處豐。自當九二任發蒙，❺均陶生民天降侗。未應山人邀渤仝，登高臨清玩曨曈。西隣隱霧有豹斑，欲化龍虎九霄翀。卵翼之恩始而終，端賴餘福錫厥躬，庶幾攀附于飛雄。

仙霞嶺歌

仙霞何事名仙霞？巔末得之神仙家。此山南來絶高峻，❻上插雲表參天涯。羣仙遊宴絶頂上，❼不飲烟火湯與茶。朝餐赤霞吸其英，暮餐黃霞咀其華。日傲烟霞爲洞府，不踏塵寰寸泥沙。後躡躋攀不可得，

---

❶「魚」，清鈔甲本作「飛」。

❷「荷」，清鈔甲本作「何」。

❸「超」，原漫漶不清，今據乾隆本、清鈔甲本及清鈔乙本訂正。

❹「壟」，原作「龍」，今據清鈔甲本及《四庫》本改。

❺「自」，清鈔甲本作「任」。

❻「絶」，清鈔甲本作「極」。

❼「羣」，清鈔甲本作「神」。

危梯峻級頻咨嗟。高人欲解行者疲，掇作好語清而嘉。故取仙霞起人慕，非以仙霞爲世誇。流傳歲月浸久遠，此意零落説又差。謂酌流霞固淺陋，謂著霞衣亦浮葩。我來登陟動幽趣，愧無洒落清襟懷。聊寓數言代嶺記，未可例視爲南華。

謁張公祠

古來傳説雙劍靈，精氣直上干雲星。有如掘出爲世用，一揮便可四海清。方今擾擾胡塵起，中原分裂亂無紀。正好提攜爲掃平，何事雙龍卧此水？試問張公知不知？英靈千載如生時。何時神物得神用，爲報風雲會合期。

三月十一夜紀候

春光正濃二三月，氣候不作春和柔。白晝炎炎若盛夏，半夜凄凄如老秋。

久不雨

草廬卧龍目未開，嵓溪作霖手未擡。蒼生望望亦勞爾，霧霈甘澤從何來？

賀傅寺丞喜雨二十六韻

去冬九旬已渴雨，那意今春渴尤苦。自開正元越三月，生意全蟄不闖吐。陽威烈烈熾盛夏，田野熬熬劇焦釜。新秧既長且乾萎，播種無由可入土。農民望雨若倒垂，類嘆天命我無所。❶太守念膺民命寄，如

❶「類」，乾隆本作「頻」。

傷體膚痛心膂。奔禱山川社禝前，下及百祠靡不舉。壇告雷師雷莫聞，江扣龍神龍弗顧。❶問或沾洒隨即收，翹想霶霈殊烏有。日切一日不遑寧，直欲伐牲實籩俎。❷精虔充積四十朝，幽明貫徹忽無阻。季春望夜五鼓餘，❸瓦鳴琢琢簷垂縷。起來四顧雲黑暝，阿香驅車震鼉鼓。甘霔一番復一番，達晝傾盆莫之禦。東阡西陌土膏溶，負耒荷鋤翕旁午。父語其子兄語弟，咸曰我侯感格故。滴滴皆是真珠飯，❹天救我民賜我哺。非我下民能動天，侯澤我民如父母。既優既渥尚未已，實穎實栗決可睹。人解戚容爲懽忻，❺歲轉凶兆爲豐阜。從知天人本一機，氣脉流通有如許。端猶影響應形聲，證驗昭昭真足數。亦侯作霖大手段，家學淵源傳自古。豈徒蕞爾南漳濱，特私所惠偏一塢。❻抑將天下濟蒼生，行赴九重大用汝。

---

❶「扣」，清鈔甲本作「叩」。
❷「伐」，清鈔甲本作「代」。
❸「鼓」，清鈔甲本作「更」。
❹「真」，清鈔甲本作「珍」。
❺「戚」，清鈔甲本作「憂」。
❻「特」，清鈔甲本作「獨」。

北溪先生大全文集卷第三

律　詩

訓兒童八首

孔　子

孔子生東魯，斯文實在兹。六經垂訓法，萬世共宗師。

弟　子

洙泗三千衆，何人得正傳？省身有曾子，克己獨顔淵。

顔　子

賢哉顔氏子，陋巷獨幽居。簞食與瓢飲，蕭然樂有餘。

曾　子

敬謹曾參氏，❶臨深履薄如。平生傳聖訓，要具孝經書。

❶「氏」，清鈔甲本作「子」。

人子

人子勤於孝，無時志不存。夜來安寢息，早起問寒暄。

灑掃

奉水微微洒，恭提帚與箕。室堂須净掃，几案亦輕麾。

應對

應對須恭謹，言言罔不祇。父呼唯無諾，長問遜爲辭。

進退

進退須恭敬，時時勿敢輕。先生趨拱立，長者後徐行。

西征黄蓮坑遇雪

自入黄蓮北，❶風嚴雪又加。滿山羅玉樹，遍地錯瓊花。清灑姿無類，虚明質不華。瘴眸爲一洗，驚覺若仙家。

分水嶺

寶貝山前去，瓊瑶世界行。蠟鞋穿瑟瑟，竹杖獨鏗鏗。❷凍色迫毛竅，寒光射眼睛。酒亭何處認，速欲

---

❶「自」，原漫漶不清。今據乾隆本、清鈔甲本、清鈔乙本訂正。《四庫》本作「行」。

❷「竹」，清鈔甲本作「行」。

一壺傾。

祝杖投錢唐江❶

爾自黄源嶺，相從到上都。扶持千險阻，❷策掖萬崎嶇。鳳沼波應煖，龍門路不迂。便須齊變化，霈澤濟寰區。

和陳叔餘韻二首一以謝來意一以勉之

碌碌平生學，慚無席上珍。僅餘守師訓，豈欲衒時人？誤入侯門聽，黐勞友義陳。願從温故業，庶或稍知新。

又

此道何曾遠，吾儒自有珍。反求皆在我，中畫豈由人？利善分須白，知行語未陳。若能祛舊見，明德日惟新。❸

---

❶「唐」，乾隆本、清鈔甲本作「塘」。

❷「持」，清鈔甲本作「杖」。

❸「惟」，清鈔甲本作「維」。

送王子正宰長樂二首

一陽天運復來亨，君子隨時亦吉征。暫向三山瀕海處，❶小馳百里愛人聲。從知文物新長樂，❷便作絃歌舊武城。須信道行由此兆，牛刀指日宰寰瀛。

又

君當民社戴星遊，我玩簞瓢守故丘。袂自此分何所憾，學無與講是吾憂。聖心未可窺覘得，道體難從寡陋求。鱗翼元無南北間，時推緒論發蒙不？

送廖子晦倅潮還別四絶❸

紫陽門户聳參天，駢往紛來幾計千。誰立脚跟老彌篤？❹交溪原上有深傳。

使車南鶩過吾邦，❺幸挹端嚴毅直風。多謝兩年勤尺素，諄諄頻爲發童蒙。❻

松窗梅雪歲寒餘，奉别城東古驛頭。君去有行應可樂，我來獨學重爲憂。

---

❶「暫」，清鈔甲本作「漸」。

❷「知」，清鈔甲本作「之」。

❸此詩底本目録中在下一首之後。清鈔甲本、清鈔乙本同。

❹「跟」，清鈔甲本作「根」。

❺「使」，清鈔甲本作「俟」。「吾」，清鈔甲本作「我」。

❻「童蒙」，清鈔甲本作「蒙童」。

聖賢事業浩無疆，未易孤聞寡見窮。友善更資天下士，時推一二附南鴻。

送廖婿林伯魯東歸南寺，席中因舉送王長樂詩，伯魯用後篇韻求教，故復依其韻以別之

良夜禪房欵一遊，義心相與重山丘。少陪文字賡酬樂，頓釋胸懷鄙吝憂。❶我愧反身無寸得，君方努力勇前求。懸知日有新新益，還肯雙魚遠寄不？

和丁祖舜重脩日涉園

重來日涉整前盟，欲與淵明細論朋。向市鬧中渾覺勝，❷可人幽處不妨仍。歲寒依舊竹三逕，春意長新花數棚。對景春容無一事，好將氣馬欵調乘。

依趙尉獄空韻上陳宰

民沐仁風狀小兒，陶陶遠罪日何知。圜扉草色春長茂，公舍棠陰晝緩移。誰復鼠牙紛擊剥，類將雞黍樂追隨。塗歌里詠喧傳處，盡是吾侯德政碑。

依方宗丞和林簽判賞梅追璧水之韻

冰玉精神清且凝，不嫌霜雪慘於刑。傳來春信嚴明地，吐出陽和節愛亭。孤艷迥凌仙子桂，餘香暗及庶民星。尋盟璧水渾閒事，好整和羹入帝庭。

---

❶「吝」，原爲墨丁，今據乾隆本、清鈔甲本補。《四庫》本作「隱」。

❷「市鬧」，清鈔甲本作「鬧市」。

送陳尉後之園賞歸二首❶

巖邑崎嶇俗最獰，君來談笑自風生。平戎大策方微露，執訊奇功便立成。❷百里秋光瓜代及，九重春色筍班榮。金閨此去應無阻，好把胸中次第行。

又

世論年來太不和，真真僞僞總偏頗。陽尊孔孟陰排斥，深怯周程浪詆訶。誰是横流堅立砥？類於入室反操戈。始終無負傳心處，一片精剛要不磨。

送滕教歸二首❸

本是山林一陋蒙，何心馳騖利名中。只因尺檄來蓬户，故策駑才入藻宫。既爾薰陶知厚德，又於歷練熟頽風。區區未飫高山仰，❹何事征蹄今已東。

驛道芬菲春氣柔，征蹄去去不容留。俛辭南國摳衣佩，直向端門拜冕旒。璧沼從知新訓導，石渠旋復細刊讎。澤民致主淵源學，那或浮沉逐輩流。

---

❶「後之園」三字，原闕。今據原書目録及乾隆本、清鈔甲本補。

❷「便立」，清鈔甲本作「立便」。

❸「滕」，清鈔甲本作「陳」。

❹「高山」，清鈔甲本作「山高」。

不赴十姊初度之席

吾姊今朝慶誕辰，❶奈何賤弟亦同倫。❷汝逢壽考榮雙老，我感劬勞悼昔人。贊祝欲陪千歲願，追思難遏寸心真。一懽一戚應殊分，只任天情不必均。

湖齋對蓮

平湖花葉亂相撑，恰對幽齋小榻清。萬緑淺深非作意，千紅濃淡總無情。好觀物態羣嘉萃，從識乾元一理生。佔畢暇餘時與玩，會予心處有誰評。

對葵

開闔隨陽自曉昏，輕如綃縠凈瑶琨。淡黄相枕五重靚，濃紫深藏一竅渾。❸熟視絶無粧點態，細看不見剪裁痕。誰能會取箇中意，與玩乾坤造化根。

和丁丈詠史君禱而雨之韻

史君持志一恭謙，何間幽明與巨纖。渴雨方將爲旱閔，卧龍便不復泥潛。連宵頗作霶霈注，闔郡均蒙優渥沾。竊喜陽春端有脚，閭閻和氣日須添。

❶「辰」，原作「晨」，今據《四庫》本改。
❷「同」，清鈔甲本作「何」。
❸「渾」，清鈔甲本作「横」。

用明師叔韻贈畫工張子英

雖憑縑素狀儀容，的自毫心藴妙鋒。箇箇本來天所賦，隨人變化有奇工。❶

送王子正赴瀨倅

飛騰仙馭自漳濱，去去西隅指瀨津。夾道賓僚方一際，滿城老稚便皆春。正心誠意平生學，愛物親民此日仁。只恐貳藩車未煖，紫泥催促貳皇鈞。

又

昔日濂溪倅此州，施爲洒落豈常儔？今承遺躅百餘載，又得當朝一儁流。詔世典刑應未泯，在民德化豈無求？發揮舊事重增焕，好與邦人作勝謀。

子方宗弟側弄之璋❷

珍祥充塞故旁流，底信先傳慶有由。莫訝雞胞寧吐鳳，❸須知虎氣已吞牛。古來孽士皆榮達，此日宗支自穎尤。蟄蟄繩繩從未艾，❹會看貴種出公侯。

---

❶「工」，清鈔甲本作「功」。
❷「弄之」，清鈔甲本作「之弄」。
❸「寧」，清鈔甲本作「能」。
❹「從」，清鈔甲本作「來」。

西征范田遇雪三絶

夜宿荒村曰范田，聲聲頻滴屋簷前。朝來揭起柴扉看，滿目青山白玉巔。

飽啗炊粱萊菔羹，皁臺催促趁前程。手攜竹杖足穿革，緩撥瓊花徒步行。

歷歷山坳凍迫人，指頭欲墮痺難伸。探囊速買三杯後，更覺陽和暢此身。

大漿嶺

大漿陟降幾千層，積雪朝來錯去程。溜石瓊花新琢就，平田玉鏡恰塵成。不嫌凍氣侵肌慄，最愛清姿照膽明。聊把杖頭敲擊處，那忘疲薾旅中情。❶

過武夷

武夷山下幾迴過，未暇於中賞一遭。獅鶴諸仙知我意，故將青靄淡遮羅。

紫溪遇日

日露雪頭紅玉盤，❷氤氳和氣靄人寰。回眸萬素無從覓，依舊千山列翠鬟。

❶「那」，清鈔甲本作「都」。

❷「露」，清鈔甲本作「落」。

鉛山遇霜❶

冒風冒雪冒霜寒，手足胼胝百狀艱。只爲胸中春一點，未能忘世卧溪山。

和人詠梅韻

不妨雪壓與霜糊，友結松筠鄙橘奴。特放孤標先煖覺，肯隨衆卉望寒逋。疑將冰月爲精爽，端借瓊瑶琢體膚。闖出一元生物意，從兹引領萬容姝。

示兒定孫二絶

童蒙發軔最初時，庸聖分岐謹所之。凡百小兒嬉戲事，❷類皆鄙俚不須爲。❸

丈夫尚志志高明，勿效卑卑世俗情。從上一條平坦路，千賢萬聖所通行。

鄰舍横逆

茫茫薄俗沸蚊蛆，禮義全無一點餘。只得杜門對賢聖，專來教子讀詩書。千般横直休干己，一切是非無問渠。若救鄉鄰爲被髪，風波轉起撓吾廬。

---

❶「霜」，清鈔甲本作「雪」。

❷「嬉戲」，清鈔甲本作「戲嬉」。

❸「類」，原漫漶不清，今據乾隆本、清鈔甲本、清鈔乙本訂正。

西征過仙霞嶺雪晴❶

自入仙霞十里程，滿山晴雪射虚明。路從寶貝洞中去，❷人在瓊瑶世界行。❸枯木競傳千狀巧，荒崖亦作十分清。回環四望真奇觀，識破乾坤洒落情。

過江山遇雪

江山方進半程前，正值羣遊剪水仙。滿道鹽花堆粲粲，飛空粉屑舞翩翩。樊墻廬舍皆銀飾，溝瀆潢汙盡玉填。却認青山埋不得，嶆峨氣勢直凌天。

平垣雪兼風雨❹

自從平垣望衢南，❺值雪霏霏日日添。既挾狂風和面撲，又偕猛雨向身沾。手拈紙傘凝猶痺，足踏皮鞋凍亦漸。那識堅剛金石操，於中凛凛獨争嚴。

玩　雪

南人乍見此般奇，驚怪誰司妙化機。月裏姮娥篩粉撒，雲端仙子削瓊飛。寶山瑶室隨村峙，玉樹銀花

---

❶「嶺」，原脱，今據清鈔甲本目録補。
❷「貝」，乾隆本作「月」。
❸「界」，清鈔甲本作「間」。
❹此詩，清鈔甲本在《過江山遇雪》之前。「垣」，原作「坦」，今據清鈔甲本改。
❺「垣」，原作「坦」，今據清鈔甲本改。

夾道輝。造物襟懷真洒落，更無塵滓間纖微。

過衢州第二程見麥雪中青

雪過三衢越厚埋，❶却於農事不爲災。今朝方爾半融釋，隴麥青青奮出來。

答留粹中承奉求教之韻❷

玉質雖精更用礲，❸切磋磨琢趣無窮。但於天理昭如視，何患私情衆互攻。明善誠身爲要訣，博文約禮是深功。從今日用培基處，敬道尤須徹始終。

横逆自廣三絶

湯文事小豈爲迷？物我從來絶町畦。胸次洞然天地闊，本無南北與東西。

樂天一説見軻書，豈是高談强解渠？牛馬蚊虻無足校，不須芥蔕此襟裾。

仁人方寸萬機空，片逆何能介此中。視爾恰如風動竹，在予安有竹嫌風。

---

❶「埋」，清鈔甲本作「堆」。

❷「留」，清鈔甲本作「劉」。

❸「用」，清鈔甲本作「有」。

趙寺丞禮延入學，陳伯躍有詩詠其事，因和以復之

道學規模本自宏，❶師傳敢背此心盟。❷ 追思嚴訓昭如在，❸惟誓終身篤所行。❹ 每患無成辜宿志，那知自鬻釣浮名。賢侯愛友交提獎，重我慚惶未見榮。

修學扁大成殿門，依敖教韻上趙寺丞

育才爲國寸心丹，修泮時聞鏘八鸞。緑引滄溟循道入，❺青排名第對門看。宸鈎日焕龍蛇動，書閣雲齊牛斗寒。末學幸陪芹藻豆，詎耽秋菊夕英餐。

存　心

心藏隱奥最難知，出入無時不可羈。須向動時牢把住，莫教失却便支離。

和卓廷瑞贈詩之韻四絶

一見襟懷便豁然，交情輸寫意忘年。傾囊經訓璠璵富，與我從頭細細傳。

---

❶「道學」，清鈔甲本作「學道」。
❷「師」，清鈔甲本作「書」。
❸「思」，清鈔甲本作「師」。
❹「惟」，原漫漶不清，今據乾隆本、清鈔甲本、清鈔乙本訂正。
❺「道入」，清鈔甲本作「入道」。

日復陪遊泮水湄，發揮史學到淵微。直從天理人心處，❶剖破存亡治亂機。

長書一卷墨新題，志在斯民壽域躋。歷歷愛君憂國語，施行須自起鋤犂。

我愧年幾六十秋，時華虚度事優柔。頭云皓矣未聞道，深藉磨礱與勿休。

林户求明道堂詩二首

秉彝同是得天生，道在其中本自明。氣爲禀來微有蔽，欲因感處復多萌。磨礱須到十分粹，克治全教一味清。從此洞然無別體，真元輝露日光星。❷

又

自從河洛發真筌，節目綱條已粲然。志若堅剛方可適，心如扞格決難詮。從頭格物爲當務，穩步求仁乃秘傳。表裏直須名副實，高標終不愧前賢。

遊雷峰塔處晦上人求詩

擺脱人間名利韁，湖山深處事韜藏。❸要知晦裏真消息，養取靈臺一點光。❹

---

❶「從」，清鈔甲本作「到」。

❷「星」，乾隆本作「呈」。

❸「事」，清鈔甲本作「是」。

❹「取」，清鈔甲本作「此」。

無言上人求詩依黄簿韻

休説西來幾許年，此身動静莫非禪。須知天理流行妙，不待人言髣髴傳。運水搬柴存實則，着衣喫飯即當然。若能默悟真消息，剖破諸空億大千。

寓嚴陵學和鄧學録相留韻

道爲賢侯講泮宮，淵源程子及周翁。路開正脉同歸極，川障狂瀾浪駕空。珍重前廊渾氣合，督提後進要心通。聖門相與從容入，❶矩步規行不用怱。

❶ 「入」，清鈔甲本作「合」。

北溪先生大全文集卷第四

律詩

題蓋竹廟六絶

人心活物本來靈，❶動静那分晦與明？晝接事爲思有主，夜思無主夢因成。

夢生於想本來非，一自魂交百感隨。漠漠茫茫無定準，若何據此卜前逵？

世人莫悟此端原，兆自心機闢闔間。却向妖祠求證應，妖祠於我固何關？

至人神定氣常清，夜息虛明一若醒。假使妖祠能獻兆，如何窺得此門庭？

大都流俗急榮名，切切於中夢自形。附會便爲神所告，神明虛得號通靈。

升沉大分係於天，決匪人謀所必然。告爾往來通達者，不須贅贅鬼神前。

馮中郎廟

爲問中郎昔抗忠，力箴頗牧不能庸。如今疆場多塵擾，頗牧還能容不容？

❶「活」，原漫漶不清，今據乾隆本、清鈔乙本訂正。

西楚霸王廟二絶

氣壓關河力拔山，絶人武勇更無前。若於今代當戎寄，何復孱胡踞百年？

又

孱虜奔亡我舊畿，中原蛇豕肆交馳。❶思君一劍爲平蕩，蓋世英魂知不知？

題江郎廟六絶

三石參天作柱擎，自從開闢便崢嶸。❷何爲末俗好奇怪，盡道江郎魄化成？

緣爾江家兄弟三，平生愛此石巖巖。寓居石下多年代，陋俗因成附會談。

好看三石絶奇蹤，自是山靈氣所鍾。致雨興雲功利博，❸合編祀典以神封。

禮經岳瀆視公侯，只謂祠儀一例修。不識鬼神情狀者，錯將經意以人求。

峙立巑岏本石形，人其廟貌據何經？祇宜壇壝爲民禱，時雨時暘便是靈。

禮學無人發世蒙，正神流弊與妖同。既非氣類相求者，豈解精誠妙感通？

---

❶「馳」，清鈔甲本作「驅」。

❷「崢嶸」，清鈔甲本作「猙獰」。

❸「博」，乾隆本作「溥」。

和傅侍郎至臨漳感舊十詠

陽復東郊雨闇絲，歡迎父老擁車隨。競傳碧眼朱顔在，宛若當年剖竹時。和《始至》。

黄堂盛事據今論，向日郎君忠肅孫。依舊誠心勞撫字，漳民世世沐深恩。和《閲題名》。

郡圃森森幾閲春，一番太守一番新。何如今日同行樂，綵袖恭陪紫橐人？和《行郡圃》。

燕遊規畫孔明廬，陳法區藏梅李株。❶慨想先儒遺意遠，能將舊觀一還無？和《訪晦翁廬已毁》。

老榕盤鬱植根深，意到扶藜賞緑陰。天理流行隨寓足，何心故步與追尋？和《訪古榕茅亭》。

依山種竹襯山佳，傍水栽花水妬霞。一意生生俱好玩，休分紅翠有無遮。和《訪西山爽氣》。

雲移月色爽人看，雨趁潮聲迅拍欄。自是與民同樂地，何妨一整復前歡。和《訪水雲館》。

南州佳品勝羅浮，青女飛花任打頭。寒涸更深香更烈，❷松朋梅友敢凌不？和《遊柑橘園》。

主山昂首狀魁嵬，虎踞龍蟠萃一臺。若踤地靈規貢宇，❸英才衮衮拔條枚。❹和《登臨漳臺》。

---

❶「李」，清鈔甲本作「樹」。

❷「涸」，清鈔甲本作「固」。「深」，清鈔甲本作「嚴」。

❸「踤」，原漫漶不清，今據乾隆本、清鈔甲本訂正。

❹「枚」，清鈔甲本作「梅」。

臺前一帶繞漳溪，臺下回環萬象齊。就拓宏模須大手，❶非爲諂語病於畦。❷和《下山》。

和陳侍郎韻寄題林尉肯堂

肯堂題扁自名公，表裏須教實一同。門閱不誇車馬大，家聲端藉禮詩隆。熟仁便足膏粱味，❸殉義能傳清白風。終始此生無忝處，❹精誠妙與古人通。

和陳侍郎韻寄題林尉尚絅堂

中庸尚絅示諸儒，爲己何心世毁譽。只要美中存德本，❺無容飾外事文餘。魚潛理趣真如灼，屋漏工夫的不虚。珍重子思深屬意，一言綱領此篇書。

權長泰簿喜雨呈鄭宰

夜雨滂沱一若傾，朝來南畝足春耕。相呼荷耒奔趨急，便與擔秧插莳盈。令尹精誠知到處，上天仁愛見真情。從今可釋懸懸望，百里已無愁嘆聲。

---

❶「就」，乾隆本作「孰」。
❷「於」，原作「丁」，今據乾隆本、清鈔甲本改。
❸「足」，清鈔甲本作「促」。
❹「此」，清鈔甲本作「宛」。
❺「本」，清鈔甲本作「性」。

四月十八日喜雨再用前韻呈鄭宰

民間霓望正頻傾，天澤如期爲養耕。終夜連朝淋不住，上畦下畝浸皆盈。春來又見兹濃霈，秋穫何愁弗滿情。感格一機無外事，氣和端自有和聲。

解職歸題主簿軒壁

偶然寓興五山陰，可嘆頽波日轉深。鼓瑟齊門莫同調，舞韶鄭側鮮知音。歸尋舊徑掃新榻，從整遺編理素琴。惟有春秋知罪我，外餘横直一何心。

挽　詩

挽王郎中五首

蚤得名師友，淵源正不他。持身莊以重，接物簡而和。游夏文章學，求由政事科。朝聞今可矣，爲恨復云何。

二

壯歲登科甲，淹遲暮始通。閩中馳德政，灨上振儒風。藥石王宫訓，權衡璧水功。儼然遺躅在，誰不悼思公？

三

剖竹毘陵郡，乘軺古越城。活民均惠澤，報國一忠誠。强禦斂蹤伏，姦欺束手清。至今誦遺愛，何日可忘情！

四

暮景孤高節，巖巖挺歲寒。松姿標雪嶺，玉質照冰盤。一介應無取，截毫不可干。❶老成視前輩，宜作典刑看。

五

近甸勳勞著，中朝寵眷隆。召從宗正貳，躐進户曹郎。從槖方虛佇，生經遽不融。罣如嵓下息，❷萬古儼公宫。

挽楊料院二首

早識淵源正，從師事切磨。天姿純不纇，世俗淡無波。廬墓誠於孝，刑家儉以和。自應仁者壽，命也奈之何。

恩沐賢關渥，名登桂籍榮。古田馳義勇，永福播仁聲。料院從優選，朝階即坦行。胡爲成契闊，第爾哭銘旌？

---

❶「截」，乾隆本作「纖」，清鈔甲本、清鈔乙本及《四庫》本作「纖」，字通。

❷「罣」，清鈔甲本作「翠」。「嵓」，清鈔甲本作「巖」，字通。

挽程推官二首

壯歲聲場屋，高年僅小行。❶鄗江夷暴跡，湟水雪冤情。節志冰壺潔，襟期玉井清。竟耽泉石趣，勇去謝榮名。

生質鍾來厚，❷風流近古人。奉官常翼翼，居里復恂恂。甥姪誨猶子，夫妻敬若賓。噫嘻公不死，嗣世有簪紳。

挽蕭知縣二首

資稟於人異，天鍾自粹夷。懷才無表襮，制行絶瑕疵。孝比王祥篤，知機下惠遺。❸鄉閭稱厚德，已矣但長噫。

蚤擢儒科秀，❹旋驅仕路榮。平反東廣幕，撫字桂陽城。選調方優脱，朝階自坦行。如何中道處，遽爾輟千旌？

❶「小」，清鈔甲本作「少」。

❷「鍾」，清鈔甲本作「從」。

❸「知機」，乾隆本、清鈔甲本作「和幾」。

❹「秀」，清鈔甲本作「考」。

挽孫少卿四首

自拋欄苧列簪紳，便展施爲志獲伸。剖竹三衢無警盜，乘軺兩浙蔑冤民。居官清節冰壺凜，到處仁恩雨露春。歷歷典刑如在日，慕思遺愛幾多人。

聖主更新大化年，趨朝正預拔茅連。青華上厠郎星列，近密光陪卿月聯。垂躡從班提從槖，遽萌歸興乞歸田。至今士論追懷處，第誦高山景行篇。

厚德天鍾有異資，❶反身尤謹事操持。儉勤忠孝傳家訓，直諒忱恂獲上知。正色嫉邪嚴莫犯，高標立懦屹難移。翠如香坂孤峰下，千載唯存篤行碑。

福慶於人鮮比方，一生坦若履康莊。好逑得偶天官胄，嗣子能傳月窟芳。壽入九齡光寶籙，服膺三品燦金章。始終可謂無遺憾，信矣榮歸死不亡。

銘

敬恕齋銘

天地之性，惟人爲貴。由其有仁，於我素備。胡爲不仁？私欲間之。欲求仁者，敬恕是宜。出門如

---

❶「資」，清鈔甲本作「姿」。

賓，承事如祭。以主於中，對越上帝。己所不欲，勿施於人。以是而行，與物皆春。内外敬恕，私欲何寓？天理周流，無所不具。是之謂仁，乃復其初。孔聖明訓，的非我誣。子程伯子，正事斯語。傳聖人心，立後學矩。濟南氏子，是宗是師。我贊無倦，有此銘詩。

希程賢友扁是齋於明道堂之後，蓋師慕明道先生「内主於敬而行之以恕」之説。嗚呼！此正夫子所以告仲弓求仁之方，至爲要切；而明道所以學問造到而得聖心之傳者，有在乎是也。輒爲之銘以相之。嘉定戊寅春，臨漳北溪陳某書。

枕屏銘

枕之爲義，以爲安息。夜寧厥躬，育神定魄。屏之爲義，以捍其風，無俾外入，❶以間於中。中無外間，心逸體胖。一寤一寐，一由乎天。寂感之妙，如晝之正。可通周公，以達孔聖。夜氣之清，於斯以存。仁義之良，不復爾昏。咨爾司寐，無曠厥職。一憩之樂，實汝其翼。

❶ 「入」，原作「人」，今據乾隆本改。

箴

君子戒謹所不睹恐懼所不聞箴

天命之性，具於吾心。流行日用，無往不臨。❶即物即道，孰非吾事？與身而俱，須臾弗離。曷其體之？其要無他：只於平時，事未萌芽。己所未聞，己所未睹，即須自力，❷戒謹恐懼。戰戰兢兢，臨深履冰。一主於敬，中常惺惺。從事於斯，乃全所性。本體渾淪，無間厥命。天理生生，如坤之陽。萬化根原，的在其中。咨爾靈臺，❸所宜深警。此第一功，毋容昏暝。

君子謹其獨箴

天命之性，不能常静。感自外來，動即中應。由乎天理，中節爲和。蹉諸人欲，則爲偏頗。若何用功，粹然一正。事稍萌初，念微闖境。人所未聞，己獨聞知。❹人所未睹，己獨見之。善惡之幾，於焉兆眹。毫

❶「往」，清鈔甲本作「所」。
❷「須」，清鈔甲本作「思」。
❸「咨」，清鈔甲本作「資」。
❹「知」，清鈔甲本作「之」。當從。

釐易差，當切致謹。扶持天理，發達敷榮。防遏人欲，無使勞生。茲續前功，相次加密。大本達道，表裏爲一。咨爾靈臺，敬止緝熙。契天合聖，的其在茲。

贊

晦菴先生贊

德稟純陽，清明剛健。篤學真知，全體實踐。集儒之粹，會聖之精。金聲玉振，紹古作程。

夢中自贊繪像

天賦爾貌，幽乎其閑。地育爾形，頎乎其寬。視諸孟子之睟面盎背，❶孔子之温厲恭安，須力學以充之，而無愧乎聖賢之容顏。

---

❶「諸」，清鈔甲本無此字。

疏

不允隆興寺僧傳經疏

先王盛時，黎民徧德。閭里之間相勸，農桑之外無他，惟父慈子孝而兄友弟恭，意誠心正而身修家理，絶無詖行以汩善端。自三綱九法斁淪，而別派殊宗躪蹂，❶大抵化人導世，急於覬果邀功。視奉親敬長爲度耳閒譚，把誦佛持經爲切身重事。需事畜之資以頤塗偶，剥塞墐音僅，塗也。《詩》：「塞向墐户。」之用以賁空廬。顛之倒，倒之顛；厚者薄，薄者厚。蚩蚩者，渾如大寐；明明者，亦被冥驅。恬習成風，迨至今日。欲爲爾重，乃謁子文。嗟哉淺德！大愧無韓。豈於淫辭，瀾復助墨？❷作俑既非，予志率獸，亦豈吾心？❸屢遜屢前，且笑且嘆。聊書此以自命，或罪我而不知。

❶「躪」，乾隆本及清鈔乙本作「蹦」。
❷「瀾」，清鈔甲本作「敢」。
❸「吾」，清鈔甲本作「我」。

北溪先生大全文集卷第五

書問

初見晦菴先生書

十一月吉日，學生鄉貢進士陳某，謹齋沐、裁書百拜，請備灑掃之禮於判府寶文侍講先生門下。

某竊嘗謂：道必真有人而後傳，學必親炙真任道之人，而後有以質疑辨惑而不差。自孔孟没，天下貿於俗學，蓋千四百餘年，得濂溪周子、河南二程子者出，然後斯道有傳，而正學始有宗主。自程子至今又百餘年矣，見知聞知代不乏人，然淵源純粹精極，真可以當程氏之嫡嗣而無愧者，當今之世，捨先生其誰哉？而天下學士有志於古、欲就有道而正之者，非先生亦誰與歸哉？❶

某窮鄉晚生，愚魯遲鈍，居於僻左，無明師良友，❷不蚤聞儒先君子之名，自兒童執卷，而世儒俗學已蠱

❶「亦」，清鈔甲本作「我」。
❷「良」，清鈔甲本作「隆」。

其中，窮年兀兀，初不識聖賢門户爲何如。

年至二十有二矣，始得先生所集《近思録》，❶讀之，始知有濂溪、有明道、有伊川爲近世大儒，而於今有先生，然猶未詳也。自是稍稍訪尋其書，間一二年、三四年，又得《語孟精義》、《河南遺書》及《文集》、《易傳》、《通書》，與夫先生所著定《語》、《孟》、《中庸》、《大學》、《太極》、《西銘》等傳，吟哦諷誦，反諸身、驗諸心，於是始慨然敬嘆當時師友淵源之盛，抽關啓鑰如此之至，❷而重自愧，覺此身大爲孔顔罪人，❸而且益仰先生道巍而德尊、義精而仁熟，立言平正温潤、精切的實，明人心、洞天理，達羣哲、會百聖，粹乎洙泗伊洛之旨。凡曩時有發端而未竟者，今悉該且備；凡曩時有疑辨而未瑩者，今益信且白。宏綱大義，如指諸掌，掃千百年之謬誤，爲後學一定不易之準則。辭約而理盡，旨明而味深，而其心度澄朗、瑩無查滓。❹工夫縝密，渾無隙漏，尤可想見於辭氣間。故孔孟周程之道，至先生而益明，所謂主盟斯世，獨惟先生一人而已。❺然求於書，未如親炙之爲浹洽；徒言之誦，未若講訂服行之爲實益。❻故愚生竊不自量，嘗欲盡屏世

---

❶「始」，乾隆本無此字。
❷「至」，清鈔甲本作「急」。
❸「大」，清鈔甲本無此字。
❹「查」，乾隆本作「渣」。
❺「惟」，清鈔甲本作「推」。
❻「行」，清鈔甲本作「習」。

學，奔趨席隅，面領其梗概，然後退而結茅於清泉茂林，以畢其業而終吾樂。❶獨奈何事與心違，❷家窮空甚，無千里裹糧之資，❸而二親臞薾，又日奪於仰事不給之憂，❹汩没乎科舉干禄之累，而於此第竊有志焉，不克實下手專研而精究。今三十有二矣，十年之間，但粗獵涉，悠悠蹉跎，若存若亡，枉逾夫子而立之年，未免曹交徒食之計，❺良心蕪没，百無一就，駸駸下流，甚懼甚恐。

去年秋賦，僉緣有臨安之役，自謂是行也，此累可永了。❻其歸也，道武夷，當徑走五夫，共洒掃於墻仞之下，❼以紓其所素願。不謂命也天窮，舊累依然。而先生又此來矣，某始聞之歡欣鼓舞，謂：「向者十年願見而不可得，今乃得親睹儀形於州閭之近，殆天之賜歟！」既而又自疑曰：先生，郡侯也；某，郡之一賤氓也。貴賤之分有等，且侯門如海、府吏森嚴如截，❽問學，若之何而通？請益，若之何而便？講論，若之何

❶「樂」，清鈔甲本作「獨」。
❷「獨」，清鈔甲本作「樂」。
❸「家窮」至「之資」十一字，清鈔甲本作「門祚衰薄，無他兄弟之可托」。
❹「日奪」至「不給」七字，清鈔甲本作「恐失于温凊定省」。
❺「曹交徒食之計」，清鈔甲本作「徒計曹交之食」。
❻「可永」，原作「了未」，今據清鈔甲本改。
❼「共」，乾隆本作「職」。
❽「截」，乾隆本、清鈔甲本作「戟」。

而欵？❶故又遲遲者累月，屢進而屢趦趄。

然是學不可一日廢，而見賢之心油然動於中，終有不容遏。且人生聚散不可期，幸與賢者並世而生，而邂逅又如此其密邇。人未有拒我之形，吾逆爲之辭以自止，是果於自暴自棄者也。況先生以道學爲天下宗師，既不得盛行於時，猶當私淑於後，樂育善誘、❷循循不倦，夫豈以鄙夫互童而遽棄之！

然公庭不敢私請，❸輒冒昧先此導意，併録舊日自警之章，列於别幅以爲贄。先生儻以爲可教而進之，俾獲預鑪錘之末稍，不失爲君子之歸，是所願望；若不遇焉，則亦命也，安愚分、退守窮廬，只遥望門墻以自致而已。敬恭俟命，不備。詩見第一卷。

孝根原

爲人子止於孝。近因讀「事父母幾諫」，至「父母之年不可不知」等章，極索玩味，似略見根原確定處。未知是否，試一言之：

夫人子於父母，其所以拳拳竭盡，如此篤切而不敢緩，極至而不敢少歉者，是果何爲而如此也？非父

---

❶「欵」，清鈔甲本作「快」。

❷「樂育」，清鈔甲本作「學有」。

❸「公」，原作「互」，今據康熙本、乾隆本、清鈔甲本改。

母使我如此也，又非畏父母而然也，又非冀父母於我如何也，又非吾身自欲如何也，又非聖人立法使人如此也，又非畏神明譴之、鄉黨議之、朋友責之而然也。其根原之所自來，皆天之所以命於人而人之所以受乎天，其道當然，誠自有不容已處，❶非有一毫牽强矯僞於其間也。

蓋天之生人，決不能天降而地出、木孕而石産，決必由父母之胞胎而生。天下豈有不由父母胞胎而生之人乎？而其所以由胞胎而生者，亦豈子之所能必，而亦豈父母所能安排計置乎？是則子之於父母，信其爲天所命，自然而然。人道之所不能無俯仰戴履，自此身有生以至没世，不能一日而相離。如欲離之，必須無此身而後可。然人豈能無此身？豈能出乎天理之外哉？既不能無此身，不能出乎天理之外，則是決不能一日而相離。既不能一日而相離，則決不可以不竭盡，決不可空負人子之名於斯世，決然在所當孝，而決不容於不孝。

且如君者以天下奉、以天下養，父母之下唯子而已，不以子之身勤勞奔走以事父母，更教誰事哉？設或使人爲之，豈理之宜乎？或親焉不免勞於自養，豈事之安乎？況子之身又非子之身，父母之賜而天所與也。天之命爾爲人子者果何謂？父母之生爾爲子，而字育惟謹者果何爲？❷壯爾體、强爾力，是豈欲

---

❶「自」，清鈔甲本無此字。
❷「爲」，清鈔甲本作「謂」。

使安閒、❶空飽飲於天地間而全無所事乎？❷則人子之竭力以盡所事於此，豈得爲過分乎？

「維天」、「於穆」，天命流行不曾停，日復一日、歲復一歲，尺奔趲督趣乎其後，往者不可以復反，老者不可以復壯，則親不可得而再事，亦不可得而久事，是豈可逗留於前，私竊自怠，若挨推不行而格其於穆無疆之大命哉？萬一大願未償，終天之隔，雖欲孝，誰爲孝？豈不爲大欠缺、大悔恨耶？此仁人孝子所以必汲汲急於競辰愛日，❸無所不自盡，奉天命而不敢稽，恭天職而不敢惰，如執玉、如奉盈、如養嬰兒，無跬步不切於心。蓋必如此，然後吾心始安、❹俯仰無愧，方足以償願塞責，而恰得謂之人子。不然，則爲天地間有罪，雖安鬚眉面目、立於人類中，不得名之曰人子，是無父母而生之人矣。

即是而觀，爲人子止於孝，其根原豈不昭昭可見乎？夫豈自外來乎？夫更孰有加於此者乎？❺是豈不爲人道大本，確然終其身而不可易者乎？妄論如此，幸望裁教。

---

❶「壯爾體强爾力是」，清鈔甲本作「壯者體强爾力是視」。
❷「飲」，清鈔甲本作「食」，乾隆本作「飫」。
❸「競辰」，乾隆本作「兢兢」。
❹「始安」，清鈔甲本作「如」。
❺「更」，乾隆本作「人」。

君臣夫婦兄弟朋友根原

又嘗因是而推君臣、夫婦、兄弟、朋友，其根原所自來，莫非天命自然，而非人所强爲者。併一言之，未知當否：

夫天之生人，羣然雜處，愚智不能皆齊，不能以相安，必有才智傑然於中、爲衆所賴以立者，是君臣蓋天所命，自然如此也。然天尊地卑、乾坤定矣，則君君臣臣之所以當義，亦豈自外來乎？

天之生人，獨陰不生，獨陽不成，必陰陽合德，然後能生成。是夫婦亦天所命，自然如此也。然乾道成男、坤道成女，其分固一定而不可亂，則夫夫婦婦之所以當別，亦豈自外來乎？

天之生人，雖由父母之胞胎，然決不能一時羣生而並出，必有先者焉、有後者焉，是兄弟亦天所命自然如此也。思乎此，則兄弟之所以當友，亦豈自外來乎？

天之生人，人必與人爲羣，決不能脱去與鳥獸爲伍，於是乎黨類儔輩成焉，是朋友亦天所命自然如此也。思乎此，則與人交之所以當信，亦豈自外來乎？

夫君臣、夫婦、兄弟、朋友既皆天命所必然，非由外而來，則自此身有生以至没世，決無所逃於天地間，亦決不能一日而相離。天下豈有離君臣、離夫婦、離兄弟、離朋友，而逃於天地之外、絶不與世接之人哉？俯仰戴履，既不能離此而兀然逃於天地之外、絶不與世接，則行乎其中，其所當義、當別、當友、當信，決不可

不隨處各有以自盡，思以奉天命而共天職。❶

不然，憚於爲義而事驕諂，則是不循天命之正爲君臣，而以私意爲君臣矣。❷ 豈天地統攝之權所寓哉？憚於爲别而事淫欲，❸則是不循天命之正爲夫婦，❹而以私意爲夫婦矣。豈天地生化之根所寓哉？❺憚於爲友而事争鬩，則是不循天命之正爲兄弟，❻而以私意爲兄弟矣。豈天地之序所寓哉？❼ 憚於爲信而事機詐，則是不循天命之正爲朋友，而以私意爲朋友矣。❽ 豈天地並育並行之道所寓哉？

❶「共」，康熙本作「供」，義通。《四庫》本作「盡」。
❷「爲君臣」三字，原殘缺，今據康熙本、乾隆本、清鈔乙本及《四庫》本訂補。
❸「淫欲」二字，原殘缺，今據康熙本、乾隆本、清鈔乙本訂補。《四庫》本作「狎昵」。
❹「則是」二字，原殘缺，今據康熙本、乾隆本、清鈔乙本及《四庫》本訂補。
❺「天地生」三字，原殘缺，今據康熙本、乾隆本、清鈔乙本及《四庫》本訂補。
❻「天命」二字，原殘缺，今據康熙本、乾隆本、清鈔乙本及《四庫》本訂補。
❼「寓哉」二字，原殘缺，今據康熙本、乾隆本、清鈔乙本及《四庫》本訂補。
❽「而以私」三字，原殘缺，今據康熙本、乾隆本、清鈔乙本及《四庫》本訂補。

事物根原

又嘗因是而推之事物之間，❶其根原之所自來，皆天也。請併折衷其當否焉：❷

夫天之生人，首不能如禽獸之禿其髮，❸則欲使人莊以冠；身不能如禽獸之氄其毛，則欲使人蔽以衣；❹趾不能如禽獸之剛其爪甲，則欲使人束以屨：❺則正其衣襟冠履，乃天所以命於人如此也。若裸袒禿跣，❻則豈其天？而專事華靡之飾，亦豈其天哉？

天之生人，賦以臀欲使之能坐，賦以足欲使之能立，則坐當如尸，立當如齊，亦天所以命於人如此也。若箕踞跛踦，則豈其天？而專事釋子之盤躡，亦豈其天哉？

天於人，飢不能使之不食，渴不能使之不飲，則飲食者乃天所以使人充飢渴之患者也。若厭之者爲道家之辟穀，而溺之者又窮口腹之欲，則豈其天哉？

❶「又嘗因」，原殘缺，今據乾隆本、清鈔乙本及《四庫》本訂補。
❷「請併折」，原殘缺，今據乾隆本、清鈔乙本訂補。
❸「其髮」，原殘缺，今據乾隆本、清鈔乙本訂補。《四庫》本作「其頂」。
❹「使人」，原殘缺，今據乾隆本、清鈔乙本及《四庫》本訂補。
❺「以屨」，原殘缺，今據乾隆本、清鈔乙本訂補。
❻「禿」，原殘缺，今據乾隆本訂補。清鈔乙本作「免」，《四庫》本作「徒」。

天於人，晝不能使如夜之晦，夜不能使如晝之明，則晝作而夜息，亦天所以使人順陰陽之令者也。若晝而爲宰予之寢，夜而爲禪定之坐，則豈其天哉？

以至頭容之所以當直，目容之所以當端，手容之所以當恭，口容之所以當正，皆莫非天也。不然，則天於人，必偏其頭、側其目、參差其手、飄摇其吻而生者矣。視之所以當思明，聽之所以當思聰，貌之所以當思恭，言之所以當思忠，皆莫非天也。不然，則天於人，必瞽其視、聾其聽、槁其貌、瘖其言而生，而其所以視、聽、言、貌非禮之具，亦必元與形俱生矣。

又至冬之所以當裘，夏之所以當葛，出門之所以當如賓，承事之所以當如祭，見齊衰之所以當變冕，瞽者之所以當貌，鄉黨之所以當恂恂，宗廟之所以當便便，亦無一而非天也。不然，則天於人，元必皆無是等事；而吾身之所接，元亦必不復與是遇矣。

由是而觀，凡事物所當然，皆根原於天命之流行，非人之所强爲，決不容以忽而易之者。人之所以周旋乎其間，只奉天命而共天職耳。苟於此而容其私心，便是悖天命而廢厥職。

不審事物間，只如此推之是否。

仁

「仁」字近看，未審認意定否，❶請質諸明訓之下。

夫仁者，天地生物之心，而人生所得以爲心者。其體則通天地而貫萬物，其理則包四端而統萬善，蓋專一心之全德而爲性情之主，即所謂乾坤之元者也。故於此而語其名義，❷則以其冲融涵育、温粹渾厚，常生生而不死，因謂之「仁」。人惟己欲蔽之，❸是以生道息而天理隔絶，❹遂頑然不識痛痒而爲忍人。

人之所以體乎仁者，必此身私欲净盡，廓然無以蔽其所得天地生物之體，其中真誠惻怛，藹然萬物之春意常存，徹表徹裏、徹巨徹細、徹終徹始，渾是天理流行，無一處不匝、無一事不到、❺無一息不貫，如一元之氣流行無間斷，乃可以當渾然之全體而無媿。若一處稍有病痛，一微細事稍照覺不到，❻一頃刻稍有間斷，

---

❶「認意定否」，《朱子全書・答陳安卿》作「認得意是否」。
❷「而」，《朱子全書・答陳安卿》無此字。
❸「欲」，《朱子全書・答陳安卿》作「私」。
❹「絶」，《朱子全書・答陳安卿》無此字。
❺「事」，《朱子全書・答陳安卿》作「處」。
❻「稍照覺」，《朱子全書・答陳安卿》作「照管」。

則此處便私意行而生道息，❶理便不流通，便是頑麻絶愛處，烏得渾全是仁？如人之一身，渾是血氣周流，便是純無病人。纔一指血脉不到，便是頑麻不仁處。

商三子及夷、齊，雖皆許以「仁」，然非正許以全德，繹其辭意，皆是從一節上説來，但五子於一節上各做得極，皆真誠爲之，有以不咈乎其全體，故孔子因各隨事稱許，非若聖人大成地位，其辭直截而無委曲也。如顔子不違仁，雖未端的許，然辭意無所偏指，較之五子却是具全體，而聖人大成之亞也。

「仁」者，固是能好人、能惡人，公平無私。然恐惡人之意常過寬，好人之意常過厚；惡人之心終較緩，好人之心終較速。

恕

「恕」固是推己及人。若不真識恕，只管泥推己及人，則又拘拘，説「恕」字骨不出，不見得曾子所解「貫」字廣大也。某近覺此，大意只是我這理流注去到那事物處。但「仁」是流去到，便熟滑；「恕」用推方到，較生澁。所以恕爲求仁之方者，只爲事事物物間易爲私欲所隔，有不到處，便要得逐一推引這天理出去，流注到那事物，使千條萬緒無所不貫也。

然亦不必須是待人接物處。凡行止坐卧，但少有一念之私，理便隔絶，便是不恕。故「出門如見大賓，

---

❶「意」上，《朱子全書·答陳安卿》有「私」字。

使民如承大祭」，固敬也，而亦莫非恕也。「居處恭、執事敬、與人忠」，固仁也，而亦莫非恕也。凡「禮儀三百、威儀三千」，蓋無一事之非恕也。

不審如此體認，意有差錯否？又，聖賢言恕，多只就「所欲」字上言之，如何？是此處見心之所存爲切否？

忠恕

程子説「忠恕」，以「大本」、「達道」爲言，只是借《中庸》此字言之，其意自不同否？

蓋「中」之爲大本，是專指未發處言之；此「忠」之爲大本，則是就心之存主處真實無妄爲言，徹首徹尾，無間於已發未發。但就「忠」、「恕」分别，則「忠」主於心言，「恕」通於事言。然「忠」之徹首徹尾當其爲「忠」時，「恕」便包在其内；及到那「恕」處，這「忠」底又只在也。如天命流行不已，自元至貞，生物都包在其内。而萬物生生各遂處，不已之命又只在也，其實難截然分成兩段去。故發出忠底心，便是恕底事；做成恕底事，便是忠底心。

以上《問目》一卷，文公答書云：「所示卷子看得甚精密。」同時又答其外舅李丈書云：「安卿書來，看得道理儘密，此間諸生皆未有及之者。知昏期不遠，正爲德門之慶。區區南官，亦喜爲吾道得此人也。」❶

❶ 乾隆本此下有附注云：「又，《朱子全集·答晉江楊至之書》末云：『漳州朱飛卿近到此，病作，未能細講。陳淳者書來，甚進，異日未可量也。』今並附注，以見文公之亟稱北溪先生如此。」

北溪先生大全文集卷第六

問目

詳論夷齊

來教論夷、齊云：「以天下之公義裁之，則天倫重而父命輕。以人子之分言之，則又不可分輕重，但各認取自家不利便處，退後一步便是，伯夷、叔齊得之矣。」

某詳此，竊謂諸侯繼世襲封，所以爲先君之嗣，而爵位土田，則實自天子錫。故內必有所承，❶上必有所禀，而大倫大義又不至於相悖，端可以光付託而無忝，❷然後於受國爲正。❸伯夷、叔齊以天倫言之，則伯夷主器之嫡，在法固當立，然不得先君之命，則內無所承，烏得以嗣守宗廟

❶「土田則實自天子錫故」，《朱子全書·答陳安卿》無此九字。
❷「忝」，《朱子全書·答陳安卿》作「歉」。
❸「受」，《朱子全書·答陳安卿》無此字。

而有國也？以父命言之，則叔齊固有其命矣，❶然伯夷長也，叔齊弟也，叔齊之德不越於伯夷，其父乃舍嫡立少，是一時溺愛之私意，非制命以天下之公義者也。

亂倫失正，王法所不與，何可以聞於天王而撫國也？❷此皆在己有礙而不利便處。此在伯夷，所以不敢挾天倫自處，以壓父命之尊，只得力辭而不受，而決然不敢以或受。在叔齊，所以不敢恃父一時之命以壓天倫之重，只得固讓而不爲，而決然不敢以或爲。皆各據其分之所當然，❸以求即乎吾心之安。蓋不如此，❹則於心終不安。爲伯夷者，是不受之先君，不受之天王，❺而受之於弟；爲叔齊者，是成父之非命而干王法也，豈得爲受國之正乎？

文公先生批云：「此説得之，更看求仁得仁處。」❻

---

❶「其」，《朱子全書·答陳安卿》無此字。
❷「王」，《朱子全書·答陳安卿》作「子」。
❸「皆各」，《朱子全書·答陳安卿》作「此是」。
❹「此」，《朱子全書·答陳安卿》作「是」。
❺「王」，清鈔甲本作「子」。
❻「更」上，《朱子全書·答陳安卿》有「但」字。

詳「發憤忘食、樂以忘憂」意

來教云：「忘食忘憂，是逐事上説。一憤一樂，循環代至，非謂終身只此一憤一樂也。逐事上説，故可遂言『不知老之將至』，而爲聖人之謙詞。❶若作終身説，則憤短樂長，不可并連下句，而亦不見聖人自貶之意矣。」

某詳此，竊謂聖人安得有憤？只是做事與衆超越，做便做得極誠懇篤切，如恐不及，便是憤。既誠懇篤切，則於事便做得徹底竭盡，無遺恨。及事既了，便稱意，心得志滿、慊快充足，有樂底氣象。逐事皆有憤樂，憤在事方切之際，樂在事既透之後。惟真能憤，然後真能樂。不憤則事不極盡，而中有愧悔，安能樂？

然日用間應接酬酢，自朝至暮，事非一端。方其爲此一事時，其憤其樂如此；及又一事來，其爲之，依前又如此。❷其憤既做得透了，依前又如此其樂，❸每事皆然。一憤一樂，樂而又憤，憤而又樂，工夫循環無所間斷，不知有歲月之逝，此便見好學之篤，而爲聖人之謙處。若通以終身言之，則憤短而樂長，只於童年志學時，是有所發憤處。自既立以後，如不惑、知命、耳順、從心，則皆其所以爲樂之地。故「不知老之將至」

❶「詞」，《朱子全書·答陳安卿》作「辭」。

❷「前」，清鈔甲本作「然」。

❸「前」，清鈔甲本作「然」。

一句，誠著不得，而亦不見其爲自貶之意矣。

文公先生批云：「得之。」

詳「寤寐動靜」

來教云：「寤寐者，心之動靜也。有思無思者，又動中之動靜也。有夢無夢者，又靜中之動靜也。但寤陽而寐陰，寤清而寐濁，寤有主而寐無主，故寂然感通之妙必於寤而言之。」

某思此，竊謂：人生具有陰陽之氣，神發於陽，魄根於陰。心也者，則麗陰陽而乘其氣，無間於動靜，即神之所會而爲魄之主也。晝則陰伏藏而陽用事，陽主動，故神運魄隨而爲寤。夜則陽伏藏而陰用事，陰主靜，故魄定神蟄而爲寐。神之運，故虛靈知覺之體燁然呈露，有苗裔之可尋。如一陽復後，萬物之有春意焉。❶此心之寂感所以爲妙，而於寤也，❷爲有主。神之蟄，故虛靈知覺之體沉然潛隱，悄無蹤跡。如純坤月，❸萬物之生性不可窺其眹焉。❹此心之寂感所以不若寤之妙，而於寐也，爲無主。然其中實未嘗泯，而

❶「物」，原作「核」，今據清鈔甲本及《朱子全書・答陳安卿》改。
❷「爲妙而於寤也」，《朱子全書・答陳安卿》無此六字。
❸「月」上，《朱子全書・答陳安卿》有「之」字。
❹「物」，原作「核」，今據清鈔甲本及《朱子全書・答陳安卿》改。

有不可測者存。呼之則應，警之則覺，則是亦未嘗無主而未嘗不妙也。

故自其大分言之，寤陽而寐陰，而心之所以爲動靜也。細而言之，寤之有思者，又動中之動而爲陽之陽也；無思者，又動中之靜而爲陽之陰也。寐之有夢者，又靜中之動而爲陰之陽也；無夢者，又靜中之靜而爲陰之陰也。又錯而言之，則思之有善與惡者，又動中動之陽明陰濁也；❶無思而善應與妄應者，又動中靜之陽明陰濁也。❷夢之有正與邪者，又靜中動之陽明陰濁也；❸無夢而易覺與難覺者，又靜中靜之陽明陰濁也。❹

一動一靜，循環交錯，聖人與衆人則同，而所以爲陽明陰濁則異。聖人於動靜無不一於清明純粹之主，而衆人則雖同焉而不齊，❺然則人之學力所係於此，亦可以驗矣。

文公先生批云：「得之。」

---

❶「動之」，《朱子全書·答陳安卿》作「之動」。
❷「靜之」，《朱子全書·答陳安卿》作「之靜」。
❸「動之」，《朱子全書·答陳安卿》作「之動」。
❹「靜之」，《朱子全書·答陳安卿》作「之靜」。
❺「雖同」，清鈔甲本及《朱子全書·答陳安卿》作「雜」。

詳「子温而厲」章

「子温而厲，威而不猛，恭而安」，《集注》謂：❶「盛德之容，中正和平，陰陽合德。」竊嘗因其言而分之，以上三截爲陽而下三截爲陰，似乎有合。然又以上三截爲陰而下三截爲陽，亦似有合，未知所決。抑聖人渾是一團元氣之會，❷無間可得而指，本不可指定爲説，❸但學者以己意强爲之形容如是。❹

今且就其説自分三才而言，❺則温然有和之可挹而不可屈奪，則人之道也；儼然有威之可畏而不暴於物，則天之道也；恭順卑下而恬然無所不安，則地之道也。

自陽根陰而言，則温者陽之和，厲者陰之嚴，威者陽之震，不猛者陰之順，恭者陽之生，❻安者陰之定；自陰根陽而言，則温者陰之柔，厲者陽之剛，威者陰之慘，不猛者陽之舒，恭者陰之肅，安者陽之健。蓋渾然

---

❶「謂」，《朱子全書・答陳安卿》作「云」。
❷「團」，《朱子全書・答陳安卿》無此字。
❸「本不可指定爲説」，《朱子全書・答陳安卿》無此七字。
❹「但學者」至「如是」，《朱子全書・答陳安卿》作「學者强爲之形容」。
❺「今且就」，《朱子全書・答陳安卿》作「如且以」。
❻「生」，《朱子全書・答陳安卿》作「主」。

無適而非中正和平之極，不可得而偏指之也。

文公先生批云：「如此推得亦好。」❶

詳「匡人不能害孔子」意

聖人知匡人之決不能害己，而必又有戒畏之心。往前看得偏重了，所以一向不通。後來乃覺彼此皆渾淪是天處，蓋此處以大綱言之。斯文未喪，固天意在我，而匡人決不能逆天矣。聖人於此更不復疑懼，所以信天理之必然也。

然就其中細論之，吾無以致之而彼無故而來，莫之爲而爲，是亦天也。吾又安可輕自恃哉？故聖人於此又必戒謹而不敢忽，所以盡天理之當然也。二者並行而不悖，便見聖人之行，縝密無縫罅，而左右動静，❷無非天處。

竪看横看，道理便不偏著在一邊。不審是否？

前節「天在我」，後節「天在彼」。

文公先生批云：「是。」

---

❶「如此」，《朱子全書·答陳安卿》作「此説」。

❷「静」，原脱，今據清鈔甲本補。

詳「高堅前後」意

「高堅前後」，大概只是譬其無階可升、無門可入、無象可執捉也。然從而考其高、堅、前、後之實，❶恐亦不外乎日用行事之近，即是日用間事，但其理如是之高堅玄妙耳。

「高」，是理義原頭上達處；如性，天道所由來。❷「堅」，是理義節會難攻處；❸如數端參錯，盤根錯節處。「前」「後」是理義變化不居處。如一彼一此，亦時中之類。❹「仰」者，望而冀及之貌；「鑽」者，鑿而求通之意。「瞻」則視之方微見也，「忽」則認之又未定也。❺此正用功憤悶懇篤之際，而萬疑畢湊、欲融未融之時也。❻所謂「欲罷」之意，亦易萌於此矣。而夫子在前，却循循善誘，不亟不徐而教有其序。既「博我以文」，使我有以廓其知，而無一理不洞研諸心；又「約我以禮」，使我有以會其極，而無一理不實踐諸己。

至此，則高、堅、前、後之旨趣要歸，亦不外乎其中，而有可從升之級、有可從入之門、有可執守之象矣。

---

❶「從」，《朱子全書·答陳安卿》無此字。
❷「來」，《朱子全書·答陳安卿》作「也」。
❸「攻」，《朱子全書·答陳安卿》作「考」。
❹「如一」至「之類」，《朱子全書·答陳安卿》無此十字。
❺「認」，《朱子全書·答陳安卿》作「視」。
❻「畢湊」，原作「查滓」，今據乾隆本、清鈔甲本及《朱子全書·答陳安卿》改。

是以日益有味而中心悦懌，❶雖欲罷而自不能以已。❷

於是又即仰鑽博約之功所未精密，而猶可以容吾力者，一一極盡，更無去處，然後向之所以爲前、後、高、堅者，❸始瞭然盡在目前，如渠決水通，大明之中睹萬象，❹真見其全體之實，卓爾直立於其所，昭著親切，端的確定，而無纖毫疑礙遺遁之處矣。然欲更進一步，實與夫子相從於卓爾之地，則無所由。蓋前此猶可以用力，此則自大而趨於化，自思勉而之不思不勉，❺介乎二者之境，所未達者一間，非人力之所能爲矣。但當據其所已然，從容涵養，勿忘勿助，至於日深月熟，則亦將忽不期而自到，而非今日之所預知也。

文公先生批云：❻「卓爾，即是前日高、堅、前、後底，今看得確定卓然爾。如巍巍高底，今從頂徹底皆分曉，❼卓然盡在目中，無有遺遁。節會堅底，今皆融判，❽自成條理，卓然森列於中，不容紊亂。前、後捉

---

❶「心」，《朱子全書・答陳安卿》無此字。

❷「自」，清鈔甲本作「有」。「以」，《朱子全書・答陳安卿》無此字。

❸「前後高堅」，《朱子全書・答陳安卿》作「堅高前後」。

❹「睹萬象」，清鈔甲本作「觀萬物」。

❺下「不」字，《朱子全書・答陳安卿》無此字。

❻「文公先生批云」六字，原脱，今據清鈔甲本及《朱子全書・答陳安卿》補。

❼「頂」，清鈔甲本及《朱子全書・答陳安卿》作「頭」。「曉」，《朱子全書・答陳安卿》作「明」。

❽「判」，清鈔甲本及《朱子全書・答陳安卿》作「泮」。

摸兩不定底，❶今則前者的見其卓然在前，❷不可移於後；後者的見其卓然在後，❸不可移於前。不是高、堅、前、後之外，別有所謂卓爾也。」❹

諸家多以「前」爲過，「後」爲不及，恐無此意。「前」、「後」只是恍惚不可認定處，將以前者爲是耶，忽又有在後者焉，而前者又似未是，皆捉摸不著。若見得端的時，皆是時中，無過不及。諸家以「卓」爲聖人之中。❺卓却是中，然亦恐未可便説中。便説中，❻則「卓」字意又看不切矣。

文公先生批云：「此説甚善。昔聞李先生説此章最是。『夫子循循然善誘人，博我以文，約我以禮』，是親切處，❼其言有味。『前』、『後』，固非專指中字，然亦彷彿有些意思。」

❶「底」，《朱子全書・答陳安卿》作「者」。
❷「的」，《朱子全書・答陳安卿》作「灼」。
❸「的」，《朱子全書・答陳安卿》作「灼」。
❹「也」上，《朱子全書・答陳安卿》有「者」字。
❺「以」上，《朱子全書・答陳安卿》有「又」字。
❻「便説中」，《朱子全書・答陳安卿》無此三字。
❼「是」，《朱子全書・答陳安卿》作「至」。

詳「逝者如斯夫」章

「逝者如斯夫，不舍晝夜」，嘗因是推之：道體無一息之停，❶其在天地，則見於日往月來，寒往暑來，水流而不息，物生而不窮，終萬古未嘗間斷。其在人，則本然虛靈知覺之體常生生不已，而日用萬事亦無一非天理流行而無少息。

故舉是道之全而言之，合天地萬物、人心萬事，統是一無息之體。❷分而言之，則「於穆不已」者，天之所以與道爲體也；生生不已者，心之所以具道之體也；「純亦不已」者，聖人之心所以與天道一體也；「自强不息」者，君子所以學聖人存心事天而體夫道也。

楊氏此篇有不逝之説，❸亦猶《中庸》説死而不亡之意，❹皆是墮異端處。

文公先生批云：「此亦得之。」

---

❶「體」，《朱子全書・答陳安卿》無此字。

❷「統」，原漫漶不清，今據康熙本、乾隆本、清鈔甲本、清鈔乙本及《朱子全書・答陳安卿》訂正。「一無」，《朱子全書・答陳安卿》作「無一」。

❸「篇」，《朱子全書・答陳安卿》作「章」。

❹「猶」下，《朱子全書・答陳安卿》有「解」字。

詳「學道立權」章集注

「學道立權」章，《集注》舉楊氏曰：「信道篤，然後可與立。」且篤信是好學前事，既篤信然後能好學也。❶今於此既學適道之後，❷却言「信道篤」，❸何也？恐「信」字徹首徹尾不可分先後。❹如篤信而後好學者，方只信個大概；既學之後而又信道篤者，是真知而信之，所信意味自不同。其言各有主，而此章所引「篤」字，❺又應「立」字，爲切否？

文公先生批云：「『信道篤』三字，誠有未盡善者。」

此章又舉楊氏曰：「『知時措之宜，然後可與權』，則是『中』在先；如《孟子》曰『執中無權猶執一』，則是『權』在先。」不審「中」與「權」先後果何别？莫只是同時事，不可分先後否？

蓋「中」之在事物，即其恰好處，而無過不及者也。「權」則稱其輕重，而使之恰好，❻無過不及者也。故

❶「然」，《朱子全書·答陳安卿》作「而」。
❷「於此」，《朱子全書·答陳安卿》作「此於」。
❸「信道篤」，《朱子全書·答陳安卿》作「篤信」。
❹「字」，清鈔甲本作「自」。
❺「章」，《朱子全書·答陳安卿》作「意」。
❻「使」，清鈔甲本作「施」。

中者權之極，極猶屋極之極。權者中之則。則猶準則之則。中所以行權，權所以取中。論理，則知中然後能權；就事，則由權然後得中。猶之秤焉，❶或斤或兩，莫非有中也。然必識斤兩之所在，然後能以權而稱。能以權而稱，然後物之輕重得其斤兩之平矣。

文公先生批云：「是。」

禱是正理

前承教「子路請禱」處云：❷「禱是正理，自合有應。」嘗思之：周公請命而王乃瘳，成王出郊而天反風，耿恭拜井而泉出，庾黔婁稽顙北辰而父疾愈，與王祥雙鯉、姜詩井魚等類，其所以必如是而無不應者，只爲天地間同此一理、同此一氣。理所以統乎氣，而人之心則又爲理氣之主而精靈焉，隨其所屬小大分限，但精誠所注之處，懇切至極，則是處理强而氣充。凡我同氣類而屬吾界分者，自然有相感通，隨而湊集之，以此見實理在天地間，渾是一个活物，端若有血脉之相關者矣。

雖然，亦或有不能必其然者，蓋必然而無不應者，理之常也。或不能必然者，則非其常而不可以常法責

❶「猶」，清鈔甲本作「譬」。
❷「承」，清鈔甲本作「申」。

也。故君子惟自盡其所當爲，而不可覬其所難必。

文公先生批云：「得之。」

聖人千言萬語皆從大體中發來

聖人千言萬語，雖或至粗至淺、至近至小處，無非從大體中發來。就一語上直而觀之，亦可見妙道精義；横而觀之，則與其他萬語無不旁通貫串。其於行也，亦然。猶天地生物，雖一草一木之微，皆從大氣中流出。就一草一木上直而觀之，亦可見造化之神；旁而推之，與萬木生理無不相通。又如裘然，千絲萬縷皆從領上係來。就一絲直而尋之，亦可見大綱所在；横而推之，則與萬縷無不相聯屬。故一不可闕而萬不可厭，以一爲足而忽其餘則見不廣，以萬有餘而略其一則識不周。不審是否？

文公先生批云：「得之。」

主敬窮理克己工夫

「主敬」是日用間動静不可間斷要切工夫，其次則「窮理」、「克己」又其相須也。蓋敬者生道也，心之所以常惺惺不昧而天理之所以聚也。必主焉則專以是爲重，常存於中，爲此心之鎮而無少時之不然也。無事而主乎敬者，所以醒定其未發；有事而所主之敬不弛者，所以齊整其已發。未發者醒定，則天理昭融，於方寸有以涵夫動之端，而其發也必齊整。❶已發者齊整，則天理森布，於事物各不違其静之則，而其復常而爲未發也，又益醒定矣。一動一静，只管如此循環去，然亦豈一時暫爾之敬而遽能爾哉？

平時之學，苟惟一理之未瑩，則未發雖醒定，而其中已有是一理之欠。其中既一理之欠，❷則所發雖齊整，而亦必有乖礙不中節之處矣。一私之未克，則未發雖醒定，而其中已有是一根之伏。其中既一根之伏，❸則所發雖齊整，而亦必有不覺乘間爲事之累矣。故平時之窮理、克己，❹非主敬不能，而亦所以維是敬也。蓋敬貫動静，而窮理者又所以栽培其未發，而精明其所已發；克己者又所以隄防其未發，而洒落其所已發。平時之窮理、克己，所以爲今日未發已發之趾，❺而今日之窮理、克己，又所以爲後日未發已發之基。理之窮也日益精，則敬之致也日益密，而動静灼然純天理之公。己之克也日益力，則敬之存也日益固，而動静粹然無人欲之間。夫是以未發之前全體完瑩，而真有大本之中；已發之際大用通暢，而實得其達道之和矣。此心地上工夫之大概，動静無端，與日周流，至死而後已也。

文公先生批云：「亦善。」

---

❶「而」，清鈔甲本無此字。
❷「既」下，清鈔甲本有「有」字。
❸「既」下，清鈔甲本有「有」字。
❹「時」，清鈔甲本作「生」。
❺「趾」，乾隆本作「址」。

理有能然必然當然自然

理有能然、有必然、有當然、有自然處，❶皆須兼之，方於「理」字訓義爲備否？且舉其一二。如惻隱者，氣也；其所以能如是之惻隱者，❷理也。蓋其中有是理，❸然後能形諸外，爲是事。外不能是事，❹則是其中無是理矣。此能然處也。

又如赤子入井，見之者必惻隱。蓋人心是箇活物，❺其感應之理必如此，❻雖欲忍之，而其中惕然自有所不能以已也。不然，則是槁木死灰，理爲有時而息矣。此必然處也。

又如赤子入井，則合當爲之惻隱。蓋人與人類，其待之之理當如此，❼而不容以不如此也。不然，則是

---

❶「處」，清鈔甲本作「此」，則此字當屬下讀。

❷「之」，《朱子全書·答陳安卿》無此字。

❸「其」，《朱子全書·答陳安卿》作「在」。

❹「是」上，《朱子全書·答陳安卿》有「爲」字。

❺「物」，《朱子全書·答陳安卿》作「底」。

❻「其」上，《朱子全書·答陳安卿》有「然」字。「此」，《朱子全書·答陳安卿》作「是」。

❼「之之」，《朱子全書·答陳安卿》不重文。

爲悖天理而非人類矣。此當然處也。當然亦有二意：❶一就合做底事上直言其大義如此，如入井當惻隱，與夫爲父當慈、子當孝之類是也；❷一泛就事中又細揀別其是是非非，當做與不當做處。如視其所當視而不視其所不當視，聽其所當聽而不聽其所不當聽，則得其正而爲理。非所當視而視與當視而不視，非所當聽而聽與當聽而不聽，則皆非理矣。❸此亦當然處也。

又如所以入井而惻隱者，皆天理之真流行發見，❹自然而然，非有一毫人僞預乎其間，❺此自然處也。其他又如動靜者，氣也；其所以能動靜者，理也。動則必靜，靜必復動，其必動必靜者，亦理也。事至則當動，事過則當靜，其當動當靜者亦理也；而其所以一動一靜，又莫非天理之自然矣。又如親親、仁民、愛物者，事也；❻其所以能親親、仁民、愛物者，理也。❼見其親則必親，見其民則必仁，見其物則必愛，其必親、

❶「意」，《朱子全書·答陳安卿》無此字。
❷「子」上，《朱子全書·答陳安卿》有「爲」字。
❸「皆」，《朱子全書·答陳安卿》作「爲」。
❹「之」下，清鈔甲本有「所」字。
❺「僞」，乾隆本及《朱子全書·答陳安卿》作「爲」。
❻「也」，《朱子全書·答陳安卿》無此字。
❼「也」，《朱子全書·答陳安卿》無此字。

必仁、必愛者，❶亦理也。在親則當親，在民則當仁，在物則當愛，其當親、當仁、當愛者，亦理也。而其所以親之、仁之、愛之，又無非天理之自然矣。

凡事皆然。能然、必然者，理在事之先；❷當然者，正就事而直言其理；自然，❸則貫事理言之也。四者皆不可不兼該，而正就事言者，尤見理直截親切，在人道爲有力。所以《大學章句》、《或問》論理處，❹惟專以當然不容已者爲言，亦此意。熟則其餘自可類舉歟！❺

文公先生批云：「此意甚備。《大學》本亦更有『所以然』一句，後來看得且要見所當然是要切處。❻若早見得不容已處，❼則自可默會矣。」

---

❶「其必親必仁必愛」，《朱子全書·答陳安卿》無此七字。

❷「之」，《朱子全書·答陳安卿》無此字。

❸「然」下，清鈔甲本有「者」字。

❹「理」，《朱子全書·答陳安卿》作「難」。

❺「歟」，《朱子全書·答陳安卿》作「矣」。

❻「見」下，清鈔甲本及《朱子全書·答陳安卿》有「得」字。

❼「早見得」，《朱子全書·答陳安卿》作「果得」，清鈔甲本作「早得見」。按：「早」當爲「果」。

詳「公而以人體之，故爲仁」意

「公而以人體之，故爲仁」，李丈前所問，❶蓋以「人」字統就生人之類而言，❷所以轉見不通。❸某竊謂此段之意，「人」字只是指吾此人身而言，❹與《中庸》「仁者，人也」之「人」自不同，❺不必重看，緊要却在「體」字上。

蓋仁者心之德，主性情，宰萬事，本是吾身至親至切底物。公只是仁之理，專言公則只虛空説著理，而不見其切於己，故必以身體之，然後我與理合而謂之仁。亦猶《孟子》「合而言之，道也」。然公果如之何而

❶「丈」，《朱子全書·答陳安卿》作「公」。
❷上「人」字，《朱子全書·答陳安卿》作「仁」。「統」，《朱子全書·答陳安卿》作「純」。
❸「所以轉見不通」，《朱子全書·答陳安卿》無此六字，然有一小段文字討論細節，兹不録。
❹下「人」字，清鈔甲本及《朱子全書·答陳安卿》無此字。
❺「庸」下，《朱子全書·答陳安卿》有「言」字。

體，如之何而謂之仁也，❶亦不過克盡己私。至於此心廓然，❷瑩凈光潔，徹表徹裡，❸純是天理之公，❹生生無間斷，則天地生物之意常存。故其寂而未發也，❺惺惺不昧，如一元之德昭融於地中之「復」，無一事一物不涵在吾生理之中。其隨感而動也，惻然有隱，如春陽發達於地上之「豫」，無一事非此理之貫，而無一物非此生意之所被矣。❻此體公之所以爲仁，而所以能恕，❼所以能愛，雖或爲義、爲禮、爲智、爲信，無所往而不通也。

文公先生批云：「此説得之。不然，則如釋氏之捨身飼虎，雖公而不仁矣。」

---

❶「也」，《朱子全書·答陳安卿》無此字。
❷「廓」，《朱子全書·答陳安卿》作「豁」。
❸「徹表徹裡」，《朱子全書·答陳安卿》作「徹表裏」。
❹「純」，清鈔甲本作「統」。
❺「也」，《朱子全書·答陳安卿》無此字。
❻「而」，《朱子全書·答陳安卿》無此字。
❼「而」，《朱子全書·答陳安卿》無此字。

北溪先生大全文集卷第七

問　目

詳「顔淵問仁」段

孔顔答問爲仁一段，嘗思之，有理氣之分。蓋人受天命而生，必得乎其理以爲性，曰仁、義、禮、智而皆具於心；必得乎其氣以爲體，曰耳目鼻口、四肢五臟之屬而皆具於身。「仁」即此心所得天理之全體而主於愛，常生生不已而包乎四端，猶天道之「元」而包乎四德也。「禮」即此心所得天理之節文而主於敬，所以常生生不已，上繼乎仁而下包乎義、智，猶天道之「亨」，即元之始通而兼乎「利」、「貞」也。❶耳目鼻口、四肢五臟之欲，即所得氣形之私而主於有我，即所謂「己」者。而氣之所稟有雜揉之不齊，❷則欲之所感，又有淺深之不一矣。

---

❶「貞」，原作「正」，作者避宋仁宗禎諱改，今回改。後文不再出校。

❷「揉」，乾隆本作「糅」。

人惟天理、私欲二者並行乎性命形氣之間，而又日接乎事物無窮之境，是以性命常易爲形氣揜，而天理常多爲私欲屈。故耳目口體之屬，往往偏爲己意之徇，有違於禮而害夫仁。

人而不仁，則此心漠然無以帥氣統形而御夫物，殆將顛迷錯謬無所不至，而萬善皆於是乎廢矣。此聖門之學所以必汲汲於求仁。而求仁之要，聖人所以必以「克己復禮」一言而斷之，而於是一言之中，所要又在「克己」，而所主則在「復禮」。誠以「己」者吾身病仁之總目，❶非他病之比，而「禮」於仁爲切近，在吾心天理有持循之實，非如義、智之裁可否、别是非，介乎兩端而未專於天理之守也。故克去有己之私以復還乎是禮之本然，❷使日用間天理常爲主，而氣形每聽命焉，則吾心常清明端肅，無一動不合乎節文之正，而人欲無得以干之，則此身純是天理，而仁之爲體不離乎是矣。

至其所以爲克己復禮之目，則又不過乎勿爲非禮於視聽言動之間。夫目視、耳聽、口言，固也，若動則兼乎内外，而七情之所萌、四肢之所運也。四者皆形氣之所爲，而與心相應者也。視聽則自外入而感於内也，言動則自内出而應於外也。視、聽、言者發其端也，動者成其事也。四者視爲接物之先，而聽次之，然後繼於言而卒於動也。亦有各司其一而各自爲一病者，亦有因其一而動即隨者，要之，四者足以該吾身之用。而吾身日用所以爲天理人欲出入之階者，亦莫要於是四者矣。自一而入者病未蔓，四者參合則病根深。

❶「目」，《四庫》本作「自」，屬下讀。
❷「是」，清鈔甲本作「其」。

「非禮」者，即形氣之私欲；所謂「己」者，而天理之反也。❶ 非禮而視聽言動者，一以己而不以理也。以禮而視聽言動者，一以理而不以己也。出乎己則入乎理，出乎理則入乎己。以理者，性命之正，所當然而然，而形氣順從者也。以己者，形氣之私，所欲然而然，而性命受制者也。「勿」，即克之事也。非禮而勿視、聽、言、動，即「克」之謂也；以禮而視、聽、言、動，即「復禮」之謂也。曰克曰勿、曰復曰爲，二者操縱之間，又吾心所以爲主而天理人欲消長之機也。彼克則此復，一長則一消，茲又顏子用力所致謹處。如臂之屈伸在肘，如舟之縱横在柁，如三軍之進退在將。❷ 而於所謂勿者，又以見物欲本自外來，吾心非預內蓄。而所以爲克之功，初不用窮其巢穴而驅除之，而亦非有斬伐攻戰之勞也。

截然一段已往之放心置之勿論，只據今日見定求仁一念之頃，此時此心全然清明，無一點私欲。自此而往，於非禮但勿更爲之而已。一刻如一刻而常相接續，一日如一日而常無間斷，由是歲復歲以終其身焉，則渾然天德矣。是其名義豈不甚精，而爲力豈不卓然從容不僊哉？❸

雖然，非至明則不能察天理人欲邪正所由動之機，將有誤認天理爲人欲、人欲爲天理，而不自覺於冥冥之中矣。亦何以精其克復之功？非至健則不能決天理人欲勝負所由分之勢，將有玩天理而不肯進，戀人

❶ 「而」，清鈔甲本作「乃」。
❷ 「三」，乾隆本作「中」。
❸ 「卓」，清鈔甲本作「篤」。

欲而不忍割，而依違於二者之間矣。亦何以勇其克復之力？惟其知之也至明，則表裏隱顯、小大精粗釐分縷析，無不瞭然，如辨白黑而不可亂，❶又焉有人欲與吾天理混哉？而又濟之以至健，則割所愛如所仇，❷捨所難如所易。如一劍之斷蛇，更不復續；如洪爐之點雪，消鎔無迹；❸如決洪瀾，下臨萬仞之壑，沛然誰能禦之？而又焉有人欲爲吾天理病哉？

然夫子於此，直曰「克己復禮爲仁」，止於行而不及知者，非偏也。「一日克己復禮則天下歸仁」，若是其速而無循序之漸者，非徑也。此蓋物格、知至以上之事，❹即顏淵學力所至而語之，而惟顏子足以聞此。未至乎此，則遲速深淺不諳其所自，而必有疏闊滲漏之功矣。若在學者，雖不可以高躐徑造，而亦不可以畏憚退縮而不務勉行之實也。❺

「己」一名含二義

何謂「己者，身之私欲」？蓋「己」一名而含二義：一以身言之，如下文「由己」之「己」與「求諸己」之類；

---

❶「辨」，原作「下」，今據乾隆本、清鈔甲本及《四庫》本改。
❷「則」，清鈔甲本無此字。「愛」，清鈔甲本作「害」。
❸「鎔」，清鈔甲本作「融」。
❹「蓋」，清鈔甲本作「皆」。
❺「憚」，清鈔甲本作「怯」。

一有私之意焉，所謂「有己之私」即此。「克己」之「己」與「至人無己」之類，亦猶「我」之爲言。一以身言之，如「萬物備我」、「我欲仁」之類；一有私之意焉，所謂「有我之私」，如「毋我」之「我」也。

詳《克齋記》「克己乃所以復禮」句

《克齋記》云：「克復雖若各爲一事，其實天理人欲相爲消長，克己者乃所以復禮，而非克己之外，別有復禮之功也。」嘗以是説驗之，見人有淡然不逐物欲者，而亦不進天理，未的見此爲一處。❶切恐自質美而未學者言之，❷則爲二事，蓋其質美不逐人欲矣，而未之學，則亦無進天理之功，故既克人欲於彼，而又須復天理於此，當兩其進也。若自求仁者言之，則只是一事，蓋其平日用心所主者在天理，惟病人欲之絆累而不得快於進爾。今既克去人欲，則天理無所累，而所進自不可禦矣，是所謂克己乃所以復禮也。

又嘗細考之，有能去人欲矣，而未能復天理，則是所去者止其粗而未及精，止其顯而未及隱，其實只不復天理處，便是人欲之根尚在，潛伏爲病，未能真去净盡，而猶有陰拒天理於冥冥之間，似病不病，正如瘧疾人寒熱既退矣，而精神猶渾渾不爽。若病不病，便是病猶在，隱而未全退也。假如人欲無別惡候，只此不進天理，亦是怠惰之私爲病，形氣尚爲主，而天理尚爲客也。

❶「此」，清鈔甲本作「其」。
❷「切」，乾隆本作「竊」。

「克己復禮」須知二而一一而二

克己復禮，須知二而一一而二者也。蓋克己是去人欲於彼，復禮是復天理於此，此二也；然二者相爲消長，猶陰陽寒暑，彼盛則此必衰，絶無人欲則純是天理，故去人欲是乃所以復天理，而實非有二事，此二而一也。二者雖同爲一事，然亦須有賓主之分。天理，主也；人欲，客也。復天理，主事也；去人欲，客事也。吾日所重者，當以復天理爲主，以爲用力歸宿之地，而去人欲以會之爾。❶於其去人欲也，又每提天理，使卓然清明不昧，則權在我而所克也有統，亦自不勞餘力矣，非謂止務克人欲更不必及天理，則天理自復也。此一而二也。

一日克己

當是時，顔子固已知至，聖人更不待説知一節，而以直説克己工夫，然於所謂己者，在顔子分上，亦已自去七八分，過乎大半，無粗厲之顯過了。所以夫子假設而激厲之，有「一日克己」之説，未爲徑快疏略，而在顔子剛勇手段，若責一日工夫，亦真足以承當，必能一日掃除得盡，而不爲虚此語也。若在學者，致知工夫未到，克己工夫亦未曾一二，而輒欲試一日之説，則一下安能頓然盡知己私於隱微？將從何所一併下手，

---

❶「會」，清鈔甲本作「全」，可從。

使徹底净盡，於一日之内而無遺餘哉？

仁　禮

仁者心理之全體，禮者心理之節文。全體者，節文所合之本統也；節文者，全體所分之條派也。故竊謂：仁者禮之會而禮者仁之達。仁者禮之會，明道所謂「視聽言動一於禮之謂仁」，伊川所謂「克盡己私，只有禮時方是仁也」。禮者仁之達，横渠所謂「禮儀三百，威儀三千，無一事之非仁也」。

顔淵仲弓資禀

顔子有清明剛健之資，可與大有爲，故告之以克復之事。仲弓資禀安静篤學，惟可與謹守，故告之以敬恕之事。顔子若不告以克復而下從仲弓位，則是以千里駿足，而局之牛車之下也。仲弓若不告以敬恕而上躐顔子等，則是以嫻習南畝之才，而責之騰踏千里也。惟各隨其資之所近，而語之以理之所契，雖其爲説有淺深、高下之不同，而所以切於二子之身，各得以持循據守，而進道入德，則均矣。

二説若就仲弓言之，則「出門如見大賓，使民如承大祭」，其端莊恪謹之容如此，蓋有睟面盎背、周旋中禮氣象，非平時主敬於中有素者不能也。己之所不欲者，非吾本心天理之誠也，必禁而絶之，勿以施之於人，則凡其所以流通貫造於人者，必皆吾本心天理之誠然而恕之道也。敬者，吾心之所以生而仁之存也；恕者，吾心之所以達而仁之施也。誠能主敬持己若是其篤，則私意無所萌於内矣；行恕及物若是其實，則私意無所形於外矣。內外無私意，則純是天理而仁在是矣，又何有所謂己，而又何待於克爲哉？

此夫子所以使仲弓必從事於此，❶其用功亦可謂直而約矣。雖不必事顔子之所事，而亦未始與相戾也。若就顔子而校之，則彼敬固足以無私於内矣，然平時私意之未克，則所以爲敬者，亦將徒爲是矜持，而未必合乎節文之正也。彼恕固足以無私於外矣，然平時私意之未克，則所以施其所欲者，未必理之正；而禁其所不欲者，未必理之非也。

故敬、恕，但渾淪其功而已，不若克去己私、以復還天理，於心地上工夫爲親切也。敬、恕但以善養而已，不若克人欲、復天理，兩進其功之爲净盡也。出門如賓，使民如祭，己所不欲，勿施於人。在四目中，特不過其非禮勿動之一爾。又不若克己復禮規模之大，而無所不總也。出門、使民、推己、施物，所指言者，皆詳於顯而略於隱，重乎外而簡乎内，又不若克己復禮條理之密，而不容有滲漏也。蓋一則鞭辟入裏之功，而一則持養放出之事；一以上達天德而極高明，而一以下學人事而道中庸，其等級大不可以同日語。

在顔子，正明道所謂「學質之美明得盡，查滓便渾化，❷與天地同體」者。仲弓則其次之莊敬持養者，及其至則一也。然在學者，則亦不容有輕重之别，當隨所在而交致其功。日用間覺其有人欲則克之，見其爲天理則循之，持己則主於敬，而接物則行夫恕。彼此均無所偏遺，然後吾爲仁之功可以無隙漏，而二子之

---

❶「必從」二字，原爲墨丁，今據乾隆本、《四庫》本補。

❷「查」，乾隆本作「渣」。

長，皆集於我矣。

語司馬牛又下於雍

語司馬牛之說，又最下於雍矣，非秘其精義而不以語之也。以牛多言而躁，若不以其病之所切者而語之，則彼之躁必不能自覺，將終身爲此心之累，而仁無由可達。故必使之先致謹於此，去煩而簡，反躁而静，則心無所放而常定於中，然後入德次第皆可漸進，而仁可求矣。

譬如人身之有病，未論其證之大小善惡，但或有一指之腫、一足之廢、一目之盲、一耳之聵，或肺之逆、或脾之刺、或胸腹之痞、或腰背之疼、或小腸之泄、或大腸之秘、或寒熱吐利之行、或癰痔癬癩之作，纔一有攻注作梗，便通一身氣脉俱爲之牽引不寧，而爲此身對頭之患。當是時，雖有神仙補養、延年益壽之奇劑妙訣，皆爲無所用矣。故必須先去其見在之病，使吾身泰然無所礙，然後神仙方劑可得而餌，❶而延年益壽之訣，可得而服也。

雖然，聖人斯言固爲切牛之病而發，若就其言而究之，則至理亦不外是。蓋言者，心之聲而行之表也，關吾身日用爲甚切。其心敬，則其言不易；而言之易，則心不敬。其行謹，則其言不輕；而言之輕，則行不謹。惟内外本末交相養、心常主敬而行常致謹，然後言由中出而動必顧行，自然簡重而不易其發。兹豈易

---

❶「餌」，原作「弭」，今據乾隆本、清鈔乙本改。

及之功哉？而牛少之疏闊甚矣！此在顏子克己目中，即非禮勿言之事，但其所主不同耳。顏主於無所私，牛主於無所放。若在學者，則尤不可不以爲切身之戒。苟或未能去牛之病，而輒欲効仲弓之敬恕、顏子之克復，其亦將如之何哉？

三仁夷齊之仁及顏子等仁

三仁、夷齊之仁，各隨其事看，皆是當理而無私心，所以皆謂之仁。然與顏子之仁、與雍也未仁等相參校，❶又覺仁所係甚大，非全體不息不足以當之，又未見二説相通爲一處，不審如何。恐三仁、夷齊之事，皆是身分上大節目處，因此以見其心之全體。而顏子未遇事變，只是暇日做仁底工夫，須當舉此一身，絶無一毫私意而純是天理，然後得爲仁。若其遇事變，則亦與三仁、夷齊同，而所謂易地皆然否？然畢竟顏子底地位煞高，恐不止三仁、夷齊之類。如何？

右《問目》一卷，文公先生答書云：「其間説得極有精密處，甚不易思索至此，今更不能一一批鑿得，久之，自見得也。」

❶「未」，《四庫》本作「問」。

北溪先生大全文集卷第八

問目

詳集注與點説

天理自然流行圓轉，日用萬事無所不在。吾心見之明而養之熟，隨其所處，從容洒落而無一毫外慕之私，然後有以契乎天理自然流行之妙，在在各足而無處不圓。堯舜之所以爲堯舜者，不能加毫末於此矣。如堯自明德親族、平章協和以往，小而析因夷隩之授其時，大而傳賢以天與，無非渾然此理也。舜之飯糗茹草，若將終身焉，則此理行乎貧賤之中者也。及被袗、鼓琴、二女婐，若固有之，則此理行乎富貴之中者也。人悦富貴好色，無足以解憂，惟順於父母可以解憂，則此理行乎事親之中者也。象憂亦憂，象喜亦喜，則此理行乎兄弟之中者也。凡所謂五典而天叙，五禮而天秩，五服而天命，五刑而天討，於天下事事物物，無一不從容乎天理之自然，而舜皆無纖毫容私焉。如孔子之志，「老者安之，朋友信之，少者懷之」，亦無非對時育物，使之各遂其天理而無咈焉爾，與堯舜同一道也。

若曾點之言志，蓋有見乎此，故不必外求，而惟即吾身之所處，而行吾心之所樂，從容乎事物之中，而洒落乎事物之表。固非滯著以爲卑，而亦非放曠以爲高；固非窘迫而有所助，而亦非脱略而有所忘。此正有與物爲春、並育同樂之意，即堯舜之氣象而夫子之志也。推此以往，隨其所應，觸處洞然，冰融凍釋，小而洒掃進退三千之儀，大而軍國兵民百萬之務，何所而非此理？何所而非此樂哉？故堯舜事業於此可卜，其必優爲之矣。❶若三子之事，亦莫非此理之所當爲，但身未當其時、履其地，而區區焉以是横於心而不忘者，何哉？是則理在彼而不在此，在異日而不在今日，在吾身外而不在日用之見定，便覺出位越思而有凝滯倚著、窘迫正助之病。較之於點，則點見事無非理，三子則事重而理晦。點於理密而圓，三子則闊而偏，不可與同日語矣。

雖然，❷點亦只是窺見聖人之大意如此而已，固未能周晰乎體用之全，❸如顔子卓爾之地；而其所以實踐處，又無顔子縝密之功，故不免爲狂士。是蓋有上達之資而下學之不足，安其所已成而不復有日新之意。若以漆雕開者比之，則開也，正所以實致其下學之功而進乎上達，不可得而量矣。在學者於點之趣味，固不可不涵泳於中，❹然所以日致其力者，則不可以躐高而忽下，而當由下以達高，循開之所存而體回之所事。

---

❶「必」，清鈔甲本無此字。
❷「雖」，清鈔甲本無此字。
❸「晰」，清鈔甲本作「晰」。
❹「中」上，清鈔甲本有「其」字。

開之志既篤，則點之地可造；回之功既竭，則點之所造，又不足言矣。

子路不達禮

程子曰：「子路只爲不達『爲國以禮』道理。若達，却便是這氣象也。」蓋禮者，理也，天理之中也。若洞然有見乎此，❶便理明分定，從容乎節文之中，無過不及。用則行，舍則藏，可則爲，否則止，各安其所而自無忙迫出位之思，便是此氣象也。子路行處篤於點，平時胸懷磊落，不爲勢利拘，幾有洒然底意，❷如與狐貉立不恥、與朋友共敝無憾、❸聞過則喜等處可見。其地位高矣。與浴沂趣味蓋不相遠，但其見處不及點，故由此理而不知爾，使其達之，則即此而妙用在，❹如曾子之悟「一貫」，豈復離此而爲道哉？

天理人欲分數

天理者，上達之正逵；人欲者，下達之邪徑。二者向背之岐，固當明辨；而二者勝負之幾，最未易決。

---

❶「乎」，清鈔甲本作「于」。
❷「幾」，清鈔甲本無此字。
❸「敝」，原爲墨丁，今據乾隆本、清鈔乙本及《四庫》本補。
❹「在」，清鈔甲本無此字。

蓋天理一分長則人欲一分消，天理二分長則人欲二分消，便待天理所造者五分，而人欲亦只五分之消，猶有五分之相持，未可保其決不爲他引去。萬一把守不牢、攻戰不力，一旦忽不覺爲他引去，則和從前五分天理都喪了，更無復上達而下墮於迷矣。惟理到六分以上，然後天理强而人欲衰，天理把得住，在中而爲主，人欲戰得退，在外而爲客，當是時，始真能入得上達之正逵而勇不可禦，始真能脱得下達之邪逕而確不復墮，❶所謂顯過麄惡已無復有，但其念慮之隱、應接之微，失照顧處有三四分零碎底查滓在，❷自是日亦漸易消磨，如已破勁賊而蒐其餘黨，不勞餘力，所謂十全極至之地，於是亦可馴造不遠矣。

然則五分相持之地，正聖愚對敵急要之關，而天理須到六分以上，方得爲透過此關向上去。❸然則亦若何而爲吾天理已到六分而上之驗乎？❹曰亦須是好善真如好好色之切，則善者真爲吾裏面實有底物矣；惡惡真如惡惡臭之酷，則惡者真爲吾外面不容底物矣。是乃天理勝得人欲之驗也。學者自驗吾好善未能如好好色之切，惡惡未能如惡惡臭之酷，則便是天理人欲勝負未分，不可不深知下墮之爲可畏，而當汲汲以上進自力也。自昔學者，有或不能善其後者，其病正坐此歟！

❶「達」，《四庫》本作「學」。
❷「查」，乾隆本作「渣」。
❸「關」下，清鈔甲本有空格，疑有脱字。
❹下「而」字，清鈔甲本作「以」。

率性之道原有條理節目❶

天命之性，渾然一大本；而其中率性之道，元有自然條理節目，❷燦然萬殊。聖人生知安行、萬善無一不中節者，只是全得本原底恰好，❸無些剩亦無些欠，而其所以脩道立教於天下，爲三千三百之儀，有輕重厚薄淺深疏密之不等者，亦只是依此本元條理節目以示人爾，❹非聖人撰之也。

君子所以窮理者，亦只是要窮到本元恰好處，❺使一一湊合得著，無少差錯，方得爲盡心、知性、知天。所以力行者，亦只是要做到本元恰好處，使一一各當無加無減，方得爲盡性至命而契乎天。若所宜重而輕，所宜輕而重；所宜厚而薄，所宜薄而厚；所宜深而淺，所宜淺而深；所宜密而疏，所宜疏而密：不合本然分數，便未是恰好，未得爲《大學》「至知」、《中庸》「至德」也。

❶「原」下，清鈔甲本有「自」字。
❷「元」，清鈔甲本作「原」。
❸「原」，清鈔甲本作「元」。
❹「元」，清鈔甲本作「原」。
❺「元」，清鈔甲本作「原」。

親親仁民愛物只是理一而分殊

親親、仁民、愛物，大意只是理一而分殊。然其所以爲理一分殊者，亦有二義：以天言之，則乾父、坤母、民物，皆爲同胞，與吾親同此一氣體而生，是理一也；然親也、民也、物也，其親疏本末，亦天然自有个差等處，是分殊也。如人之一身，四肢百骸皆是一體，❶一氣脉所貫，然首之與足，心腹之與四肢，亦各有分别也。以人言之，則曰親、曰仁、曰愛，皆一仁心之所流行貫徹，而所謂仁愛者，不過出於親，是理一也。然親者，隆於仁愛；仁者止於仁而弗親，愛者止於愛而弗仁，其親重亦有等，先親親而後仁民，仁民而後愛物，其緩急又有序，是分殊也。如人身四肢百骸皆知所痛痒，皆無所不愛，然其待頭目則厚於手足，衛胸腹則重於四肢，亦有辨也。此天命人心本然之目，爲學依此，則爲當然之功。

理一者，統言其體；分殊者，分言其用。理一所以包貫乎分殊，分殊只是理一中之差等處，非在理一之外也。然於分殊之中，所以如是其親、其仁、其愛，隨其用而無不盡者，❷是又所以全其體，而使所性之分無有外，兹又分立而推理一也。❸理一者，仁也；分殊者，義也。仁者，廓然而大公；義者，截然而有制。理一

❶「是」，清鈔甲本作「自」。
❷「其」，清鈔甲本作「所」。
❸「立」，乾隆本校爲「殊」。

而分殊，則仁中有義，其施有差等，而不流於兼愛之泛。分殊而理一，則義貫於仁，其會有宗元而不梏於爲我之私，此所謂體常涵用，用不離體，而非有二物也。

利者義之和

利者義之和。以理言，利物足以和義；以學言，利者不相妨害，和者不相乖戾。以和解利，和即利也。蓋義者心之斷而事之宜，其體嚴，其用和。如君臣、父子、夫婦之分，截然不可犯者，心之斷而體之嚴也；君君、臣臣、父父、子子、夫夫、婦婦，各安其分而無不利者，事之宜而用之和也。體嚴則用和而不流，用和則體嚴而不傷，亦非有二也。故君子於事物也，各遂其宜而無不利，則於義也，得其和而無乖戾、傷嚴之病矣。

孟子説「天與賢與子」可包韓子「憂慮後世」之義

韓子説「堯舜傳賢爲憂後世，禹傳子爲慮後世」，是就人事見定説，固爲親切。孟子「天與賢則與賢，天與子則與子」，是就原頭説，尤爲精到。若韓子説則不到上面一著，孟子説則可以包韓子之義。其實憂後世而傳賢，慮後世而傳子，皆莫非天也，非堯、舜、禹所能容一毫憂慮之私於其間也。蓋使天不與賢，則堯舜豈能違天，獨私憂後世而必與賢哉？天不與子，則禹豈能違天，獨私慮後世而必與子哉？故與賢與子者，天也；憂後世慮後世者，聖人所以奉天命、祇惕寅畏之意也。其憂乃天理之發、當然之憂，而非私憂；其慮乃天理之發、當然之慮，而非私慮：皆聖人性情之正也。韓子識未及此，乃以孟子之説爲非，則失之矣。

深造自得段意

「深造之以道」，是千條萬緒，件件都恁地深著工夫去。「自得」，則爲己物矣。「居之安」，是己物已成个基址，安固而不摇矣。「資之深」，是基址有个根原來歷，可憑藉依賴而無盡，非浮埃聚沫之比矣。「取之左右逢原」，是本末一貫，渾成一个物，降衷秉彝之本然者，無不流行呈露於日用千條萬葉之中，而日用千條萬葉無一不是降衷秉彝之本，故纔有一動，真情便現，此理便在面前，無不遇其本處也。

告子論性之説五

告子論性之説有五，而「生之謂性」一句，乃其訣本者。蓋性者，人所得於天之理，若仁義禮智者是也，而視物爲獨全。生者，人所得於天之氣，若知覺運動者是也，而與物爲不異。告子不知性之爲理，而指氣以當之，故以知覺運動不異也爲解，而斷爲一定之論，謂凡有生者，皆同是一性，更無人物差別，是立个大底意以包之。

而餘之四説，則又就其中推演，如食色、無善不善二説，則正與此同。蓋一由其能知覺運動，故能甘食悦色也；一由其知覺運動之無所異，故無善無不善也。如杞柳、湍水二説，❶則亦不外乎此。蓋一由知覺運

❶「二」，清鈔甲本作「之」。

動之或偏於惡，故必待矯揉而後成也；一由知覺運動之或混於善惡，故之東之西而無所定也。夫既以甘食悦色爲仁生乎内矣，而又反之以爲惡；既曰無善無不善矣，而又反之以爲善惡混，展轉縱横，支離繆戾，要之皆只説著氣，而非性之謂也。夫既以氣爲性，則仁義禮智之粹然者，將與知覺運動之蠢然者相爲混亂，無人獸之别，而且不復識天理人欲所從判之幾矣。其爲害豈淺淺哉！❶

告子與程張説氣不同

告子説氣，與程張説氣不同。嘗推之：氣一也，告子生之謂性之説，❷所謂知覺運動者，是統指夫氣之流行爲用者而言。程子才禀與張子氣質之性，所謂清濁剛柔者，是分指夫氣之凝定成體者而言。自知覺運動者統言，可包得清濁剛柔；而清濁剛柔者分言，其中亦各具知覺運動。

但告子之説，乃即是以爲本性，而大爲包含之意，❸渾無分别，如無星之秤、無寸之尺；而程張之説，❹則是於本性之外，發此以别白其所未盡，如大明中閲物象瞭然，更無隱漏矣。如杞柳、湍水之説，亦氣質意

❶「淺淺」，清鈔甲本不重文。
❷「之謂性」，此三字原脱，今據清鈔甲本補。
❸「含」，清鈔甲本作「容」。
❹「張」，清鈔甲本作「子」。

也，但程張分明斷作氣質，則自不亂此性之本，便爲精確不易之論。告子雖於杞柳説著氣之惡，湍水説著氣之混，而其意不認作氣質，只專作本性看，所以不可同日語也。

三仁夷齊顔子之仁

某向者以三仁、夷齊之「仁」及顔子等「仁」不相協合，❶久爲之礙，❷未能洒落，屢次具問，後再思之，覺釋然已無礙矣。❸敢請質之：蓋仁一也，而言各不同。以理言，則天理之公也；以心言，則此心純是天理而無私之謂；以事言，則當理而無私心之謂。

若顔子之所謂「仁」，是平時此身上純天理而無私欲；三仁、夷齊之所謂「仁」，是臨大變中做事當理而無私心，自有其辨，亦必須平時此身上純天理而無私欲，然後能於大變中，做事當理而無私心，而非有二也。但顔子無遭變之事，而三仁、夷齊不可見其平時之功，亦不必區區爲是優劣之較矣。

❶「及」，清鈔甲本無此字。「等」，清鈔甲本作「之」。

❷「之」，清鈔甲本作「疑」。

❸「礙」，清鈔甲本作「疑」。

用散而體不分

天地大化流行發育萬物，而渾然太極之全體，則未嘗動也。人心日用泛應酬酢萬事，而渾然本性之全體，則固自若也。故自一而萬也，而一者未始支；自萬而一也，而萬者未始併。

横逆自反

凡横逆之來，必吾有致之之隙。❶不然，亦必有近似之情，未有全無故而來者。君子視之當如鍊金之火、攻玉之錯，於中有進德無窮之意焉，無惡也。

蓋使吾之自反果無一不盡其理矣，❷而猶未也，恐吾出之有未中其節也；使吾出之果中其節矣，而猶未也，恐吾之全德未能充實而素孚於人也；使吾之全德果充實而素孚於人矣，而彼猶若是者，至此然後可以天地間一惡物視之，亦未可亟勝而峻滅，❸惟當公處而順應。

---

❶「吾」，清鈔甲本作「我自」。

❷「吾」，清鈔甲本作「我」。

❸「亟」，原作「亟」，今據康熙本、乾隆本、清鈔甲本及《四庫》本改。

如暴來者，待之以遜；毁來者，❶待之以靖；❷詐來者，待之以誠；慢來者，待之以恭。一行吾天理之當然，若無聞無見焉，是則吾心無時而不休，吾身無日而不泰，地無適而不夷，事無接而不利也。

右《問目》一卷，親呈文公。先生讀至半，曰：「説得也好。」遂瞑目，坐少久，又讀，至近末，曰：「説得皆好，皆是一意。」

❶「毁」，乾隆本作「逆」。
❷「靖」，乾隆本作「順」。

北溪先生大全文集卷第九

記

貫齋記

聖門教不躐等。下學而上達，未有下學之不致，而可以徑造夫上達者。當時門弟中，❶從事於此爲最篤者，自顔子之外，惟曾子一人，平時於聖人用處，每隨事精察而實履之。觀《曾子問》一篇，所講明者皆其變禮，則於周旋進退之常，固已無一節之不究矣。日省吾身以三者，内外交相飭，則體之在我者，又已無一刻之不謹矣。所欠者，但未知夫大本之所以爲一爾。夫子知其下學之功到，將有所覺，而可以上達發之也。於是呼而語之以「一貫」之旨。

曾子果能於言下心融神會，即應之速而無疑，亦其真積力久所必至，而非一蹴之所能强也。及門人扣

❶「中」，清鈔甲本作「子」。康熙本作「子中」。

之，❶難於爲言，乃借學者盡己推己之目所謂「忠恕」者以著明之，欲聽者之易曉。自今觀之，「忠」即所謂「一」，「恕」即所謂「貫」，而未可以常情論也。蓋聖人之心，渾然一理而至誠無息，猶「維天之命，於穆不已」，所以爲天之「忠」，❷固無待於有所盡。及日用酬酢，萬物各止其所，而莫非渾然一理者之所流行通貫，猶「乾道變化，各正性命」，所以爲天之「恕」，而亦無待於有所推。其爲「忠」也，道之體也，而萬殊之所以一本也；其爲「恕」也，道之用也，而一本之所以萬殊也。由一本而萬殊，而所謂體者，常呈露於用之中；合萬殊而一本，而所謂用者，未嘗離乎體之内，此夫子所以授之曾子，而曾子所以契諸夫子而喻諸門人者。❸其爲心法精微之實，詎容以二觀哉？

在學者，追慕其學，則未可躐進夫所謂「一」，亦惟致曾子下學之功，專從事於所謂「貫」者而已爾。凡日用千條萬緒，各精察其理之所以然，而實踐其事之所當然，使無一不明諸心，而無一不誠諸身，然後合萬理爲一理，而渾然夫子太極之全體，自此其上達無餘藴矣。譬之錢十百，❹曾子已數而列之整矣。夫子與之緡一條，則不復問而貫之矣。其未曾下學者，殆猶散錢之未數，雖以貫指之，亦未如之何。此門人之同在側

❶ 「扣」，乾隆本作「叩」。
❷ 「爲」，清鈔甲本作「謂」。
❸ 上「諸」字，清鈔甲本作「之」。
❹ 「之」，清鈔甲本作「諸」。

者，所以皆莫喻其旨，而異時子貢嘗亦與有聞焉，竟亦莫曉其意之果爲何如也。❶

或曰：曾點浴沂之志，見道之大體甚明，夫子深嘆與之，豈非與參之「唯」亦同一趣味歟？曰：曾氏父子之學正相反。參也由「貫」以達夫「一」；點則又專游心於「一」，而不必實以「貫」。蓋以上達爲高而不屑夫下學者，所以行有不揜而不免爲狂士，是固不可以同日語也。

仙遊陳生沂伯澡，始慕點爲名，今復以「貫」名齋，蓋覺點之病而欲務參之學以實之，且求講明其義。❷予嘉其立志之審而用功之有序也，因書此以爲之勉焉。

雖然，曾子之所以能勝重任而遠到者，亦由有其弘毅之質以充之，蓋不弘，則蓄德易厭，而萬理無以嘉其會；不毅，則立操易移，而萬理無以剛其守。兹正古人之所不容闕，而叔世學者之所甚不足者，而況於頹波流俗之中，欲卓然有以超凡而達聖，非此亦將何以真能自拔而任重致遠乎？嗚呼！此又伯澡之所當深自警焉者也，此又伯澡之所當深自力焉者也。

戊寅七月朔，陳某記。

---

❶「也」，清鈔甲本作「哉」。

❷「求」，原作「來」，今據清鈔甲本改。

仁智堂記

憲使陳侯結堂於第之南，面直峰巒，翠拔參天。其下甃爲凹池，導後山之泉注其中，清泚寒洌。取夫子所謂樂山水之意，而扁之曰「仁智」。

噫！有旨哉！夫仁者，天地生物之心而人生所得以爲心者，純是天理，絶無一毫人欲之私以間之；智則此心之虚靈知覺而所以是是非非之理也。故有是仁者，必安於義理而重厚不遷，有似於山而樂乎山；有是智者，必達於事理而周流無滯，有似於水而樂乎水。其氣類相感，物觸而理形焉，是豈尋常觀覽於外，❶而玩物喪志者之比哉？

然於其樂山而有觀乎山之時，覺彼巍然盤峙於地，而無今古之移也，❷則必有以堅吾仁之守，可以久處約，長處樂，而不爲得喪、榮辱之所摇奪也；覺彼青紫萬狀、四時生春也，則必有以養吾生物之心，使胸中常如春陽之和，而與之爲春也。於其樂水而有觀乎水之時，覺彼澄然可燭眉鬚，❸而無塵滓之汙也，則必有以濯吾智之知，使清明常在躬，而不爲私意雜慮之所汩撓也；覺彼流泉之有本，常新而不敗也，則必有以毓吾

❶「尋」，清鈔甲本無此字。
❷「今古」，清鈔甲本作「古今」。
❸「眉鬚」，清鈔甲本作「鬚眉」。

虚靈知覺之本體，使之常惺惺，而與靈源相爲不竭也。

至是，則又内外交相發，彼此互相長，仰觀俯察、鳶飛魚躍，蓋無一而非天理自然流行著見之實，無一而非吾藏修遊息之益也，則侯與子弟賓朋於斯，❶其爲樂又何有既哉？堂之西又結小軒，植梅竹，曰「友清」，已有詩爲之紀。

嘉定戊寅元旦，臨漳北溪陳某記。

韶州州學師道堂記

濂溪先生熙寧中提點廣東刑獄公事，而治於韶。於是韶之爲祠者有三：祠於學者以二程先生配，然在明倫堂之西，迫窄無堂宇之嚴，未足以稱尊崇道統之意；祠于憲司者即其遺躅，本廖侯所重建於廳之西偏，而後人徙之西園之右，乃與世祀淫祀五通廟門相向，❷隣於鄙雜；而祠於通衢、❸爲往來士夫瞻慕之所者，又與張余二公、王令公、楊誠齋合焉。張余二公，里之先賢，風節可仰，未爲失倫。如令公，荆公之父，天聖中守是邦，安石用事時，人建祠以媚之，與張余並坐中堂，而濂溪、誠齋列於東廡，位序不正，尤爲可耻。

---

❶「朋」，清鈔甲本作「友」。

❷「祀淫祀」，清鈔甲本作「俗淫祠」。康熙本作「祀淫祠」。

❸「祠」，清鈔甲本作「祀」。

嘉定丙子，憲使陳侯深爲病之，乃於通衢之祠，奉濂溪於中堂西偏，而降令公於東廡。於憲司之西園者，❶改創外門，以正南向，藩墻周密，不與他神祠錯列。而學中三先生之像，則移入明倫堂後、主一堂之中間，易去舊扁，而以「師道堂」揭之，取《通書》所謂「師道立則善人多」之説，特以表先生宗師後學之意，且以書來求一言以示學者。

竊爲之喟然嘆曰：師道之不立也，久矣！自孟子没，天下騖於俗學，蓋千四百餘年，昏昏冥冥，醉生夢死，不自覺也。宋興，濂溪先生以先知先覺之資，卓然拔出於舂陵之間，❷不由師傳，獨契道體，建《圖》著《書》，提綱啓鑰，推原無極太極之妙而不離乎日用人事之實，❸發明中正仁義之精而不越乎秉彝良心之所固有，聖人之所以安乎此而立人極，賢者之所以執乎此而復其性。處而學顔子之所學者，學乎此也；出而志伊尹之所志者，亦志乎此也。上與羲皇之《易》相表裏，而下以振孔孟不傳之墜緒，所謂再闢渾淪。二程先生親受其旨，又從而光大之，然後其學布於天下，使英才志士得所依歸，河洛洋洋，與洙泗並。兹其所以繼往聖、開來哲之功，可謂盛矣。雖於當時不得大施以著堯舜君民事業，而其爲部使者，於此一以洗冤澤物爲己任，惟恐有一夫之不獲其所，皆莫非從大原中出；而大用之所流行，亦可以考驗聖賢作處，而未可以尋

---

❶「司」，清鈔甲本作「使」。
❷「舂」，原作「春」，今據康熙本、乾隆本、清鈔甲本、清鈔乙本及《四庫》本改。
❸「實」，清鈔甲本作「憂」。

常吏治例觀也。

故在萬世公義而言，自合配諸禮殿之側，與先師齊紳接冕，❶通爲天下後學師表，豈特嘗臨之地，所得而私何？韶人師事之意，乃久焉晦昧而不章，今陳侯既爲之改正祠事，復正名「師道」，以揭學者之指南，其所以觀視韶人不淺矣。

韶之士果能因是興起而師其道，於遺編熟讀精思，深體而實履之，無以俗學之見亂焉，則是亦將不遠於我與！❷凡宦游於韶者，均能相與起敬師慕，而吏事之有所本，則亦將不失爲有道之政，而於陳侯之意，皆可以無負矣。《詩》不云乎：「高山仰止，景行行止。」凡我同志，其共勉乎哉！

陳侯名光祖，字世德，德行政事皆不凡。子沂，從予講濂洛之傳，❸爲志甚厲云。

嘉定丁丑三月壬辰，臨漳陳某記。

宗會樓記

古人宗法，別子爲始祖，繼別爲大宗，繼禰爲小宗。宗其爲始祖後者爲百世不遷之宗，宗其爲高祖後者

---

❶「師」，清鈔甲本作「聖」。「紳」，原作「紬」，今據康熙本、乾隆本、清鈔甲本、清鈔乙本改。

❷「是」，乾隆本作「道」。

❸「濂」下，清鈔甲本有「溪河」二字。

爲五世則遷之宗。蓋諸侯世適爲君，由次而下，不得禰先君、視正適，皆稱別子。或異姓之來自他邦，與庶姓之起於是邦者，亦皆謂之別子。其後世子孫爲卿大夫，則立此別子爲始祖。而別子之世適，常繼別子之正統，以主始祖之祭，與族人爲宗，謂之大宗。雖五世外，皆爲服齊衰三月，是謂百世不遷之宗。其別子之庶子，又不得禰別子，而自使其世適後之，以主庶子之祭，與兄弟爲宗，謂之小宗。旁而例之，爲類不一。其繼禰者，爲親兄弟所宗，爲服期；繼祖者，爲從兄弟所宗，爲服大功；繼曾祖者，爲再從兄弟所宗，爲服小功；繼高祖者，爲三從兄弟所宗，爲服緦；外高祖，五世則無服。祖遷而宗易，是謂五世則遷之宗。大宗一與小宗四爲五小宗，五世外雖已遷，而復統於大宗，百世未嘗絶。

爲宗子者，所以主祭，其體爲甚專；壓族人，其分爲甚尊；統率族人，其權爲甚重。而族人所以祗事宗子，其禮又爲甚嚴，冠娶必告，喪練必赴，歸器必獻其上，具牲必獻其賢。雖貴富不以入其家，非所獻不以入其門，居庶者不敢僭其斬，爲支者不敢干其祭。❶宗子有疾而攝，則必告而後祭。若庶子爲大夫，則以上牲獻宗子，❷爲薦於宗子之家。或宗子居他國，則庶子大夫稱宗子，使執常事，而所謂攝主，又不言孝，不備

❶「干」，清鈔甲本作「主」。

❷「獻」，原脱，今據乾隆本補。

厭、旅、嘏、讀作假。❶綏，讀作墮，❷許規反。配、歸胙，凡拳拳於宗子，若是其敬者，皆以重正體而一人情也。

何爲其重正體而一人情？大要上以事祖禰而盡尊尊之義，下以合族屬而篤親親之恩爾。是以人知宗派所自來，本支昭穆不亂，而宗廟常嚴，家與宗黨時相接，長幼戚疏有紀，而骨肉不離。古人禮俗之盛，孝弟達於州閭者，由此其故也。今世禮教廢已久矣，宗法不復存。士夫習禮者，專於舉業用，莫究宗法爲何如：禰已祔，則不復饗其祖；祭有適，而諸子並立廟。父在已析居異籍，親未盡已如路人。或語及宗法，則皓首諸父，不肯陪禮於少年適姪之側；而華髮庶姪，亦恥屈節於妙齡叔父之前，是亦可嘆也已！

吾友郭君子從，乃於頹俗廢禮之中，卓爲尊祖收族之舉，推原本姓出於虢叔之後，自太原陽曲，分徙潁川、華陰、昌樂、中山，唐末華陰之族有避地游宦於南，而本宗始祖蓋自漳來，失其名位且非世家，不敢僭祖。其次據大父廣萊府君諱近者，❸實始基産業爲繼禰之適，越考至己又皆居長，於是放小宗法，與其弟某割先業潮陽汶溝田充蒸嘗，定爲世適主祭之議，❹并摭程夫子所取韋家宗會之説，扁其樓曰「宗會」，以爲歲時會合宗人之所。而書來請記，以傳言後代。❺予發書爲之深感，因叙古人宗法曲折以詔其宗人，使知子從此

---

❶「假」，乾隆本作「古」。
❷「墮」，清鈔甲本作「隳」。
❸「其」下，乾隆本有「世」字。
❹「議」，清鈔甲本作「義」。
❺「言」，乾隆本作「示」，可從。清鈔甲本作「于」。

舉，實出古先聖王之遺典，而非己意撰爲苟合之私，則凡會於兹樓者，皆有以各盡其尊尊親親之誠，❶而本根枝葉之相爲依庇壯茂，❷豈不休哉！

抑子從所爲宗田之約：❸適子不得出粥，❹諸子不得均分，專修四代墳忌及時祭合族之費；❺忌日一按禮書，不用浮屠。其意義蓋甚嚴明正大，惟後之子孫及宗人其識之，於是併爲之書，俾刻示焉。

嘉定庚辰十月望日，清漳北溪陳某記。

食燕堂記

子從既以主祭合族立宗會樓，復於寢堂扁曰「食燕」。蓋取禮經所謂「族食族燕」之義，以爲祭後與宗人餕之地，且併以記文爲囑。予竊以爲古昔聖人所重民生，賜姓命氏以别之，而於姓氏中，又立大小宗以聯之，非固外爲是法以强乎人也，❻猶之木焉，有從根直上之榦、有從榦旁附之枝。於榦之上又分榦，枝之上

❶「誠」，清鈔甲本作「義」。
❷「本根」，清鈔甲本作「根本」。
❸「爲」，清鈔甲本作「謂」。
❹「粥」，清鈔甲本作「鬻」，字通。
❺「合」，原作「各」，今據康熙本、乾隆本改。
❻「外」，乾隆本作「刱」。

又分枝，縱横數節後，然後布爲千枝萬葉，蓋莫非一氣周流，出於天理之自然而然。聖人特因而綱紀之，以爲長久不紊之道焉爾。

走獸知有母而不知有父，飛鳥知有父而不知有祖。人靈於物，知有祖禰。尊尊親親，秉彝良心，夫誰無之？本無古今貴賤之别，雖叔世衰微離亂之極，而猶有孝義族類。班班史册，或九世同居，齊隋唐張公藝。或緦服百口同爨，《南史》楊播。或宗族七百口合席共食，五代江州陳氏。尤可見良心天理之不容泯没。惟其宗法不立，無禮樂以文之，而漫無統紀。然今之條令，有承重瞻塋之制、高祖元孫之服，即禮經宗法意，而人不之察爾。

吾子從獨能酌古參今，舉而行之於家，可謂篤信實踐而不爲虚文之學者矣。凡郭氏宗盟，於歲事合餕斯堂之時，羣昭穆長少咸萃，宜交相訓敕以尊尊親親之大義，相與維持，世守之，而無以私意利欲壞焉。將見人歌塘口郭氏家法，卓然爲三陽禮義之宗，庶乎有以副子從今日創始傳後之雅意，而不爲忝也。子從又嘗編《宗禮》、《宗義》二篇，附以《立宗文約》、《公狀》、《家約》、《家譜》於其後，及晦菴、蒙谷二先生《宗法》各一册，並藏諸堂中，❶以爲後代維持之計者甚悉，惟後人之考焉。

抑又有告者，宗人之睦，豈姑爲是一燕之樂而已哉！冠昏喪葬必相助，貧窮患難必相恤，推先祖所以芘覆之澤，使宗人無或顛連之病，然後爲尊尊親親、恩義之至者，又不可以不知也。然親睦宗族，家道之一

❶ 「諸」，清鈔甲本作「之」。

節，如父子親、夫婦别、男女正、長幼序，實齊家之大經，未有内治無本而能外睦者也。然身者家之則也，改過遷善、懲忿窒慾，又修身之要務，未有身法不立而能齊其家者也。而身之所以修，又在乎有致知、格物、誠意、正心之學交盡其至，未有學術不正而能修其身者也。而其所以爲學節目，在孔孟周程之書者，又有明法，則宗人於既燕而歸也，必當各正爾學、各修爾身、各齊爾家，以無失爲人大體，❶於父乾母坤之下，是又同宗相率入堯舜之域，蓋有醉道飽德之不窮趣味在焉。

兹説子從必已與宗人素講之，而今兹之言，適所以爲贅，惟無視其贅而忽諸。

嘉定庚辰十月望後五日，清漳北溪陳某記。

---

❶「以」，乾隆本作「方」。

北溪先生大全文集卷第十

序

《郡齋録》後序

先生庚戌四月至臨漳。某自罷省試歸，❶五月方抵家，而道途跋涉之苦，得病未能見也。至十一月十八日冬至，始克拜席下。而居村食貧，❷又以訓童拘絆，不得日侍鑪錘之側。明年，先生忽以喪嫡子丐祠甚堅，當路者又以經界一奏，先生持之力，雖已報行，而終以不便己爲病。幸其有是請也，即爲允之。四月二十五日午後，❸主管鴻慶宫加秘閣修撰誥到。二十六日早拜誥，州印付通判，即遷行衙。越兩日，通判及諸曹留酌別，❹二十九日方行。某送至同安縣東之沈井鋪，而別實五月二日也。區區所録，姑以愚鈍不敏，私

❶「某」，乾隆本作「淳」。下同。
❷「而」，清鈔甲本作「某」。
❸「後」，《四庫》本作「時」。
❹「曹」上，清鈔甲本有「禮」字。

寓其書紳請事之意而已也，❶非敢爲他人道也。

然先生在臨漳，首尾僅見一期，以南陬敝陋之俗，驟承道德正大之化，始雖有欣然慕，而亦有愕然疑、譁然毁者。越半年後，人心方肅然以定。僚屬厲志節而不敢恣所欲，仕族奉繩檢而不敢干以私，胥徒易慮而不敢行姦，豪猾斂蹤而不敢冒法。平時習浮屠、爲傳經禮塔朝嶽之會者，在在皆爲之屏息。平時附鬼爲妖、迎遊於街衢而抄掠於閭巷者，亦皆相視斂戢，不敢輒舉。良家子女從空門者，各閉精廬，或復人道之常。四境狗偷之民，亦望風奔遁，改復生業。至是及期，正爾安習先生之化，而先生又行，是豈不爲可恨哉！

抑先生在此，其關於州鄉之大者，不特欲正經界以興民利，除鹽錢以蘇民瘼，蓋又嘗病貢院之迫窄、學校之隘陋而議爲之更張。貢院則欲遷於東市兵官之居，已差尉司廣輪其地，而度其規模，擬容萬人之坐，以爲後來百年之計。其學校，則以侍郎李侯之大成殿與尊道堂爲不可改移，而東西兩廡則必開拓而明爽之。東欲毁貢院之冗屋，而盡貢院之址悉以爲東諸齋；西欲移行衙於馬棚所，而盡行衙之址悉以爲西諸齋。其齋相枕，悉南面。❷每齋中間爲廳，廳之左右各爲四大窗，而各裝截爲四閣間，❸廳之後爲爐亭，爐亭之左右爲小庖及浴室與圕音清，圂也。舍。其外則以崇墉包之，後齋之面則對前齋之墉，一如太學之制，並擬秋月興

---

❶「請」，清鈔甲本作「諸」。

❷「面」，乾隆本作「向」。

❸「閣」，乾隆本、清鈔甲本作「閤」。

工，而自是亦不復及矣。又豈不爲漳民大恨哉！併附記於此，以無忘先生之志，而亦庶乎來者得以考焉。

慶元庚申十月一日某謹識。

《竹林精舍録》後序

某自辛亥夏送别先生於沈井之後，❶以菽水之不給，❷歲歲爲訓童牽絆，未能一走建陽，再詣函丈，而先生屢以書來招。至乙未冬，始克與妻父同爲考亭之行，十一月中澣到先生之居，即拜見於書樓下之閤内，甚覺體貌大減曩日，脚力已阻於步履，而精神、聲音則如故也。晚過竹林精舍止宿，與宜春胡叔器、臨川黄毅然二友會。

而先生日常寢疾，十劇九瘥，每入卧内聽教，而諄諄警策，無非直指病痛所在，以爲所欠者下學，惟當專致其下學之功而已。而於下學之中，所謂致知，必一一平實循序而進，而無一物之不格。所謂力行，亦必一一平實循序而進，而無一物之不周。要如顔子之博約，毋遽求顔子之卓爾；要如曾子之所以爲貫，毋遽求曾子之所以爲一。而其所以爲人痛切直截之意，比之向日郡齋從容和樂之訓，則又不同矣。

❶「某」，乾隆本作「淳」。下同。

❷「菽水」，原作「水菽」，今據清鈔甲本乙正。

越明年，庚申正月五日，拜别而歸。臨歧又以冬下再見爲囑。❶豈謂自此一别方閲九十二日，而遽有幽明之判，反成終天之訣！追思嚴訓洋洋在目，❷不知涕零，於是編而集之，以爲終身鑚仰之警，庶幾朝夕目擊，常有以不替其如在之誠，❸而無昧乎此心之靈。異時萬一獲免罪戾於門墻之下，則爲大幸焉爾。嗚呼！是可不敬乎哉！是可不勉乎哉！

嘉泰辛酉正月一日，某謹識。

送徐楊二友序❹

紹熙改元維夏之初，晦庵先生來臨漳。越月，而永嘉徐君居甫不遠千里受業於門下。又越月，而郡人楊君尹叔與俱。又五越月，某方獲侍洒掃，於是始識徐君，而楊君又其舊也，聲臭不侔而合。❺自是相與往來於郡齋，疑之質、謬之正、蒙之釋、益之請，或一二日、三四日，❻辰而入、酉而出，爲月者幾四，其所以從容

---

❶「歧」，康熙本、乾隆本、清鈔甲本、《四庫》本作「岐」。

❷「目」，康熙本、《四庫》本作「耳」。

❸「如在」，《四庫》本作「在如」。

❹「序」下，乾隆本有注云：「徐名寓，楊名士訓。」

❺「侔」，乾隆本、《四庫》本作「謀」。

❻「三四」，原作「四三」，今據乾隆本、清鈔甲本、《四庫》本乙正。

共學之情密矣。顧惟駑惰之資，❶方有賴於左鞭而右策。夫何合簪方勤而袂欲分，麗澤方洽而席欲判。徐君之歸興不可羈，而楊君又有成均之役，於我心殆戚戚然。今二君行輿已膏而征蹄已秣矣，思無以見，意姑借古人贈言之義，以致朋友所以相切磨者而共勉焉，❷可乎？

昔者嘗聞謝、尹諸公游河南夫子之門，於其别也，謝謂尹曰：「吾徒從先生，見行則學、聞言則識，譬如服烏頭者，方其服時，顔色悦澤、筋力强盛，一旦烏頭力去，則將如之何？」今吾先生所以藥吾二三子者，其方大略亦可知矣。而吾二三子相從服餌於此，朝夕拳拳唯謹者，則以有先生之嚴在。❸二君自此而别也，去先生之側日遠，歷郵亭，閲都邑，❹紛華靡麗之衢，放蕩膠轕之境，身日與頹俗接，可玩、可愛、可昵、可欲、可駭、可愕、可憤、可厭，凡所以摇聰明、拂心志者，千狀百證日交乎其前，此正烏頭力不足恃，而己所自力之時也。❺自志柔氣弱者，於此最易爲之荏苒骩𠩺，而移其所守。而見善明、用心剛者，以爲件件無非實用工之地。二君謂之何哉？

道無往而不在，學無時而不然。二君自兹而往也，誠能常如侍先生之側，静則存主敬之味，動則佩燭理

❶「駑惰」，清鈔甲本作「頑劣」。
❷「而共勉」，清鈔甲本作「共勉之」。
❸「嚴」下，清鈔甲本有「訓」字。
❹「閲」，《四庫》本作「越」。
❺「之時」二字，原漫漶不清，今據康熙本、乾隆本、清鈔甲本、清鈔乙本訂正。

之方，參前倚衡，念念以無負先生所期望，無時無處而不用其力焉，則是雖遠先生之函丈，而正大之訓常在耳。於其灑然有得之時，又無惜一二附南來之鴈，以交致並爲仁之意，則是雖與某非向者從容郡齋之樂，固千里共肝鬲也。二君果謂之何哉？

抑南軒與先生有語云：❶「驅車萬里道，中途可停輈。勉哉共無斁，邈矣追前脩。」吾二三子者，共加鞭焉。因録二通爲贈行序。

辛亥二月望後四日，陳某序。

送趙秋序

慶元丙辰之秋，三山趙君有裕來典左獄於臨漳，不鄙郡士陳某而下交焉，一見之始，即以心相與，自是往復講論，❷閲有三載，爲情密矣。今兹解印而歸也，適某有至痛，不及爲歌詠以叙別，然又不能爲無益之語也，敢效古人贈言之義，以寓區區之誠，可乎？

嘗觀人生天地之間，夫孰非才也，而得其秀者爲難。所以成其才而誦詩讀書，夫孰非學也，而卓然不迷其所趨者，爲尤難。既識其所趨矣，而能至至而終終，不至於復自墮於迷者，又其難之難者也。蓋陰陽五行

❶「語」，清鈔甲本作「詩」。

❷「復」，清鈔甲本作「來」。

之運，錯揉不齊，❶而人之得之者，大概多於濁而不能以皆清，多於駁而不能以皆純，所謂清明純粹之禀，特其間值之而已。則才之秀出於等夷者，非難乎？夫天既予我以是才矣，而學之不正，則無以磨礲成就，而反爲之變移斲喪，是以其「知」非德性之良知，而爲私智之妄度；❷「能」非德性之良能，而爲私意之苟作。吐而爲言，非先王之法言；履而爲行，非先王之法行；施爲政、著爲業，又皆非根心盎背、大用之所流行，類亦不過人欲自便之私、權術功利之陋而已。滔滔者皆是，而誰肯以易之，則卓然識聖賢之正而不迷其所趨者，又非其尤難者乎？

然天理正逵，❸上達如登而難進；人欲邪逕，下達如墜而易徇。❹吾之所趨雖審矣，而二者勝負之幾，蓋未易決。此有一分之長，則彼有一分之消；此有二分之益，則彼有二分之損。雖天理所造者五分，而人欲止五分之亡，猶有五分之相持，未可保其不爲之引去也。一旦忽不期而爲之引焉，則前功盡棄，無復一存，亦終於陷溺而不可救矣。惟天理六七分而上，然後爲足以勝人欲，而人欲始爲退負，主日强而客日衰，所向果而所背決，真有以駸駸於上達不可禦，而必不復墮於下達之境矣。由是而之焉，且又有以馴造於十

❶「揉」，清鈔甲本作「綜」。
❷「爲」，原作「無」，今據康熙本、乾隆本、清鈔甲本、清鈔乙本及《四庫》本改。「智」，清鈔甲本作「意」。
❸「逵」，清鈔甲本作「途」。
❹「墜」，康熙本、清鈔甲本作「墮」。

全之地，而渣滓盡渾化矣，則能至至而終終，不復墮於迷者，又非其難之難者乎？嗚呼！此予與求所以不免於聖門之誅，而回作聖之功所以爲萬世法也。

趙君風采議論敏爽儁發，而學問又有師友淵源，所謂難與尤難者得之矣。而難之難者，茲正其幾，不可不深知復自墮焉之爲可畏，而當汲汲力進，以取勝自厲也。非惟趙君爲然，凡吾徒者皆所當然，而愚與趙君，尤有望於鞭之嚴而策之勇，以交致其齊驅並進、任重詣極之功也。其毋以離合而異諸！若其所以進之之科級節目，則有聖賢嚴密之訓在。趙君當自知之，無俟於愚言。

慶元己未七月甲寅，北溪陳某序。

送家本仲序

眉陽家本仲，訪道閩山，中都諸賢餞於吾山之隅，清漳北溪野人與焉。送行者皆有詩，或謂野人曰：子與本仲邂逅，有一日之雅，亦不可以無贈言。野人因爲之嘆，曰：人生稟二五之氣，多值其不齊；剛者則過於亢，而柔者又愞而無立。求其所謂純正不雜者，❶最爲難得。❷幸而或得之，又每識凡志陋，汩汩於頹波流俗，而不能奮發於聖賢之學以求自拔。今本仲於世味甚薄，而狷介有守，可謂粹然有近道之資矣。而又

---

❶「純」，原作「絶」，今據康熙本、乾隆本、清鈔甲本改。

❷「最」，清鈔甲本作「故」。

不肯隨波逐流、❶甘於自棄，❷爲凡陋之歸，❸乃且不遠千里，從師親友以講明夫淵源之所自來，又可謂卓然有求道之志矣。兼是二者，度越於人不淺，誠可爲本仲美。

或者曰：是或以爲足乎？❹曰：未也。吾二年於中都，接見士友者非一人，亦多有是二美矣。至其責以切磨之實，則類皆悠悠，若存若亡，而無急切懇迫之意。正如舟人之適越，既南其檣矣，而徜徉中流，不果於進；車人之適燕，既北其轅矣，而彷徨中途，不勇於行。吾恐燕越非惟無可至之期，雖欲保其不中輟而他陷也，❺亦難矣。❻况聖人之門庭堂奧，決不可以坐而造；而宗廟百官之美富，又非可以想而知。必篤吾力以實致其下學之功，如顔子之欲罷不能，如子思之弗得弗措，然後有以成其資而達其志也。

或者又曰：是可以爲足乎？曰：未也。士之篤於道者，蓋亦嘗屢見之矣，而又多病於所聞之先入者，私主以爲安；所見之素習者，偏執以爲固，不能豁然虚其心以爲大受之地。若是，則胸中已隔塞隘陋矣。凡前聖往哲，相與發明真義理、真趣味，所謂公平正大之訓，將何從而入？精微嚴密之旨，又將何從而得

❶「流」，清鈔甲本作「欲」。
❷「自棄」，清鈔甲本作「凡陋」。
❸「凡陋」，清鈔甲本作「自棄」。
❹「或」，康熙本、清鈔甲本無此字。
❺「保其」，清鈔甲本無此二字。
❻「亦」上，清鈔甲本有「蓋」字。

之？殆見用力枉勞，而良資美志，亦終於無就矣。茲又本仲之所當深自警焉者也，茲又本仲之所當深自勉焉者也。本仲而果無忽於斯，❶則學將日進而日新，其於所造又孰禦焉！本仲以爲何如哉？

或者曰：唯唯。敢請以爲送行序。野人爲誰？陳某安卿也。

戊寅立冬後八日書。

別徐懋功贈言

某區區此來，所幸得一共學之友，曰徐懋功。今其別也，而請贈言。

竊以爲：聖門用功不一，而總其要不過曰明善誠身而已。善者，天命人心之本純粹而無惡也。明善者，真知其爲本善而無惡也。誠身者，實有是善於己，純是天理流行而無人欲之間也。未能明善，必在擇善；未能誠身，必在固執。而博學、審問、慎思、明辨者，又所以爲擇善之目；而篤行者，又所以爲固執之功。

至於五者要歸，子思子必又皆以弗措爲言，而每百倍其功以進者，何哉？此勇以終之之事也。《中庸》入德之門，曰智、仁、勇。明善在智，誠身在仁，所以明而誠之弗措者在勇。《易·文言》發明進德居業之方，曰：「知至至之可與幾，知終終之可與存義。」而必特於《乾》之九三言之者，以陽居陽爲剛健之至也。蓋惟

❶「忽」，清鈔甲本作「怠」。

剛健之至者，而後能真知與行俱到。❶《易》與《中庸》無二旨也。

故顔子克己復禮，以乾道者，由剛健之絶人；而曾子竟能負荷聖人之傳，勝重任而遠到者，亦惟於弘毅得之。❷况今學者處斯世頽波流俗之中，最易以墮，人非厲剛勇之志，則安能決所向，卓然以自拔？而血氣之身日與事物相酬接，又人欲私意之易萌也，非剛吾質、勇吾力，亦安能以自克而洒然無累哉！

懋功於明善誠身之方，嘗切磨之矣。而兹義有未及講者，因書以爲贈言，惟懋功其勉之。

嘉定壬午四月癸巳，北溪陳某安卿，書於武勝簿曹之讀書室。

---

❶「而」，清鈔甲本作「然」。「與」上，清鈔甲本有「知」字。

❷「弘」，原作「洪」，今據清鈔甲本改。

北溪先生大全文集卷第十一

説

心説

「維天之命，於穆不已」，所以爲生物之主者，天之心也。人受天命而生，因全得夫天之所以生我者，以爲一身之主，渾然在中，虚靈知覺常昭昭而不昧，生生而不可已，是乃所謂人之心。其體，則即所得元、亨、利、貞之道，❶具而爲仁、義、禮、智之性；其用，則即所得春、夏、秋、冬之氣，❷發而爲惻隱、羞惡、辭讓、是非之情。故體雖具於方寸之間，而其所以爲體，則實與天地同其大，萬理蓋無所不備，而無一物能出乎是理之外；❸

---

❶「得」，《朱子全書・答陳安卿》作「謂」。
❷「得」，《朱子全書・答陳安卿》作「謂」。
❸「能」，《朱子全書・答陳安卿》無此字。

用雖發於方寸之間，❶而其所以爲用，則實與天地相流通，萬事蓋無所不貫，而無一理不行乎其事之中。❷此心之所以爲妙，貫動静、一顯微、徹表裏終始而無間者也。❸

人惟拘於陰陽五行所值之不純，而又重以耳、目、鼻、口、四肢之欲爲之累，❹於是，此心始梏於形氣之小，不能廓然大同無我，而其靈亦無以主於身矣。人之欲全體此心而常爲一身之主者，❺必致知之力到而主敬之功專，使胸中光明瑩净，超然於氣稟物欲之上，而吾本然之體所與天地同其大者，❻皆有以周徧昭晰，而無一理之不明；本然之用所與天地相流通者，❼皆無所隔絶間斷而無一息之不生。是以方其物之未感也，則此心澄然惺惺，如鑑之虚，如衡之平，蓋真對越乎上帝，而萬理皆有定於其中

❶「於」，《朱子全書・答陳安卿》作「乎」。
❷「其」，《朱子全書・答陳安卿》無此字。
❸「而」，《朱子全書・答陳安卿》無此字。
❹「鼻口」，《朱子全書・答陳安卿》作「口鼻」。
❺「欲」上，《朱子全書・答陳安卿》有「所以」二字。
❻「其」，《朱子全書・答陳安卿》無此字。
❼「所」，《朱子全書・答陳安卿》無此字。

矣。及夫物之既感也，則妍媸高下之應，皆因彼之自爾，而是理周流該貫，❶莫不各止於其所。❷如乾道變化，各正性命，自無分數之差，而亦未嘗與之俱往矣。

靜而天地之體存，一本而萬殊；動而天地之用達，萬殊而一貫。體常涵用，用不離體，體用渾淪，純是天理日常呈露於動靜間。夫然後向之所以全得於天者，在我真有以復其本，而維天於穆之命，亦與之爲不已矣。此人之所以存天心之大略也。❸

心體用說

所謂體與天地同其大者，以理言之耳。蓋通天地間，惟一實然之理而已，爲造化之樞紐，古今人物之所同得。但人爲物之靈，極是體而全得之，總會於吾心，即所謂性。雖會在吾心，❹爲我之性，而與天固未嘗間，此心之所謂仁即天之元，此心之所謂禮即天之亨，此心之所謂義即天之利，此心之所謂智即天之貞，真

❶「理」下，《朱子全書·答陳安卿》有「固」字。
❷「於」，《朱子全書·答陳安卿》無此字。
❸「天」，清鈔甲本及《朱子全書·答陳安卿》作「夫」。
❹「吾」下，《朱子全書·答陳安卿》有「之」字。

實一致，❶非引而譬之也。故天道無外，❷此心之理亦無外；天道無限量，此心之理亦無限量；天道無一物之不體而萬物無一之非天，此心之理亦無一物之不體而萬物無一之非吾心。❸

天下豈有性外之物，而不統於吾心是理之中也哉？但以理言，則爲天地間之所公共，❹不見其切於已；謂之吾心之體，則即理之在我有統屬主宰，而其端可尋也。此心之所以至靈至妙，❺凡理之所至，其思隨之無不至，❻大極於無際而無不通，細入於無倫而無不貫，前後乎萬古而無不徹，❼近在跬步、遠在萬里而無不周。❽雖至於位天地、育萬物，亦不過充吾心體之本然，而非外爲者。此張子《正蒙》謂「有外之心，❾不足以合天心」者也。

---

❶「真」，乾隆本、清鈔甲本及《朱子全書・答陳安卿》作「其」。

❷「故」，《朱子全書・答陳安卿》無此字。

❸下「心」字下，《朱子全書・答陳安卿》有小注：「那箇不是心做？那箇道理不具於心？」

❹「間之所」，《朱子全書・答陳安卿》無此三字。清鈔甲本無「所」字。

❺「之」，《朱子全書・答陳安卿》無此字。

❻「無」下，《朱子全書・答陳安卿》有「所」字。

❼「前」下，《朱子全書・答陳安卿》有「平上古」三字。「後」，清鈔甲本無此字。

❽「周」，《朱子全書・答陳安卿》作「同」。

❾「正蒙」，《朱子全書・答陳安卿》作「所」。

所謂用與天地相流通者，以是理之流行者言之耳。❶蓋是理在天地間，流行圓轉，無一息之停。凡萬物萬事、小大精粗，無一非天理之流行。❷吾心全得是理，而是理之在吾心，亦本無一息之不生生，❸而不與天理相流行。❹人惟欲净情達，不隔其所流行，然後常與天通耳。❺

且如惻隱一端，近而發於親親之間。親之所以當親，是天命之流行者然也。❻吾但與之流行，而不虧其所親者耳。一或少有虧焉，則天理便隔絶於親親之間而不流行矣。❼次而及於仁民之際，如老者之所當安、❽少者之所當懷、❾入井者之所當怵惕，❿亦皆天命之流行者然也。⓫吾但與之流行而不失其所安、所

❶「者」，《朱子全書·答陳安卿》無此字。
❷「之」，《朱子全書·答陳安卿》無此字。
❸「之」，《朱子全書·答陳安卿》無此字。
❹「理」，《朱子全書·答陳安卿》作「地」。
❺「天」下，清鈔甲本及《朱子全書·答陳安卿》有「地流」二字。
❻「之」，《朱子全書·答陳安卿》無此字。
❼「便」，《朱子全書·答陳安卿》無此字。
❽「所」下，《朱子全書·答陳安卿》有「以」字。
❾「所」下，《朱子全書·答陳安卿》有「以」字。
❿「所」下，《朱子全書·答陳安卿》有「以」字。
⓫「之」，《朱子全書·答陳安卿》無此字。

懷、所怵惕者耳。一或少有失焉，則天理便隔絶於仁民之際而不流行矣。又遠而及於愛物之際，如方長之所以不折，胎之所以不殺，殀之所以不夭，亦皆天命之流行者然也。❶吾但與之流行，而不害其所長、所胎、所殀者耳。一或少有害焉，則天理便隔絶於愛物之際而不流行矣。

凡日用間，四端所應皆然。但一事不到，則天理便隔絶於一事之下；一刻不貫，則天理便隔絶於一刻之中。惟其千條萬緒，皆隨彼天則之自爾，而吾心爲之周流貫匝，❷無人欲之間焉，然後與元、亨、利、貞流行乎天地之間者同一用矣。此程子所以指天地變化、草木蕃蕃，❸以形容恕心充廣得去之氣象者也。❹然亦必有是天地同大之體，然後有是天地流通之用；亦必有是天地流通之用，然後爲是天地同大之體：❺則其實又非兩截事也。

---

❶「命」，原爲空格，今據乾隆本、清鈔甲本、清鈔乙本及《朱子全書・答陳安卿》補。《四庫》本作「理」。「之」，《朱子全書・答陳安卿》無此字。

❷「吾」，《朱子全書・答陳安卿》無此字。

❸「蕃蕃」，清鈔甲本及《朱子全書・答陳安卿》不重文。

❹「以」，原爲空格，今據清鈔甲本、《四庫》本及《朱子全書・答陳安卿》補。「恕」，乾隆本作「此」。「廣」，乾隆本、清鈔甲本及《朱子全書・答陳安卿》作「擴」。「者」，《朱子全書・答陳安卿》無此字。

❺「爲」，清鈔甲本及《朱子全書・答陳安卿》作「有」。

河圖洛書説

河圖、洛書有定義，古今傳者多矣。劉牧之説最爲後出，而世之學者，多不自知其誤也。吁！❶ 盍亦攷其源流之實歟？

謹按：孔安國曰：「河圖者，伏羲氏王天下，龍馬出河，遂則其文以畫八卦。洛書者，禹治水時，神龜負文而列於背，有數至九，禹遂因而第之以成九類。」而劉歆亦曰：「伏羲氏繼天而王，受河圖，則而畫之，八卦是也。禹治洪水，錫《洛書》，法而陳之，九疇是也。」河圖洛書相爲經緯，八卦九章相爲表裏，此河圖洛書之定説也。

又按：關子明曰：「河圖之文，七前六後、八左九右；洛書之文，九前一後，三左七右，四前左、二前右，八後左、六後右。」而邵康節亦謂：「圓者，河圖之數。❷ 歷紀之數，其肇於此乎？方者，洛書之文。州井之法，其放於此乎？」蓋曆法有所謂二始二中二終，正一二五六九十之數；而州井亦以九數爲率，❸此河圖、洛書之定數也。如劉牧者又在康節之後，反從而易置之，以九數爲河圖、十數爲洛書，且謂二者俱出於伏羲之

---

❶「吁」，原漫漶不清，今據康熙本、清鈔甲本及清鈔乙本訂正。《四庫》本作「噫」。

❷「數」，原漫漶不清，今據康熙本、清鈔甲本、清鈔乙本及邵雍《觀物外篇》訂正。

❸「數」，清鈔甲本無此字。

世，而伏羲之所兼取。託言其傳出於希夷。夫康節亦希夷之後也，豈康節不得之，而牧獨得之乎？吁！是亦未嘗攷其源流之實而已矣。

昔者嘗觀《易》之《傳》曰：「天一地二，天三地四，天五地六，天七地八，天九地十，天數五地數五，凡天地之數五十有五。」此正吾夫子所以發明河圖之數也。又嘗觀《書》之《洪範》曰：「天乃錫禹洪範九疇。」而九宮之數，自初一次二次三次四次五以至於次六次七次八次九，昭然成列。實吾夫子之所定，是正所以爲《洛書》之數也。

蓋天以一生水，而地以六成之；地以二生火，而天以七成之；天以三生木，而地以八成之；地以四生金，而天以九成之；天以五生土，而地以十成之。故《河圖》之位，必以一與六同宗而居乎北，二與七爲朋而居乎南，三與八同道而居乎東，四與九爲友而居乎西，五與十相守而居乎中，積之爲五十有五也。

天地之數，不出乎一陰一陽、一奇一偶而已。一三五七九者，陽之奇而屬乎天者也；二四六八十者，陰之偶而屬乎地者也。故《洛書》之位，必前戴乎九、後履乎一，左列其三、右列其七，二四爲肩、六八爲足，而五居乎其中。積之爲四十有五也。

二者固不容於無辨。吾夫子所謂「河出《圖》，洛出《書》，聖人則之」者，亦但泛言聖人作《易》作《範》，其原皆出於天而非止爲《易》言也。然聖人之所以則之者，果如之何？蓋則《河圖》者，虚其中，則太極也。奇數二十、偶數二十，則兩儀也。以一二三四爲六七八九，則四象也。析四方之合以爲乾坤離坎，補四隅之空以爲兑震艮巽，則八卦也。則《洛書》者，在一則爲五行，二則爲五事，三則爲八政，四則爲五紀，五則爲皇極，六則爲三德，七則爲稽疑，八則爲庶徵，❶九則爲福極，是其義亦各有所取矣。

然合是二者而論之，亦未嘗不互相發明而迭相爲用也。且以《洛書》而虚其中，則亦圖之太極也；奇偶各居二十，則亦圖之兩儀也；一二三四而含九八七六，❷則亦圖之四象也；四方之正以爲乾坤離坎，四隅之偏以爲兑震巽艮，則亦圖之八卦也。而《河圖》之一六爲水，二七爲火，三八爲木，四九爲金，五十爲土，則亦《書》之五行也。虚而爲太極，則亦《書》之皇極也。其數五十有五，則又九疇子目之數也。横斜曲直，無所不通，則《圖》之爲《書》、《書》之爲《圖》，又豈復有彼此之間哉！

大抵天地之間，理一而已。時雖有先後之不同，❸而理則不容於有二也。但《易》乃伏羲之所先得於《圖》，初無待於《書》，而自默與之合。《範》則大禹之所獨得乎《書》，亦不必追攷於《圖》，而自暗與之符矣。至是，則劉歆經緯表裏之言，豈不信然矣乎！若所謂六篇、九篇，真有所謂赤文緑字、天神言語，則又皆不經之説，而非所論也。

---

❶「徵」，原作「證」，今據康熙本、乾隆本及《四庫》本改。
❷「含」，清鈔甲本作「合」。
❸「時」，清鈔甲本無此字。

四象數説

太陽之數九，少陰之數八，少陽之數七，太陰之數六，果何從而取之也？曰：在《圖》、《書》所取，則以《圖》、《書》之數言；在卦畫所生，則以卦畫之數起，不可一概論也。

蓋《河圖》之數，本五行生成之數，始於一而終於十，五居其中，則參天爲三奇、兩地爲二偶之合也。天以一生水而居乎北，則太陽之位也；地以六成之而居乎北之外，則太陰之數也；地以二生火而居乎南，則少陰之位也；天以七成之而居乎南之外，則少陽之數也。天以三生木而居乎東，則少陽之位也；地以八成之而居乎東之外，則少陰之數也；地以四生金而居乎西，則太陰之位也；天以九成之而居乎西之外，則太陽之數也。位與數逆而相違，其六者以一而得於五者也，七者以二而得於五者也，八者以三而得於五者也，九者以四而得於五者也。合而言之，右旋，則太陽居一而連九，少陰居二而連八；左旋，則少陽居三而連七，太陰居四而連六。位極方正，而數稍偏曲者也。

《洛書》之數，本陰陽奇偶之數，始於一而終於九，五居其中，則亦參天爲三奇、兩地爲二偶之合也。虚其中，則履一而戴九爲太陽，居一而含九；左三右七爲少陽，居三而含七；右肩二而左足八爲少陰，居二而含八；左肩四而右足六爲太陰，居四而含六，位與數順而相會。其九者，以十分一之餘也；八者，以十分二之餘也；七者，以十分三之餘也；六者，以十分四之餘也。總其中，則縱横皆十五而又互見之。太陽之九南，則太陰之六北；則少陽之七西，則少陰之八東；則太陰之六西北，太陽之九東南；少陰之八東北，少陽之七西南。位稍偏側，而數甚明直者也。

此《圖》、《書》四象之所取，❶皆自居位以外，極其統攝者而言之也。

卦畫，則自太極動而生陽，始爲畫一奇而謂之陽儀，動極而靜。靜而生陰，次爲畫一偶而謂之陰儀，靜極復動。一動一靜，互爲其根。故又其次於兩儀之上，各生一奇一耦，而爲二畫者四，謂之四象。太陽居一，其本體二畫奇，每奇之圍三，爲含三奇，通所從生位一奇，以三其圍三者而起之，故其數九。少陰居二，其本體一畫奇、一畫耦，每耦之圍四，爲含二耦，通所從生位一奇，以一其圍四、兩其圍四者而起之，故其數八。少陽居三，其本體一畫耦、一畫奇，通所從生位一偶，以一其圍三、兩其圍四者而起之，故其數七。太陰居四，其本體二畫耦，通所從生位一耦，以三其圍四者而起之，故其數六。

此卦畫四象之所生，專自本體以內，極其根原者而起之也。自本體以內而極其根原，❷則數之體也；自居位以外而極其統攝，則數之用也。二者，其取數之象然也。❸

若其所以爲取數之義，則如之何？曰：陰陽之數，自一至五爲生數，以方生其氣也；❹自六至十爲成

❶「取」，乾隆本作「處」。
❷「以」，清鈔甲本作「之」。
❸「然也」，清鈔甲本作「也然」。
❹「氣」，清鈔甲本作「數」。

數，謂已成其質也。今四象以成數言之，陽主進，自六方進至七，而未極乎盈，則爲少陽，故其數爲七。又進而極於九，則已盈而爲老陽，故其數爲九。陰主退，自十方退至八，❶而未極乎虛，則爲少陰，故其數爲八。又退而極於六，則已虛，而爲老陰，故其數爲六。此其取義，又各有所主，而非苟然也。

《先天圖》説

昔者伏羲氏之作《易》也，始畫八卦；又因而重之，爲六十四。莫非其理氣象數之自然而然，初無一毫智慮增損於其間。自孔子以來，莫有明其意者，類皆以爲伏羲止於八，❷而文王六十四。至我朝邵康節先生始得其説於《大傳》之文，❸遂爲之圖，名之曰《先天》，以發伏羲氏之藴。❹

今觀《大傳》曰：「易有太極，是生兩儀，兩儀生四象，四象生八卦。」此正吾夫子發明六十四卦氣畫之所由以生者也。❺又曰：❻「天地定位，山澤通氣，雷風相薄，水火不相射。八卦相錯，數往者順，知來者逆。」

---

❶「方」，清鈔甲本作「分」。
❷「類皆」，原爲空格，今據清鈔甲本補。
❸「始」，原漫漶不清，今據乾隆本、清鈔甲本及清鈔乙本訂正。
❹「之藴」，原爲空格，今據乾隆本、清鈔甲本及清鈔乙本補。
❺「也」，原爲空格，今據乾隆本、清鈔甲本及清鈔乙本補。
❻「又」，原爲空格，今據乾隆本、清鈔甲本及清鈔乙本補。

此又吾夫子發明六十四卦圖象之所由以寓者也。❶

蓋自太極之判，❷始生一奇一偶，❸而爲一畫者二，❹是之謂兩儀。❺又自兩儀之上，各生一奇一耦，分之而爲二畫者四，是之爲四象。其位則太陽一，少陰二，少陽三，太陰四。又自四象之上，各生一奇一耦，分之而爲三畫者八，於是八經卦之名立。❻而其位則乾一、兑二、離三、震四、巽五、坎六、艮七、坤八。自是而往，又自八卦之上，各生一奇一耦，分之而爲四畫者，十有六，是爲兩儀之上復加八卦，八卦之上復加兩儀。又自四畫之上，各生一奇一耦，分之而爲五畫者，三十有二，是爲四象之上復加八卦，而八卦之上復加四象。又自五畫之上，各生一奇一耦，分之而爲六畫者，六十四。於是乎六十四卦之名以備，而易道渾然天成矣。是固不容以贅一，而亦不容以斂一於其中。

所謂乾一而至坤八者，又依然有自然之序。在下，則每卦之爲體者各八，昭然布列於八位之內，一周而不亂也；在上，則每卦之重體者各一，粲然迭錯於六十四體之上，八周而不紊也。合二體而言，則重乾又居

❶「圖象之」，原爲空格，今據清鈔甲本補。清鈔乙本作「氣畫之」。
❷「蓋自太極之判」，原爲空格，今據乾隆本、清鈔甲本補。
❸「始生一奇一偶」，原漫漶不清，今據乾隆本、清鈔甲本及清鈔乙本訂正。
❹「而爲一畫者二」，原爲空格，今據乾隆本、清鈔甲本補。
❺「是之謂兩」，原漫漶不清，今據乾隆本、清鈔甲本、清鈔乙本訂正。
❻「經」，原爲墨丁，今據乾隆本補。

其一，重兑又居其二，重離又居其三，重震又居其四，重巽又居其五，重坎又居其六，重艮又居其七，重坤又居其八，亦無往而不得其序者。

以是而爲圓圖，則其一亦自乾體之八重卦，居於南之東；其二則兑體之八重卦，居於東之南；其三則離體之八重卦，居於東之北；其四則震體之八重卦，居於北之東；其五則巽體之八重卦，居於南之西；其六則坎體之八重卦，居於西之南；其七則艮體之八重卦，居於西之北；其八則坤體之八重卦，居於北之西。自一而四，依然序於其左；自五而八，依然序於其右。合左右，八八循環相次，震而離，離而兑，兑而乾，乾而巽，巽而坎，坎而艮，艮而坤，坤而復震。而重乾居於正南，重坤配於正北，則定天地上下之位也。重離居於東，重坎配於西，則列日月左右之門也。重震居於東北，重巽配於西南，則雷風啓閉之候也。重艮居於西北，重兑配於東南，則山澤高卑之象也。

左爲陽也，始於復而終於乾；右爲陰也，始於姤而終於坤。❶ 復之爲卦也，在震之八，是爲冬至，一陽之生而起於正北之分，而東至離兑之中，則爲春分。正東至乾之一，則四月，六陽之極，又所以爲陰之父；生長女而爲姤焉。姤之爲卦也，在巽之一，是爲夏至，一陰之萌而起於正南之分，而西至坎艮之中，則爲秋分。正西至坤之八，則十月，六陰之極，又所以爲陽之母，復孕長男而爲復焉。故自復而之乾，則皆其所已生之

❶ 「姤」，原作「遘」，避南宋高宗趙構諱，今據乾隆本及《周易》本文改。下同。

卦，❶而爲數往者順；自姤而之坤，則皆其所未生之卦，而爲知來者逆。

在震，則始交陰而陽生，其陰尚多也，故二十陽而二十八陰。兑、離，則陽長而陰少也，故二十八陽而二十陰。至於乾，則陽盛而陰微矣，故三十六陽而十二陰。在巽，則始消陽而陰生，其陽尚多也，故二十陰而二十八陽。坎、艮，則陰長而陽少也，故二十八陰而二十陽。至於坤，則陰盛而陽微矣，故三十六陰而十二陽。自震而乾，皆其在天之屬，總之，凡百一十有二陽而八十陰，其陽爲生而陰爲退也，則陰而亦莫非陽也。自巽而坤，皆其在地之屬，凡百一十有二陰而八十陽，其陰爲生而陽爲退也，則陽而亦莫非陰也。陽在陽中，則自一而六，皆順行；在陰中，則其行逆矣。陰在陰中，則自一而六，亦皆順行；在陽中，則其行逆矣。

總六畫而觀之，自上之一畫，則爲一陰一陽之相間；二畫則倍之，而爲二陰二陽之相間；三畫則又倍之，而爲四陰四陽之相間；四畫則又倍之，而又爲八陰八陽之相間；❷五畫則又倍之，而爲十六陰十六陽之相間；六畫則又倍之，而爲三十二陰三十二陽之相間。又自下而推之，則兩儀之上生四象，四象之上生八卦也。又自外而反之，則兩儀之内包四象，四象之内包八卦也。

又分而言之，則兩儀之相乘其六，自内一畫，則陰陽之二其列，而爲兩儀者一；二畫則陰陽之四其列，而爲兩儀者二；三畫則陰陽之八其列，而爲兩儀者四；四畫則陰陽之十六其列，而爲兩儀者八；五畫則陰

---

❶「已」，原作「以」，今據乾隆本、清鈔甲本改。

❷「又」，清鈔甲本無此字。

陽之三十二其列，而爲兩儀者十有六；六畫則陰陽六十四，而爲兩儀者三十二。四象之相乘其三，自下二畫，則列而爲四象者一；中二畫，則列而爲四象者四；上二畫，則列而爲四象者十有六。八卦之相乘其二，自下三畫，則爲八卦者一；上三畫，則爲八卦者八也。

又統而言之，則左皆陽長而屬乎天，右皆陰生而屬乎地，而通爲一，兩儀也。震離陽長而方少，兑乾陽盛而之老；巽坎陰長而方少，艮坤陰盛而之老。而通爲一，四象也。乾之八卦皆曰乾，兑之八卦皆曰兑，離之八卦皆曰離，震之八卦皆曰震，巽之八卦皆曰巽，坎之八卦皆曰坎，艮之八卦皆曰艮，坤之八卦皆曰坤。而通爲一，八卦也。又合兩儀、四象、八卦而會于一體，則周環無端，又渾然一太極也。

若又以是爲方圓，語其八經卦之生：自乾一而至坤八，則由下而上，而八位皆同其生者也。語其八經卦之乘：自乾一而至坤八，則由右而左，而八位皆同其乘者也。

又語其八重體之縱：則右自一八，又皆屬乎乾，而重乾又居其一之一；其次二八，又皆屬乎兑，而重兑又居其二之二；其次三八，又皆屬乎離，而重離又居其三之三；其次四八，又皆屬乎震，而重震又居其四之四；其次五八，又皆屬乎巽，而重巽又居其五之五；其次六八，又皆屬乎坎，而重坎又居其六之六；其次七八，又皆屬乎艮，而重艮又居其七之七；其次八八，又皆屬乎坤，而重坤又居其八之八。

又語其八重體之横：則下自一八，亦皆屬乎乾，而重乾亦居其一之一；其次二八，亦皆屬乎兑，而重兑亦居其二之二；其次三八，亦皆屬乎離，而重離亦居其三之三；其次四八，亦皆屬乎震，而重震亦居其四之四；其次五八，亦皆屬乎巽，而重巽亦居其五之五；其次六八，亦皆屬乎坎，而重坎亦居其六之六；其次七八，亦皆屬乎艮，而重艮亦居其七之七；其次八八，亦皆屬乎坤，而重坤亦居其八之八。

又旁通而曲暢之：自下左而之右上，皆屬乾以交乎坤；自上右而之左下，皆屬坤以交乎乾，則又天地包含交泰之義也。次下二左而之次右二上，皆屬兑以交乎艮；次上二右而之次左二下，皆屬艮以交乎兑，則又山澤相通于四隅也。次下三左而之次右三上，皆屬離以交乎坎；次上三右而之次左三下，皆屬坎以交乎離，與其中四卦爲震巽之交，❶則又水火雷風之相盪蕩於其間者也。❷

方圓曲直，分合錯綜；至纖至悉，千變萬化，而天理自然之妙，無往而不然。初不容人力之牽合布置者，是則八卦雖伏羲之所畫，而非伏羲之所自畫也；六十四卦雖伏羲之所重，而非伏羲之所自重也。當時文字未立，而天地、人事、萬物之理，無不炳爕於其中，使人觀其象而玩其占，莫不心喻而理得矣。❸是所以爲伏羲之《易》，❹蓋至於夏之《連山》首以艮，商之《歸藏》首以坤，遂皆因之爲六十四卦。至文王之蒙大難也，則又取伏羲之六十四者而衍之，首於乾坤以定君臣之分，終於未濟以盡人事之脩，又於每卦之下，係之以辭，謂之「彖」，亦謂之「繇」。至周公，則又謂之「六爻」，遞相發明。至吾夫子，則又爲上《彖》、

❶「其」，清鈔甲本無此字。
❷「盪蕩」，清鈔甲本作「摩盪」。可從。
❸「莫」，清鈔甲本作「無」。
❹「之」上，清鈔甲本有「氏」字。

下《象》以釋文王之《辭》，爲大《象》以釋伏羲之畫，爲小《象》以釋周公之爻，又爲《文言》、爲上下《繫》、爲《説卦》、爲《序卦》、爲《雜卦》，極其明辨而詳著之，❶謂之「十翼」。蓋歷三古四聖，而易道於是乎大備矣。其實則文王、周公、孔子之辭，又皆不外乎羲畫之意也。

《後天圖》説

伏羲之《易》，先天學也；文王之《易》，後天學也。先天之卦以乾居南、坤居北、離居東、坎居西、震居東北、巽居西南、艮居西北、兑居東南，乾坤縱而六子横者，此《易》之所由本也。後天之卦，以離居南、坎居北、震居東、兑居西、乾居西北、坤居西南、艮居東北、巽居東南，震兑横而六卦縱者，此《易》之所以爲用也。

夫先天之所由本者如彼，而後天《易》而爲用者乃如此，❷其故何也？

蓋乾本生於子而成於午，坤本生於午而成於子，故乾南而坤北者，天地之成位也。及其交，則乾反其所生於北，坤反其所生於南，於是乎爲泰矣。然乾者，陽之極而爲父；坤者，陰之極而爲母。父母老，則退乎不用之地，❸此其再變也，乾所以退乎西北，而坤所以退乎西南也。

---

❶「辨」，原作「下」，今據乾隆本、清鈔甲本改。

❷「易」，原漫漶不清，今據乾隆本、清鈔甲本、清鈔乙本訂正。《四庫》本作「變」。

❸「乎」，原脱，今據清鈔甲本補。

離本升於東，❶坎本升於西，❷此日月之常度也。及其交，則東者自上而西，西者自下而東，於是乎爲既濟矣。然坎者，乾之中男也；離者，坤之中女也。父母既退，則男女得位，此其再變也。坎所以得坤位於北，❸而離所以得乾位於南也。❹

震爲陽生也，本起於東北；巽爲陰萌也，本伏於西南。然震者，乾之長男也；巽者，坤之長女也。乾既退，則長男當進而用事，以主發生之權；坤既退，則長女當出而代母，以司長養之職。此震所以居東而巽所以居東南也。

艮爲山也，本高於西北；兑爲澤也，本傾於東南。然艮者，乾之少男也；兑者，坤之少女也。乾既退，則少男當出，附於震之後，以習其生；坤既退，則少女當反侍於坤之側，以成其養。此艮所以居東北，而兑所以居西也。

---

❶「升」，乾隆本作「生」。

❷「升」，乾隆本作「生」。

❸「坤」，原作「乾」，今據乾隆本改。

❹「而」，乾隆本無此字。「乾」，原作「坤」，今據乾隆本改。

坎離震兌四者，❶皆當四方之正位，❷而爲用事之卦也；乾坤艮巽四者，當四隅不正之位。乾坤則不用，❸而艮巽則用之偏也。震艮坎三男者，皆相從以承乾，而任父事於前也；巽離兌三女者，皆相與以夾坤，而輔母儀於左右也。

其爲序，則始於震，震而巽，巽而離，離而坤，坤而兌，兌而乾，乾而坎，以終於艮也。以其義言之，則爲萬物出乎震，齊乎巽，相見乎離，致役乎坤，説乎兌，戰乎乾，勞乎坎，成乎艮也。

此吾夫子之所已發明於《大傳》之文，而非康節臆度而强爲之也。

---

❶「四者」，清鈔甲本無此二字。

❷「皆當」，清鈔甲本無此二字。

❸「用」下，清鈔甲本有「事」字。

北溪先生大全文集卷第十二

説

子石見子求名説

紹熙癸丑九月乙亥，堂弟子石見稚子，請名於予。

予觀《左氏傳》魯人申繻對桓公之辭，論名之所以爲名者，其説有五：有信、有義、有象、有假、有類。以名生爲信，如成季生，有文在其手曰「友」，而名友是也。以德命爲義，如文王生，而名「昌」是也。以類命爲象，如孔子生，首象尼丘而名丘是也。取於物爲假，如伯魚生，有饋之鯉者，而名鯉是也。取於父爲類，如子同生，與父同物而名同是也。

今吾子石自外訓童蒙，❶適歸，而見稚子，兹其一氣感通之幾，夫豈偶然哉？故今兹所望，❷無求諸他，

❶「童蒙」，原作「童童」，今據乾隆本、《四庫》本改。清鈔甲本作「訓童」。
❷「故」，清鈔甲本無此字。

惟取諸蒙之義以見意焉可矣。❶ 夫蒙之爲卦，山下出泉，静而且清，而君子所取以果行育德之時也。其爲訓，則物方穉而未達之稱。而其在人，則爲形既賦生之後，而神未發知之際。雖曰未發知，而良知之真，所謂「降衷秉彝之本然，與堯舜孔顔同一天」者，實爲完具而未放。由是而養之以正，無異習以汩之，則作聖之功恢乎有餘矣。其義顧不大矣哉！此吾所以深有感於斯，而以「初筮告」之義以配之，曰「初蒙」。

「初」之爲言，在筮則以其誠一之意，可以對神明而無愧。在德則四端萬善之所由始，而於類則爲第一子之象也。子石以爲何如哉？揆諸申繻之五言，於中又爲兼備矣。蓋其生也，應父自訓蒙而至，則其信也。蒙以養正爲聖功，則其義也。物之始生曰蒙，則其象也。託物之蒙以見蒙之義，則其假也。取諸父之蒙，則其類也。則是名也夫，豈常談者比哉！

子石於阼階祇見之時，執右手咳而授之，勿容以常談而忽諸。❷ 至若欲講明其所以爲蒙之學，與成就其所以爲蒙之德，則又在稚子之當其可焉。

越十日乙酉，陳某書。

---

❶ 「取」，原作「即」，今據乾隆本、清鈔甲本改。「焉」，清鈔甲本無此字。

❷ 「諸」，清鈔甲本作「之」。

朱仁仲字説

嘉定丁丑秋，過嚴陵，爲鄭侯留，在學講説。學徒朱君右者，甚拳拳於聽受，❶深有所警發，每自恨親炙之爲晚。一日來請字以表其名，因取《表記》「仁者右也」之語，而字之曰「仁仲」，且爲講明其義之所以然。古者以右爲尊，其所右仁者，亦曰尊敬奉持之意云耳。蓋仁者，天地生物之心，而人生得之最先，具於方寸，爲心德之全，包五常而統萬善。及發而爲惻隱之情，則又貫四端而生生不已，是乃爲衆善之長、❷而天爵之最尊者。亦猶四德之元，貫乎亨、利、貞，所以始乎物而統乎天者也。

仁之有常尊如是，則爲仁者，其可不有以尊之乎？若屈於物欲，則失之卑而非尊矣；加之私意，則幾於慢而非尊矣。視聽言動一徇於非禮，❸則又鄰於左遷而非尊矣。必如所謂「好仁者無以尚之，不使不仁者加乎其身」，然後爲尊之而不卑。必如所謂「居處恭、執事敬、與人忠，雖之夷狄不可棄」者，❹然後爲尊之而不慢。必如所謂「無終食之閒違仁，造次必於是，顛沛必於是」，然後爲尊之，而不復有左遷之失。夫是以

❶「受」，清鈔甲本無此字。
❷「爲」，清鈔甲本無此字。
❸「於」，清鈔甲本作「乎」。
❹「者」，清鈔甲本作「也」。

仁體常昭融呈露於方寸間，有以宅中而居尊，而日用酬酢，千變萬化，無一非天理流行，而皆吾統攝之内矣。兹固古人所以右仁之義也。然其爲用功之要，則在程子有「主敬」、「致知」之説焉。蓋敬者，此心常惺惺法，而天理之所以生也。能敬，則仁矣。而知者，又心之神明所以妙衆理，而覺夫害仁之所由起也。故敬不主，則仁亦無由而尊；而所知之不致，則又若何而爲物欲、若何而爲私意、若何而爲非禮，焉能保其不害吾之尊耶？

嗚呼！此又在仁仲勉之。名實表裏，其有以相副而無愧乎哉！

卓氏二子名字説

温陵卓君廷瑞，嘉定乙亥秋，游臨漳，訪予衡簷而定交焉。予覸其爲人，蓋亦知有是學而好之者也。自是相與幾兩閲月，襟懷輸寫，趣味投合，有金蘭之契。一日爲予言：晚得二子，有可教之質，欲名其長以克、字伯仁，名其次以存、字叔義。蓋取《魯論》《易傳》之語，請爲講明其義之所以然，庶其歸也，得以爲趨庭詔士之助。❶予義不得辭也，爲之言曰：

卓氏子克，字曰伯仁。惟仁如何？心德之真。渾然全體，純乎天理，四端五常，皆管於是。衆善斯長，

❶「詔士」，清鈔乙本作「詔告」，乾隆本作「一説」。

妙主性情，❶如元統天，不息其生。人惟有身，口鼻耳目，手足四肢，接物生欲。人欲一間，心晦厥靈，天理之公，不復流行。於是不仁，如頑如痺，滅理窮欲，何所不至？聖學要訣，求仁爲大。何以求之？克去心害。非禮而視，非禮而聽，非禮而言，非禮而行，凡此衆疾，皆害於中。克之克之，靡他其功。見善惟明，真知不疑。人欲攸起，有觸其幾。用心惟剛，勇決不吝，人欲之去，有拔其本。幾瑩無遁，本絶不遺。欲净理純，仁德乃輝。在昔有回，從事於此，心不違仁，體具孔子。彼我丈夫，睎顔亦顔，咨爾子克，其惟勉旃。

卓氏子存，字曰叔義。惟義如何？曰心之制。制之在心，如利刃云，物來觸之，則半而分。一可一否，便成兩片；一從一違，決有定見。初無所爲，惟理之宜，日用由行，坦然正逵。父子夫婦，兄弟朋友，一惟當然，何私之有？起居話言，飲食葛裘，計較之私，一毫不留。酬酢萬變，其則不紊，物各付物，一止其分。君子存之，念兹在兹，一息無間，靡他其爲。見義必明，如辨白黑，灼然不亂，無爲利惑。守義必固，金石其堅，確然不渝，無爲利遷。如是而存，義即我立，存之又存，衆義畢集。慊心無餒，氣自浩然，乃復其初，塞乎兩間。體用具全，終始惟一，所謂終之，於易無失。咨爾子存，毋忽而易，❷舍之則亡，是謂自棄。

---

❶「主」，清鈔甲本作「于」。

❷「而」，原闕，今據乾隆本、清鈔甲本、清鈔乙本補。

莊氏子名字說

莊氏子冠，請命於余。緣姓命名，而以字俱。名之曰約禮，字之曰博仲。以人生秉彝，無不公共，自稟氣之不齊，而感物之易動。非有禮以約之，則必流於放蕩。此古之君子所以必莊嚴敬祗，約此身於三百、三千之內，❶無細大之或違。視以禮而無邪，聽以禮而無歆，❷言以禮而無妄，動以禮而無非，皆所以固其肌膚之會、筋骸之束，揉氣質而使純，杜物欲之交鑠，無一節之不中，以會歸於至約。

然其至約之由，又在斯文之博。蓋博所以明萬理於心，約所以會萬理於身。❸不博，則無以識夫約中止宿之地；不約，則無以體夫博中聞見之真。盡心知性，而後能存心養性。物格知至，而後能心正意誠。苟蹊徑之少差，於堂奥而莫升。惟兩盡以造極，信學功之大成。昔子顔子從事於此，竭吾才而無餘，如有立之「卓爾」，博約之至是而俱融，無惚恍拘縶之病矣。❹亞聖人而具體爲後學之指南爾！約禮其景慕，無斯名子之慚。❺

---

❶「三百三千」，清鈔甲本作「三千三百」。
❷「歆」，清鈔甲本作「淫」。
❸「會」，清鈔甲本作「斂」。
❹「惚恍」，乾隆本、清鈔甲本作「恍惚」。
❺「斯」，乾隆本作「貽」。

嚴陵學徒張呂合五賢祠説

嚴陵學，舊有嚴、宋、田、范、趙五賢祠，在明倫堂之東偏，近世又祠張、吕二先生於别室。嘉定丁丑秋，鄭侯徙二先生像合諸五賢，而更其扁曰「七賢祠」。時，某自中都歸，爲鄭侯留，在學與諸生講磨。諸生有扣其説者，義不容默。

因攷子陵，里之高士，其清風孤操，有以起人主尊敬之誠，而成一代節義之俗。廣平之危言峻行、不少屈撓，與諫議之勁直、文正之忠誠、清獻之清白，又皆郡之賢刺史，載在史籍，昭昭不待言也。

至如乾道庚寅中，南軒以道學名德守是邦，而東萊爲郡文學。是時南軒之學，已遠造矣，思昔猶專門固滯。及晦翁痛與反覆辨論，始飜然爲之一變，無復異趣。其親仁之篤、徙義之勇、克己之嚴、任道之勁，卓卓乎不可及。東萊筮仕方初，以少年豪才，博覽藐視，斯世無足與偶，何暇窺聖賢門户？及聞南軒一語之折，則愕然回，釋然解，乃屏去故習，斂躬屈節，爲終身鑽仰之歸。且道紫陽，沿濂洛，以達鄒魯，俛焉日有孜孜，斃而後已。雖於南軒所造有不齊，要之不失爲吾名教中人，而斯文與有賴焉。

視世儒之竊佛學以自高，屹立一家門户，且文聖賢之言以蓋之，以爲真有得乎千古心傳之妙，不自覺其與聖人殊宗背馳，反誤學者於詖淫邪遁之域，而卒不免爲吾道之賊者，是豈不大相萬萬？而鄭侯今日所以示邦人合祠之意者，亦豈徒云乎爾哉？

昔子路問成人，夫子告以若臧武仲之智、❶公綽之不欲、卞莊子之勇、❷冉求之藝，而文之以禮樂，則可以爲成人矣。蓋舉近世之賢者以爲之質，以復加之磨礲潤澤之功，❸然後可以責其有成。

今嚴之學子，❹誠能起敬五賢之高躅，而實致其希慕之功以爲受道之質，然後講明二先生之學問，以參攷夫師友淵源之全，求其所謂大中至正之統者，博學、審問、慎思、明辨而篤行之，則體全用周，文質相副，其於至道成德之君子也，又孰禦焉？《詩》不云乎：「高山仰止，景行行止。」嚴之學子，❺其勉之！

魂魄説

魂者陽之靈，氣之發也。其分主乎動，所以行乎此身之中，隨所貫而無不生也。魄者陰之精，體之凝也。其分主乎靜，所以實乎此身之中，隨所往而無不定也。❻故自著者而言之，則口鼻靈於呼吸，而不息者魂也。耳目精於視聽，而不散者魄也。

---

❶「臧」，原作「藏」，今據諸本及《論語》原文改。
❷「卞」，原作「孟」，今據諸本及《論語》原文改。
❸「以」，清鈔甲本作「而」。
❹「嚴」下，清鈔甲本有「陵」字。
❺「嚴」下，清鈔甲本有「陵」字。
❻「往」，原作「注」，今據清鈔甲本改。

統而言之，則所以貫乎耳目視聽之間，使之常靈而不匱者，亦魂也。至於四肢之靈於舉履、五臟六腑之靈於傳送，凡氣之所貫，常發越而有生意者，皆魂也。所以注乎口鼻呼吸之間，❶使之常精而不爽者，亦魄也。至於四肢之精於舉履、五臟六腑之精於傳送，凡體之所注，各凝實而有定理者，皆魄也。若口噤而鼻絶、目困而耳窒、手頑而足癋、肺萎而脾弱、肝枯而腎涸，❷則靈者息而非魂之謂矣。若口狂而鼻逆、目流而耳恍、手亂而足輕、肺喘而脾滑、肝急而腎泄，則精者散而非魄之謂矣。

又廣而言之，下極者，形之底，❸氣之根，而魂魄之所自出也。元首者，形之表、氣之會，而魂魄之所由萃也。在精神，則神魂而精魄也；在血脈，則脈魂而血魄也；在聲貌，則聲魂而貌魄也。

又錯而言之，呼吸以氣，固魂也；然呼者爲陽伸，吸者爲陰屈，又有不同焉。視聽以體，固魄也；然視者爲陽明，聽者爲陰虚，又有不一焉。四肢有左右之辨，而又有動静之殊；五臟六腑有五行之别，而又有生尅之異。與夫神有清濁而精有虚實，脈有浮沈而血有凝釋，聲有剛柔而貌有温厲，又各不齊焉。蓋其分也，雖有陰陽在氣、在體之異屬，其合則又俱不離乎一氣。

而參觀互考，魂中又有魄，魄中又有魂，萬變固無所不存，並行亦未嘗相悖。魂必魄，然後有以精其靈；魄必魂，然後有以靈其精。而心居中央，秉氣麗體，又所以爲魂魄之主而總攝之。凡日用之所奮厲振

---

❶「乎」，清鈔甲本作「于」。

❷「腎」，原作「賢」，今據清鈔甲本改。

❸「底」，清鈔甲本作「柢」。

作、通暢和樂、施爲經畫、思慮明覺者，皆心之所以主魂之屬也；整齊嚴肅、安恬退止、持循執守、決斷誌記者，皆心之所以主魄之屬也。

故魂充而魄聚，則心力强；心之神明精爽，則魄魂有統。其記事也必專，而其慮事也必明；其斷事也必確，而其行事也必勇；其絶惡也必嚴，而其徙義也必果；其執德也必固，而其進道也必健。至於山立而揚休、玉色而金聲，坐如尸、立如齊，出門如賓、承事如祭，九容之無不敬、九思之無不通，望之儼而即之温，恭而安而威不猛，❶凡睟面施體，陰陽合德，無非是形見也。

人心始於氣感，則得魄爲先；❷既而體凝焉，則魂次之。及既生而神發焉，❸則魂主之；發未遠而純一湛静，則魄主之。男乾道，則魂統魄；女坤道，則魄統魂。稟重厚者，則魄勝魂；賦輕浮者，則魂勝魄。

人於幼也，氣渾全而質未實，則魂盛而魄少。及其壯也，氣正充而質已定，則魂與魄俱强。及其老也，氣衰而質羸，則魂與魄俱耗。及其死也，氣與質判，則魂升而魄降，❹惟平時粹有陰陽之德者，魂清魄爽，灑然於化，無復凝滯；若陰欲重而陽明昏者，則魂沈魄濁，於是乎或滯於冥漠之間，而未能以遽化矣。此魂魄之大旨也。

---

❶「而威」，清鈔甲本作「威而」。

❷「魄」，原作「魂」，今據清鈔甲本改。

❸「發」，清鈔甲本作「登」。

❹「而」，清鈔甲本無此字。

釋家君録忌説

禮書忌説

《檀弓》曰：「喪，三年以爲極，亡則弗之忘矣。故君子有終身之憂，忌日不樂。」

鄭氏註曰：「念其親，死日不用舉吉事。」

孔氏《正義》曰：「言服親之喪已經三年，可以棄。❶而孝子有終身之痛，曾不暫忘於心也。故君子終竟己身，恒慘念親，忌日不爲樂事，以其親亡忌，難吉事。」

《祭義》曰：「君子有終身之喪，忌日之謂也。忌日不用，非不祥也。言夫日志有所至，而不敢盡其私也。」

鄭氏註曰：「忌日，親亡之日。忌之者不用舉他事，❷如有時日之禁也。祥，善也。志有所至，至於親，以此日亡，其哀心如喪時。」

孔氏《正義》曰：「此一節，明孝子終身念親不忘之事。謂忌日不用舉作他事者，非謂此日不善，别有禁忌不舉也。言夫忌日，孝子志意有所至極，思念其親，不敢盡其私情而營他事也。」

又曰：「文王之祭也，事死者如事生，思死者如不欲生。忌日必哀，稱諱如見親，祀之忠也。如見親之

---

❶ 「棄」下，清鈔甲本有「忘」字。

❷ 「之者」，清鈔甲本作「日」。

所愛，如欲色然。其文王與？」

孔氏《正義》曰：「此一節，明文王祭，思親忠敬之甚。言思念死者，意欲隨之而死，如似不復欲生。廟中上不諱下，於祖廟稱親之諱，如似見親也。祭祀盡忠誠，齊時思念親之平生嗜欲，如似真見親所愛在於目前。又思念親所愛之甚，如似凡人貪欲女色然也。」

近代諸儒議論

伊川先生曰：「家必有廟，廟必有主。忌日必遷主出祭於正寢。今正廳正堂也。蓋廟中尊者，所據又同室，難以獨享也。於正寢，可以盡思慕之誠。喪祭，禮之大者。豺獺皆知報本。今士大夫家多忽此，厚於奉養而薄於先祖，甚不可也。凡物知母而不知父，走獸是也；知父而不知祖，❶飛鳥是也。惟人能知祖，若不嚴於祭祀，殆與禽獸無異矣。」

又嘗於國忌日素饌。或以詰其故，先生曰：「禮，居喪不飲酒、不食肉。忌日，喪之餘也。」

橫渠先生曰：「忌日變服：爲曾祖祖，布冠素帶麻衣；❷爲曾祖妣，素冠布帶麻衣；爲父，布冠帶麻衣麻履；爲母，素冠布帶麻衣麻履；爲伯叔父，素冠帶麻衣；爲伯叔母，麻衣素帶；爲兄，素衣素帶；爲弟姪，易褐不肉；爲庶母及姊，一不肉。」

---

❶「父」下，清鈔甲本有「母」字。

❷「素」，原脱，今據清鈔甲本補。

晦庵先生《祭儀》：❶「忌日特設一位於正寢，如祭禰之儀。主人黲紗垂脚，❷幞頭，黲布衫，熌鐵脂皮帶。主婦去華盛之服。凡與祭執事者，皆然。告言：孝某孫某，禰云：孝子。今以皇某親某官府君遠諱之辰，敢請神主出臨正寢，❸恭伸追慕。考妣即三獻，哭，盡哀。不飲福受胙。」

祝文：維某年歲次，月朔日辰，孝某孫某敢昭告于皇某親某官府君，無官稱某號府君，❹妣無封言某氏夫人。歲序遷易，諱日復臨，追遠感時，不勝永慕。考妣即云痛割如新，❺昊天罔極。敢以清酌庶羞，敬伸奠獻。尚饗。愚謂：吾家避先諱，末句當云：伏惟鑒饗。❻

右忌説，禮書三段，注疏五段，并三先生之説五段。恭承先諱在近，重感於心，因録以示諸子姪，而共致其孝敬焉。慶元己未二月十日書。

淳曰：忌日者何？亡者屬纊之日也。亡者爲何？有祖焉、有禰焉、有旁殺之親焉。忌者孰忌之？有子焉、有孫焉、有旁殺之親焉。然則如之何其忌之？曰：此天理之至，人情之極，出於其中，秉彝之所不

---

❶「儀」下，清鈔甲本有「曰」字。
❷「黲」，原作「慘」，今據乾隆本、清鈔甲本改。下同。
❸「出」，清鈔甲本無此字。
❹「某」，原作「其」，今據乾隆本、《四庫》本改。
❺「如新」，原漫漶不清，今據乾隆本、清鈔甲本訂正。
❻「愚謂」至「鑒饗」，清鈔甲本無此十五字。

容已，而非自外至者也。

蓋昔者亡者於是日之亡也，乃人道之大變，爲子者卒然遇之，如天之忽崩、地之忽陷，無所告訴。正其笄纚徒跣、擗踊哭泣、傷肝焦肺、水漿不入口之時，其爲哀痛迫切之甚，直欲與亡者俱亡，而不復意有此身之存者也。雖其所服，日月之已竟，而此心之慕，終其身有不能已。而況於是日之復臨，則其爲感動，又將如何耶？下而爲孫者，若曾若玄，及旁而若弟若姪，由齊衰以至功緦，雖其發於容體、聲音、言語、飲食、居處、衣服者，其哀情有等級之殺，要之當時於此，❶則亦其遭變之始，❷而痛于厥心者也。豈以是日之復臨，獨能頑無所動耶？此聖人制禮，因人情而爲之節文，以是日爲君子終身之喪。

所以行乎是日者，雖其全儀去古廢缺不可復考，而其遺言緒論，猶間有存于《檀弓》《祭義》等篇。如曰不樂，曰不用，曰不敢盡其私。若簡簡乎一二語，而其大義則固昭昭可推而見也。夫亦豈止於若是而已哉！夫亦豈徒然若是而已哉！故君子爲禮於是日也，必視諸喪之餘以從事，每事必變乎常：衣必以素，食必以蔬。不御酒肉，不接聲色。不敢他適，不敢他舉，惟專有以致其事亡追遠、憂思敬慕之誠，然後爲情文之稱，中哀樂之節，得性情之正，而不失乎聖人之意也。嗚呼！此文王以是日必哀，事死者如事生，思死者如不欲生。所謂天理人倫之至，而爲萬世法矣。

---

❶「此」，清鈔甲本無此字。

❷「則」，清鈔甲本作「服」。「遭」，清鈔甲本作「當」。

奈何世之人不復講乎此，動惟適己以自便。上焉既無追慕之哀，❶而一肆志於燕飲之樂，若賀亡之爲；下焉又無戒禁之敬，而蕩然無所不爲，無所不之，殆若安平無事者，吉凶紊亂、常變混雜，抑不思今日爲何日，名之曰忌者，其端原果何謂。昔之斯辰其人果何爲，而吾於是人又爲何屬也。顧乃忍焉若是，寧不悖理傷義，而類於無人心者歟？

其有篤於奉先者，❷又不過精嚴豐潔，爲浮屠事。祀非其鬼，饋非其徒，以爲是足以薦拔亡者而無憾，而於亡者之前，則荒忽褻慢，❸姑泛爲之一薦。已則肆飲妄動，❹又依然前之爲也。展轉迷繆同然一習，莫有以爲非者，有如近世先覺諸君子，❺更相正訂，略有成説可舉可稽，其覺迷警謬之惠大矣。

某小子竊幸有聞斯義，兹因祖諱之臨，適吾房之直其事，恭承嚴父所録古今聖賢諸説，命某釋之，以詔吾門内同奉祖先之人，爲之慨然有感，因發明于下方，而請共警省焉。

嗚呼！凡我同祖，其亦有以懋敬之哉！某謹書。❻

---

❶「哀」，清鈔甲本作「懷」。
❷「其」，清鈔甲本作「即」。
❸「荒」，清鈔甲本作「怠」。
❹「飲」，乾隆本、清鈔乙本作「欲」。
❺「有」，清鈔甲本無此字。
❻「某」，乾隆本作「淳」。

北溪先生大全文集卷第十三

説

宗説上

按禮經：别子爲始祖，繼别爲大宗，繼禰爲小宗。宗其爲始祖後者爲百世不遷之宗，宗其爲高祖後者爲五世則遷之宗。

蓋諸侯適子適孫，常繼世爲君，自第二而下，諸子不得禰先君而别於正適，皆稱别子。其後子孫爲卿大夫，則不敢祖諸侯，必立此别子爲始祖。而别子之世適，則常繼此别子之正統，以主始祖之祭，與族人爲宗，爲其所尊宗，謂之大宗子。雖五世外與之絶服者，亦皆爲齊衰三月，及其妻同，❶雖婦人不敢降，是謂百世不遷之宗。

---

❶「妻」上，清鈔甲本有「母」字。

其別子之庶子，❶又不得禰別子而自使其世適後之，以主庶子之祭，與兄弟爲宗，謂之小宗。子旁例而降之，其第一世繼禰者曰繼禰小宗，爲親兄弟所宗，爲服期。第二世繼祖者曰繼祖小宗，爲同堂兄弟所宗，❷爲服大功。第三世繼曾祖者曰繼曾祖小宗，爲再從兄弟所宗，爲服小功。第四世繼高祖者曰繼高祖小宗，爲三從兄弟所宗，爲服緦。自高祖外五世，則無服。祖遷於上而宗易於下，是謂五世則遷之宗。

雖別子兄弟五人，其爲宗法皆然，大宗一與小宗四，爲五小宗。五世外雖已遷，而復統於大宗，更百世未嘗絶。故魯人有同姓死，以其疏遠而弗弔，子思以爲無恩之甚，引夫子答季孫之言以正之，曰：「繼之以姓，義無絶，雖萬世而婚姻不通也。」此大小宗之定説也。

不惟公子之爲然，或異姓公子之來自他邦，別於本國，不來者亦謂之別子。及庶姓之起於是邦，別於隱淪不起者，亦謂之別子。其繼世爲大小宗法，一與此同。不惟公子繼世之後爲然，其在當時或先君之子、今君兄弟等輩，上不得宗君，下又乏爲後世之宗，❸不可無人主領，則亦比附大小宗法以領之。

先君之同母弟，❹適夫人所生者，謂之適昆弟；其庶母所生者，謂之庶昆弟，皆先君之子，俱謂之公子。

❶「庶」，乾隆本作「世」。
❷「同堂」，清鈔甲本作「從」。
❸「乏」，乾隆本、清鈔甲本作「未」。
❹「先」，原漫漶不清，今據乾隆本及文義訂正。

而在士大夫列者，固有相宗之道焉。君必爲此公子士大夫之庶者，立此公子士大夫之適者爲之宗，使之宗之。君有適母弟，❶則使一人爲宗以領公子，死則公子爲之齊衰九月，其母則小君也，爲其妻齊衰三月，禮如大宗，更不立庶昆弟爲之宗，是謂有大宗而無小宗。君無適母弟，則遣庶昆弟一人爲宗，❷以領公子。死則公子爲之大功九月，其母妻無服，禮如小宗，是謂有小宗而無大宗。或公子惟一，無他公子可爲己宗，而亦無他公子來宗於己，是謂有無宗亦莫之宗，❸此又大小宗之變例也。

爲宗子者，在大宗，所主始祖別子之祭；❹小宗，所主逐宗祖禰之祭。其禮爲甚專。❺宗子壓族人於外，宗婦領族婦於內，其禮爲甚重。❻而族人所以祗事宗子者，其禮又爲甚嚴。冠娶必告，喪練祥必赴，雖貴富，❼不敢以入其家，必舍車徒於外。有歸器衾裘車馬必獻其上，而自服用其次，非所獻不敢以入其門。若富具二牲，必獻其賢於宗子，夫婦皆齊而宗敬焉，終事而後敢私祭。

---

❶「君」，原漫漶不清，今據清鈔甲本訂正。
❷「遣」，原漫漶不清，今據乾隆本、清鈔甲本及清鈔乙本訂正。
❸下「宗」字，原爲空格，今據乾隆本、清鈔甲本及清鈔乙本補。
❹「別子」，原漫漶不清，今據清鈔甲本及清鈔乙本訂正。
❺「禮爲」，原爲空格，今據乾隆本、清鈔乙本補。清鈔甲本作「體爲」。
❻「禮」，原作「權」，今據乾隆本、清鈔乙本改。清鈔甲本作「權」。
❼「貴富」，清鈔甲本作「富貴」。

爲支子者，❶不敢干其祭，或宗子有疾而當攝，則必告而後祭。若宗子爲士，庶子爲大夫，則以上牲祭於宗子之家，祝曰：「孝子某爲介子某薦其常事。」若宗子無罪而去國，則以廟從；或有罪去他國，庶子爲大夫而居，則祝曰：「孝子某使介子某執其常事。」其辭于賓，則曰：「宗兄宗弟宗子在他國，使某辭。」或庶子無爵而居，則望墓爲壇以時祭。及宗子死，必告于墓而後得祭于家。稱名不言孝，所謂「攝主」。又不敢備禮，不厭祭、不旅、不假、不綏祭、不配、不歸胙。或有殤與無後，則從祖附食，庶子不得僭祭之，及不得僭爲長子斬。

凡拳拳於宗子，若是其敬者，何哉？皆以尊先祖之正體而不二其統，一人情之所趨而不背其本也。惟其如是，故上有以事祖禰而盡尊尊之義，下有以合族屬而篤親親之恩。是雖歷世代愈遠，分枝系愈蕃，而人知宗派所自來，本支昭穆不亂而宗廟常嚴，家有宗黨時相接，長幼疏戚有紀而骨肉不離。

自國姓達于庶姓，通天下無二禮，則通天下無二俗。如《小記》所謂「序昭穆，別禮義，而竭人道」，《白虎通義》所謂「長和睦，通有無，而紀理族人」，《文王世子》所謂「孝弟之道達，君臣之道著，邦國有倫而衆嚮方」，《大傳》所謂「社稷重而百姓愛，刑罰中而庶民安，財用足而百志成」，禮俗形者皆於是乎見，❷則其立宗

❶「爲」下，清鈔甲本有「之」字。

❷「形」，乾隆本作「判」。

之効，固不甚大矣哉！❶ 此有周而上，王化之所以爲盛，禮樂達於天下，道德一而風俗同者，其大綱目端有在乎此也。

宗說中

古人宗法不幸厄於秦火，不見全經，又幸而復出於漢儒雜記之書，學者因得以考識其遺意。其綱領，大概見《大傳》、《小記》，其變禮條目見《曾子問》，而其所旁照者，又間見於《曲禮》、《内則》、《喪服傳》、《文王世子》、《王制》等諸篇。然其殘文有闕晦而不章者，可不講訂以明之乎？

或問：《大傳》、《小記》，皆無大宗之文，但曰「繼別爲宗」而已，何以見其爲大宗耶？曰：宗者，尊也。以其爲先祖主，爲族人之尊，故族人來共尊之，與事其先祖，因推尊爲宗子而得宗之名。若繼別子之後，乃其世世適派，❷無旁枝之間，雖更百世族屬之遠，亦咸宗之而無所遷改，非謂大宗而何？❸ 況以下文「繼禰者爲小宗」形之，則見此爲大宗決矣。必欲更明白無疑，則當云「繼別爲大宗」，而禮志亦已有如此云者，可以補其字之所不足也。

---

❶「固」，乾隆本作「顧」。

❷「派」，乾隆本作「族」。

❸「非謂」，清鈔甲本作「謂非」。

曰：既曰「繼禰者爲小宗」矣，又曰「宗其繼高祖」者，何小宗所繼之不一耶？曰：小宗有四，或繼禰、或繼祖、或繼曾祖、或繼高祖，皆至五世則遷。以其五世則遷，比大宗爲小，故謂之小宗。由己上言之，則繼禰爲第一世，❶繼祖者爲第二世，繼曾祖者爲第三世，繼高祖者爲第四世，至高祖之父則爲第五世。❷己親盡，無服，當祧而不復祭，是謂「祖遷於上」。由己下言之，則繼高祖者至子爲五世，繼曾祖者至孫爲五世，繼祖者至曾孫爲五世，繼禰者至元孫爲五世。視族人皆是四從兄弟，無服，更不復與之爲宗，而各自隨近相宗，是謂「宗易于下」。要之，四小宗初皆繼禰爲始，而末皆至繼高祖爲終，故原其始則云「繼禰」，而舉其終則云「繼高祖」。❸況此所謂「禰」者，乃指別子之庶子。所謂「繼禰」者，指庶子所生之適子。繼此庶子之後，與親兄弟爲宗，其文承「繼別大宗」之下，是從別子宗法旁殺而爲之，正小宗立法所從，始所以必亞大宗而立言，曰「繼禰者爲小宗」也。

曰：繼高祖者之身，正是第四世，而又爲宗，未及滿五世，而禮經乃以當五世則遷之言，何也？曰：此言繼高祖者至五世則遷，非指定繼高祖者爲已五世而當遷也。但記文簡略，其實即是指繼高祖者之子爲五世則遷，而非謂繼高祖者之身也。

---

❶「爲」上，清鈔甲本有「者」字。

❷「則」，清鈔甲本無此字。

❸「舉」，《四庫》本作「要」。

或問：大宗繼别子之後，只是世世直派適長，非有他也，而《大傳》乃曰「宗其繼别子之所自出」者，❶其主意又似歸重於所從出之人，何也？曰：按鄭氏注，無此文，亦無解此意。至疏家，則以爲别子所由出者，❷或由此君而出，或由他國而來。果若然，則是其所爲宗者，非宗其繼别子之世適，是乃宗其别子所由出之先君與其所由他國之公子也。無乃支離迂折之甚乎！故文公以「之所自出」四字斷爲衍文，謂作注時未誤，至作疏時乃始誤耳。今當删去，則古人宗法明白直截易見，如日星而無可疑矣。

或問：《大傳》既曰「庶子不祭，明其宗也」，而《小記》又曰「庶子不祭禰，明其宗也」，又曰「庶子不祭祖，明其宗也」，三言大同小異，果孰得而孰失耶？今按：《大傳》之文爲正而意已足。直謂非大宗則不得祭别子之爲祖者，非小宗則各不得祭其四小宗所主之祖禰也。若《小記》中二言，乃又有不祭禰、不祭祖之别。據其文意重複，似是衍字。而鄭氏乃曲爲之説，疏家又從而實之。於「不祭禰」，則謂：「宗子庶子俱爲下士，得立禰廟。宗子是禰適，故得立禰廟而得祭禰；庶子是禰庶，❸故不得立禰廟而不祭禰，明其尊宗以爲本也。」於「不祭祖」，則謂：「宗子庶子俱爲適士，得立祖禰二廟。宗子既得立祖廟祭之，而庶子是祖庶，雖得自立禰廟，而不得立祖廟祭之。以正體祖適居乎上者，謂下正禰適猶爲庶也，此正推本崇適，明有所宗

---

❶「者」，清鈔甲本作「也」。
❷「則」，清鈔甲本作「乃」。
❸「是」下，清鈔甲本有「爲」字。

也。族人上不得戚君，❶下又辟宗，然後能相序爲五宗者悉然。」此於文雖亦可通，而不免意折辭費，不若《大傳》辭簡意直，而事反該悉也。

或問：《大傳》曰：「庶子不得爲長子三年，不繼祖也。」而《小記》又曰：「庶子不爲長子斬，不繼祖與禰故也。」《大傳》之言與《喪服》傳之言一同，而《小記》之言又有增損，果孰得而孰失耶？曰：《大傳》所謂「得」字在《小記》則無之，而《小記》所謂「斬」字在《大傳》作「三年」，又無「與禰」二字，彼此之義皆有所未盡者。今當互取之，曰：「庶子不得爲長子斬，不繼祖與禰故也。」則語明而意備矣。原此文大要，須己身是父適、祖適，承重乃得遂其爲長子極服之制，其尊先祖之正體當如是也。在馬季良注《喪服》云：❷「此爲五世之適，父乃爲之斬。」蓋以長子是繼高祖小宗之適而言，其世數過於大遠。在鄭氏註：此「言不繼祖禰，則長子不必五世」，❸所以破季長之説，而不明其世數。及注《喪服》，則曰：「此言爲父後者，然後爲長子三年。」蓋以持服者是父之適子而言，又不及祖之世數，爲未盡。若庾氏云：「用恩則禰重，用義則祖重。至己承二重，則爲長子斬。」既承祖、禰二重，則亦猶父適、祖適也。疏家又詳此意，謂：禮有適子者無適孫。或己是祖正，又是父適，若父猶在，則己未成適，不得重長，重長必是父没後者，故云：爲父後者，然後爲長子三年。

---

❶「戚君」，原漫漶不清，今據乾隆本、清鈔甲本及清鈔乙本訂正。
❷「良」，當作「長」。馬季長，即馬融，注三禮等書。
❸「不」，原脱，今據乾隆本及鄭氏原註補。

或己雖是祖庶而却是父適，應立禰廟，則己長子傳重當祭。而不爲斬者，以祖庶厭降故也。即是二下參之，❶則必兼父適祖適，然後可遂其服斬，益以明矣。疏又言：禮爲後者有四條皆不服斬：有體而不正，若庶子爲後者；❷有正而不體，若適孫爲後者；有傳重而非正體，若庶孫爲後者；有正體而不傳重，❸若適子有廢疾不立者。四者皆期，悉不得斬。惟正體又傳重，乃得極服。此又以長子不得斬之變例言之，亦不可以不併知也。

或問：《内則》曰：適子庶子祇事宗子宗婦。以庶子祇事宗子固也，宗子本適子也，又以適子祇事之，如何其别也？曰：此適子謂小宗中父之適及祖之適也，庶子爲大宗之庶子及小宗適子之弟也。然正體在乎上者，謂下正猶爲庶，故以大宗子視小宗子，雖曰父之適、祖之適，而皆爲庶也。宗子指大宗子而言，此文雖主事大宗子，而其事小宗子者亦然，❹故族人一身凡事五宗：既事親兄弟之適繼禰小宗，又事同堂兄弟之適繼祖小宗，又事再從兄弟之適繼曾祖小宗，又事三從兄弟之適繼高祖小宗，與事别子世適繼始祖大宗爲五。若庶子是宗子親弟，俱爲下士，得立禰廟，則宗子立禰廟祭之，庶子更不别立禰廟行祭，惟助祭於宗子禰廟。

❶「下」，清鈔甲本作「辯」，《四庫》本作「辨」。
❷「若」下，清鈔甲本有「遭」字。
❸「傳重」，清鈔甲本作「重傳」。
❹「者」，清鈔甲本無此字。

若宗子庶子俱爲適士，得立祖禰二廟，則宗子立祖廟祭之，庶子更不別立祖廟行祭，惟助祭於宗子祖廟。若宗子爲士，庶子爲大夫，得祭曾祖而不合立廟，則必寄立曾祖廟於宗子之家。❶ 若己是宗子從父庶兄弟父之適子，則惟得於家自立禰廟，而祖及曾祖亦必於宗子之家寄立之。若己是宗子從祖庶兄弟父祖之適，則立祖禰廟於己家，而亦寄立曾祖廟於宗子之家，皆己供上牲，宗子爲祭之。此其祇事，宗子之所由本也。

宗說下

此篇方起草，未及竟，而先生寢疾矣。姑存此以見大意。

或問：古人宗法，果可以行於今與否歟？曰：後世頹風敝俗，❷與古人宗法相反者，❸莫甚於今日。生民秉彝，良心天理之不容泯没，亦未嘗不間見於世。而近代先覺諸儒宗，所相與發明遺文故典者，亦已昭昭有成説於世矣。

蓋今之所謂姓氏者，幾更世代離亂，朝市變遷，已不復上世聖人因生胙土之舊章。百宗蕩析，或妄委其姓而冒人户貫，或妄以户貫與人而溷其宗，何止於託漢壻而冒姓劉，以狄種朱邪而附李屬籍也。至於無嗣

---

❶「必寄立曾祖廟於」七字，原漫漶不清，今據乾隆本、清鈔甲本訂正。

❷「敝」，清鈔甲本作「敗」。

❸「反」，原漫漶不清，今據乾隆本、清鈔甲本、清鈔乙本訂正。

續而欲繼絶者，又不本聖人「同宗爲後」之正典，乃字育螟蠕、昵非族類。或取諸妻之黨，若鄫人立莒公子、郭氏之立柴榮；或取女子之出，若賈氏之立韓謐；或公然取他族苗裔，若存勖之養寧嗣源、寧嗣源之養王從珂；❶或以他人妊孕爲己出，不之怪，若秦政之本吕不韋、楚幽之本黄歇、宋蒼梧之本李道兒；又有若漢鬼之蓬頭歆祀，莫識爲誰何者，意其得於荒茫遺棄、不可知之中；抑又有若司馬之牛睿陰爲曖昧者。凡此數端，不惟搢紳宦族爲然，在閭閻編户之伍，蓋總總也。豈知神不歆非類，民不祀非族，是乃自爲斬絶之道，而非有嗣續之實也。

譜系真贋既雜亂不明，而宗庶昭穆又顛倒無卞：❷或以弟爲子，或以子爲孫，或位姪於叔之上、班叔於姪之下，是以族屬不相統，恩意不相浹。在族燕，一序齒爲儀，不復省名分尊卑之别；在族會，一視財爲禮，不復顧服紀疎戚之差。名家顯族降爲皂隸而不之知，❸雖至親以過門爲辱。自白屋至卿相，問其所從來，則莫之識，或識之，每羞道其祖。甚至父母在，已析居異籍。兄弟不相顧，一如路人。户未割反互相殘賊，親未盡不復相往來。冠昏死喪不相告，貧窮患難不相卹，故骨肉苐相告訐而無親睦之風，❹族黨務相争鬬

---

❶「寧嗣源」三字，原不重，今據清鈔甲本補。「寧」，清鈔甲本作「李」。
❷「卞」，乾隆本、清鈔甲本、《四庫》本作「辨」。
❸「之知」，清鈔甲本作「知之」。
❹「苐相」，清鈔甲本作「兄弟」。

而乏遜順之習。於是有語及祀典，則禰已附而高曾忘忽不致享，祭有主而適庶相勝並立廟。或欲叙及宗法，則皓首諸父，不肯陪禮於少年適姪之側；華髮庶姪，亦耻屈節于妙齡叔父之前。家家自爲俗而各有法，人人自爲法而各有心。公卿大臣閥閲纔易一世即墜塗地，賢人君子之後不復能世其家。回視古人宗法，與之甚相反者，蓋莫甚於今日也。

然知有母而不知有父者，走獸之道也；知有父而不知有祖者，飛鳥之道也。人靈於物，知有祖禰，尊尊親親，秉彝良心。夫孰不固有之？本無古今貴賤之別，雖更叔世衰微離亂之極，猶有孝義族類，班班史册。或九世同居相與忍爲雍睦者；張公藝。或宗族七百口，設廣席，長幼以次坐，共食者；五代江州陳氏。或三世共財，子孫朝夕禮敬，常若公家者；後漢樊重。❶ 或緦服百口同爨，昆季相事如父子者；《南史》楊播。或累世同居共庖，兄弟至四從皆如同氣者；唐劉君良。或子孫數世至二百餘口，猶同居共爨，田園俸禄皆聚一庫，而計口日給餉者；本朝李昉。或奉兄軌如父，公禄賞賜皆入軌之庫，有所資須悉就軌請者；宋蔡廓。或奉叔母李如母，兄弟寸尺皆入李之庫，四時分賚一聽李自裁者，《北史》崔孝芬。則良心天理之不容泯没者，固未嘗不間見於斯世也。

而近世先覺諸儒宗，所相與發明遺文故典，又昭昭可覆。如程子曰：「管攝天下人心，收宗族，厚風俗，使人不忘本，須是明譜系、立宗子法。」又曰：「若立宗子法，則人知尊祖重本，而朝廷之勢自尊。」此言宗法

❶「樊」，原作「其」，今據乾隆本改。

之爲係甚重也。如曰：「宗子法壞，則人不知來處，以至流轉四方，往往親未絶、不相識。」又曰：「宗子法廢，後世譜牒尚有遺風。譜牒又廢，人家不知來處。無百年之家，骨肉無統，雖至親恩亦薄。」此言無宗之爲俗不美也。如曰：「凡言宗者，以祭祀爲主。」言人宗於此而祭祀也。以己之旁親兄弟來宗於己，所以得宗之名，非宗於人也，❶則明其所以爲宗之義也。如曰：「立宗子法亦是天理，如木必有直榦，亦必有旁枝；如水必有正源，亦必有分派；又有旁枝達而爲榦者，明其皆本於自然之勢也。」至論所以行之之實，❷則曰：「須且如唐時，立廟院仍不得分割祖業，使一人主之。」又如：「韋家宗會法：月爲一會，以合族，使骨肉之意常相親。」其間支子不祭，則曰：「齊戒致其誠意，與主祭者不異，可與則以身執事，不可與則以物助。不别立廟，❸爲位行事而已。雖不祭，情亦可安。」其論長子不得爲人後，則曰：「若無兄弟，又繼祖之宗絶，亦當繼祖。如卑幼爲大臣，以今之法，自合立廟，不可使從宗子以祭。」

---

❶「非」下，清鈔甲本有「己」字。
❷「所」上，清鈔甲本有「之」字。
❸「不」上，清鈔甲本有「但」字。

北溪先生大全文集卷第十四

題跋

代陳憲跋《家禮》

予職憲廣東之明年，先生之門人臨漳陳淳安卿者爲予言《祭儀》，始得王郎中子正傳本三卷。上卷編程子《祭説》及《主式》，中卷自《家廟》、《時祭》以至《墓祭》凡九篇。而《時祭》篇中又分卜日、齊戒、陳設、行事凡四條，爲文蓋一統而無分綱目。下卷則列諸祝詞而已，蓋最初本也。

既而紹熙庚戌於臨漳郡齋，嘗以冠、昏、喪、祭禮請諸先生。先生曰：「温公有成儀，罕見行於世者，只爲閑詞繁冗，❶長篇浩瀚，令人難讀，往往未及習行而已畏憚退縮。蓋嘗深病之，欲爲之裁訂增損，舉綱張目別爲一書，令人易曉而易行。舊亦略有成編矣，在僧寺爲行童竊去，遂亡本子，更不復修。」是時只於先生之季子敬之傳得《時祭儀》一篇，乃其家歲時所常按用者，其文有綱目大小字之別。綱爲正文大書，目則小

❶「只」，清鈔甲本作「以」。

註於其下。蓋甚簡潔明白，最令人易曉。雖未見亡本之爲如何，而比前所謂初本者，❶體制迥不同也。

又後慶元己未到攷亭精舍，聞先生家時祭，今只定用二分二至，不復卜日。校臨漳所傳卜日「丁亥」，雖本《儀禮》之文，而實不若此。乃求鬼神於陰陽魂魄屈伸之際，其義又爲益精矣。於是又叩先生以冬至立春二祭，則愀然爲言：後來有疑乎冬至之祭似禘，立春之祭似祫，更不敢冒舉。

嘉定辛未，自南宫回過温陵，值敬之倅郡，出示《家禮》一編，云此往年僧寺所亡本也。有士人録得，會先生葬日攜來，因得之。即就傳而歸，爲篇有五：《通禮》居一，而《冠》、《昏》、《喪》、《祭》四禮次之。於篇之内各隨事分章，於章之中又各分綱目。未幾，亦有傳入廣者。廖子晦意其爲成書定本，遽刊諸帥府，❷即今此編是也。❸

因以前後本相參訂，所謂《時祭儀》綱目，大概如臨漳所傳。但「降神在參神之前」，不若臨漳傳本「降神在參神之後」爲得之。蓋既奉主於位，則不可虚視其主，而必拜以肅之，故「參神」宜居於前，至「灌」則又所以爲將獻而親饗其神之始也，故「降神」宜居於後。然始祖、先祖之祭，只設虚位而無主，則又當降神而後參，亦不容以是爲拘。但彼冬至、立春二儀，乃其所未定，及卜日一節，當併以今不用者爲定義。又《治葬》

---

❶「前」，清鈔甲本作「書」。
❷「遽」，清鈔甲本作「遂」。
❸「編」，清鈔甲本作「篇」。

章中所用石灰，亦有不出石灰處，則此制難以通行，只得隨土俗審處。❶而《題主》一節，只依温公行於墓所，而不行於反哭入室之後，疑失之少早，則於「禮之既亡，而後以鬼饗」者爲不合，恨不及面訂於先生耳。

其他諸儀，大概皆已簡潔明白可按，而其間亦尚有闕文而未及補、脱句而未及填與訛舛字之未獲正者，或多見之。惜其書既亡而復出，不出於先生無恙之前，而出於先生既没之後，不及先生再修爲一定之成儀，❷以幸萬世，❸而反爲未成之缺典，至貽後學千古無窮之恨，❹甚可痛也。

予聞其言，慨然爲之有感，因識諸編末以示來者，使讀是書而有志焉者，知始末之所由。其於宏綱大節之昭昭不可揜者，既得以從容從事而無所疑，而於一二疑義之未定及訛缺脱漏之多錯見者，❺亦有以攷覈折衷而爲至當之歸，不至於一直例行按用之，或有誤焉而不自覺也。

嗚呼！於以助成斯世禮俗，而推廣聖朝道化之美，尚有以庶幾先生之志乎哉！

---

❶「土」，清鈔甲本作「生」。

❷「及先生再修」，原漫漶不清，且後二字爲空格，今據清鈔甲本訂正。

❸「幸」，清鈔甲本作「行」。

❹「學」，原爲空格，今據乾隆本、清鈔甲本及清鈔乙本補。

❺「訛缺」，清鈔甲本作「缺訛」。

《家禮》跋

嗟乎！禮教之廢於世也久矣。由古今異俗，宮廬器服異制，無聖人者作，爲之通損益之宜，而世莫從而折衷以爲依據者。在昔程子、張子嘗有意乎此，皆未及成書。惟司馬公有成書，而讀者又厭其長篇浩瀚，未及習行而已望風畏縮。

先生蓋深病之，舊因舉綱張目，别爲是書以示斯世，欲其易知而易從。方爾草定，即爲僧童竊去，至先生没而後遺編始出，不及先生一修，其間猶有未定之説。五羊本先出，最多譌舛，某嘗以語曲江陳憲而識諸編末矣。餘杭本再就五羊本爲之考訂，所謂《時祭》一章，乃取先生家歲時常用之儀入之，❶准此爲定説，❷并移其諸「參神在降神之前」。

今按餘杭本復精加校，❸至如冬至、立春二儀，向嘗親聞先生語，以爲似禘祫而不舉，今本先生意删去。至《題主》一節，按《禮記·問喪》：「送形而往，迎精而反。」其往也如慕，其反也如疑。入門而弗見也，上堂

❶「常」，原漫漶不清，今據乾隆本、清鈔甲本、清鈔乙本訂正。
❷「准」，乾隆本作「唯」。
❸「精加」，清鈔甲本作「加稽」。

又弗見也，❶入室又弗見也。曰：亡矣！喪矣！不可復見已矣！❷然後祭之宗廟，以鬼饗之。蓋《喪禮》：「自既斂尸柩在堂以後，事死如事生，凡朝夕純用生前奉養之禮；及既葬入室弗見以後，則事亡如事存，以鬼神之道接之。」今方奉柩入壙，未及迎精而反，以伸夫如疑之情，而遽爲決辭以神之，恐失之少早，於孝子痛割之情爲未安。或曰：「此正所以爲迎精，而亦主人贈而祝宿虞尸之比。」不思迎精固已有魂帛，而虞尸之宿，乃祝者先歸，私自備之，非行於墓所，而於主人蓋無與焉。竊以爲此節當移於反哭入室之後行之，然後虞祭，乃於禮爲有合而於精爲得宜。❸惜不及面訂此明證耳。

其他一二小節，如注酒之或親不親，及告遷祝詞之未塡，❹與葬用石灰有鄉土所闕，則非通行之制，此等正在人參酌審處。❺

要之，以全編大體而言，❻則其綱條節目已定，❼坦然簡易而粲然明白，情文適中，本末相副，上不失先

❶「弗」，清鈔甲本作「勿」。
❷「矣」，清鈔甲本作「也」。
❸「於精」，乾隆本作「迎精」，清鈔甲本、《四庫》本作「於情」。
❹「告遷」，原殘缺，今據乾隆本、清鈔甲本及清鈔乙本訂補。
❺「此」，原漫漶不清，今據乾隆本、清鈔甲本及清鈔乙本訂正。「正」，清鈔甲本無此字。
❻「大體」，原殘缺，今據乾隆本、清鈔甲本及清鈔乙本訂補。
❼「條節目」，原漫漶不清，今據乾隆本、清鈔甲本及清鈔乙本訂正。

王之大典，而下甚便於斯世之服行。❶雖有作者，不能以易此矣。❷嚴陵郡鄭侯欲刻以示邦人，❸其轉移風俗之機，可謂知所務哉！

嘉定丁丑季秋，門人臨漳陳某謹書。❹

代鄭寺丞跋《家禮》

此書酌古通今，綱條節目甚簡易明白，最有關於風教之大，人人當服習而家家當講行也。因刻之嚴陵郡庠，與邦人共之。凡我父兄子弟，其相與勉焉，以脱末俗之陋，而成此邦禮義之風。顧不偉歟？

代跋《小學》

此書最切於學者日用之實。在幼學之始，固所當從事，而其終之所以造道據德、而成大學之功者，亦不

❶「之服行」，原殘缺，今據乾隆本、清鈔甲本及清鈔乙本訂補。
❷「有作者不」，原殘缺，今據乾隆本、清鈔甲本及清鈔乙本訂補。
❸「鄭」，原殘缺，今據乾隆本、清鈔甲本及清鈔乙本訂補。「邦人」，原殘缺，今據清鈔甲本及下段文字訂補，乾隆本作「天下」，《四庫》本作「後世」。
❹「其轉移」至「臨漳」二十三字，原殘缺，間有字皆漫漶不清，今據清鈔甲本及乾隆本訂補。「移」，乾隆本作「化」。

越乎此，皆不可以一日而不講也。今刻之嚴陵郡庠，以示學徒，其毋以言近而忽諸。

代跋《大學》

此書乃羣經之綱領，而初學入德之門。晦庵先生解之已明白、親切、詳盡矣。今得先生絶筆定本，因刻之嚴陵郡庠，以示學徒。其相與復之、熟之，要使聖賢深長意味源源出於中，而宏大器局卓然呈露於前，然後知此書之爲真不我誣，而聖賢大業其可進矣。嗚呼！其共勉之哉！

書李推《近思録跋》後

某竊詳此跋，意甚平正。向聞先生亦曰：「四子，六經之階梯。《近思録》，四子之階梯。」此自無可疑者，❶而子武乃不以爲然。蓋緣跋中大意固正，❷而行文語脈紆緩，發揮本旨未甚相照應，不見此編與四書相關之切處，遂有以啓其疑云耳。

大抵聖賢示人入德，所以爲理義之要者，莫要於四書，但絶學失傳寥寥千載，直至四先生而後明。而四先生平日抽關啓鑰，所以講明孔孟精微嚴密之旨者，又雜見於諸書，不可類攷。幸吾先生掇其關於大體而

---

❶「自」，清鈔甲本作「本」。

❷「固正」，清鈔甲本作「正固」。

切於日用者爲此篇。❶ 其次第倣《大學》，其會趣準《中庸》，其規模法《語》、《孟》。❷ 誠後學迷途之指南，而入聖門之正路也。故吾先生所以發明四書之宏綱大義者，亦自四先生之書得之。而此編其四先生之要旨萃焉，欲起學者於俗學横流之中，若不先攷乎此，則準的不立而邪正之分不明，聖門將何從而入？而千載不傳之秘旨，又將若何而窺測之？

今先刻以示人，使讀者知聖傳之所在，有以起尊敬師慕之心，而卓然不迷其所趨。然後循序而進於孔孟之門庭堂奥，自當從容造詣，一惟吾所之而無寸步之枉矣，尚何以爲疑而謂之非其序乎？更在明者訂之。

題徐君大學詩後

觀徐君此詩，可見立志之高而慕道之切。其中有説得已分明處，亦有看得未瑩白處，已各隨章正訂批鑿於其旁，幸更詳玩其理之所以然。

---

❶「掇」，原作「輟」，今據康熙本、乾隆本、清鈔甲本改。「日」，原爲墨丁，今據康熙本、乾隆本、清鈔甲本、清鈔乙本及《四庫》本補。

❷「模」，原作「摹」，今據康熙本、乾隆本、清鈔甲本及《四庫》本改。「法」，原爲墨丁，今據康熙本、清鈔甲本補。乾隆本作「傚」，《四庫》本作「效」。

大抵窮理與作文章不同，作文章逐旋修飾潤色，要教好看；❶窮理只是講明箇是與非。是者，的知其爲真是；非者，的知其爲真非。使吾之取舍不迷於外，而存養無喪于中耳。❷況道體高明廣大，未可以綴緝摹畫；而聖心精微嚴密，非可以獵涉窺覘。必當實致下學工夫，俛焉孜孜循序而進，無一知之不實求其精，無一行之不實用其力，至於優柔饜飫，❸真積力久，一旦豁然融會貫通，而後上達者可造，與聖心無間而道在我矣。此聖門真實學問，顔曾二子正從事於斯，惟有志者可與語此。若或止以修辭爲工，略略捉模得个髣髴近似，便以爲真得已在是，而不復加進進之功，❹吾恐終身無復有實得，固非今日所望於徐君之意，而亦非徐君今日所以講學之本志也。徐君其勉乎哉！

讀高齋《審是集》

世儒科舉之學，特借聖賢之言以爲進取之媒耳。而其心度識趣，與聖賢判然不同。今乃欲以是而釋聖賢之訓，自以爲真有得乎正大嚴密之旨，其亦誤矣。況有如所謂道、德、仁、恕、性、情、心、志、才、氣之類，在

---

❶「要」，原漫漶不清，今據康熙本、乾隆本、清鈔甲本、清鈔乙本訂正。
❷「養」下，清鈔甲本有「之」字。
❸「柔」，清鈔甲本作「游」。
❹上「進」字，《四庫》本作「精」。

聖賢前後更相發明，固有定論若合符節，不容更易。且其所以爲説，亦不過於是理之實然者，先知先覺而因以示人耳，非聖賢之自撰也。彼初不識此等名狀爲何物，而妄肆詆剥。唱者既以傳得其宗自尊大，而和者又從而贊之以無忌憚之辭。蓋皆坎蛙之見，淺乎無以辨爲也。姑書此，以爲後進末學而易於言者之戒。

讀曾君《皆春堂記》

斯堂記所叙皆春之義，意度誠爲可嘉，此正顔子之所謂「樂」中事也。如先賢地位已到，自然有此意見，不覺流出此語。今必欲慕此，須於其中深致夫顔子「博約」之功，必至於《大學》所謂知止有定而能静能安，然後萬物各止其所，隨寓皆春，而無入不自得，乃能真有以識其趣、充其義而不爲虚也。若或欠闕此功夫，而徒然於閒静之中坐想春致，愚恐其所以爲樂者，未必真有先賢之意味。殆且不免墮於空寂之歸而不自知矣。嗚呼！是可不謹乎哉？是可不勉乎哉？

北溪先生大全文集卷第十五

雜　著

道學體統

聖賢所謂道學者，初非有至幽難窮之理、甚高難能之事也，❶亦不外乎人生日用之常爾。蓋道原於天命之奥，而實行乎日用之間。在心而言，則其體有仁、義、禮、智之性，其用有惻隱、羞惡、辭遜、是非之情。在身而言，則其所具有耳、目、鼻、口、四肢之用，❷其所與有君臣、父子、夫婦、兄弟、朋友之倫。在人事而言，則處而脩身齊家、應事接物，出而涖官理國、牧民御衆；微而起居言動、飲食衣服，大而禮樂刑政、兵財律曆之屬，凡森乎戴履千條萬緒，莫不各有當然一定不易之則，皆莫非天理自然流行著見，而非人之所强爲者。

❶「能」，原爲空格，今據清鈔甲本、清鈔乙本及《四庫》本補。康熙本、乾隆本作「行」。
❷「鼻口」，清鈔甲本作「口鼻」。

自一本而萬殊，而體用不相離也；合萬殊而一統，而顯微無少間也。上帝所降之衷，即降乎此也。生民所秉之彝，即秉乎此也。以人之所同得乎此而虚靈不昧，則謂之明德；以人之所共由乎此而無所不通，則謂之達道。堯舜與塗人同一稟也，孔子與十室均一賦也。聖人之所以爲聖，生知安行乎此也；學者之所以爲學，講明踐履乎此也。謂其君不能者，賊其君者也；謂其民不能者，賊其民者也；自謂其不能者，自賊者也。由之，則爲正逵、❶爲上達、爲君子儒、爲賢聖之歸；悖之，則爲邪逕、爲下流、爲小人儒、爲狂愚之歸。此其理蓋較然甚易知，而坦然甚易行也。是豈有超乎日用常行之外，别自爲一物至幽而難窮、❷甚高而難能也哉？如或外此而他求，則皆非大中至正之道，聖賢所不道也。

師友淵源

粵自羲皇作《易》首闢渾淪，神農、黄帝相與繼天立極，❸而宗統之傳有自來矣。堯、舜、禹、湯、文、武更相授受，中天地爲三綱五常之主。皋陶、伊、傅、周、召又相與輔相，躋天下文明之治。孔子不得行道之位，

❶「逵」，乾隆本作「逕」，清鈔甲本作「道」。
❷「别」，原作「則」，今據康熙本、乾隆本、清鈔甲本改。
❸「黄」，原作「皇」，今據康熙本、乾隆本、清鈔甲本改。

乃集羣聖之法，作六經，爲萬世師，而回、參、伋、軻實得之，❶上下數千年無二説也。軻之後失其傳，荀與揚既不識大本，董子又見道不分明，間有文中子粗知明德新民之爲務矣，而又不知至善之所出。❷韓子知道之大用流行於天下矣，而又不知全體具於吾身。蓋千四百餘年，昏昏冥冥，醉生夢死。

直至我宋之興，明聖相承，太平日久，天地真元之氣復會，於是濂溪先生與河南二程先生，卓然以先知先覺之資，相繼而出。濂溪不由師傳，獨得於天，妙建圖書，抽關啓鑰，上與羲皇之《易》相表裏，而下以振孔孟不傳之墜緒，所謂再闢渾淪。二程親受其旨，又從而光大之。故天理之微、人倫之著、事物之衆、鬼神之幽，與凡造道入德之方、❸脩己治人之術，莫不粲有條理，使斯世之英才志士，得以探討服行而不失攸歸，河洛之間斯文洋洋，與洙泗並聞而知者。

有朱文公，又即其微言遺旨，益精明而瑩白之，上以達羣聖之心，❹下以統百家而會于一。蓋所謂集諸儒之大成，嗣周程之嫡統，而粹乎洙泗濂洛之淵源者也。

有如求道過高者，宗師佛學、凌蔑經典，以爲明心見性不必讀書，而蕩學者於空無之境；立論過卑者，

❶「得」，乾隆本作「傳」。
❷「出」，清鈔甲本作「在」。
❸「與」，清鈔甲本無此字。
❹「聖」，清鈔甲本作「賢」。

又崇奬漢唐，比附三代，以爲經世濟物不必脩德，而陷學者于功利之域。至是一觝排辨正之，皆表裏暴白，無得以亂吾道、惑人心。

學者欲學聖人而攷論師友淵源，必當以是爲迷塗之指南，庶乎有所取正而不差矣。苟或舍是而他求，則茫無定準，終不可得其門而入。既不由是門而入，而曰吾能真有得乎聖人心傳之正，萬萬無是理也。

用功節目

道之浩浩，何處下手？聖門用功節目，其大要亦不過曰致知力行而已。

致者，推之而至其極之謂。致其知者，所以明萬理於心，而使之無所疑也。力者，勉焉而不敢怠之謂。力其行者，所以復萬善於己，而使之無不備也。知不致，則真是真非無以辨，其行將何所適從？必有錯認人欲作天理，而不自覺者矣。行不力，則雖精義入神，亦徒爲空言，而盛德至善，竟何有於我哉？此《大學》「明明德」之功，必以「格物致知」爲先，而「誠意、正心、脩身」繼其後。《中庸》擇善固執之目，必自夫博學、❶審問、慎思、明辨而篤行之。而顏子稱夫子循循之誘，亦惟在於「博我以文，約我以禮」而已，無他説也。

然二者，亦非截然判先後爲二事，如車兩輪，如鳥兩翼，實相關係，蓋亦交進而互相發也。故知之明則行愈達，而行之力則所知又益精矣。

---

❶「夫」，清鈔甲本無此字。

其所以爲致知力行之地者，必以敬爲主。敬者，主一無適之謂，所以提省此心，使之常惺惺，乃心之生道，❶而聖學所以貫動静、徹終始之功也。能敬，則中有涵養而大本清明。❷由是而致知，則心與理相涵，而無顛冥之患。由是而力行，則身與事相安，而亦不復有扞格之病矣。

雖然，人性均善，均可與適道，而鮮有能從事於斯者，由其有二病：❸一則病於安常習故，而不能奮然立志以求自拔；❹二則病於偏執私主，而不能豁然虚心以求實見。蓋必如孟子，以「舜爲法於天下，而我猶未免於鄉人」者爲憂，思期如舜而後已，然後爲能立志。必如顔子，以能問於不能，以多問於寡，有若無、實若虚，然後爲能虚其心。既能立志而不肯自棄，又能虚心而不敢自是，然後聖門用功節目，循序而進，日有惟新之益。其於升堂入室，一惟吾所欲而無所阻矣，此又學者所當深自警也。

讀書次序

書所以載道，固不可不讀，而聖賢所以垂訓者不一，又自有先後緩急之序，而不容以躐進。程子曰：

---

❶「之生」，原漫漶不清，今據康熙本、乾隆本、清鈔甲本訂正。
❷「涵養」，原漫漶不清，今據康熙本、乾隆本、清鈔甲本訂正。
❸「其」，原漫漶不清，今據康熙本、乾隆本、清鈔甲本訂正。
❹「拔」，原漫漶不清，今據康熙本、清鈔甲本訂正。

「《大學》，孔氏之遺書，而初學入德之門也。於今可見古人爲學次第者，獨賴此篇之存，而《論》、《孟》次之。學者必由是而學焉，則庶乎其不差矣。」

蓋《大學》者，古之大人所以爲學之法也。其大要，惟曰「明明德」、曰「新民」、曰「止於至善」三者而已。於三者之中，又分而爲格物、致知、誠意、正心、脩身，以至齊家、治國、平天下者，凡八條。大抵規模廣大而本末不遺，節目詳明而始終不紊，實羣經之綱領，而學者所當最先講明者也。其次，則《論語》二十篇，皆聖師言行之要所萃，於是而學焉，則有以爲操存涵養之實。又其次，則《孟子》七篇，皆醇醇乎仁義王道之談，❶於是而學焉，則有以爲體驗充廣之端。至於《中庸》一書，則聖門傳授心法，程子以爲其味無窮，善讀者玩索而有得焉，則終身用之有不能盡者矣。然其爲言，大概上達之意多而下學之意少，非初學所可驟語。又必《大學》、《論》、《孟》之既通，然後可以及乎此，而始有以的知其皆爲實學，無可疑也。蓋不先諸《大學》，則無以提挈綱領，而盡《論》、《孟》之精微。不參諸《論》、《孟》，則無以發揮蘊奧，而極《中庸》之歸趣。若不會其極於《中庸》，則又何以建立天下之大本，而經綸天下之大經哉？

是則欲求道者，誠不可不急於讀四書。❷而讀四書之法，無過求、無巧鑿、無旁搜、無曲引，亦惟平心以玩其指歸，而切己以察其實用而已爾。果能於是四者融會貫通，而理義昭明，胸襟洒落，則在我有權衡

---

❶「醇醇」，清鈔甲本不重文。

❷「誠」，原漫漶不清，今據康熙本、乾隆本、清鈔甲本及清鈔乙本訂正。

尺度。

由是而進諸經，與凡讀天下之書、論天下之事，皆莫不冰融凍解，而輕重長短截然一定，自不復有錙銖分寸之差矣。嗚呼！至是而後，可與言王佐事業，而致開物成務之功用也歟！

似道之辨

或曰：今世所謂老佛之道，與聖賢之道何如？曰：似道而非道也。

蓋老氏之道以無爲宗，其要歸事清净，❶令學者修真煉氣以復嬰兒，誠爲反人理之常。世固有脱事物、遊方外以事其學者，然其説未甚熾，固不待論。

若佛氏之教，❷則充盈乎中華，入人骨髓，自王公大人至野夫賤隸、深閨婦女，無不傾心信向之。而其所以爲説者，大概有二：一則下談死生罪福之説，以誑愚衆，然非明識者莫能決；一則上談性命道德之説，以惑高明，亦非常情所易辨也。

夫死生無二理，能原其始而知所以生，則反其終而知所以死矣。蓋無極之真、二五之精，妙合而凝，乾道成男，坤道成女，二氣交感，化生萬物，此天地所以生人物之始也。人得是至精之氣而生，氣盡則死；得

❶「事」，康熙本、清鈔甲本作「乎」，乾隆本作「於」。

❷「若」，清鈔甲本作「之」，屬上句。

是至真之理所賦，其存也，順吾事，則其没也，安死而無愧。始終生死，如此而已。自未生之前，是理氣爲天地間公共之物，非我所得與。既凝而生之後，始爲我所主，❶而有萬化之妙。及氣盡而死，則理亦隨之，一付之大化，又非我所能專有，而常存不滅於冥漠之間也。

今佛者曰：「未生之前，所謂我者固已具；既死之後，所謂我者未嘗亡。所以輪回生生於千萬億劫而無有窮已。」則是形潰而反於原，既屈之氣有復爲方伸之理，❷與造化消息闢闔之情殊不相合。且謂天堂地獄明證昭昭，則是天地間，别有一種不虚不實之田地可以載其境；别有一種不虚不實之磚瓦材木可以結其居，與萬物有無虚實之性又不相符。況其爲福可以禱而得，爲罪可以賂而免，❸則是所以主宰乎幽陰者，尤爲私意之甚，抑非福善禍淫大公至正神明之道也。觀乎此，則死生罪福之説，真是真非瞭然，愚者可以不必惑，而明智者亦可以自決矣。❹

夫未有天地之先，只自然之理而已。有是理則有是氣，有動之理則動而生陽，有静之理則静而生陰。陰陽動静，流行化育，其自然之理從而賦予於物者，爲命。人得是所賦之理以生，而具於心者，爲性。理不

---

❶「我」，清鈔甲本作「吾」。
❷「氣」，清鈔甲本作「後」。
❸「而」下，清鈔甲本有「得」字。
❹「智」，清鈔甲本無此字。

外乎氣，理與氣合而爲心之靈。凡有血氣均也，而人通物塞，通則理與氣融，塞則理爲碍隔。❶

今就人者言之，心之虚靈知覺一而已。其所以爲虚靈知覺，由形氣而發者，以形氣爲主，而謂之人心；由理義而發者，以理義爲主，而謂之道心。若目能視、耳能聽、口能言、四肢能動、飢思食、渴思飲、冬思裘、夏思葛等類，其所發皆本於形氣之私，而人心之謂也。非禮勿視，而視必思明；非禮勿聽，而聽必思聰；非禮勿言，而言必思忠；非禮勿動，而動必思義；食必以禮而無流歠，飲必有節而不及亂，寒不敢襲、暑毋褰裳等類，其所發皆原於理義之正，❷而道心之謂也。二者固有脈絡，粲然於方寸之間而不相亂。然人心易危虮而不安，❸道心至隱微而難見，以堯舜禹相傳，猶致其精於二者之間，而一守夫道心之本。自告子以生言性，則已指氣爲理，而不復有别矣。

今佛者以「作用是性」、以「蠢動含靈皆有佛性，運水搬柴無非妙用」，專指人心之虚靈知覺者而作弄之。明此爲明心，而不復知其爲形氣之心；見此爲見性，而不復知性之爲理；悟此爲悟道，而不復别出道心之妙。乃至甘苦食淡，停思絶想，嚴防痛抑，堅持力制，或有用功至於心如秋月碧潭清潔者，遂交贊以爲造到。

❶「碍」，原作「得」，今據清鈔乙本改。康熙本、乾隆本、清鈔甲本作「氣」。《四庫》本作「物」。

❷「理」，清鈔甲本作「禮」。

❸「危虮」，乾隆本作「䡸隉」。清鈔甲本作「危既」。

業儒者見之，❶自顧有穢净之殊，反爲之歆慕，舍己學以從之，而不思聖門傳授心法，固自有克己爲仁瑩净之境，與所謂江漢之濯、秋陽之暴，及如光風霽月者，皆其胸中輝光潔白之時，乃此心純是天理之公，而絶無一毫人欲之私之謂。若彼之所謂「月潭清潔」云者，特不過萬理俱空而百念不生爾，是固相似而實不同也。心之體所具者惟萬理，彼以理爲障礙，而悉欲空之，則所存者，特形氣之知覺爾。此最是至精至微第一節差錯處。❷

至於無君臣父子等大倫，乃其後截人事粗迹之悖繆至顯處。其爲理之發端，實自大原中已絶之。心本是活物，如何使之絶念不生？❸所謂念者，惟有正不正耳。必欲絶之不生，須死而後能。假如至此之境，果無邪心，但其不合正理，是乃所以爲邪，而非豁然大公之體也。程子以爲：「佛家有个覺之理，可以敬以直内矣，而無義以方外，然所直内者亦非是。」正謂此也。

觀乎此，則性命道德之説，真是真非瞭然，高明者可以不必惑，❹而常情亦可以能辨矣。而近世儒者，乃有竊其形氣之靈者以爲道心，❺屏去「道問學」一節工夫，屹然自立一家，專使人終日默坐以求之，稍有意

❶「業儒」，清鈔甲本作「儒業」。
❷「差錯」，清鈔甲本作「錯差」。
❸「念」下，清鈔甲本有「有」字。
❹「高」，清鈔甲本作「而」。
❺「乃」，清鈔甲本無此字。

見，則證印以爲大悟，❶謂真有得乎羣聖千古不傳之秘，意氣洋洋，不復自覺其爲非。❷故凡聖門高明廣大底境界更不復覩，而精微嚴密等工夫更不復從事，良亦可哀也哉！

嗚呼！有志于學者，其戒之！謹之！

似學之辨

或曰：今世所謂科舉之學，與聖賢之學何如？曰：似學而非學也。同是經也，同是子史也，❸而爲科舉者讀之，徒獵涉皮膚以爲綴緝時文之用，而未嘗及其中之藴。止求影像髣髴，略略通解，可以達吾之詞則已，而未嘗求爲真是真非之識。窮日夜旁搜博覽，吟哦記憶，❹惟鋪排駢儷無根之是習，而未嘗有一言及理義之實。自垂髫至白首，一惟虚名之是計，而未嘗有一念關身心之切。蓋其徒知舉子蹊逕之爲美，而不知聖門堂宇高明廣大之爲可樂；❺徒知取青紫伎倆之爲美，而不知潛心大業趣味無窮之爲可嗜。凡天命民彝、大經大法，人生日用所當然而不容闕者，悉置之度外，不少接心

❶「證印」，清鈔甲本作「印證」。
❷「自」，清鈔甲本無此字。
❸「同」，清鈔甲本作「固」。
❹「憶」，原作「臆」，今據康熙本、乾隆本、清鈔甲本改。
❺「爲可」，清鈔甲本作「可爲」。

目，一或扣及之，❶則解頤而莫喻，於脩己、治人、齊家、理國之道，未嘗試一講明其梗概。及一旦躐高科、躡要津，當夫天下國家之責，❷而其中枵然無片字之可施，不過直行己意之私而已。若是者，雖萬卷填胸，錦心綉口，號曰富學，何足以爲學？峩冠博帶，文雅醞藉，號曰名儒，何足以爲儒？假若胸臆歐蘇，才氣韓柳，謂之未曾讀書，亦可也。

然則科舉之學視聖賢之學，正猶枘鑿之相反而不足以相通歟？曰：科舉程度固有害乎聖賢之旨，而聖賢學問未嘗有妨於科舉之文。理義明，則文字議論益有精神光采。❸躬行心得者有素，則形之商訂時事，❹敷陳治體，莫非溢中肆外之餘，自有以當人情、中物理，藹然仁義道德之言，一一皆可用之實，而有司明眼者得之，即爲國家有用之器，非止一名一第而已也。況其器局高宏，功力至到，造道成德之大全者，所謂伊、傅、周、召，王佐規模具焉。儻遇明王聖帝、雲龍風虎之會，則直探諸囊而措之，與斯人同躋至道之域，又斯世之所不能舍也。

但時王立科目之法，專指三日之文爲名，而素行不與。在學者讀書而言，則以聖師孔子爲祖者也。吾

---

❶「扣」，乾隆本作「叩」。

❷「夫」，原作「人」，今據《四庫》本改。清鈔甲本無此字。

❸「神」，清鈔甲本作「明」。

❹「形」，清鈔甲本作「行」。

夫子平日之所以教，❶羣弟子之所以學，淵源節目，昭昭方册，固有定法，正學者所當終身鑽仰，斃而後已，非可隨人遷變者。矧自聖朝列祖以至今日，已有尊崇之道，而荆、蜀、江、浙、閩、廣及中都之士，復多以此爲習尚，則亦此理在萬世不容泯没，其輕重緩急固有辨也。

或曰：生斯世也，非能絶意於斯世，而舍彼就此也。曰：時王之法，何可舍也？假使孔孟復生于今，亦不能舍科目而遠去，則亦但不過以吾之學應之而已，焉能爲吾之累也？然則抱天地之性，負萬物之靈，而貴爲斯人者，盍亦審其輕重緩急，而無甘於自暴自棄也哉！

❶「平日」，清鈔甲本無此二字。

北溪先生大全文集卷第十六

雜　著

《大學》發題

《大學》一書，古之大人所以爲學之法也。蓋古者有小子之學，有大人之學。謂天生斯人，既予之以仁義禮智之性矣，而不能不壞於氣稟物欲之雜，故必立大、小學以成之。

人生八歲，則自王公至庶人之子，皆入小學，而教之以洒掃、應對、進退之節，禮、樂、射、御、書、數之文，若《曲禮》、《少儀》等篇是也。及其十有五年，則入大學，而教之以窮理、脩身、處事、治人之道，若此篇者是也。然去古既遠，《小學》之爲書，今已不全；而年之過者，亦不能以復反矣。所幸《大學》遺篇，猶或有存於漢儒雜記之間，於今可見古人爲學次第，規模廣大而内外兼該，節目分明而始終有序，蓋羣經之綱領，而初學入德之門户，所最先焉者也。

其首言「明明德」、「新民」、「止於至善」三者，則又此篇之綱領，而自「格物」、「致知」、「誠意」、「正心」、「脩身」，以至於「齊家」、「治國」、「平天下」，凡八事，則又綱領之條目也。學者果先從事於此而有得焉，則於其他經，端若舉綱張目、振領挈裘，❶秩然有條而不紊矣。

抑此書首三言者，固當無所不盡，而所謂「明明德」者，又通爲一篇之統體，而「止於至善」，則又總爲一篇之極致。繼言八事者，固不容有一闕，而所謂「格物」之爲義甚博，❷尤當有以大致其功，而「誠意」一章，❸在八事中，所關繫爲至要，正天理人欲勝負之幾所由決，❹君子、小人向背之路所由判，必過此關，然後積實而守固，❺始可與言入堯舜之道，而保其不復墮于桀跖之歸矣。❻

茲其旨意輕重之由屬，❼又必從事於斯學者，所當深察而加勉乎哉！

《中庸》發題

《中庸》一書，子思子所以得聖祖之傳而發明之，以詔後學者也。其名篇二字之義，蓋取夫不偏不倚、無

---

❶「振領挈裘」，乾隆本作「振裘挈領」。

❷「而所謂」，原殘缺，今據康熙本、乾隆本、清鈔甲本及清鈔乙本訂補。

❸「以大致其功，而誠意一」九字，原殘缺，今據康熙本、清鈔甲本訂補。

❹「人欲勝負之」，原殘缺，今據康熙本、清鈔甲本訂補。

❺「此關，然後積」，原殘缺，今據康熙本、乾隆本、清鈔甲本訂補。

❻「復墮于」，原漫漶不清，今據康熙本、清鈔甲本及清鈔乙本訂正。

❼「由」，乾隆本作「攸」。

過不及而平常之理，誠以天下理義無以加此，而聖聖相傳無以易此，故特表而出之，以爲萬世之所折衷。其爲書也，始原於天命之奥，而不出乎人心之近；終極於無聲無臭之妙，而不越乎日用之常。中散諸萬事，或爲君子之道四，或爲天下達道五，或九經，或三重，或禮儀三百、威儀三千，雖至於位天地、育萬物，參贊元化，博厚高明，❶皆莫非人事分内當然之實，卑不失之汙淺，而高不溺於空虚，蓋真孔門傳授心法，而堯舜以來相承之本旨者。

但其全篇所以爲説，下學之意少而上達之意多，學者必於《大學》、《論》、《孟》既通，而後及乎此以盡心焉，則卓然有以會其極，可與讀天下之書、論天下之事，而建立大本、經綸大經，自從容而有餘矣。

抑子思子示人，此篇大旨必取「智」、「仁」、「勇」三者爲入道之門，以「智」者所以知乎此，「仁」者所以體乎此，而「勇」者所以强乎此者也。而其所以爲用功之目，則必又以「博學」、「審問」、「慎思」、「明辨」、「篤行」五者，❷而弗之措焉。蓋不如是，則無以擇善而明善，其智不足矣，烏能真識中庸爲何味？無以固執而誠身，其仁不足矣，安能依中庸而實體於我？且將間斷之不常，其勇復不足矣，又何以終此理於吾身，與之爲悠久哉？

---

❶「厚」，原作「原」，今據康熙本、乾隆本、清鈔甲本改。

❷「必又」，清鈔甲本作「又必」。

子思子之言，決不我欺，此又從事於是書者，所當循序而汲汲也。❶

《易本義》大旨

昔者伏羲氏仰觀俯察，有以見乎陰陽奇耦之相生，交换變易，自然而然，其勢若不容已，於是作《易》以配之，始之爲八卦：一乾、二兑、三離、四震、五巽、六坎、七艮、八坤，加倍而重之，爲六十四。而布之爲圓圖，則乾南盡於午中，而姤生焉；坤北盡於子中，而復生焉，與天地造化自然者相脗合。因教人占筮以斷吉凶，是時雖未有文字，而開物成務之道具矣。逮文王係彖、周公係爻，而隨事叮嚀之意，始爲詳密。

及孔子作十翼釋經，❷乃專以義理明之，使人居則觀其象而玩其辭，動則觀其變而玩其占，❸以求免於大咎。雖因時設教不同，而所以爲心者並行而不相悖，❹雖其所發多因文王、周公之舊，而伏羲氏所以爲圖象之妙者，❺已具見於《繫辭》、《説卦》二傳中矣。

---

❶「循序」，清鈔甲本作「次第」。

❷「作十翼」，原殘缺，今據康熙本、乾隆本、清鈔甲本、清鈔乙本訂補。

❸「玩其辭，動則」，原殘缺，今據康熙本、乾隆本、清鈔甲本及《四庫》本訂補。

❹「設教不同，而所以」，原殘缺，今據康熙本、清鈔甲本訂補。「所」上，清鈔甲本有「其」字。

❺「文王、周公之舊，而伏羲氏」，原殘缺，今據康熙本、清鈔甲本訂補。

自秦以來，書幸全於遺燼，❶而道則晦而不彰，其溺於象數者，既牽合傅會而失其源流；其泥于文義者，又支離散漫而無所根著。至我宋康節邵子之《圖》出，❷於是乎伏羲之精畫卦以示者，始可得而見；伊川程子之《傳》出，於是乎文王、周、孔之藴因卦以發者，始可得而明。

今晦翁先生《本義》之書，蓋又發揮邵《圖》之法象，而申明程《傳》之旨趣，本末兼該，精粗具舉。推本四聖所以作述本然之義，❸而易道之盛，至是無餘藴矣。其綱領，備於五贊，未可直以占法視之也。抑程子昔以《傳》示門人，曰：「只説得七分，後人更自體究。」若晦翁是書，其補程子之三分，而上以達于四聖之心也歟！

啓蒙初誦

人自嬰孩，聖人之質已具，皆可以爲堯舜。如其禁之以豫而養之以正，無交俚談邪語，日專以格言至論薰聒于前，使盈耳充腹，久焉安習，自與中情融貫，若固有之，則所主定而發不差，何患聖途之不可適乎？

❶「書」，清鈔甲本無此字。
❷「宋」，乾隆本作「朝」。
❸「作述」，清鈔甲本作「述作」。

予得子今三歲，近略學語，將以教之而無其書，因集《易》、《書》、《詩》、《禮》、《語》、《孟》、《孝經》中明白切要四字句，協之以韻，名曰：《訓童雅言》。凡七十八章，一千二百四十八字。又以其初未能長語也，則以三字先之，名曰：《啓蒙初誦》。凡一十九章，二百二十八字。蓋聖學始終，大略見於此矣。恐或可以先立標的，而同志有願爲庭訓之助者，亦所不隱也。

若《小學》洒掃、應對、進退之儀，則又其中始進之條也。固朝夕次第從事，而其端，亦不外乎初誦矣。但其詳見於遺經者多，或字艱而文澁，❶非幼習之便。此須五六年外，語音調熟，然後可以爲之訓焉。

慶元己未七月五日，餘學齋書。

天地性，人爲貴，無不善，萬物備。仁義實，禮智端，聖與我，心同然。性相近，道不遠，君子儒，必自反。學爲己，明人倫：君臣義，父子親；夫婦别，男女正；長幼序，朋友信。日孜孜，敏以求，憤忘食，樂忘憂。訥於言，敏於行。言忠信，行篤敬。思無邪，居處恭，執事敬，與人忠。入則孝，出則弟，敬無失，恭有禮。足容重，手容恭，目容端，色容莊。口容止，頭容直，氣容肅，立容德。視思明，聽思聰，色思温，貌思恭。正衣冠，尊瞻視，坐毋箕，立毋跛。惡旨酒，好善言。食無飽，居無安。進以禮，退以義，不聲色，不貨利。信道篤，執德弘。見不善，如探湯。祖堯舜，憲文武，如周公，學孔子。禮三百，儀三千，温而厲，恭而安。存其心，盡其性，終始一，睿作聖。

❶「或」，清鈔甲本無此字。

訓蒙雅言

惟皇上帝，降衷于民，元亨利貞，道不遠人。民之秉彝，有物有則，性無不善，好是懿德。仁義禮智，良能良知，❶非由外鑠，我固有之。天叙有典，天秩有禮，有是四端，猶其四體。孩提之童，可知可能，無不愛親，無不敬兄。維此聖人，先知先覺，從容中道，與天地合。進退可度，德義可尊，中天下立，作師作君。昔在帝堯，克明俊德，允執其中，順帝之則；平章百姓，協和萬邦，巍乎成功，❷焕乎有章。大舜有大，惟精惟一，濬哲文明，温恭允塞；明於庶物，察於人倫，由仁義行，樂取諸人。禹日孜孜，惡酒好善，聞言則拜，敬脩可願；不矜不伐，惡服卑宫，克儉于家，克勤于邦。湯敬日躋，懋昭大德，不殖貨利，不邇聲色；以義制事，以禮制心，毋從匪彝，毋即慆淫。亹亹文王，小心翼翼，不顯亦臨，不聞亦式；肅肅在廟，雍雍在宫，刑于寡妻，至于家邦。於皇武王，建其有極，敬用五事，乂用三德；無反無側，無黨無偏，王道蕩蕩，王道平平。周公達孝，善繼善述，思兼三王，夜以繼日；克勤小物，勤勞王家，赤舄几几，德音不瑕。孔集大成，信而好古，祖述堯舜，憲章文武。下學上達，好古敏求，發憤忘食，樂以忘憂。進禮退義，温良恭儉，若聖與仁，爲之不厭。宗廟便便，鄉黨恂恂，私覿愉愉，燕居申申。立不中門，行不履閾，不正不坐，不時不食。出事公卿，入事父

❶「良能良知」，清鈔甲本作「良知良能」。
❷「成功」，清鈔甲本作「功成」。

兄，罕言利命，不語怪神。毋意毋必，毋固毋我，從心所欲，無可不可。堯舜性者，湯武反之，由文至孔，則聞而知。先聖後聖，道一而已；先覺後覺，心同然耳。人可爲舜，邑有如丘；泯之蚩蚩，放而不求。聖人有憂，設爲學校，于帝其訓，脩道謂教。教以禮樂，教以詩書，教以人倫，皆復其初。蒙以養正，常視毋誑，朝夕幼儀，請肄簡諒。洒掃應對，威儀遲遲，折旋中矩，周旋中規。大學之道，在明明德，十五而志，自强不息。請問其目，先致其知，誠意正心，以公滅私；心正身脩，家齊國治，皆由此出，非自外至。聖謨洋洋，嘉言孔彰，君子人與，日就月將。博學審問，慎思明辨，若昔大猷，監于成憲。道若大路，夫豈難知？❶萬物備我，❷求則得之。利善之閒，乃見天則，如惡惡臭，如好好色。盡心知性，知性知天，理義悦心，秉心塞淵。求其放心，約之以禮，脩其天爵，從其大體。仁實事親，義實從兄，智知禮節，樂樂則生。入孝出弟，體信達順，强恕而行，求仁莫近。忠信篤敬，參前倚衡，擇乎中庸，拳拳服膺。浩然之氣，至剛至大，配義與道，養而無害。中而不倚，和而不流，勇者不懼，仁者不憂。君子務本，親親爲大，居致其敬，夙夜匪懈。事親如天，事天如親，全而歸之，不辱其身。父子主恩，君臣主敬，夫婦有别，男女以正。老者安之，少者懷之，朋友偲偲，兄弟怡怡。見賢思齊，賢賢易色，以友輔仁，友友其德。雞鳴而起，三省吾身，主善爲師，戰戰兢兢。恐懼不聞，戒謹不睹，相在爾室，不愧屋漏。莫見乎隱，莫顯乎微，必謹其獨，意毋自欺。敬以直内，義以方外，斯遠暴

❶「夫」，乾隆本作「求」。

❷「備」，乾隆本作「皆」。

慢，斯遠鄙倍。❶正其衣冠，❷出入禮門，❸望之儼然，即之也温。非禮勿視，非禮勿聽，遵道而行，行不由徑。使民如祭，出門如賓，己所不欲，勿施於人。庸德之行，庸言之謹，閑邪存誠，窒慾懲忿。有過則改，見善則遷，非義速已，何待來年？克己復禮，養心寡慾，簞食瓢飲，不改其樂。反身而誠，道積厥躬，飲水曲肱，樂在其中。日新又新，終始惟一，❹赤子之心，敬而無失。經禮三百，曲禮三千，俯不怍人，仰不愧天。和順積中，英華發外，清明在躬，睟面盎背。心莊體舒，心廣體胖，動容中禮，左右逢原。口無擇言，身無擇行，盡性至命，曰睿作聖。用之則行，善與人同，斯道覺民，天下爲公。舍之則藏，龍德而隱，獨行其道，遯世無悶。顔氏之子，其殆庶幾，心不違仁，具體而微。吾道一貫，曾子曰唯，仁爲己任，死而後已。於乎小子，敬之敬之！堯舜人同，文王我師。行堯之行，是堯而已。舜何人也？有爲若是。彼我丈夫，吾何慊乎？從事於斯，聖人之徒。誨爾諄諄，皆雅言也。自暴自棄，民斯爲下。

---

❶「倍」，清鈔甲本作「俗」。

❷「正其衣冠」上，清鈔甲本有「尊其瞻視」一句。

❸「出入禮門」，清鈔甲本無此句。

❹「惟」，清鈔甲本作「如」。

暑示學子❶

冠以莊首，衣以庇躬，裳爲脛飾，屨爲趾容。非人之制，乃天之常，君子奉之，寒暑一同。語必表袷，❷禮毋褰裳，先民有訓，嗚呼敬恭！

暑月喻齋生

人之所以必具衣裳冠屨者，非聖人制爲是禮以强人也，天之命於人者然也。

蓋天之生人，首不爲鳥獸之濯其頂，❸必欲使人莊以冠；身不爲鳥獸之氄其毳，❹必欲使人庇以衣；趾不爲鳥獸之剛其甲，必欲使人束以屨。表裏相備，文質相稱，夫然後有以全人之形而貴於物，理甚昭昭，非由外得。是固無斯須之可去身，而亦無待於人之檢防也。復何有寒暑、隱顯、作輟之不常哉？故《禮》曰：「冠毋免，勞毋袒，暑毋褰裳。」又曰：「不有敬事，不敢袒裼。」又曰：「若有疾風、迅雷、甚雨，則雖夜必興，衣

---

❶「暑」下，清鈔甲本有「月」字。當從。

❷「語」，清鈔甲本作「衫」。

❸「濯」，《四庫》本作「露」。

❹「毳」，清鈔甲本作「毛」。

服冠而坐。」而《論語》亦曰：「君子正其衣冠，尊其瞻視，儼然人望而畏之。」皆理之常，無過矯也，聖人特發以示人爾。

孔子當暑，袗絺綌，嫌其見體也，必又先著裹衣於内，❶以表而出之於外。子路臨死必結纓。伯子不衣冠而處，則議其「同人道於牛馬」。❷伯夷與鄉人立，其冠不正，則望望然去之。孟子見其婦袒而在室，則怒而咎其婦。❸至於叔代禮壞之餘，而萬石君家子孫，雖燕必冠。❹柳仲郢居内齋，未嘗不束帶。管寧海中遇風思過，則深以一夕科頭而自訟。吕滎公平居，雖甚熱而不去巾襪縛袴。有囚首而談詩書者，蘇公必以禍天下斥之。前聖後賢，凡所以致其敬、嚴於此者，非他也，皆畏天命而不敢褻，自重其軀而不容以或賤也。

若或去之而一於自便，則是褻天命而自賤其軀矣，則不得謂之全人之形矣，則是「囚徒」而已矣，則是「赤蠻」而已矣，❺則是「鳥獸之伍」而已矣。然囚猶何校以爲飾，蠻猶執盾以自蔽，鳳鴻猶有羽之儀，虎豹猶有鞟之文，則倮然赭其軀者，是蓋又有甚於囚虜，❻而曾鳥獸之不若矣。

---

❶「必又」，清鈔甲本作「又必」。
❷「議」，乾隆本、清鈔甲本作「譏」。
❸「咎」，原作「客」，今據乾隆本改。清鈔甲本作「去」。
❹「燕」下，清鈔甲本有「處」字。
❺「赤」，清鈔甲本作「南」。
❻「又」，清鈔甲本作「尤」。

此固偕儒莊士所見而駭者，而亦非人之樂墮乎此也，習焉而未之思爾。誠試引目，觀其如此等之人是何形狀，復反鏡自視其如此等之狀，是可醜不可醜，當亦愓然有以自喻矣。❶

❶「亦」，清鈔甲本作「自」。

北溪先生大全文集卷第十七

雜　著

侍講待制朱先生敍述

自孟子没，聖人之道不傳。更千四百餘年，得濂溪周子、河南二程子者出，然後不傳之緒始續。然濂溪方開其原，甚簡質而未易喻，明道又不及爲書，伊川雖稍著書，大概方提綱發微，未暇及乎詳密，而斯文之未整者猶爲多矣。故百年之内，見知聞知亦不乏人，而斯道復傳之緒，若顯若晦，聖人殘編斷簡，❶竟未有真能正訂以爲後學之定準，❷而百氏争衡於世者，❸亦紛乎未決。

求其詣之極而得之粹、體之全而養之熟，真可以嗣周程之志、而接孟子以承先聖者，惟吾先生一人，超然獨與心契。凡向之精義已確而不易者，今表而出之；宏綱方舉而未張者，今闡而大之；旨有隱而未瑩者，

❶「編」，清鈔甲本作「篇」。
❷「正訂」，清鈔甲本作「訂正」。
❸「者」，清鈔甲本無此字。

光明而灑落之；辭有樸而未澤者，磨刮而潤色之；訛者正之，闕者補之，偏者救之，繁者約之。上以達於羣聖之心，而下以貫穿乎百氏之説。寸長片得兼蒐並輯，著定爲成書，❶以扶翼聖訓，其爲言大中至正，精粗具舉而本末不遺，命理切盡而達意周到。❷金精而玉潤，日光而月潔，渾圓而至粲，疎暢而甚縝。豐不餘一言，約不欠一字。❸合百家而一統，總衆論而同歸，集諸儒之大醇，❹洗千載之積誤，使聖人精藴瞭然在目，而異端曲學無復容喙。高明有志者，得以省研索之半功，❺而雍容於聖門之入。蒙稚新學者，亦有識趨向之正途，而不迷於文義之歸。故周程所以得先聖不傳之傳者，❻至是始彰信於天下；而先聖所以爲萬世法程者，至是又益定而且尊。其於斯文之功，可謂大矣。

蓋先生秉氣純陽，❼清明剛健，卓絶世表。聞道甚早，而力行有成。其爲學大綱，一主程氏而節目加

❶「定」，清鈔甲本無此字。
❷「達」，清鈔甲本作「辭」。
❸「欠」，清鈔甲本作「失」。
❹「醇」，清鈔甲本作「成」。
❺「半」，清鈔甲本無此字。
❻下「傳」字，清鈔甲本作「緒」。
❼「秉」，康熙本、清鈔甲本作「禀」。

詳，所以獨知自得而契乎先聖者尤多，其功力之到又無所不盡。❶自「志學」至於「不踰矩」，❷其等級無不有以致其極。自「明德」至於「平天下」，❸其規模無不有以備其全。其文之博也，天下之書無一之不讀，而邪正純駁，必有以究極其歸趣。天下事物，無一之不格，而幽明巨細，必有以洞灼其表裏。千古人才論而友之，賢愚淑慝亦無一不探索其衷曲。其知之至也，瑩萬理於胸中，❹炳千古於目前。是，極其所真是，而不可移；非，極其所真非，而不容易；善，極其本之所由來，而無不徹；惡，極其幾之所從起，而無少遁。其大經大法亭當乎上下者，❺固昭如大明之中天。❻而其至纖至悉，自本而之末，自末而緣本，或出或入，或分或合，至於千變萬化、紛綸錯綜、縱橫顛倒，亦無不粲然有條，如衡別鑑照，❼無星毫之紊。❽

其自信之篤也，雖前哲之所已言而吾心不安，則不敢輒爲之徇；雖前哲之所未言而吾心所安，則卓然

❶「其」，清鈔甲本作「而」。

❷「至」上，清鈔甲本有「以」字。

❸「明」，清鈔甲本作「明明」。

❹「胸」，原作「胞」，今據康熙本、乾隆本、清鈔甲本改。

❺「亭當」，乾隆本作「停當」，清鈔甲本作「體備」。

❻「昭」下，清鈔甲本有「然」字。

❼「照」，清鈔甲本作「昭」。

❽「星」，清鈔甲本作「纖」。

特立，而不顧其自守之確也。終始屹然，不以衆論而摇，不以利害死生而動。好善如好好色，而咨賞采訪不以微而廢；❶惡惡如惡惡臭，而無或少爲之隱忍回互。❷果於徙義，如洪瀾赴壑而不可禦；嚴於克己，如一劍斷虵，❸而不復續。

至其體道爲一，身即書，心即理，無一言之不實踐，無一行之不素充，粹然規矩準繩之内。貌莊而體胖，神全而志定。視聽坐立不拘拘於持敬，而自有成法；舉動周旋不勉勉於中禮，而悉有常度。望之儼然而可畏，即之温然而可親。其接人也，終日怡悦薰然如春風之和而可挹。❹事有所不可，❺則其斷之也雷霆之威，又厲然而不可犯。胸懷磊落明快，而所以主於中，則縝密而無滲漏；節操壁立萬仞，而所以處於中，則坦夷而無峻迫。智之圓，足以周流不窮，而制行則直方；膽之大，足以勇爲不懼，而小心則兢畏。❻視其表，則泰山巖巖而不可動；測其藴，則滄溟浩浩而不可竭。剛大之氣，有以配義與道而無餒；弘毅之質，可以任

---

❶「咨賞」，康熙本作「咨察」，乾隆本作「諮詢」。
❷「少爲」，清鈔甲本作「小」。
❸「一」，乾隆本作「利」。
❹「如」，康熙本、清鈔甲本無此字。
❺「所」，清鈔甲本無此字。
❻「小」，清鈔甲本作「居」。「兢」，清鈔甲本作「謹」。

重致遠而無虞。處義無決裂之病，行恕無姑息之蔽。❶道愈高而心愈下，德愈盛而禮愈恭。公天下之見而不自是，大天下之量而不自足。其見於著述，凡片文隻字以往，❷不過即其身心之所素者而寫之爾；❸其見於講論，亦不過自大源中流出，❹如取物諸囊，直探而示之。❺叩者辭未竟而答之已縷縷，不待思慮而從容以出，無非妙道至義。曲當人情而深盡物理，令人涣然有省於言下，欣懌不能止也。

先生明睿上達，日新而不已。所著之書，每有温則有改，每改益覺超越，又所未前聞者。先生行健不息，終日乾乾，篤於好學，雖老病後觀書不怠；切於育人材，晝夜無倦色，雖抱病支離，必引至卧内，力坐而共講。日用酬酢，與事周流，雖病困亦未嘗厭斁，而於繁劇之中，常優閑而有餘；交錯之地，常泰定而不亂。

先生教人，循循有序，其始必從事於小學洒掃應對之節，以立其本。然後馴進於《大學》明德新民之道，以成其功。《大學》然後《論》、《孟》，《論》、《孟》然後《中庸》，《中庸》然後及六經諸書，❻而其所以爲教之目，則父子、君臣、夫婦、長幼、朋友；其所以爲學之法，則博學、審問、慎思、明辨、篤行而行之。自脩身至于處

❶「蔽」，乾隆本註引《紫陽類編》作「弊」。
❷「凡」，清鈔甲本無此字。
❸「素」下，乾隆本註引《紫陽類編》有「得」字，清鈔甲本作「具」。
❹「大」，原作「太」，今據康熙本、乾隆本、清鈔乙本及《四庫》本改。清鈔甲本作「心」。
❺「取物」，乾隆本作「物取」。「諸」，清鈔甲本作「于」。「示」，清鈔甲本作「與」。
❻「及」，原作「反」，今據康熙本、乾隆本、清鈔甲本、清鈔乙本改。

事接物，又各有其要，其終始涵養必以主敬爲務，而致知之功視力行爲加多，必極根原之洞徹，毋徒影象之髣髴，❶真能知則真能行矣。

去冬某侍教，又謂當大作「下學」之功，毋遽求上達之見。當如曾子專從事於所「貫」，毋遽求曾子之所「一」；當如顔子專從事於「博約」，毋遽求顔子之「卓爾」。凡所講道，一本乎實。盡性至命，不越乎人心日用之近；窮神知化，不出乎人倫事物之常。嘗論天命之性、無極之真，其所自來雖極微妙，而其實即人心之中所當爲者而已。❷但推其本，則出於人心，而非人力之所能爲，故曰「天命」。雖萬事萬化皆自此中流出，而實無形象之可指，故曰「無極」。非謂日用之間别有一物，光輝流轉。而其所以爲此事，則惟在擇善固執、中正仁義而已，又非别有一段根原之功在講學應事之外者。是乃學問徹上徹下緊密之處也。

其開端示人，大要類此。故當四方英雋來往之會，隨所至之深淺而引接之，如羣飲於河，莫不各充其量而歸；當天下言論交凑之衝，隨所執之是非而爲之剖決，❸不出數語而定。其或自植一家、❹不肯回心向道者，彼固不得其門而入，不見宗廟之美爲可慕，然至誦其書、談其行，則亦未有不爲之仰服而陰自怯縮也。❺

---

❶ 「毋」，清鈔甲本作「無」。

❷ 「者」，原殘缺，今據康熙本、乾隆本、清鈔甲本、清鈔乙本及《四庫》本訂補。

❸ 「之剖決」，清鈔甲本作「剖析」。

❹ 「或」，乾隆本作「惑」，則當屬上句。

❺ 「縮」，清鈔甲本重文。

先生盛德充實輝光，見之者起敬，事之者革心，過其門者無不肅，親其謦欬者放心邪氣不復萌於中。其極盛至於威名四達，充塞海内遐陬，行旅賤隸皆能稱道之。

守臨漳，未至之始，闔郡吏民得於所素，竦然望之如神明，俗之淫蕩於優戲者，在在悉屏戢奔遁。❶及下車涖政，寬嚴合宜，不事小惠，一行正大之公情，絶無苟且之私意。而人心肅然以定，官曹厲節志而不敢縱所欲，官族循法度而不敢干以私，胥徒易慮而不敢行姦，豪猾斂蹤而不敢冒法。❷

郡中訟牒，日常不下二三百，自先生至，民訟不敢飾虚詞。❸其無情者，❹畏憚而不復出；細故者，率相解而自止。惟理實事重、❺不容於私決者，不得已而後進。故訟庭清簡，每所聽不過二三十而已。且又爲歷以誌其事目，旬一校其畢否，故吏無復容其稽滯以賕邀於民，而民亦無復患其稽滯以賕囑於吏，事早白而人甚便之。

郡俗於春，則諸寺爲傳經之集、諸坊爲朝嶽之會；於秋，則諸鄉爲禮塔之社。先生聞之，一禁而盡息。而諸廟附鬼爲妖者，亦相視斂戢，不敢復爲迎神之舉。

---

❶「悉屏戢」，清鈔甲本作「屏息」。

❷「斂」，清鈔甲本作「潛」。

❸「詞」，原漫漶不清，今據康熙本、乾隆本、清鈔甲本訂正。

❹「其無」，原漫漶不清，今據康熙本、乾隆本、清鈔甲本及清鈔乙本訂正。

❺「實」，原漫漶不清，今據康熙本、乾隆本、清鈔甲本及清鈔乙本訂正。

郡俗良家子女多學佛老，别創精廬，錯居市廛，峰冠緇衮，❶出入爲羣，至有以敗度至訟庭者。先生憫然爲文以喻其父兄，而家閉精廬，無復肆出。

平時姦民多鼠竊，自先生至，未嘗有峻懲者，而皆望風屏迹。❷終先生去，徧四境民皆安寢，無有夜警者。後三年，歲在甲寅，有友人自漳浦來，謂某曰：「南邑内外，盜竊公行，❸比屋無寧居。人人今始思先生昔日之化，❹外户不閉，真爲太平民而不可得矣。」又後三年，都市有行刼者，民於是益思：先生治下，安得而有此也？❺

尤篤意於學校，牒延郡士黄樵仲、施允壽、石洪慶、李唐咨、林易簡、楊士訓、永嘉徐寓及淳八人入學表率。旬之二日，又領官屬下州學視諸生，講小學爲正其義。六日，下縣學亦如之。又創受成齋，教養武生員，❻新射圃，時督之射。

其於民亦務在教化，嘗榜釋《孝經·庶人》章及古靈先生教民之文，散諭百姓。正月維新，又條布孝悌

---

❶「峰」，康熙本、清鈔甲本作「黄」，乾隆本作「峩」。

❷「望」，清鈔甲本作「聞」。

❸「盜竊」，清鈔甲本作「竊盜」。

❹「人人」，清鈔甲本不重文。

❺「而」，清鈔甲本無此字。

❻「武」，康熙本、清鈔甲本作「諸」。

之訓，與民更始。訟庭所斷，則必以人倫爲重。朞年，人正安習先生之化，而先生又行矣。

又嘗講求民間利病，以經界之大爲民利，力奏行之；以鬻鹽之深爲民病，先罷其瀕海之鋪十有一，欲俟經界之正賦既定，然後闔郡而悉除之。此志皆不克遂，然所以罷者，累政奉承不敢變，至今民被其惠也。

他如罷上元放燈以除慝禮，立風雷雨師壇以正常祀，省燕約饋，寬賦簡役，卲農厲兵，❶善政在民未可悉記。或有譊譊不靖者，特出於訟庭不得志之强禦，亦不過以慘酷爲言，而實亦無可指者。今或問諸鄉民府吏，未有不咨嗟稱贊，心仰而誠服，亦可以見公論之所在。

此某鄉邦所親覩者，其他歷仕，則有不及知也。

先生進退行藏，以道而不輕；辭受取予，以義而不苟。不枉尺而直尋，寧範我馳驅而終日不獲一。有經世濟物之圖，不見是而無悶；有制禮作樂之具，不見知而不悔。雖當毁怒咆哮、人所危慄之際，而綽然不以爲憂；雖當禁令苛急、人所拘忌之中，而泰然不以爲病。方且玫遺經、述舊典，徜徉於林泉之下，悠然不知身世之不足也。嗚呼！若先生者，真王佐之全材，亞聖人而具體。質之曾子所謂「託孤寄命，❷臨大節而不可奪」之君子，孟子所謂「居廣居，立正位，行大道，富貴不能淫，貧賤不能移，威武不能屈」之大丈夫，在先生素爲有餘。而子思子所謂「學知利行」，造於「知之」、「成功」之「一」，則在先生已全盡無愧，而進乎純熟

❶「卲」，乾隆本作「卹」。

❷「託」，清鈔甲本、《四庫》本作「托」。

矣。其正《詩》之「允矣君子，展也大成」歟！夫以如是之才，豈易再得？而進焉，不獲大施所藴，以覺斯民同吾道之歸；退焉，又不及大備斯文，以惠來學爲無窮之用。今其已矣，蓋天下所同痛悼，豈但諸生而已哉？

先生道德，昭昭在人心耳目者，固不容諸生之私談；而其口無擇言、身無擇行，則又未易以形容盡。至於仰之彌高、鑽之彌堅，抑又有不可得而形容者。况某從游未久，又非密邇，莫能深詳，姑據所見，以伸其哀慕之情云爾。不自知其爲贅且僭也，又約而爲之贊云。

慶元六年十月朔，門人臨漳陳某泣書。贊見第五卷。

北溪先生大全文集卷第十八

講　義論語

論語發題

《論語》一書，乃夫子門人雜記答問之書，而聖人之言行略具焉。其爲説，有精粗深淺之不一，非聖人有意爲之也，隨觸而應，皆從大本中流出，而莫非天理自然形見之妙。雖片言隻字，朴乎若無文，而斯文之藴甚富；雖日用常行，淡乎若無味，而有真味之不可竭者存。蓋羣經之階梯，而入聖之門户，莫要焉者也。學者不欲學聖人則已，如欲學聖人，有志於造道而入德，則當以是爲切己之務而盡心焉。舍是而他求，亦無由進矣。

聖人之心公平正大，聖人之言坦易明白，❶非可以過求也，非可以泛索也，非可以新奇華巧穿鑿也，非可以偏旁迂曲揣測也。平其心、易其氣，順攷其文義，而紬繹其旨脈，如親炙聖人，耳聞心受而身體之，必沈

❶ 「易」，《四庫》本作「夷」。

潛反復，真切懇到，而後聖人之實意見矣。聖人之實意有見，由是而益竭吾鑽仰，不以一斑半點自喜，又推類而博通之，須至於真有卓爾呈露于前，確確不可易，然後上達下達之岐判，向背取舍之幾決，聖人之門可遊，堂可登而室可窺，所謂宗廟之美、百官之富，皆可以措目容足，次第而得之，於己雖欲罷而自不能以止矣。

嗚呼！此聖賢事業也。欲登高必自下，欲陟遐必自邇，❶願與諸同志共切磨之。

學而第一

子曰：「學而時習之，不亦説乎？有朋自遠方來，不亦樂乎？人不知而不愠，不亦君子乎？」

「學」之爲言效也。未能肖聖人，❷而效爲聖人者也。❸蓋天之生人，其性皆善，皆有聖人之質，惟其稟氣感物之不齊。❹聖人所稟純而清，❺又無物欲之汩，本然之善無所蔽，無所事學。自賢者而下，所稟不能以純清，而有濁之參焉，物欲又從而汩之，本然之善不能無所蔽，必有待於學以明之。所謂「學」者，

❶「陟」，原作「步」，今據《四庫》本改。
❷「肖」，清鈔甲本無此字。
❸「爲聖」，清鈔甲本作「聖爲」。
❹「稟氣」，清鈔甲本作「氣稟」。
❺「所」，清鈔甲本作「之」。

亦不過效聖人之所爲，而去其氣稟物欲之蔽，以明善而復其初爾。其綱條節目，則具在聖人之訓。「習」之爲言，有重温不已之義。在學者之效聖人，必即其所效條目，❶重温之而不已焉。乃所謂「習」、「時習」者，無時而不習也。時時習之而無間斷，則所學者熟，趣味源源而出，中心不期悦懌，而進進自不能止矣，此學之始也。

「朋」者，同爲此學者也。「自遠方來」者，以善及人，而信從者衆也。蓋所學之善，乃人心之所同然，非一己之得私。吾之得於己者既足以及人，而人之同爲是學者又有以興起其善而信從之，如此其衆，則是率天下之人，皆有以復其初，而均得此心之所同然，吾之志願畢矣。安得不慊快於中而悠然適其樂哉？此學之中也。夫「有朋」之來，是道同志合者也。其不見知，則道不同者也。

學本爲己，非求人之知也。人知不知，何與吾内？而何足以爲喜愠？詳味「不愠」之旨，見其胸中洒落明瑩，豈復有纖毫物我之私介於其間哉？然朋來而樂者，順境也，易爲力；人不知而不愠者，逆境也，難爲功。非信之篤而養之厚，得之深而守之固，不足以與此，必惟成德君子能之，此學之終也。

合三節而論，其中之樂，必由始之悦而後得；而非中之樂，亦不足以成其終之德。然始之所由學者不正，則節節從而差，亦不能有時習之悦矣，亦無自而有朋來之樂矣，亦不復有以成其君子之德矣。惟始不迷其所從入，而終不失其所造極，乃所謂善學者也。

❶「條目」，清鈔甲本無此二字。

有子曰：「其爲人也孝弟，而好犯上者，鮮矣。不好犯上而好作亂者，未之有也。君子務本，本立而道生。孝弟也者，其爲仁之本與！」❶

此章分作二節：前節泛論常人，後節專論君子。其旨脈皆相應，但功用有小大之不同爾。夫孩提之童，稍有知則無不知愛其親，無不知敬其兄，此人人之所同也。故常人苟能孝弟，則心氣和順，自無犯上作亂之事。若君子，專用力於根本。根本既立，則其道自生。所謂「孝弟」者，❷乃爲仁之根本也。❸「爲仁」猶曰行仁。行仁者，推行充廣之謂。蓋仁者，心之德而愛之理也。心之德，其全體；而見於愛者，其用。事親、從兄，則愛之端，先見而最切者。此如木之根本處，加之培壅之功，則愛之萌日滋而無所遏。自此而充廣之，由親親而仁民，由仁民而愛物，如木之自根而榦，自榦而枝葉，雖有差等之不齊，而此氣無不流行通貫，所謂仁之道於是乎生生不窮矣。其功用豈不甚大？又豈特常人所謂不好犯上作亂者而已哉？此孝弟所以爲行仁之本也。

然程子又曰：「論性，則以仁爲孝弟之本。」何也？蓋孝弟者，仁中之一事耳。仁是性，孝弟是用。譬之粟而生苗，仁其粟而孝弟其苗也。此仁所以爲孝弟之本也。學者而識仁，則於此自明白矣。

---

❶「仁」，原作「人」，今據乾隆本、清鈔甲本及《論語》原文改。

❷「弟」下，清鈔甲本有「也」字。

❸「根本」，清鈔甲本作「本根」。

子曰：「巧言令色，鮮矣仁。」

前章論「仁」，以「愛之理」言之；此章論「仁」，以「心之德」言之。夫五常之「仁」，猶四德之「元」。偏言則一事，專言則包四者。「愛之理」，以偏言者也；「心之德」，以專言者也。

如巧好其言、令善其色，致飾於外而務以悦人，則人欲肆行而本心之德亡矣。❶豈復有所謂仁哉？然聖人不謂之「無仁」，而曰「鮮矣仁」者，詞不迫切。謂如是之人少有仁爾，非以爲猶有少許之仁存在也。❷故程子之傳，直以「不仁」斷之，其義精矣。蓋仁不可以多少言，此心純是天理之公，❸而絶無一毫人欲之私以間之，乃謂之仁。稍有一毫之私以間之，則天理不流行，而不得爲仁矣。猶人之有一支一節之廢，則謂頑痺不仁，❹而不得謂之康寧人矣。況巧言令色，又非小小病乎？

大抵聖門之學，以求仁爲要。其所以行之者，必本於孝弟。而所以賊之者，莫甚于巧言令色。記者列此二章於學習章之次，亦欲學聖人者，知此道之爲急，先務其所當務，而復戒其所可戒也。讀者宜深味之。

---

❶「本」，清鈔甲本作「人」。
❷「在」，乾隆本、清鈔甲本作「住」。
❸「心」，原作「是」，今據清鈔甲本改。
❹「謂」，清鈔甲本作「爲」。「頑」，乾隆本作「痿」。

曾子曰：「吾日三省吾身。爲人謀而不忠乎？與朋友交而不信乎？傳不習乎？」

「忠」者，盡己之謂。凡利害關於己，則度之必盡；利害不關於己，則易有不盡。故爲人謀鮮有忠者。「信」者，以實之謂。凡稱人之善，則易過其實；道己之失，則易諱其真。故與朋友言，鮮有信者。此處心之病也。「傳」之於師，不習之、熟之，則無以得於己，不過口耳之傳爾。此問學之病也。

三者皆日用行事大節目處。曾子之學，專用心於内，以是爲切身之大病，日常加省，懼其或有存焉，可謂自治之篤矣。而於三者之中，本末有序。而質文相發，又得其所以入道成德之要，所以卒能全歸其體而傳聖人之道歟！學者以之爲標的，則不差矣。

子曰：「道千乘之國，敬事而信，節用而愛人，使民以時。」

此章最可玩。聖人之言小大淺深、縱横顛倒，無不混淪處。夫「道」者，治也。不曰「治」千乘之國而曰「道」云者，治，其事也，以政言；道，其理也，以爲政者之心言。其目五者，則皆其心之所存而未及爲政，乃所以爲政之本也。「敬事」者，心存於事而不苟也。「信」者，令信於民而不數易也。「節用」者，儉而不妄費也。「愛人」者，惠而不傷也。「使民以時」者，於農隙而使之也。此五者，夫子爲諸侯之國而言，至近而易行矣。然皆治道所當務，至確而不可易，至要而不容闕。推而極之，雖天下亦不外此，而堯舜之治亦不過此。

合五者而觀，又皆以「敬」爲主。蓋「敬」者，主一無適之謂，乃心之生道，而萬事之根本，所以成終而成始者也。爲信而不敬，則出令必苟而不能確定矣；節用而不敬，則所節必苟而不有常度矣；愛人而不敬，則所愛必苟而不免姑息矣；使民而不敬，則所使必苟而不復計其勞逸矣。

又自上順而觀：敬而後能信，不敬則事事皆苟，而不能以信矣；信而後能節用，不信則有時乎節、有時乎不節矣；節用而後能愛人，不節用則必至於傷財而害民矣；愛人而後能使民以時，不愛人則輕用民力而不暇惟其時矣。

又自下遡而觀：敬事者又不可以不信，不信則朝令夕改，亦無從而敬謹矣；爲信者又不可以不節用，不節用則泛濫無度，亦不能以保其信矣；節用者又不可以不愛人，不愛人則視人之膏血如泥沙，亦不能以嗇其用矣；愛人者又不可不使民以時，不以時則力本者不獲自盡，雖有愛人之心，而人不被其澤矣。

凡小用大用、淺用深用、横觀竪觀、顛倒而觀，無所不通而無所不圓，由聖人胸中渾淪太極之體，❶隨所感觸，不覺流而爲此語，皆莫非自然而然，非有意於安排布置，此其所以爲聖人之言歟！

子曰：「弟子入則孝，出則弟，謹而信，汎愛衆而親仁，行有餘力，則以學文。」

孝於親、弟於長、謹其行、信其言、廣愛衆人而親炙仁者，此皆日用行事之要處，而應接有事之時也。當其時，須各盡其事；及事已之後，有餘暇之力，不可以虛度時光，必用此餘暇之力而學《詩》、《書》、六藝之文。蓋斯文所載者，亦不過此等事之理及聖賢已行之法而已。如是而爲孝弟，如是而爲謹信衆，如是

❶「胸」，原作「胞」，今據乾隆本、清鈔甲本、清鈔乙本改。

其愛仁，如是其親，莫不各有其理之所當然，綱條節目粲具於其中。如是而爲舜、❶文王之孝，如是而爲王季、叔齊之弟，與其他所已行，莫不各有一定成法可覆也。

吾以所行之餘力從事於此，則本質先立而良心不放，有以爲致知之地矣。其於講究此理之當然，攷訂聖賢之成法，❷固有所根著，而知之也必精。既知之精，有以悟此理之當然，則於行也，不疑而必益確；有以識聖賢之成法，則於行也，有證而必益力。行之既確而力，由是而復致知也，必又精而益精矣。每日之内，致知力行隨時更迭而展轉互相發，其味無有窮矣。

苟於餘力而不學文，則所行雖力，必不免於私意，而不能以中節，將如刲股封肝之孝、❸抱橋之信，反陷於不孝不信而不自知。若未有餘力，遽輟而學文，則又廢人事而曠天職，雖所知之精，亦何與於我？然則德固不可以一日而不修，而學亦不可以一日而不講也。

子夏曰：「賢賢易色，事父母能竭其力，事君能致其身，與朋友交言而有信，雖曰未學，吾必謂之學矣。」

賢人之賢而自改其好色之心，則誠於好善矣；事親不自愛其力，則誠於孝矣；事君不自有其身，則誠於忠矣；與朋友言而信，則誠於交際矣。四者皆人倫之大者，而無所不用其極。學以明人倫，不過求如

---

❶「而」，清鈔甲本作「其」。

❷「攷訂聖賢」，清鈔甲本作「則於行己」。

❸「刲」，清鈔甲本作「割」。

是而已。

子夏謂人能如是，則得爲學之道矣。雖或以爲出於生質之美，而非由務學之至，我必斷然謂之已學矣。蓋深以實行，非學不能篤，而疾時人於學不務實。但詞氣抑揚之間，少有過中。其流弊，必至于廢學。不若上章聖人之語意圓而無弊也。

大抵生質之美，有限而易窮；務學之益，無窮而不可廢。以生質之美，而加之務學之益，則磨刮愈見精粹，潤澤愈見輝光，❶心與理相涵而知愈密，身與事相安而守愈固，其所有限而易窮者，將通爲無窮矣。若謂質美已得學之道，而不必更學以爲質之副，則所美者，終涉於粗而不精，而陰亦不能免私意之雜。❷至於窮而或變焉，又將忽反陷於惡而不自知矣。❸

是則此章之流弊，可不重以爲警？而上章之旨，可不深體以爲日用之準則哉？

子曰：「君子不重則不威，學則不固。主忠信。無友不如己者，過則勿憚改。」

正其衣冠，尊其瞻視，則儼然人望而畏之；輕乎外者，必不能堅乎内，故不厚重則無威嚴，而所學亦不堅固也。主者，心以爲重，無時而不在是也。忠者，盡己之心而無隱也。信者，以事之實而無違也。以

❶「輝光」，清鈔甲本作「光輝」。
❷「陰」，清鈔甲本無此字。
❸「忽」，清鈔甲本無此字。

忠信爲主，則真心常存而事事皆實矣。友，所以責善而輔仁，與勝己者處，則己有益；不如己，則無益而有損。過者，動之差。知而速改，則復於善而爲無過。若畏其難，❶而不勇於去之，則過遂成而爲惡矣。此皆君子自脩之道，當然而不容一闕者也。

蓋以威重爲質，則立德有基矣。必學以固之，則基壯而不摇矣。必主忠信以實之，則日積而日崇矣。必勝己者以輔之，則日益而日進矣。又過而必速改，則惡日消，而進善之路不格，遂可馴至於充盛輝光而成其德矣。切哉！聖訓。篤自治者，所當汲汲以從事也。

或曰：「不如己」之説，❷自謂人不如己，則生自滿之心；必勝己者而後友之，❸則勝己者又將視我爲不勝己而不吾友，則如之何？聞之師曰：人之賢否優劣自有定則，非彼我好惡所得私，而吾於應接，或親或疎，或高或下，亦不容以分别爲嫌也。❹故於齒德之殊絶者，則尊而師之；於賢於己者，則尚而友之；其不如己者，❺雖不當就而求之以爲吾友，亦必有以矜而容之、勉而進之爾。是皆理勢之必然，非我

❶「其」，清鈔甲本作「於」。

❷「説」，清鈔甲本作「謂」。

❸「而後」，清鈔甲本作「不吾」。

❹「容」，清鈔甲本作「欲」。

❺「其」，清鈔甲本無此字。

之敢爲自滿，而亦未嘗輕以絶人也。❶彼賢於我者，其視我亦猶是耳，而何有棄於我？但世之人，每難於友勝己而好友不如己。其樂於縱恣者，則憚直諒者之正己而不敢親。❷安於淺陋者，則忌多聞者之少己而不肯問。至於卑孱嵬瑣之流，則喜其臨之而足以爲高。便辟佞柔之友，則悦其下己而足以自肆。是以賢智日遠，而所與居者第庸夫俗子爲伍。❸雖有良才美質，❹亦交相從於小人之歸而不自知矣。❺

然則聖人安得不直一言以警之，而何以迂爲顧慮？在學者亦何必舍聖人明白之旨，而妄生曲説爲之遷就也哉？

曾子曰：「慎終追遠，民德歸厚矣。」

終者，人之所易忽，而能謹之於喪，以盡其禮；遠者，人之所易忘，而能追之於祭，以盡其誠：厚之道也。以此處己，則己之德厚；以此化民，則民德亦歸於厚也。曾子之學，以孝弟忠信爲本，故其言如此。從而味之，其人氣象可見矣。

---

❶「以」，清鈔甲本作「於」。
❷「者」，清鈔甲本無此字。
❸「爲伍」，原殘缺，今據乾隆本、清鈔甲本及清鈔乙本訂補。
❹「雖有」，原殘缺，今據乾隆本、清鈔甲本及清鈔乙本訂補。
❺「從於小」，原漫漶不清，今據乾隆本、清鈔甲本及清鈔乙本訂正。

子禽問於子貢曰：「夫子至於是邦也，必聞其政。求之與？抑與之與？」子貢曰：「夫子温、良、恭、儉、讓以得之。夫子之求之也，其諸異乎人之求之與？」

夫子至於是邦而必聞其政者，非聖人有求之也。子禽以求爲問，是以常情測聖人也。子貢答以夫子温、良、恭、儉、讓以得之，可謂深知聖人而善言德行者矣。此五者，夫子之盛德輝光接於人者也。❶蓋言聖人德容如是，❷故時君敬信，自以其政就而問之，若以是求之云爾，非實若他人，必有求之而後得也。其亦必以求爲説者，特因子禽之言，借其字而反之，以明夫子之實未嘗求，亦猶孟子言伊尹以堯舜之道要湯，特借或人之言而反之，而實未嘗有要之之意也。

然即此而觀聖人，所至必風動響應，其過化存神之妙，亦略可見矣。而時君乃莫有能委國而授之政，蓋見聖人之儀容而樂告之者，秉彝好德之良心也。而竟莫能授之政者，私欲從而害之爾。在聖人，於此雖未足以有行，而亦足以爲之兆矣。而一言不契，則委而去之未嘗不果，亦其濟時行道之心雖切，固未嘗屈道以從人也。

子曰：「父在觀其志，父没觀其行。三年無改於父之道，可謂孝矣。」

此觀人子之法也。其志與行善矣，又必三年無改於父之道，乃見其有愛親之心，而可以爲孝。蓋爲

---

❶「輝光」，清鈔甲本作「光輝」。

❷「人」下，清鈔甲本有「之」字。

人子者，本以守父之道，不忍有改爲之心，至有所遇之不同，則隨其輕重而以義制之。如其道，則終身無改。❶ 如其非道，何待三年？無改者，意其有爲而言，其事在所當改，而可以稍遲而未改，❷爲孝子之心，則有所不忍，而未容以遽改故也。若當改之時至，則如之何？雖不容以隱諱遷就，❸而至誠哀痛之心，則不可不存焉。

有子曰：「禮之用和爲貴，先王之道斯爲美。小大由之，有所不行，知和而和，不以禮節之，亦不可行也。」

禮者，天理之節文，人事之儀則也。其爲體甚嚴，如君尊而臣卑、父尊而子卑、夫婦之有別、長幼之有序，截然一定而不可亂。然皆本於天理之自然而人心之所安，非聖人以强乎世者。故其爲用也，必從容舒泰而無拘迫艱苦之患，乃不拂乎天理人心之本，謂之和而爲可貴。如君臣都俞之相孚，父子唯諾之相親，夫婦之唱隨，長幼之遜順，其情無不交通焉，是其類也。其他三千三百之儀，亦莫不皆然。先王之道，此其所以爲美。

而小事大事無不一由之，兼指禮與和而言也。然如此而復有所不行者，以其徒知和之爲貴，而一於

---

❶「則」，原脱，今據清鈔甲本補。

❷「稍」，原漫漶不清，今據乾隆本、清鈔甲本及清鈔乙本訂正。

❸「雖」，原漫漶不清，今據乾隆本、清鈔甲本及清鈔乙本訂正。

和，和遂過而流於嫚，不復以禮節而歸之中，則去天理之本然者遠，而人心所安者，蕩而爲不安矣。所以「亦不可行」也，蓋禮之體嚴而用和，本非判然不相入。其嚴也無不泰，而所謂和者中已具，豈復有勝而離？其和也無不節，而所謂嚴者未嘗失，豈復有勝而流？必如是，然後得性情之正，❶而爲禮之全也。若稍過中而各倚於一偏，❷則其不可行，均矣。豈但和之流，然後爲不可行哉？

有子曰：「信近於義，言可復也。恭近於禮，遠恥辱也。因不失其親，亦可宗也。」

此章大旨，謂人之言行交接當謹于始，❸以防後患也。夫人之約信，固欲其言之必踐也。然始之不度其宜，則所言將有不可踐者。以爲義有不可而不之踐，則失其信。以爲信之所在而必踐焉，則害於義。二者無一可也。惟約信之始，必求其合於義焉，則其言無不可踐，而無二者之失矣。

致恭於人，固欲其遠恥辱也。然不中乎節文，則或過或不及，如望塵而拜之類，❹非所當致恭而致恭，則失之過，其人必不我答。如君父師長之類，所當致恭而不致恭，則失之不及，其人必爲我怒，❺皆自取恥辱之道也。惟致恭之始，必求其中於禮焉，則其遠恥辱也，必矣。

---

❶「性情」，清鈔甲本作「聖人」。

❷「於」，清鈔甲本無此字。

❸「接」，清鈔甲本作「際」。

❹「而」，原爲墨丁，今據乾隆本、清鈔甲本、清鈔乙本補。

❺「爲我怒」，乾隆本作「不我恕」。

因猶依也，所依託之始，必度其人之賢而後依之，則在我不失其所親，而彼亦可以爲吾之宗主，必不至誤我之託矣。如孔子於衛主蘧伯玉，於陳主司城正子，則不失其親而可宗者也。此三者，若於始之宜約與不宜約、當恭與不當恭、可親與不可親，因仍而不早爲之決，苟且而不早爲之審，迨其差也，乃徐計於已然之後，以求免焉，則亦緩不及事，而豈勝其噬臍之悔哉？

子曰：「君子食無求飽，居無求安，敏於事而慎於言，就有道而正焉，可謂好學也已矣。」

不求安、飽者，志有在而不暇以口體之奉爲務也；敏於事者，力於行而不敢怠也；慎於言者，擇其可而不妄發也。能此四者，其於學用功亦篤矣。

若遽足焉自以爲是，而不取正於有道，則所學不能無差。心之所求者，❶必有非所當求，而未必皆先王之正路；事之所敏者，必有非所當敏，而未必皆先王之德行；言之所慎者，必有非所當慎，而未必皆先王之法言，而其終亦未必果能以造極。❷惟不敢輕自是，而又必就有道之人以正其是非，則學質自此如金經洪爐，炳然爲之一新，志可純、行可粹、言可精，而大中至正之極，亦可以馴造。非好學者，其能之乎？

子貢曰：「貧而無諂，富而無驕，何如？」子曰：「可也。未若貧而樂，富而好禮者也。」子貢曰：「《詩》

---

❶「心」，清鈔甲本作「志」。

❷「果」，原作「不」，今據乾隆本改。《四庫》本作「遂」。

云：『如切如磋，如琢如磨。』其斯之謂與？」子曰：「賜也，始可與言《詩》已矣！告諸往而知來者。」

常人溺於貧富之中而不知自守，故爲貧富所累，而有諂驕之病。子貢貨殖，蓋先貧後富，而嘗用力於自守，已能無諂無驕而不爲貧富動矣。故質之夫子，以驗其學之所至。❶夫子曰可者，所以許其所已能；而復告之樂與好禮者，所以勉其所未至。

今就二者等級校之，無諂無驕者，但能於貧富中無顯然之過而已，❷未能超貧富之外而進于善也。樂，則心廣體胖而忘其貧；好禮，則安處善、樂循理而不自知其富，蓋有超乎貧富之外，非造道入德之深潛縝密者不能。而語其實，則樂必顏子，好禮必周公，乃可以當之，非前之小成者所可望也。子貢因是覺無諂無驕之未得爲至，而其上又有所進焉，抑知理義之無窮。❸學者不可以少有得焉，而遽自足也。於是引《淇澳》之詩以明之，言治骨角者，既切而復磋之；治玉石者，既琢而復磨之：治之已精而益求其精也。夫子以其能因所已言而知所未言，有得學《詩》之活法，❹遂嘉嘆而予之。

在學者而言，若安於無諂無驕，而不求進於樂與好禮之極致，乃徒切琢而不復磋磨者，固乃自足之

❶「至」，乾隆本作「得」。
❷「中」上，清鈔甲本有「之」字。
❸「抑」，乾隆本、清鈔甲本作「益」。
❹「得學」，原漫漶不清，今據乾隆本訂正。清鈔甲本「學詩」二字互乙，清鈔乙本作「事詩」。

陋。然諂驕之病未實去，而曰吾欲樂與好禮，則是又未嘗切琢而專事磋磨者，不免爲虚躐之狂，❶亦不可以不戒也。

子曰：「不患人之不己知，患不知人也。」

學本爲己，惟求其在我者而已，故不患人之不己知。若不知人，則賢者不得而師，善者不得而友，詖淫邪遁者得以害道，便辟柔佞者得以損德，故以爲患也。然在己者有可知之實，則於人亦不容揜。而知言、窮理之未至，則人之邪正，亦無從而辨之也。

爲政第二

子曰：「爲政以德，譬如北辰，居其所而衆星共之。」

政者，正也，所以正人之不正也。德者，得也，行道而有得於心者是也。爲政而以德者，如以吾之孝以正人之不孝，以吾之悌以正人之不悌之類是也。此皆爲人上者所當爲，非有心於欲民之我歸而爲之也。然德行於上，極其充盛輝光，則同是秉彝好德者，孰不觀感而興起？其或反常敗德者，孰不愧忸而消化？所以能端處無爲而天下自歸之，其象如北極之星，居於天中樞紐不動之處，而衆星四面旋繞而歸向之，亦其效之所必至，而非外得者。若不以德而徒從事於權謀智力以爲政，則在我已不勝其勞，而人亦

❶「躐」，乾隆本作「遠」。

離心不附矣。

子曰：「《詩》三百，一言以蔽之，曰：思無邪。」

此一言，《魯頌・駉》篇之詞也，主於思馬而言。夫子讀《詩》至是，有感而取之，以斷三百篇之義。非以三百篇之《詩》，皆止乎禮義而粹然一正也。如變《風》，鄭、衛之詩，不止乎禮義而逸於邪思者，亦多矣。聖人之意，直以爲《詩》有美惡之不同。其言善者，足以感發人之善心；其言惡者，足以懲創人之惡志。所以爲指歸，不過欲使人得其情性之正而已。❶故惟此一言，簡要明白，可以通貫全體而盡蓋三百篇之義，因特表而出之以示人，可謂切矣。則讀《詩》者，可不深體以爲切身之務，而徒諷誦之云哉？然詳玩是言，雖約而爲義甚博，蓋誠之通而大本之所以達也。豈但讀《詩》之法爲然？❷凡讀書窮理、治心脩身，無適而不可，學者誠能深味其旨，而審於念慮之間，必使無所思而不出於正，則日用云爲千條萬緒，莫非天理之流行矣。

子曰：「道之以政，齊之以刑，民免而無耻；道之以德，齊之以禮，有耻且格。」

政者，爲治之具，若法制禁令，凡聽斷約束之類是也。刑者，輔治之法，若墨劓剕宫、大辟鞭扑之類是也。以政先示之，則民有所振厲而斂戢矣。其或未能一於從吾政者，則用刑以齊一之，俾强梗者不得以

❶「性」，清鈔甲本作「實」。

❷「然」，清鈔甲本作「善」。

賊善良，而姦慝者不得以敗倫理，故民亦畏威革面不敢爲惡，❶以苟免於刑罰。❷然無所羞愧，則其爲惡之心未亡也。德、禮者，所以出治之本。而德，又禮之本，乃吾躬行之所實得者，若孝悌忠信之類是也；禮，則制度品節，❸若冠昏喪祭之儀是也。以己德先率之，則民有所觀感而興起矣，而其淺深厚薄之不一，則明禮以齊一之，俾之周旋浹洽，良心日萌，自將愧恥於不善，而又有以格至於善也。是四者，功用之不同，而皆不可以偏廢。若專務德禮而不用政刑，則徒善不足以爲政；專用政刑而不務德禮，❹則又徒法不能以自行。然其本末表裏，亦當有輕重之别，末以飭乎外者在所輕，而本以淑乎內者尤當加隆，而不可一日已焉。此又講明治道者所當知也。

子曰：「吾十有五而志于學，❺三十而立，四十而不惑，五十而知天命，六十而耳順，七十而從心所欲不踰矩。」

聖人生知安行，理義大本無所事學。❻然聖人之心則未嘗自以爲聖而無事於學也。故自童年以往，

❶「不」上，清鈔甲本有「而」字。
❷「於」，清鈔甲本無此字。
❸「品」上，清鈔甲本有「之」字。
❹「禮」，清鈔甲本作「化」。
❺「有」，原脱，今據乾隆本、清鈔甲本及《論語》原文補。
❻「大本」，原漫漶不清，今據乾隆本、清鈔甲本、清鈔乙本訂正。

亦與人同其學，而况乎古今事變、❶名物制度之詳，非由學不可得，所以有問禮於老聃、問樂於萇弘等類。但自常人視之若緩，而聖人爲之則甚篤切；常人費心力之苦，而聖人則胸中明朗，隨所在莫不至極而無容吾力。❷ 此所以爲聖人之學，而非常情之謂也。

聖人因吾之有是學也，於是即身立法以示學者，❸凡爲進道之序有六等，非全無其實而姑爲是空言之誘也。

其必十五而志於學者，古者八歲入小學，至十五成童，而後入大學。志者，心之所之之謂。向於《大學》之道，正所以求之而致其格物致知以誠意正心脩身之功也。志乎此，則念念在此，必欲至其地，而無作輟退轉之慮矣。

又積十五年之久，至三十而後能立。謂有以自立于斯道之中，已踐及實地而卓然無所跛倚。所守者固，而不爲事物摇奪，如「富貴不能淫，貧賤不能移，威武不能屈」是也。至是，則物格知至而意誠、心正、身脩，蓋已實得之在己而無所事乎志矣。

又積十年之久，至四十而後不惑。凡於事事物物之所當然，大如君當止仁、臣當止敬、父當止慈、子

❶ 「乎」，清鈔甲本無此字。
❷ 「在」，清鈔甲本作「至」。
❸ 「身」，清鈔甲本作「心」。

當止孝之類，小如坐當如尸、立當如齊、視當思明、聽當思聰之類，皆洞識其綱條品節之實，❶而一無所疑。至此，則豁然如大明中覩萬象，所知者益明而無所事乎守矣。

又積十年之久，至五十而後知天命。天命，即天道之流行而賦于物者。蓋專以理言，而事物所以當然之故也。如君之所以當仁、臣之所以當敬、父之所以當慈、子之所以當孝、坐之所以當如尸、立之所以當如齊、視之所以當思明、聽之所以當思聰之類，皆天之命我而非人之所爲者。吾皆知其根原所自來，無復遁情。至此，則所知者又極其精，而不惑又不足以言之矣。

又積十年之久，至六十而後耳順。聲纔入心即通，是非判然，更不待少致思而後得其理。❷纔容少思而後得，則是内與外有相扞格違逆，而不得謂之順矣。如夫子聞《滄浪之歌》，即悟自侮自伐之義，是其順之證也。至此，則所知者又至熟而絶無人力矣，❸即《中庸》所謂「不思而得」處也。自不惑至此，三節皆以知言，乃明睿日進無疆之事，與志學、而立時之所謂知，趣味逈不同矣。

又積十年之久，至七十而後從心所欲不踰矩。至此，則心體瑩徹，純是天理，渾爲一物。凡日用間一隨吾意欲之所之，皆莫非大理大用流行，而自不越乎法度之外。聲即爲律，身即爲度。所謂道心常爲此

---

❶「品節」，清鈔甲本作「節目」。

❷「思」，原漫漶不清，今據乾隆本、清鈔甲本及清鈔乙本訂正。

❸「矣」，清鈔甲本作「者」。

身之主，而人心一聽命矣。即《中庸》所謂「不勉而中」地位也。

總而言之，志學所以造道也，而立所以成德也，自不惑知命而耳順，則義精之至也。從心所欲不踰矩，則仁熟之極也。在夫子，豈果有六者等級積累而然哉？❶亦因己之近似者以自名，欲學者以是爲準則，使之優游涵泳而無躐等之過，❷日就月將而無半途之廢爾。

然立志之始，苟所學者一差而非聖人之正學，則自後節節從而差，雖用功之勤，亦決不復有所謂立與不惑、知命、耳順、從心矣。或始焉得其正，而所謂立之一關有未能徹，則又將若何而能不惑、知命？若何而能耳順、從心哉？是則志學之初，正聖愚二路之所由分，尤學者之所當致謹而立之爲地，又植本固址之所在，❸尤學者所當用力也。

果能於是二節路脈不差而根址深固，❹則自此而上，❺惟不倦以終之。雖有四節之高，皆可從容造詣而無所阻矣。又何聖人之不可至哉？然則學聖人者所宜盡心而無忽焉。❻

---

❶「有」下，清鈔甲本有「是」字。

❷「使」，乾隆本作「得」。

❸「本」，清鈔甲本作「根」。

❹「於」，清鈔甲本作「如」。

❺「上」，原漫漶不清，今據乾隆本、清鈔甲本訂正。

❻「宜盡心而無忽焉」，原殘缺，今據乾隆本、清鈔甲本及清鈔乙本訂補。

北溪先生大全文集卷第十九

講義《易》

原畫

伏羲作《易》，根原備見於先天一圖。世傳是圖出於邵康節，以爲得之陳希夷、穆伯長而來，而其實，固已具於《繫辭》傳「易有太極」章，及《説卦》傳「天地定位」章矣。

蓋昔者伏羲仰觀俯察，灼見夫陰陽二氣錯綜流行，生生而不窮，於是作書以配之，而名之曰「易」，取其有交易、變易之義。今按《繫辭》傳攷之，所謂「太極」云者，象數未形而其理已具之稱，形器已具而其理無朕之目。蓋兆於萬古無極之前，而貫乎萬古無極之後，立於天地萬物之表，而行乎天地萬物之中也。自其始之「動而生陽、静而生陰」也，以陰陽有奇偶之數，故畫一奇以象陽，畫一偶以象陰，而爲一畫者二，是謂「太極生兩儀」，其位則陽先而陰後，其數則陽一而陰二。

於兩儀之上，又各生一奇一偶，而爲二畫者四，是謂「兩儀生四象」。太陽位乎一而含數九，以奇，圓一而圍三，三各一奇，參天而爲三，本體畫奇，通所從生位一奇，乃三其圍三而得之也。少陰位乎二而含數八，以偶，方一而圍四，四合二偶，兩地而爲二，本體一畫偶一畫奇，通所從生位一奇，乃一其圍四、兩其圍三而得之也。少陽位乎三而含數七，以本體一畫奇一畫偶，通所從生位一偶，乃一其圍三、兩其圍四而得之也。太陰位乎四而含數六，以本體二畫偶，通所從生位一偶，乃三其圍四而得之也。

於四象之上，又各生一奇一偶，而爲三畫者八，於是三才略具而八卦之名立，是謂「四象生八卦」。其位則乾一、兑二、離三、震四、巽五、坎六、艮七、坤八，而謂之經卦。

於八卦之上，又各生一奇一偶，而爲四畫者十六，是八卦復爲太極而復生兩儀。於四畫之上又各生一奇一偶，而爲五畫者三十二，是八卦之兩儀復生四象。於五畫之上，又各生一奇一偶，而爲六畫者六十四，則兼三才而兩之，是八卦之四象復生八卦，於是六十四卦之名立而謂之重卦。是於乾一、兑二、離三、震四、巽五、坎六、艮七、坤八之上，復以乾一、兑二、離三、震四、巽五、坎六、艮七、坤八者，循序而重加之也。

故始自重乾以及夬、大有、大壯、小畜、需、大畜、泰八卦，則爲乾一之所生。次自履、兑、睽、歸妹、中孚、節、損、臨八卦，則爲兑二之所生。次自同人、革、離、豐、家人、既濟、賁、明夷八卦，則爲離三之所生。次自無妄、隨、噬嗑、震、益、屯、頤、復八卦，則爲震四之所生。次自姤、大過、鼎、恒、巽、井、蠱、升八卦，則爲巽五之所生。次自訟、困、未濟、解、涣、坎、蒙、師八卦，則爲坎六之所生。次自遯、咸、旅、小過、漸、蹇、艮、謙八卦，則爲艮七之所生。次自否、萃、晉、豫、觀、比、剥，以終於重坤，則爲坤八之所生。次第相承，條理不紊，由本而榦，由榦而枝，皆其勢之所自然而不容已，特假聖人之手以畫之，而非人力所能安排布置者。

自八卦之立，即具六十四卦，而非八卦之後旋生六十四卦也。自六十四卦之成，即是八卦，而非六十四卦之外復有八卦也。

就中平分之爲兩截，而按《説卦》對待之位，相接爲圓圖，則虚中者爲太極，自内而外，第一畫分爲兩儀，則陽儀居左，陰儀居右。第二畫分爲四象，則太陽居左之前，少陰居左之後，少陽居右之前，太陰居右之後。第三畫分爲八卦，則乾一兑二居左之前，離三震四居左之後，巽五坎六居右之前，艮七坤八居右之後。第四畫至第六畫，則八卦乘八卦而六十四卦，整整成列。

在乾一位之中，内之八乾實不離乎一乾而爲貞；外自乾一至坤八爲悔，而重乾復居乾一位之一。在兑二位之中，内之八兑實不離乎一兑而爲貞；外自乾一至坤八爲悔，而重兑復居兑二位之二。在離三位之中，内之八離實不離乎一離而爲貞；外自乾一至坤八爲悔，而重離復居離三位之三。在震四位之中，内之八震實不離乎一震而爲貞；外自乾一至坤八爲悔，而重震復居震四位之四。在巽五位之中，内之八巽實不離乎一巽而爲貞；外自乾一至坤八爲悔，而重巽復居巽五位之五。在坎六位之中，❶内之八坎實不離乎一坎而爲貞；❷外自乾一至坤八爲悔，❸而重坎復居坎六位之六。❹在艮七位之中，内之八艮實不離乎一艮

---

❶「之中」，原殘缺，今據乾隆本、清鈔甲本及《四庫》本訂補。

❷「内之八坎實不離乎」，原殘缺，今據乾隆本、《四庫》本訂補。

❸「爲悔」，原殘缺，今據乾隆本、清鈔甲本及《四庫》本訂補。

❹「而重坎復居」，原殘缺，今據乾隆本、清鈔甲本及《四庫》本訂補。

而爲貞;❶外自乾一至坤八爲悔,而重艮復居艮七位之七。❷在坤八位之中,内之八坤實不離乎一坤而爲貞;外自乾一至坤八爲悔,而重坤復居坤八位之八。

自外而内,❸第一畫則一陰一陽相間,第二畫則二陰二陽相間,第三畫則四陰四陽相間,第四畫則八陰八陽相間,第五畫則十六陰十六陽相間,第六畫則三十二陰三十二陽相間。

統而言之,則左者皆爲陽、右者皆爲陰,而各有界分。故自復至乾,❹凡百一十二陽而又有八十陰者,陽中之陰也。自姤至坤,凡百一十二陰而又有八十陽者,陰中之陽也。迭而言之,則陽往交陰、陰往交陽,而互爲其根,故陽在陽中陽順行,陽在陰中則逆行,陰在陰中陰順行,陰在陽中則逆行。

即卦氣流行之序而言之,則復居子半,以應冬至一陽之生,積而二陽臨、三陽泰、四陽大壯、五陽夬。至乾居午半,而爲六陽之極,陽爲陰之父,故乾父又生長女而爲姤焉。姤居午半,以應夏至一陰之生,積而二陰遯、三陰否、四陰觀、五陰剥。至坤盡子半,而爲六陰之極,陰爲陽之母,故坤母又孕長男而爲復焉。離則盡卯中以應春分,坎則盡酉中以應秋分。

❶「實不離乎一」,原殘缺,今據乾隆本、清鈔甲本及《四庫》本訂補。
❷「居艮七位」,原殘缺,今據乾隆本、清鈔甲本及《四庫》本訂補。
❸「自外而内」,原漫漶不清,今據乾隆本、清鈔甲本、清鈔乙本訂正。
❹「乾」,原漫漶不清,今據乾隆本、清鈔甲本及《四庫》本訂正。

即卦一定之分而言之，❶則乾居南、坤居北，以應天地闢闔，而辨上下之位，是謂天地定位。離居東、坎居西，以應日月出入，而列左右之門，是謂水火不相射。艮居西北、兑居東南，以應山高西北、澤傾東南，是謂山澤通氣。震居東北、巽居西南，以應雷啓蟄、風養萬物，是謂雷風相薄。無非與造化自然之易相脗合，於以教民占筮揲蓍、布卦以斷吉凶。

每一卦之中，其變又各六十四，蓋有變易無窮之用也。是乃所以通天下之志，定天下之業而妙開物成務之道也。

原辭

伏羲之《易》本無文字，始於乾而終於坤，每卦惟有六畫而已。蓋是時太朴未散，世質民淳，凡有動作，莫識是非利害，因即陰陽逆順消息之大分而示之，使占者於是玩焉以決吉凶，而不至於迷茫爾。是乃首闢渾淪，其爲旨蓋甚坦易明直，而非有淵微玄妙之意也。

降及中古，民僞日滋，易道微矣。文王於羑里中爲斯世患，乃取伏羲之《易》而衍之。既改八卦之位，以乾居西北、坤居西南，退處不用之地，而任六子以爲天地用。離居南、坎居北、震居東、兑居西、巽居東南、艮

❶「即」，原作「耶」，今據乾隆本、清鈔甲本及《四庫》本改。

居東北，所謂「帝出乎震，齊乎巽，相見乎離，致役乎坤，説言乎兑，戰乎乾，勞乎坎，成言乎艮」。❶是謂後天之學。又以六十四卦之序，❷始於乾坤而終於既濟未濟，❸若今所傳之序是也。於每卦之下，又總提卦義而繫之象辭，以斷一卦之吉凶，若「乾，元亨利貞」之類是也。大概亦惟以明民之占，❹然已非伏羲之舊矣。

周公繼志述事，於逐卦之下，又分别爻義，❺而繫之爻辭，以斷六爻之吉凶。若「初九，潛龍勿用」之類是也。隨事丁寧，始爲纖悉，於文王占法抑加密矣。❻以文字始著於文王、周公，因謂之《周易》。❼又以簡帙重大，分爲上下經兩篇。❽上經止坎離，而下經首咸恒，條理昭晰已如星日。

迨周之衰，淫于術數而易道復不明矣，孔子乃黜八索而作十翼以贊之。曰《彖》上傳、曰《象》下傳，所以

---

❶「成言」，原殘缺，今據乾隆本、《四庫》本及《易·説卦》傳原文訂補。

❷「以」，原殘缺，今據乾隆本、清鈔乙本訂補。「之序」，原殘缺，今據清鈔乙本訂補。乾隆本作「次第」。

❸「始」，原殘缺，今據乾隆本、清鈔乙本訂補。「而終於」，原殘缺，今據乾隆本、清鈔乙本訂補。

❹「之序是也」至「明民之占」四十五字，原闕，今據清鈔甲本訂補。乾隆本作「之序是也。於晦朔陰陽交泰之卦繫乾坤三彖辭，列六十四卦之吉凶。若『乾，元亨利貞』之類是也。大概亦惟以陰陽相占」。

❺「志述事」至「卦之下又分」，原殘缺，今據清鈔甲本訂補。

❻「於文王」，原殘缺，今據清鈔甲本訂補。

❼「謂之」，清鈔甲本作「之謂」。

❽「兩」，清鈔甲本作「二」。

釋文王所繫彖上下經爻之辭，若「大哉乾元」以下等是也。曰《象》上傳、曰《象》下傳，所以釋伏羲卦之上下兩象，若「天行健」等類，及周公所繫兩象六爻之辭，若「潛龍勿用，陽在下也」等類是也。曰《繫辭》上傳、曰《繫辭》下傳，所以述文王、周公所繫卦爻辭之傳，而通論一經之大體。上自「天尊地卑」以下，下自「八卦成列」以下是也。曰《文言》傳，所以申言乾坤彖象之旨而爲諸卦之例，若「元者，善之長」以下是也。曰《説卦》傳，所以詳其所未盡之意，若「昔者聖人之作易也，幽贊於神明而生蓍」以下是也。曰《序卦》傳，所以序其先後，若「有天地，然後萬物生焉」以下是也。❶ 曰《雜卦》傳，所以錯雜而言之，若「乾剛坤柔，比樂師憂」以下是也。是十篇者，亦無非推廣圖象卦爻之藴，以著明義、文、周公之法。然專以理義發明占意，使人居則觀其象而玩其辭，動則觀其變而玩其占，以求免於凶咎，校之義、文、周公之舊，雖其爲言縱横反覆、窮深極微，與初旨已大相異，而其所以爲理，則實不越乎圖象卦爻之中，而非從外得；實不離乎天道人事之常，而非可以詭異過求也。

自秦以來，書幸全於遺燼，道則晦而不章。卑者泥於窮象數而穿鑿附會，爲災異之流；高者溺於談性命而支離放蕩，爲虚無之歸。

至我朝程子，蓋深病焉，於是作傳以明之，一掃諸儒之陋見，而專即日用事物之著，發明人心天理之實，奥旨宏綱昭然在目，視孔子所發又加詳且明焉。學者於是始知《易》爲人事切近之書，而云爲踐履，可以無

❶ 「生」，原作「盈」，今據乾隆本及《序卦傳》原文改。

所往而不在是也。

然《易》之起原於象數，自象數之既形，則理又具於象數之中，而不可以本末二其觀也。《易》之作本於占筮，自占筮之既立，則理又寓於占筮之内，而不可以精粗二其用也。此正程子所謂「體用一源，顯微無間」者，若偏于象占而不該夫理義，則孔子之意泯；一於理義而不及乎象占，則羲、文、周公之心，亦幾乎息矣。此朱文公《本義》之書作，所以必表伏羲圖象冠諸篇端，以明作《易》根原之所自來，一出於天理之自然而非人爲智巧之私，❶又復古經傳次序，❷推原四聖所以成書之本意，遞相解釋，❸而惟占法之明，隨人取決而無偏辭之滯，而天下義理爲之磨刮精明，依然涵萃於其中，本末精粗兼該具舉，近以補程《傳》之所不足而上以承四聖之心，所謂開物成務之大用，至是又益周備，而易道之盛，於此無餘蘊矣。

學者當因是書，各就四聖一賢本義消詳，❹果能知其因時設教，所以爲心者蓋並行而不相悖，然後於易學可進，而《易》書之廣大悉備，有天道焉，有人道焉，始可與提綱張目，徧觀而盡識，至所謂「和順於道德而理於義，窮理盡性以至於命」者，其根原脈絡歸宿，皆由是其可通乎！

---

❶「人」，原殘缺，今據乾隆本、清鈔甲本及清鈔乙本訂補。

❷「復」，原漫漶不清，今據乾隆本、清鈔甲本及清鈔乙本訂正。

❸「書之」至「解釋」八字，原殘缺，今據清鈔甲本及清鈔乙本訂補。

❹「義」，清鈔甲本作「意」。「消」，乾隆本作「精」，《四庫》本作「稍」。

原旨

列禦寇曰：「有太易，有太初，有太始，有太素。太易者，未見氣也；太初者，氣之始也；太始者，形之始也；太素者，質之始也。氣形質具而未相離，故曰渾淪。視之不見、聽之不聞、循之不得，故曰易。」此異端之説，非儒者之所宜言。自唐孔氏引之爲疏義，而後之學《易》者遂祖之。吁！是豈羲、文、周、孔四聖之旨哉？

蓋昔者聖人之作《易》也，本就陰陽而取名。以陰陽交錯而理流行，❶不容以一定拘，故以「易」命之。其爲字，從日從月，亦陰陽之謂也。而其所以爲義，則代换變易之稱，即生生之謂者。不惟天地造化之爲然，而在書之爲著卦辭義及人事之理，莫不皆然也。

今以造化而言，太極動而生陽，動極復静；静而生陰，静極復動。一動一静，互爲其根。子月，六陰極而退於上也，而一陽復生於下焉；午月，六陽極而退於上也，而一陰復生於下焉。晝，陽之盛也，而陰已生於午焉；夜，陰之盛也，而陽已生於子焉。其代换有如此者。二氣交感，化生萬物。自元而亨，亨而利，利而貞，貞而復元。自春而夏，夏而秋，秋而冬，冬而復春。一闢一闔，一消一息，循環而無端，周流而不窮。其變化有如此者。即所謂「天地設位，而易行乎其中」者是也。

---

❶ 「理」，清鈔甲本無此字。

在書之所謂卦者而言，自一奇一偶而爲兩儀，加倍而爲四象，又加倍而爲八卦，又加倍而爲六十四卦。陽奇交乎陰，陰耦交乎陽，互相參錯而成。其代換有如此者。自乾至泰，由一乾而變；自履至臨，由一兑而變；自同人至明夷，由一離而變；自無妄至復，由一震而變；自姤至升，由一巽而變；自訟至師，由一坎而變；自遯至謙，由一艮而變；自否至坤，由一坤而變。其變化有如此者。即所謂「聖人之作易也，觀變於陰陽而立卦」者是也。

以蓍而言，自一變所歸，有奇偶而爲兩儀，自三變奇偶有多少而爲四象，至十八變而後卦成，則亦不外乎四十九策，更互分合往來而爲之。其代換有如此者。或得一爻而變，或得二爻而變，或得三爻而變，或得四爻而變，或得五爻而變，或得六爻而變，六十四卦能變之所之。❶其變化有如此者。即所謂「四營而成易」者是也。

以辭義而言，或剛上而柔下，常、蠱。❷或柔上而剛下，咸。或内健而外順，泰。或内柔而外剛，否。或柔進而上行，鼎。或剛自外來，而爲主於内，无妄。或柔外而文剛，❸或剛上而文柔。❹賁。其代換有如此者。

---

❶「能」，乾隆本作「惟」。

❷「常」，即「恒」，避宋真宗趙恒諱改。諸本無此字。

❸「外」，乾隆本作「來」。

❹「或」，乾隆本作「分」。

卦各隨時爲義不同，如《泰》：君子道長、小人道消之時，則其進爲亨，吉。❶《否》：小人道長、君子道消之時，則其進爲不利。而六爻於其中，又各隨位取義不一。如《泰》之初九：羣陽始進，則「拔茅茹，征，吉」；九二：以剛中爲主信，❷任則治泰之道，「得尚于中行」。九三：泰將極而過乎中，則以「艱貞」爲戒。六四：泰已極而入乎陰類，則以「翩翩其鄰」爲警。六五：爲泰主能，任九二，成治泰之功，則有「帝乙歸妹」之「祉」。上六：泰極而復否，則有「城復于隍」之「吝」。凡卦爻之例皆然，其變換有如此者。即所謂「六爻之義易以貢」者是也。

在人事之理而廣推之，凡日用動静、語默、屈伸、進退、大小、粗精、隱顯等類應一切相對待者，皆莫不各有陰陽分屬，如張忠定公所謂「公事未判者屬陽，已判者屬陰」，二端常相因相禪而無窮。雖極千條萬緒之不齊，而莫不各有當然一定之則參錯於其間，惟當與之相爲流通爾。方其成己爲仁、成物爲智，則仁主內而智主外矣；及學不厭爲智、教不倦爲仁，則又智主內而仁主外焉。方其義以爲質、禮以行之，則義主先而禮主後矣；及修禮以耕之、陳義以種之，則又禮主先而義主後焉。其代換有如此者。當揖遜則揖遜，當征伐則征伐，當與賢則與賢，當與子則與子。在禹稷之地則當出，在顔子之地則當處，在曾子之地則當去，在子思之地則當守。在三仁之地，當去者去，當奴者奴，當死者死；在孔子之地，可仕則仕，可止則止，可久則

---

❶「亨吉」，乾隆本作「吉亨」。

❷「主」，原作「五」，今據清鈔甲本改。清鈔乙本、《四庫》本作「立」。

久，可速則速。於鄉黨則當恂恂，於朝廷則當便便，與上大夫言則當誾誾，與下大夫言則當侃侃。而皆不可以一律定焉。其變化有如此者。即所謂《易》「窮則變，變則通」者是也，而總皆不離乎陰陽之所爲也。

此聖人於《繫辭》傳，必曰：「天尊地卑，乾坤定矣。高卑以陳，貴賤位矣。動靜有常，剛柔斷矣。方以類聚，物以羣分，吉凶生矣。在天成象，在地成形，變化見矣。」所以取造化陰陽之實，與卦爻無二致也。又曰：「廣大配天地，變通配四時，陰陽之義配日月，易簡之善配至德。」又所以即卦爻陰陽之旨，與天地人同一揆也。故莊周謂：「《易》以道陰陽。」亦窺見乎此矣。

然合而言之，所謂「太極」者，常流行通貫，皆無不在焉。在造化，則陰陽二氣之中，各具一太極。在書，則六十四卦之中，每象每爻亦各具一太極也。四十九策之中，每揲每變亦各具一太極也。在人事千條萬緒之中，無小無大，又無不各具一太極也。即所謂「易有太極」及「三極之道」也。故占者於此，必各隨卦爻陰陽奇偶與太極周流以決吉凶悔吝之幾，而不滯於一隅，如程子所謂「隨時變易以從道」。聖人有聖人之用，賢人有賢人之用，衆人有衆人之用，學者有學者之用，君有君用，臣有臣用，無所不通。若拘於一，則三百八十四爻但爲三百八十四事而止也。

在學者之學《易》，必平心以觀其象而玩其辭，如筮者之筮事，每虛心以觀其變而玩其占，於逐位之下，視陰陽消息盈虛以察其所值之時。❶又於逐爻之中，視剛柔進退偏正以攷其所主之義，使萬理粲然一定，

❶「盈虛」，清鈔甲本作「虛盈」。

如森如列，脈絡不亂而分毫不差，然後能體之在我，而動静無非易。於寂然不動之時，則合萬殊爲一本，而渾然太極之全體，常昭融於方寸間。及感而遂通之際，則散一本爲萬殊，而縱横曲直莫非太極大用之所流行，又何有一物之不會于極哉？

故曰：「化而裁之存乎變，推而行之存乎通，神而明之存乎其人。默而成之，不言而信，存乎德行。」至是，則羲、文、周、孔之傳，始知其真不吾欺矣。

天行健君子以自强不息

此《象傳》之辭，夫子所以釋伏羲之卦象也。夫乾六畫純陽，上下皆乾，爲重乾之卦。陽之性健，其成象之大者曰天。天一而已，何以見其爲重義？蓋天行一日一夜三百六十五度四分度之一爲之一周，今以行而言，則見其今日一周，而明日又一周，若重復之象焉，非至健不能也。

君子法天行之象，而必自强不息者，何也？此正夫子示人以體道之要，而非姑爲是區區之法也。蓋是道流行乎天地之間，亘古窮今無一息之停。凡天之所以爲天，運行旋轉，終古而無息者，乃與道爲體也。故盈乎天地之間，如日往則月來，寒往則暑來；星辰之回旋，風雷之鼓舞；木生而不窮，水流而不息。自元而亨，亨而利，利而貞，貞而復元；自春而夏，夏而秋，秋而冬，冬而復春。凡大化流行、循環而無端者，皆與道爲體也。

而其在人，則總會於吾心，天理本體亦常生生而無一息之已，而其大用亦無一息不流行乎日用之間。

故孩童之良知、良能，無不愛敬；見赤子入井者，皆有怵惕、惻隱之心；見牛觳觫，則爲之不忍。嘑爾蹴爾之與，行道乞人皆有所不屑，是雖於窮凶縱欲、昏迷陷溺之極，而所謂「降衷秉彝」亦終有不可得而殄滅者。

惟聖人純乎天德，爲能全體之而無一息間斷，故仁則徹終始皆仁，而無一息之不仁；義則徹終始皆義，而無一息之不義；禮智則徹終始純乎禮智，而無一息之不禮智。此正所謂「至誠無息」之地，❶配天悠久無疆之境。而詠文王之詩者，有曰：「維天之命，於穆不已。於乎不顯，文王之德之純。」純亦不已。又曰：「穆穆文王，於緝熙敬止。」又曰：「亹亹文王，令聞不已。」是文王正有以全體乎此，而與天相爲不已也。

古之聖人莫不皆然。堯舜之所以兢業，禹之所以克勤，湯之所以日新又新，武王所以終身佩服丹書「敬勝怠」之訓，周公所以拳拳於《無逸》之書，皆以此也。吾夫子於此素行，尤爲與天無間。其曰：「爲之不厭，誨人不倦。」又曰：「發憤忘食，樂以忘憂，不知老之將至云爾。」正其天行之健，雖欲已而有所不能已也。蓋嘗於川上，發「不舍晝夜」一節以示人，已爲精切矣。今此適贊重乾之象，有契於其中。是安得不爲學者一言哉？

夫道體本無窮，天德本無疆，聖心本不已。在君子，誠不可不深有以體之，而自强不息也。一事之不强，❷

❶「此」，清鈔甲本無此字。
❷「强」上，清鈔甲本有「自」字。

則天德便息於一事之下；❶一刻之不强，則天理便息于一刻之中。❷私事之一萌，❸則天理即爲私意息，而不能以自强矣；人欲之一間，則天理即爲人欲息，而不復以自强矣。夫惟卓然有清明剛健之資者，既能致知至極，有以見夫道體之所以然，又能克己凈盡，無以害乎天德之所本然，則將見志氣日强，俛焉日有孜孜不能以自息。❹如顔子之惟見其進，未見其止矣。

雖然，其所以爲存養之要者，又在主敬；而爲省察之要者，又在謹獨。蓋敬者，貫動静、一終始之功，天理之所以生生；而獨者，又幾微方動而未形之初，於是而不謹，則私欲行而天理爲之間斷矣。此又學者所當盡心也。❺

❶「則」，清鈔甲本無此字。
❷「理」，清鈔甲本作「德」。
❸「事」，清鈔甲本作「意」。
❹「焉」，清鈔甲本作「然」。
❺「所」上，清鈔甲本有「之」字。

北溪先生大全文集卷第二十

解義

視箴解

心兮本虛，

心之爲體，其中洞然，本無一物，只純是理而已。然理亦未嘗有形狀也。

應物無迹。

心，虛靈知覺，事物纔觸，即動而應，無蹤迹之可尋捉處。

操之有要，視爲之則。

人之接物，視最爲先，即此處而操存之，庶乎得其要而有一定之準。

蔽交於前，

蔽，指物欲之私而言。

其中則遷。

中，指心之體而言，即天理之謂也。物欲之蔽接於前，則心體逐之而去矣。

制之於外，以安其内。

物欲克去於外，則無以侵撓吾内，而天理寧定矣。

克己復禮，

上以一節言，此以全體言。

久而誠矣。

誠者，真實無妄之理也。克復工夫真積力久，則私欲净盡，徹表裏一於誠，純是天理之流行而無非仁矣。

聽箴解

人有秉彝，本乎天性。

人均執此常道而生，其原於天之所賦，而人受之以爲性者也。

知誘物化，

知，指形氣之感而言。物欲至而知覺萌，遂爲之引去矣。化則與之相忘如一，而無彼我之間也。

遂亡其正。

正，以理言，至是則天理俱滅，而無復存矣。

卓彼先覺，

悟此理之全而體之者。

知止有定。

事事物物各有所當止之處，即理之當然者是也。能一一知其然，則此心明徹，於日用應接皆有定理，不爲之誘而化矣。

閑邪存誠，

邪者，物欲之私；誠者，天理之實。閑外邪不使之入，則所存於心者，徹表裏一於誠，純是天理之流行而仁矣。

非禮勿聽。

總結之。

言箴解

人心之動，因言以宣。

一念之動於中，或善或惡，必由言以聲之，而後見於外。

發禁躁妄，

疾而動曰躁，虚而亂曰妄。人之爲言，大概不出此二者，皆人欲之所爲也，故必禁之。

内斯静專。

靜安專一，皆天理之所存也。外不躁則内静，外不妄則内專。此二句爲一篇之關要處。

矧是樞機，

門之闢闔所係在樞，弩之張弛所係在機。人心之動有善惡，由言以宣之，而後見於外，是亦人之樞機也。

興戎出好。

言非禮，則有躁妄而起争；言以禮，則無躁妄而生愛。

吉凶榮辱，惟其所召。

興戎則凶而辱，出好則吉而榮。

傷易則誕，

易者，輕快之謂，躁則傷於易。誕者，欺誑之謂，而易中之病也。

傷煩則支。

煩者，多數之謂，妄則傷於煩。支，猶木之枝，從身之旁而逆出者，乃煩中之失也。

己肆物忤，

傷易而誕，則無有成法。在己者肆，而與物忤矣，内何復静之云？

出悖來違。

傷煩而支，則不合正理。所出者悖，而來亦違矣，内何復專之云？

非法不道，

法，謂先王之格言。

欽哉訓辭。

欽，謂敬謹，❶其出而無躁妄也。

動箴解

哲人知幾，

幾者，善惡欲動而未形之間，其兆甚微。哲人心通理明，能燭於其先。

誠之於思。

於一念微動而未形之間，便已知覺，而實之無妄，則天理之本然者，流行無壅矣。

志士厲行，❷

見於所行之謂行。志士激厲，❸能勇於有行。

守之於爲。

❶「敬謹」，清鈔甲本作「謹敬」。

❷「厲」，乾隆本作「勵」。

❸「厲」，乾隆本作「勵」。

爲，事動之已著者也。至此方知覺而守之不放，則事亦中理而無過舉矣。

順理則裕，從欲惟危。

結上文。二者之動雖微顯不同，然循天理之公，則皆無餒於中，故裕。逐人欲之私，則易陷於下，故危。

此正舜、跖二路之所由分，其發軔之始，尤不可以不謹之也。

造次克念，

雖急遽苟且之時，亦必誠之于思，則其涵養之功密矣。

戰兢自持。

常恐懼戒謹，守之於爲，則其操存之力篤矣。

習與性成，

習慣如自然，則莫非天理之流行而仁熟矣。

聖賢同歸。

自賢入聖同一歸宿，即其止於至善之地者也。

敬齋箴解

正其衣冠，尊其瞻視。

謂早起時主敬。

潛心以居，對越上帝。

謂未有事静坐時主敬。

足容必重，手容必恭。擇地而蹈，折旋蟻封。

謂有所舉動時主敬。

出門如賓，

謂近接物時主敬。

承事如祭。

謂已應事時主敬。❶

戰戰兢兢，罔敢或易。

戰戰，謂恐懼，如敬於見賓之貌。兢兢，謂戒謹，如敬於奉祭之貌。❷

守口如瓶，

謂欲有言時主敬，無妄泄也。

防意如城。

---

❶「應」，清鈔甲本作「有」。

❷「奉」，清鈔甲本作「承」。

謂欲有意時主敬，無輕動也。

洞洞屬屬，毋敢或輕。

洞洞，謂質慤，敬於言之貌。屬屬，謂專一，敬於意之貌。

不東以西，不南以北。當事而存，靡他其適。

謂心方對事時主敬，無别走作也。

勿貳以二，勿參以三。惟心惟一，❶萬變是監。

謂心既寓事時主敬，❷只專在一事上也。

從事於斯，是曰持敬。動静無違，表裏交正。

謂動而應事時主乎敬，則外正矣。静而無事時主乎敬，則内正矣。

須臾有間，私欲萬端。

須臾，以時言，謂少刻有間斷不敬，則大病從此萌蘖，而私欲乘隙叢生矣。

不火而熱，

謂此心方熾於物欲之境，惡念狂燥不可制，其熱有甚於火也。

---

❶「心」，朱熹《敬齋箴》原文作「精」。

❷「時」，清鈔甲本無此字。

不冰而寒。

謂此心既沉於物欲之下，善端凝涸無復萌，其寒有甚於冰也。

毫釐有差，天壤易處。

毫釐，以事言，謂纖微有差失不敬，則大繆從此胚胎，而俯仰戴履變亂矣。

三綱既淪，

三綱，見《白虎通》「君爲臣綱，父爲子綱，夫爲妻綱」。謂一快己欲，❶而不復知有人道之大經也。

九法亦斁。

九法，即《洪範》九疇，謂一便己私，而不復顧先王之大法矣。

於乎小子，念哉敬哉！

謂主敬之功爲甚密，當常存諸念而自力也。

墨卿司戒，敢告靈臺。

謂不敬之害爲甚大，當常切諸心而致警也。

❶「快」，乾隆本作「縱」。

辨　論

程吕言仁之辨

程子曰：「醫書以手足痿痺爲不仁。主意。此言最善名狀。仁者，以天地萬物爲一體，莫非己也。認得爲己，何所不至？若不屬己，應「莫非己」句。自與己不相干。應「認得爲己」句。如手足不仁，氣已不貫，皆不屬己。應「何所不至」句。故博施濟衆，乃聖人之功用。仁至難言，故止曰：『己欲立而立人，己欲達而達人，能近取譬，可謂仁之方也已。』欲令如是觀仁，可以得仁之體。」主意。

吕氏《克己銘》曰：「凡厥有生，均氣同體。主意。胡爲不仁？我則有己。主意。立己與物，私爲町畦。詳言己意。勝心有己。橫生，擾擾不齊。大人存誠，心見帝則。初無驕吝，即有己意。謂「吝」，則守己太固，不能與物同體。「驕」，則好勝於己，不肯與物同體。作我蟊賊。志以爲帥，氣爲卒徒。奉辭于天，誰敢侮予？方其未克，窘我室廬。婦姑勃蹊，❶己與物敵。安取厥餘？亦既克之，❷皇皇四達。無己了。洞然八荒，皆在我闥。至此，則同作一體矣。孰曰天下，不歸吾仁？痒痾疾痛，皆切吾身。同作一體內事。一日至之，莫非吾事。顔何人哉？

❶「蹊」，原漫漶不清，今據清鈔甲本、清鈔乙本及吕大臨《克己銘》原文訂正。

❷「亦」，原作「己」，今據清鈔甲本及《克己銘》原文改。

睎之則是。❶ 克己工夫未肯加，吝驕有己。封閉縮如蝸。試於清夜深思省，此空想像時。剖破藩籬即大家。即「八荒在我闥」意。

此二段，大概甚相似而實不同。蓋程子主意以天理周流無間者爲仁，若手足痿痹，則爲不仁。呂氏主意以與物同體處爲仁，若有己，則爲不仁。惟其大綱所主既異，故其詞語曲折，往往不能相合。如程子所謂「萬物爲一體」者，只是言其理之一爾；呂氏則實欲以己與物混同作一个體。程子視物若屬於己之切，必推吾之所欲者，流行貫注於物；呂氏則欲以己就於物而合之，必與之大同而無彼我之間。❷ 呂氏所謂「痒痾疾痛，皆切吾身」者，亦即是程子「認得爲己，何所不至」之意，但程子「認得爲己」相關之切，則施之無所不貫，❸故其歸宿在下面己欲立達而立達人，皆是天理流行之實事；呂氏克去有己，不與物立敵，則天下各歸吾仁中，方相關如此之切。❹ 然其實，天下豈能皆歸吾仁中？不過只是空想像个仁中大抵氣象如此爾。是豈孔顏當日授受精微之本旨哉？

然則程子於仁，體立而用行，在我者有所統攝而仁在內；呂氏於仁，不免有兼愛之蔽，在我者皆無所

---

❶「睎」，乾隆本、四庫本作「希」。

❷「我」，清鈔甲本作「此」。

❸「則」，清鈔甲本作「而」。

❹「方」，清鈔甲本作「間」。

統攝而仁在外，❶所謂差之毫釐，則繆以千里者也。

張吕言仁之辨

或曰：「吕氏《克己銘》，豈非張子《西銘》之意乎？」曰：吕氏之説，蓋本張子之意而差者也。《西銘》之書，明道以爲乃仁之體，此亦只是言其理之一而已矣。蓋人物並生於天地之間，父乾母坤，同得天地之塞以爲體，同得天地之帥以爲性，此其理固一也。而君臣民物、親疎貴賤之有等，則其分未嘗不殊也。故君子處乎中者，必遏人欲、循天理，存心養性、不愧屋漏以立其本。然後流行是理而充之天下，推吾親親以仁民愛物，以吾之長長者及人之長，以吾之幼幼者及人之幼，使天下疲癃殘疾、惸獨鰥寡皆莫不各有以遂其分焉。是雖天下一家、中國一人，而一統之中自有萬殊，而不流於兼愛之蔽。雖人各親其親、各子其子，而萬殊之中莫非一貫，而不梏於爲我之私，此《西銘》之大旨也。是固所以爲仁之體，而義之用存焉。故伊川以爲「明理一而分殊」，可謂一言以蔽之矣。

若吕氏者，以「與物同體處爲仁」，必克去有己，不與物立敵，直以己與物實混同作一个體。只於清夜一思省之間，便剖破藩籬作一大家，洞然八荒皆在我闥，混天下同歸吾仁中。既無差等之辨，又無天理周流之

❶ 「者」，清鈔甲本無此字。

實。其爲仁工夫蓋甚疎闊，❶於我殊無主宰。是豈《西銘》之旨哉？呂氏親炙張子而其差若是，然則見理不可以不真，而立言不可以不謹也。

❶「爲仁」，清鈔甲本無此二字。

北溪先生大全文集卷第二十一

辨論

太玄辨

《太玄》本爲擬《易》而作也，而又參之《易緯》以序卦氣，❶准之《太初曆》以考星度，蓋雜乎爲書而不純於《易》、❷密於數，而道則未也。

夫《易》以八爲數，而《玄》以九爲數。《易》數始於一，一重之而爲二，二重之而爲四，四重之而爲八，八重之至於六十四，而八八之數立焉。故自太極生兩儀，❸兩儀生四象，四象生八卦，八卦生六十四卦。玄數始於一，一轉之而爲三，三轉之而爲九，九轉之而爲二十七，二十七轉之而爲八十一，而九九之數具焉。故自一元分而爲天地人之三方，方各有三州，三其三方而爲九州；州各有三部，三其九州而爲二十七部；部各

❶「而又」，原殘缺，今據乾隆本、清鈔甲本及清鈔乙本訂補。
❷「爲」，原殘缺，今據乾隆本、清鈔甲本及清鈔乙本訂補。
❸「自」，原漫漶不清，今據乾隆本、清鈔甲本及清鈔乙本訂正。《四庫》本作「曰」。

有三家，三其二十七部，而爲八十一家。

《易》以六畫成卦，而《玄》擬以方、州、部、家之四位，四位立而首成焉。自中至事爲天元二十七，自更至昆爲地元二十七，自減至養爲人元二十七，合三二十七爲八十一。首以擬《易》之六十四卦，首下有辭以擬卦之《彖》。首爲有九贊以擬卦之六爻，❶九其八十一首則爲七百二十九贊，贊下有測以擬爻之《象》，爲七百二十九測。測贊之外，又有《元衝》以擬《序卦》，《元錯》以擬《雜卦》，《元數》以擬《説卦》，《元攡》、《元瑩》、《元掜》、《元圖》、《元告》以擬上下《繫》。

至於筮策，又以擬《易》之大衍虚其一而用四十有九；《玄》則虚其三而用三十有三。大衍以乾之策二百一十有六、坤之策百四十有四，合三百六十以當期之日，積爲萬有一千五百二十以當萬物之數；而《玄》則以天數十有八、地數十有八，合三十六策以律七百二十九贊以當一歲之日，積爲二萬六千二百四十四策以配萬物之數。大衍揲以四，而《玄》則揲以三。大衍以七八九六定六爻而辨吉凶，《玄》則以七八九六定四位而别休咎，與夫三摹之擬三索、三表之擬四象，一一與《易》相准而猶以爲未也。

何氏《易緯稽覽圖》創爲卦氣之説，以爲起於中孚而終於頤，六十卦别以坎、離、震、兑四卦各主一方，卦中二十四爻各主二十四氣，❷其餘六十卦有三百六十爻主三百六十日。餘有五日，每日分爲八十分，合四

❶「爲有」，清鈔甲本作「下有」。乾隆本有小註云：「疑當作每首。」

❷下「二」字，原作「一」，今據乾隆本、清鈔甲本、清鈔乙本改。

百分，又四分日之一爲二十分，是有四百二十分。以六十卦分之，六七四十二，卦各得七分。每卦得六日七分，以當期三百六十五日四分日之一之數。

而《玄》則又從而參之，始於中首以配中孚，而終於養首以配頤，凡八十一首皆法卦氣之次序。首以二贊當一日，凡七百二十九贊當三百六十四日有半，又增踦嬴二贊爲閏餘之數以足之。❶《太初》上九十一月甲子朔旦冬至無餘分，後千五百三十九歲甲辰朔旦冬至又無餘分，❷又千五百三十九歲甲申朔旦冬至又無餘分，又千五百三十九歲復甲子朔旦冬至無餘分。而《玄》則又從而准之，始於中首冬至之節，初一日起牽牛一度，❸而終於養首之上九，以周二十八宿之行而爲一歲，十九歲爲一章。二十七章，凡五百一十三歲爲一會，八十一章則三會。凡千五百三十九歲，爲一統。自子至辰、自辰至申、自申復子，凡三統九會、二百四十三章有四千六百一十七歲爲一元。一章則閏分盡，一會則月食盡，❹一統則朔分盡，一元則六甲盡，與《太初曆》相應。是《玄》之爲數，密矣。

然密於其數，而道則未也。吾觀其書，有如《中》首曰：「陽氣潛萌於黃宮，信無不在其中。」而《養》首又

---

❶「爲閏餘之數以足」，原殘缺或漫漶不清，今據乾隆本、清鈔甲本訂補。清鈔乙本「閏」作「所」。

❷「分後千五百三」六字，原殘缺，今據乾隆本、清鈔甲本、清鈔乙本訂補。

❸「日」，清鈔甲本無此字。

❹「食」，清鈔甲本作「分」。

曰：「藏心於淵，美厥靈根。」則天理始終循環無間之義，似亦察矣。然於《元攡》有曰：「其上也垂天，下也淪淵，纖也入薉，廣也包畛。其道，游冥而挹盈。」又曰：「虚形萬物所道之謂道；因循無革，天下之理得之謂德；理生昆群，兼愛之謂仁；列敵度宜之謂義。」又未能根極乎理義之大本，而不免乎老墨之指歸，於《易》之宏綱大義，亦何所發明哉？

况乎以周配復、以戾配睽、以上配升、以差配小過、以童配蒙、以增配益、以達配泰、以從配隨、以進配晉、以釋配解、以樂配豫、以争配訟、以更配革、以斷配夬、以裝配旅、以衆配師、以親配比、以盛配大有、以居配家人、以竈配鼎、以大配豐、以逃配遯、以永配常、❶以度配節、以減配損、以聚配萃、以飾配賁、以視配觀、以晦配明夷、以窮配困、以割配剥、以止配艮、以成配既濟、以失配大過、以難配蹇、以養配頤，徒區區爲字訓之模倣，而復拘拘于句法之循襲。

《易》曰：「幽贊神明而生蓍。」而《玄》則曰：「昆侖天地而産蓍。」《易》曰：「雲從龍，風從虎，聖人作而萬物覩。」而《玄》則曰：「風識虎，雲知龍，賢人作而萬類同。」《易》曰：「闢户謂之乾，闔户謂之坤。」而《玄》則曰：「闔天謂之宇，闢宇謂之宙。」《易》曰：「乾確然示人易，坤隤然示人簡。」而《玄》則曰：「天宙然示人神，地他然示人明。」《易》之「元亨利貞」，萬化之原也，「故君子行此四者，曰：乾，元亨利貞」；而《玄》配之以「君

❶「常」即「恒」，避宋真宗趙恒諱改。

子能此五者，❶曰罔、直、蒙、酋、冥」。愚不知罔直蒙酋冥，於元亨利貞之義，何得哉？

《易》之陰陽、剛柔、仁義，三才之本也。故「立天之道曰陰與陽，立地之道曰柔與剛，立人之道曰仁與義」；而《玄》配之以「立天之經曰陰與陽，形地之緯曰縱與橫，表人之行曰晦與明」。愚不知縱橫晦明，於剛柔仁義之旨何有哉？

其他效「爲天、爲圜」等語，則有「爲雷、爲鼓」之辭。效「革去故、鼎取新」等語，則有「更造新、常因故」之説。效十三卦所取，則有衣裳圭璧捝擬之論。若此之類，不可勝數，而於《易》道，初無一補。前不足以發往聖之心，而後不足以開來哲之耳目。子思氏之《中庸》、孟軻氏之七篇，所以與堯、孔心傳千載若合符契者，何嘗必爲如是之配倣哉？

抑又多爲誇張自贊之語，曰：「知陰知陽、知止知行、知晦知明者，惟玄乎！」又曰：「曉天下之瞑瞑，瑩天下之晦晦者，惟玄乎！」又曰：「夫《玄》，卓然示人遠矣！曠然開人大矣！淵然引人深矣！渺然絶人眇矣！」殊非聖賢氣象。此當時如劉歆者，所以有「空自苦覆醬瓿」之譏，而近世如東坡、如伊川，所以謂其「道不足取」與「屋上架屋」之誚，是雖侯芭之受、桓譚之傳、張衡比之五經、陸續推之爲聖人、宋衷之訓詁、范望之解釋、王涯之纂述、司馬温公之作書與擬類，皆隨己之好，而終不足以厭服千萬世學者同然之見也。

---

❶「能」，《四庫》本作「行」，清鈔甲本作「能行」。

潛虚辨

《潛虚》本爲擬《玄》而作也。《玄》之數九而《虚》之數十。凡九者，❶取三才相乘之數，而十者取五行生成之數也。

温公之自序曰：「萬物皆祖於虚，生於氣，氣以成體，體以受性，性以辨名，名以立行，行以俟命。故其爲書也，有氣、體、性、名、行、命之别。」

其意蓋曰：萬物之始，未有兆眹之謂虚，此即一元之未形。所以表是而出之，以爲物之祖，以擬《玄》之所以爲「玄」，而命其書曰「虚」。

自天一生水於北，而地六成之。地二生火於南，而天七成之。天三生木於東，而地八成之。地四生金於西，而天九成之。天五生土於中，而地十成之。於是乎五行之氣流行乎天地之間，故虚于水之一，則命之曰原；而六則命之曰委。火之二則命之曰熒，而七則命之曰焱。木之三則命之曰本，而八則命之曰末。金之四則命之曰丱，而九則命之曰刃。土之五則命之曰基，而十則命之曰冢。

自有是五行之氣也，而後生萬物而爲之體，故《虚》以是一原、二熒、三本、四丱、五基，與夫六委、七焱、八末、九刃、十冢者，隨其序迭，分左右而偶之。自上一次二，而下至於十等爲五十五體，以應王公岳牧率侯

❶「凡」，原作「九」，今據乾隆本改。清鈔甲本無此字。

卿大夫士庶人之象，而周五行生成五十有五之數。

自夫物之有是體也，而後性具於其中，隨其體而有純駁之不齊，故《虛》於五生數偶五生數，曰水火木金土而爲生純之性五。於五成數偶五成數，亦曰水火木金土而爲成純之性五十。純之外其次降一，則自二至六偶五生數、自七至一偶五成數，皆曰火木金土水。又其次降二，則自三至七偶五生數、自八至二偶五成數，皆曰木金土水火。又其次降三，則自四至八偶五生數、自九至三偶五成數，皆曰金土水火木。又其次降四，則自五至九偶五生數、自十至四偶五成數，皆曰土水火木金。合四降有四十，是爲生成之錯，最後於五生數偶五生數，復得水火木金土之序，是爲五配之性，以合五十有五體，而性備矣。

自夫物之有是性也，而後爲之名以別之，故《虛》於一與一偶則名之曰元，以爲物之始。而中於齊、終於餘。謂元、裒、齊、散、餘五者，形之運也。自是而次，柔、剛、雍、昧、昭，則性之分也；容、言、慮、聆、覿，則動之官也；繇、懠、得、罹、耽，則情之訹也；冓、卻、庸、妥、靈，❶則事之變也；訒、宜、忱、喆、戛，則德之塗也；特、偶、暱、續、考，則家之綱也；范、徒、醜、隸、林，則國之紀也；禋、準、資、賓、戢，則政之務也；斆、乂、積、育、聲，❷則功之具也；興、痡、泯、造、隆，則業之著也。凡五十五名，秩然有序。

於是乎又爲之行以文之。凡五十五行，行下有辭以述行之意，自初至上，凡七變。變下有解，以釋變之

❶「靈」，司馬光《潛虛》（清知不足齋叢書本，下同）作「蠢」。

❷「積」，《潛虛》作「績」。

義，于是乎又爲蓍法以占之。以五行相乘，五其五爲二十五。又以三才乘之，三其二十五爲七十五策。虚其五而用七十，揲之以十而觀其餘，以斷吉凶。元、齊、餘三行無變，❶皆不占。其他五十二行，初上亦不占，而惟占其中之五變，然後以俟命焉。

氣、體、性、名、行、命備而書以全，雖若别爲一家，而大概與《玄》相準。《虚》之二數之相偶，則以擬《玄》之四位之迭晝。《虚》之五十五行，則以擬《玄》之八十一首。《虚》之七變，則以擬《玄》之九贊。《虚》之七解則以擬《玄》之九測。《虚》之虚五，則以擬《玄》之虚三。《虚》之揲十，則以擬《玄》之揲七。《玄》以冬至之氣始於中，而《虚》則以冬至之氣始於元。《玄》有七百二十九贊，以當期三百六十四日有半，而又有踦嬴之贊二；《虚》則有三百六十四變，以當期三百六十四日，而又有元、齊、餘不變之行三。《玄》以後世有子雲者必好《玄》，《虚》亦以後世有君實者必好《虚》。一一模倣，要之俱不足以有補于《易》。是亦工于其數而道則未也。

夫性者，人所稟于天以生之理，蓋生生之所以爲主而非氣形而下者，今其言曰「體以受性」，又曰「形然後性」，則性在於氣形之後矣。性之本體純粹至善，萬物一原而非有不齊之品也。今其言以柔剛雍昧昭爲性之分，則是止論氣之稟，而非性之謂矣。

---

❶ 「三行」，清鈔甲本無此二字。

其學已不識大本，而其他又多爲艱奥之辭以文淺近之理，而所謂虚者，即不能免乎老氏之歸，❶於聖賢之心傳大義要旨，亦將何所發明哉？胡不移是心，以講明羲、文、周、孔之《易》，上以發前藴，中以洗吾心，而下以開後學？胡爲亦區區空自苦而復效雄之贅也？❷

❶「不能」，原爲墨丁，今據乾隆本、《四庫》本補。清鈔甲本作「不」。
❷「苦」，原爲墨丁，今據乾隆本、《四庫》本補。

北溪先生大全文集卷第二十二

書

答廖帥子晦一

某前者《與點説》拜呈，伏承批誨詳委，甚荷警策之勤。然愚意更有欲講者，敢一披露，以求正誨。竊謂此章之旨，未可容易讀過。夫子所以喟然發歎而深與者，是豈淺淺見解？學者須看得表裏净盡，方有實益。程子以點爲已見大意，有堯舜氣象，而與夫子老安少懷、使萬物莫不各遂其性之志同。此其爲義已精且備，但其言引而不發。如《集注》，乃是即程子之意而發明之。其緊要却只在「見日用之間，莫非天理流行之妙」句上，此正是就根源説來，❶而志之所以然者，可謂至精實、至明白矣。會得此意，則曾點氣象洒落從容，優爲堯舜事業，方識得端的落着，❷不是鑿空杜撰。而夫子所以深與、程子所以發明，并三子所

❶「源」，清鈔甲本作「原」。
❷「落着」，清鈔甲本作「着落」。

不及之旨，並洞見底裏，會同一源。

但此意，乍看亦甚微而難著。某自三四年前已略窺一綫，而口筆屢形容不出。至丙辰秋，因感嚴説大故遺闕，❶忽躍如於中，遂發此一段以記之。只是推廣程子及《集注》之意，而不敢有加焉。似覺如水到船浮，不至甚有慳澁處，而夫子曾點當日之意味，亦覺洋洋如在目前。以是自信常存於中，而日用應接，亦覺有洒然得力處多，所以奉而質諸長者。今承來教縷縷，大概排抑根原底意而深主嚴説，似於《集注》未合。

夫所謂根原來底，❷只是以天理言之，看理至於知天始定。此亦不過下學中「致知格物」一節事，而所致所格者，要有歸着至到云耳。蓋致知力行正學者並進之功，真能知則真能行，知行俱到，正所以爲上達實見之地，自不相妨，恐未可偏抑。而但如來教，只務理會此不必理會彼，而彼自在裏許，忽然自達，恐差之多也。如嚴説者，全篇大旨只謂「直到清明在躬，志氣如神，則天下無不可爲之事」。又曰：「素其位而行，不願乎其外，無入而不自得。」又曰：「須自所樂中出，方做得聖賢事業。」此只説得《集注》所謂「洒落從容」以下底意，❸乃涵養成後之效也。其所以如此者，端由向前有造理之功，洞見得天理流行日用間無處不是，故

❶「故」，清鈔甲本作「段」。
❷「原」，清鈔甲本作「源」。
❸「意」，清鈔甲本無此字。

涵泳乎其中，即身見在便是樂地，❶更無他念耳。以此意推廣之，❷何處不是此理之妙？何處不是此理之樂？故雖堯舜事業巍巍蕩蕩，其作處亦不過只順他天理，對時育物，如此而已。此意思一同。

所以謂可優爲之，言此底即是做彼底樣爾。竊謂此意味甚博洽，此義甚縝密，最是聖賢喫緊處。若無此，則冥然養个甚？而亦安能恁地清明自得，從容洒落？所樂樂个甚？而於聖賢事業，亦將從何處有縫罅可入手哉？嚴説正闕此。愚所以不敢依阿徇情，而有向前「根原説不著」之斷，亦何嫌于分別？恐不得一衮以道徹上下、貫本末，爲此彼，此各是一義也。

理在事中。理，形而上；事，形而下。三子只見物不見理。嚴説未説到理，鄙説正所以發明點於日用事物上見得件件都是理，於形而下處見得一一都是形而上之妙，又非語上遺下、語理遺物之謂也。

况嚴説又全無下學次第，❸如來教所謂「與堯舜有天下，不與者無間」。惟此一條云者，正與嚴説同。聖人所與之意，決不徒然止此。若但止此，則意滯而不圓，非惟不徹古人心，而於自身又無受用實益。其不駸駸成謝事去、流入佛老者，鮮矣。所謂「塗人爲禹」者，義又不同，亦不得引以爲喻也。若必論端的成个堯舜巍巍蕩蕩之功，此須窮神知化、盛德之至，有「綏斯來、動斯和」底手段方能。其中多少事在，雖顏子亦未

❶「身」，清鈔甲本作「是」。
❷「意」，清鈔甲本作「理」。
❸「説」，清鈔甲本作「氏」。

可快許，而况於點乎？

至所謂虛見實見不同，❶而下叙顔曾所以爲實見，及以點無顔曾之功，而君子欲訥言敏行，行遠必自邇，登高必自卑者，極善極善！此則日用不可少歇工夫，而鄙説亦略具於篇末矣。講之不厭其詳也，三復警竦，當切銘佩。然亦當知下學中，知與行齊頭並進。如前之云，❷不但偏靠於行，而忽造實見地也。

區區欲長者詳其是非底裏而正之，辭不覺繁千萬，乞賜斤砭，瞻仰函丈，豈勝馳情！

答廖師子晦二

伏承録示先師別紙議論，捧讀再四，❸追感嚴訓，何戚如之。嗚呼！自今無復得此矣。且此篇所謂「日用間別有一物光輝流轉」，最説得病痛緊切，乃初學之通患。如自「原此理之所自來」而下，至「便是理會此事處」，又最是説道理工夫切要處，所謂「徹上徹下緊密之功」便只在此。向來攷亭之誨，無不諄諄此意。深嫌人説顔樂與點，深惡人虛説天理人慾，每每令就實事上理

❶ 下「見」字，原脱，今據乾隆本、清鈔甲本補。
❷ 「如」，清鈔甲本作「而」。
❸ 「再」，原作「載」，今據清鈔甲本改。

會。今提出來，發得又益親切明白。❶ 即此便見得聖賢之學甚實，❷師門所傳甚正。而異端虛無之説，真如捕風繫影，不足以爲教矣。

某平日亦未嘗不如此體悉，未嘗輒於日用外别立意見，與實事不相干。畢竟淺學，未能徧觀盡識，所以未能全契夫道理，豈容易自以爲是？且如萬事須從一理會至百、百理會至千、一千理會至十千，乃於萬事得爲透徹。縱待理會得九千九百，猶有一百未諳底裏，便欲去通論他萬物，❸亦恐成虛説妄斷。況淺學於萬分中果能窺得幾何？宜其往往有病痛在，不逃師鑒，既荷指摘，只當銘諸心腑，懇懇常切加工，凛凛常防差過，乃爲庶幾耳。

大抵許多合做底道理，散在事物而總會於吾心。離心而論事，則事無本；離事而論理，則理爲虛。須于人心之中、❹日用事物之際，見得所合做底，便只是此理，一一有去處，乃爲實見。所合做底做得恰好，乃爲實踐。即此實見無復差迷，便是擇善。即此實踐更能耐久，便是固執。即此所合做底分來，便成中正仁義。即此所合做底，見定淺深輕重，便是日用枝葉。即此所合做底，淺深輕重元有自然條理縫罅，非由人力

❶「親」，清鈔甲本作「深」。
❷「賢」，清鈔甲本作「人」。
❸「物」，清鈔甲本作「事」。
❹「人」，乾隆本作「吾」。

安排，便是天命根原。講此要明爲學問，存此勿害爲涵養。大概只如此而已，更不須枉去别求玄妙奇特也。

如來教别紙《問目》中分「根原」「學問」爲二事，此最大病。先師指破已明白無可説。然詳來意，終是未平于根原之論。如謂「識得根原合下底大意未是奇特，須如先生所云擇善固執、中正仁義，凡合做底道理一一實踐，方有向進工夫」，此只指根原别作一種玄妙奇特在日用事物之外，與「擇善固執、中正仁義，凡合做底道理」不相干，切恐依舊墮在先師所説病痛中，❶依舊是日用間别有一物，依舊是别有一段根原工夫在應事之外，與學問爲二事。轉見刻畫支離，未有和平之益，而尤非愚者向來區區之本旨也。

來教「博文約禮」之説，愚見竊謂：博文，只是窮此合做底道理于事物而無所遺；❷約禮，只是會此合做底道理于身心而無所放。二者實相關爲一統，如所謂「擇乎中庸」、所謂「有不善未嘗不知」者，乃博文之功；所謂「得一善則拳拳服膺而弗失之」，所謂「知之未嘗復行」者，乃約禮之事。又如「克己復禮」則「請問其目」，乃博文之屬；「請事斯語」，乃約禮之屬。初非判然不相交涉，而其所謂「中庸」、所謂「善」、所謂「復禮」，其實又只是所合做底道理也。

别紙又謂：「韓公只於治國平天下處用功，而未嘗就其身心上講説持守。」此説固然。然亦須知韓公只是優于彼而欠于此爾。不可謂只就身心上講説持守，更不必於治國平天下處用功，而便自能了得治國平天

❶「墮」，乾隆本作「墜」。
❷「遺」，清鈔甲本作「昧」。

下也。

所答「死生」精潔明快，❶甚省發人，最宜玩味。祭文極荷點竄，然「金聲玉振」之說，乃假借以形容先師之學集諸儒之大成，所以接上文論學而云。竊謂正使得著，非孟子所以形容孔子全德之謂也，言雖同而旨有異。青藍寒冰，異色而同根，異氣而同源，此亦猶賢於堯舜之意，乃以立教之功言，所以以「倍功」之語承之，非謂其道之有優劣也。「遊其門者莫繼其志」，指當時見知者言。「誦其書者莫追其蹤」，❷指後來聞知者言。皆非敢貶剝前輩，欲直辭以見程子之後，莫有正得其傳，而獨吾先師得其宗，亦不容於婉遜也。❸然此等皆非容諸生私斷，自有萬世公論在。若「根本之立」，此乃先師大有警策之辭，首尾一套相關，非褒揚之語。然既蒙摘出有涉嫌疑，不必道亦可也。

愚竊所病者淺陋，口筆不相應，一時姑少叙其哀慕之情，大概亦然。而亦煞有形容不出處，吾長者乃過稱之。豈勝負愧，相望懸隔，有所懷疑，不敢不請質。然區區尺楮，終不盡意。何時還過敝里，得面承警誨數日之欵，何啻萬幸！未間向仰函丈，豈勝馳情。

---

❶「死生」，清鈔甲本作「生死」。

❷「蹤」，原作「縱」，今據乾隆本、《四庫》本改。

❸「於」，清鈔甲本作「以」。

答廖帥子晦三

某特蒙惠《易本義》及《卦圖》、《大學議論》，甚荷誨督不棄，銘佩何已！

某向者庚申春首，自考亭傳《本義》來，前列諸圖，如伏羲八卦方位，乾一在左方之上，兑二次之，離三又次之，而震四居其下，巽五居右方之上，坎六次之，艮七又次之，而坤八居其下，❶與今所刊《本義》正同，但其中無「太極」字。伏羲六十四卦方位，左自乾一至震四，右自巽五至坤八，亦依前八卦方位。而正南之中注夏至午中，正北之中注冬至子中，正東之中注春分卯中，正西之中注秋分酉中。外無六十四卦名，而内爲方圖，與《啓蒙》全同。竊謂此爲定本，更不可易。

今不必證諸他，只以「太極生兩儀，兩儀生四象，四象生八卦」畫爲圓圖，則太極渾然居中，❷陽儀象居左，陰儀象居右，而八經卦粲然不待人力安排，而乾一、兑二、離三、震四自然列於左，巽五、坎六、艮七、坤八自然列於右。又因而重之，八位之上各序以八，❸爲六十四。如榦生枝，而榦體豈移？❹玩其象，則重乾居

❶「居」，原作「卦」，今據清鈔甲本改。乾隆本作「列」。
❷「則」，清鈔甲本作「而」。
❸「位」，清鈔甲本作「卦」。
❹「豈」，乾隆本作「不」。

南盡午中，爲陽極；而姤之一陰又接生於中，爲夏至；重坤居北盡子中，爲陰極；而復之一陽又接生于中，爲冬至。皆自然與造化契合，非是伏羲私巧撰造。

若校之《啓蒙》，八卦圖以乾一居正南、坤八居正北，則爲蹉進了。只做得八重卦方位，而亦少偏不甚全。正恐昔日攷之未精，而今不從之。

若今所刊《本義》六十四卦方位，以乾一八卦居東南、兑二八卦居正東，又蹉退了，不合自然之位。且以復居北之初隅、姤居南之初隅，則是十一月節氣便爲冬至，而五月節氣便爲夏至矣。又無方布，與《圖》後説不相應，爲悮無疑。書坊所貨《六經圖》❶有先天象圖位次，❷恰如此，注出康節，未必果康節，胡本其出此歟？後別換一版者，位次却是，而亦少有未當。如其中方布無卦名，亦可以證圓布之不必注卦名，其八卦界處須有小豎畫以別之。又須注「乾一」、「兑二」等字於本位之中，及「冬至」、「子中」等語於本方之中，一如《啓蒙》乃善。

《大學》之疑，只須平心熟玩本文之意，所謂「知止」至「能得」二段，只是因上文「止於至善」一語，而推明其所以然也。「知止」是知其至善所當止之地，「能得」是得其至善所當止之地而實止之也。自「知止」至「能

❶「貨」，清鈔甲本作「賣」。
❷「次」，清鈔甲本作「序」。

得」，只是一事，❶地步相去非甚相懸，只如「知命」至「耳順」、「知至」至「意誠」之類。定、静、安、慮四節，只是就此一事中間細破，非如心正、身修、家齊、國治等界限功夫之爲闊也。

「止」以物言，是事物所當止之地，便即所謂「至善」處。「定」以理言，物既知所止，則方寸之間皆有定理而無他矣。「有」字亦有力，是我有之也。「静」以心言，理既有定，則心之所主更無外慕，❷凡外物皆無以動之而能静矣。「安」以身言，心既能静，則身之所處無入而不自得，樂、約、夷、險皆無所擇而能安矣。「慮」以應于事而言，身既能安，則向者知所當止之事物，或接乎吾前而吾從容以應之，❸自能精于慮而不錯亂矣。「得」以實諸己而言，❹事既能慮，則動必中節，而所當止之地，所謂「至善」處，❺吾乃實得而止之不移矣。其間名義若相類，而界分之辨則甚明；❻主意各有屬，而次序所續則甚密。雖其言本爲「止於至善」而

❶「只」，清鈔甲本作「亦」。
❷「外」，清鈔甲本作「他」。
❸上「吾」字，原殘缺，今據乾隆本、清鈔甲本、清鈔乙本訂補。
❹「實諸」，原殘缺，今據乾隆本、清鈔乙本訂補。《四庫》本、清鈔甲本作「實乎」。
❺「至善」，原殘缺，今據乾隆本、清鈔甲本及清鈔乙本訂補。
❻「分之」，原殘缺，今據乾隆本、清鈔甲本及清鈔乙本訂補。

發，❶而實所以推原上文「明明德」者之「止於至善」，❷必知「明明德」之所當止如是，而後能得所止。「新民」者之「止於至善」，❸必知新民之所當止如是，而後能得所止，其下文又所以詳之。❹「格物」、「致知」、「誠意」、「正心」、「脩身」，即所以「明明德」之條目也。❺「齊家」、「治國」、「平天下」，即所以「新民」之條目也。❻「格物致知」，❼所以求知至善所當止之地，自「誠意」至「平天下」，所以求得夫至善所當止之地而止之也。❽至於物果格而無一理之不到，❾知果至而無一知之不盡，❿則於天下之事，所謂至善所當止者，⓫皆灼然有以知之矣。

---

❶「本爲」，原殘缺，今據乾隆本、清鈔甲本及清鈔乙本訂補。
❷「於至」，原殘缺，今據乾隆本、清鈔甲本及清鈔乙本訂補。
❸「者之」，原殘缺，今據乾隆本、清鈔甲本訂補。
❹「其下」，原殘缺，今據乾隆本、清鈔甲本訂補。
❺「明明德」，原殘缺，今據乾隆本、清鈔甲本訂補。
❻「也」，原殘缺，今據乾隆本、清鈔甲本訂補。
❼「格物」，原殘缺，今據乾隆本、清鈔甲本訂補。
❽「所以」，原殘缺，今據乾隆本、清鈔甲本訂補。
❾「無一」，原殘缺，今據乾隆本、清鈔甲本訂補。
❿下「知」字，清鈔甲本作「見」。
⓫「所謂」，原殘缺，今據清鈔甲本訂補。乾隆本作「理皆」，《四庫》本作「凡爲」。

由是而往，意極其誠而無一念之或欺，❶心極其正而無一息之不存，身極其修而無一物之或偏，❷則「明明德」者之得「止於至善」，有以爲「新民」之準矣。❸家極其齊而無一儀之或忒，國極其治而無一事之或僨，天下極其平而無一民之失所，則「新民」者之得「止於至善」，有以著「明明德」之效矣。前後脈絡相貫分明如此，則此一段者，實一篇之總攝。今若不紬繹此脈絡，而必欲與後段牽聯配合爲一例求之，則有不通者矣。

如來書謂「知止是知至之事」，固也。謂「有定是意誠之事」，則「定」以見理之不易而言，「誠」以發意之無妄而言，自不侔矣。又注「意既實，則事有定理」，亦恐可疑。蓋事有定理而後意必實，意實則理益定，非意實而後有定理也。謂「能静是心正之事」，則静止於不爲物動而已，而正則體用明達也。謂「能安是身脩之事」，則安止于處不擇地而已，而脩則克治粹密也。曰誠曰正曰脩，蓋皆以全體言之；而曰定曰静曰安，乃是發明一義云爾。謂「能慮，則齊家治國平天下，無所不管矣；能得，則家齊國治天下平，各得其所止矣」。夫齊家治國平天下，固當研諸慮，然日用萬事皆然而近或不審也；家齊國治天下平，固各得所止，然特新民之止而内有所遺也。要之，非本文之旨，牽强未合費力，縱宛轉凑合得，只是拗理義以就經文，而不因經文以發理義，殊乏怡然氣象。昔日先生最嫌人如此，而讀書要在理會裏面大義精藴，亦初不在於此。

---

❶ 「其誠」，原殘缺，今據乾隆本、清鈔甲本訂補。

❷ 「其修」，原殘缺，今據乾隆本、清鈔甲本訂補。「物」，清鈔甲本作「動」。

❸ 「爲新」，原殘缺，今據清鈔甲本訂補。乾隆本作「立新」，《四庫》本作「爲斯」。

來書又謂「傳釋『知止』，只指君臣父子國人交之所止，而不及其他」。此姑舉其凡例，而非謂至善只在此也。《章句》因謂「推類以盡其餘」，乃所以足其義矣。大抵凡天下萬事萬物，莫不各有所當止之處，所當止者非他，只是事物中一箇恰好不易處，大如君止仁、臣止敬、父止慈、子止孝之類；小如坐如尸，如尸即坐之所當止；立如齊，如齊即立之所當止；又如足容之重、手容之恭、視之思明、聽之思聰等類，皆是一事中所當止而即所謂「至善」處。但總而言之，必如《文王》之緝熙敬止，無非至善，然後爲得其全；必如《淇澳》之瑟、僩、赫、喧，終不可諼，與《烈文》之没世不忘，然後爲造其極爾。若疑傳於「知止」「能得」段無釋義，則《或問》固已言之。古人釋經取其略，未必如是之屑屑。而有闕文，則又安知非本有而并失之耶？❶然究而言之，則意亦具於三章矣。臆見如此，更願高明訂之。

辨林一之動静書

動中如何有静？静中如何有動？此理天地萬物莫不皆然。今就人心日用言，則事物未感者，静也，而知覺不昧，則静中之動也，此復之所以雷在地中而見天地之心也。事物既應者，動也，而各止其所，則動中之静也，此艮之所以行其庭而不見其人也。静中之動，即直

❶「又」，清鈔甲本作「亦」。

内之敬也；動中之静，即方外之義也。不敬，則其静也淪于死物，而無以存夫動之體；❶不義，則其動也與物俱靡，而無以達夫静之用。敬義夾持，間不容髮，然後吾心之靈周流該貫，而無所偏。其静也昭然，而未嘗不動；其動也肅然，而未嘗不静。常有以爲一身之主，而日用間莫非寂然感通之妙矣。

如尊見所論動静，大概亦不相遠，但辭意有未完瑩。而其言不及心，又覺無主統，而於我似不相關。所舉總論之語，❷恐亦不必然。却覺於動静之正意有不切，而依然枝蔓牽合之病也。至于以「無極而太極」爲人生而静以上事，自原頭論，固不容有異理。然其名義亦各有攸主，恐不若隨處體察爲有力也。

蓋太極者，天地萬物所同然之理，至極無以加之名，而爲萬化之所總會而取準者也。語其精，則極天下之至精，而無有以過其精；語其神，則極天下之至神，而無有以過其神。所謂「無極」云者，則又以是理之至極，而實無形象方所之可究極指定爾。具於天地萬物未形之先，而立於天地萬物已形之後。行乎天地萬物流形之内，而超乎天地萬物有形之表。故自其沖漠無眹而已渾淪完具，則謂之「無極而太極」；自其渾淪完具而固沖漠無眹，則謂之「太極本無極」。此徹上徹下之道，處處皆圓而在在皆足，非有動静之間而可以一所囿之也。

周子首「無極太極」一語於圖之端者，蓋方統原天地萬物根原之所自來，辭意平正，非偏指人而言，而亦

❶「夫」，清鈔甲本作「乎」。
❷「論」，清鈔甲本作「會」。

非謂止此一截是也。如《樂記》所謂「人生而静，天之性也」者，則是專就人言。其自「形既賦生」以往，至「情未感物」之初，人欲未萌，未有物以間之，❶渾是天命之全爾。明道先生於此更從而精之，謂「『人生而静』以上不容説」，是又欲即人生分上，别出氣質而説天理也。蓋性即理也，❷因生禀得名而不離乎氣也。然其初全未感物，則氣未用事，❸此理本體尚渾淪完具，凝然不動，未爲氣禀所雜，❹尚未有隙罅走失，純是天命之真，漠無形眹，故亦未容易以「性」字説。❺才立「性」字，便涉生禀而牽滯於氣，不能灑然於氣質之外，端的説得天命本然之真也。

以上云者，亦只謂「自未感物以前，至於已有生之始」云云爾。一從上説來、一從下説去，皆重在静字，其中實無異旨。但《樂記》主於未有人欲之汨，而明道主於不雜氣爲言爾，皆非離人而言天、别説未生以前事也。

今若以此中所具渾然爲人心太極之全體則可，若直指此統爲無極太極所在，則失之截定，❻非惟天地

---

❶「物」，清鈔甲本作「人欲」。
❷「性」，原作「情」，今據康熙本、乾隆本、清鈔甲本改。
❸「用事」，原作「有之」，今據清鈔甲本改。乾隆本作「之有」。
❹「雜」，原作「衮」，今據康熙本、乾隆本、清鈔甲本改。
❺「未」，清鈔甲本作「無」。
❻「失」，清鈔甲本作「説」。

萬物所公共者偏囿於人之軀，而其一於靜而不復動，❶便與向後覺無交涉，而墮在有形氣方所域矣。❷ 恐又牽合糊塗之未免也。

抑《樂記》下文所謂「感」者，則對「靜」而言也。所謂「欲」者，則對「性」而言也。言其既感物而動，則人欲於是乎萌，❸雖性亦未嘗泯，而不得全謂天命之本然矣。故只曰「性之欲也」。明道下文所舉《易》語，乃借其陰陽變化者而就人言之：所謂「繼」者，則對「靜」而言也；所謂「善」者，則對「性」而言也；所謂「凡人說性」者，則對「不容說」而言也。言其繼此方感而動，則氣已行而天理流出，所謂善之端倪因有可尋，所可容說者止此而已，然已非天命本然真一之體矣。故曰：「便已不是性也。」

若太極，則其動也，亦渾然於動之中；其靜也，亦渾然於靜之中。自天地言，則天地一太極；自萬物言，則萬物又各一太極。合天地萬物言之，則體統惟一太極；專就人言，則人心全體一太極也。散於日用，則千條萬緒，又莫不確然各有一定不易之則，天然森布，不容人安排，是又各具一太極也。無適而非太極，亦無適而非無極。未應不爲先，已應不爲後。合不見其餘，散不見其欠。活潑潑地，略無一毫凝滯倚着之意可影可像，是果得而截定也哉？

---

❶「復」，原作「該」，今據清鈔甲本改。乾隆本作「言」。

❷「墮」，乾隆本作「墜」。「氣」，原作「象」，今據清鈔甲本改。

❸「乎」，乾隆本作「方」。

北溪先生大全文集卷第二十三

書

與黄寺丞直卿

某僻處南陬，與同門朋友聲問不相接，孤陋寡聞，惟謹守師訓而已。鄉閭諸老，在師門者皆已零落；在後進輩，又絶無此志可誘掖以嗣音。惟鄰郡泉莆間，却稍有信向；相從講貫者，庶幾或有一二可望。去歲以特試來中都，❶四方才俊所萃，有平昔同門未相識者，多得會面，然亦所造不齊，難得見明而守剛者。既而趙計院季仁拉宿書院，近三月日，頗得與諸友會聚。及道嚴陵，又爲鄭寺丞留郡庠，與諸生切磨兩月而歸。大抵世上一派禪學，❷年來頗旺於江浙間。士大夫之有志者多墮其中，❸而嚴尤甚。及聽其講説旬月後，士方多有警發，知聖門實學之所以然，而覺邪正二路之由分。亦有一二後進，未雜可教。

❶「特」，清鈔甲本作「待」。
❷「一派」，清鈔甲本作「浮」。
❸「墮」，乾隆本作「墜」。

茲因參注，再至中都，復與季仁居處，新接見一二人，亦頗有志。畢竟先爲禪門熏染，未必果能涣然一於改聽易慮，則此道在天地間，誠可謂凛凛孤立。而邪説詖行之惑人心，乃如彼其昌熾，識者深爲之隱憂。何時得天開日明？然則挽回狂瀾而注之東者，獨推吾兄是賴。聞在安慶頗得行志，繼聞與時扞格而歸。世道之衰，❶仁人君子自是難於有行，❷且退處里閭，❸爲一方學者主盟，❹隨其才質而成就之，使師道之傳得以有光，❺於時亦不爲無補也。❻

與朱寺正敬之一

前丁卯冬赴省，道仙里，特拜謁文公先生祠下，感舊悽懷，不能以已。試罷回來，擬造塘石拜先生之墓、瞻山水之秀，不謂中途接先訃，狼狽奔歸，竟不克以如願。

❶「世道之衰」，原漫漶不清，今據康熙本、乾隆本、清鈔甲本及清鈔乙本訂正。《四庫》本作「世道如斯」。

❷「仁人君」，原漫漶不清，今據康熙本、清鈔甲本、清鈔乙本及《四庫》本訂正。「於有行」，原漫漶不清，今據康熙本、乾隆本、清鈔甲本訂正。《四庫》本作「苟合」。

❸「且」，原漫漶不清，今據康熙本、乾隆本、清鈔甲本及清鈔乙本訂正。《四庫》本作「故」。

❹「方學者主盟」，原漫漶不清，今據康熙本、清鈔甲本訂正。《四庫》本作「世之宗」。

❺「之傳得以有光」，原漫漶不清，今據康熙本訂正。清鈔甲本「傳」上有「得」字。

❻「於時」，原漫漶不清，今據康熙本訂正。清鈔乙本「時」爲空格。乾隆本作「然亦」。

每思前年更化之初，時事一一反正，❶而先生恩命特不舉行者，不審何謂。聞兩年來甚崇尚道學，❷上庠課試悉以命題，不審主盟者何人。向來出先生之門，立脚得住，不爲時論所變而顯達于時者，自廖漕之外，更有何人？士子中有何人立朝？行當要津者，還有其人否？如廖漕輩老學有守，最罕其匹，却置之閑散，而萃列清華者，不聞其人，恐其崇尚者，亦不免但爲虛名之舉，而實何足以爲吾道重也。❸要之，實欲崇尚，除是表出周、程三先生及吾文公先生者，並錫之公爵，而置之先聖廟顔、孟配享之列，而布其書於天下，使學者尊信鑽仰，晞慕服習，以作成人才而變化風俗，然後於道爲庶幾，而萬世公論少有愜焉爾。

然此又非常之舉，❹「爲天地立心，爲生民立命，爲去聖繼絶學，爲萬世開太平」，非盛世明朝君相大有卓絶異常之識，❺不足以及此，未可以常情淺淺論也。不知將來到何時世，方克舉此一段公案以幸天下，抑又關天運存乎其間，非人力所能與也。

---

❶「事」，清鈔甲本無此字。

❷「來」，清鈔甲本作「間」。

❸「何」，清鈔甲本作「未」。

❹「然」，清鈔甲本無此字。

❺「明朝君相」，清鈔甲本作「明君賢相」。當從。

與朱寺正敬之二

某春間經仙里，少欵誨論，不勝欣慰。别後途中節被脚子撓，竟不克入三山與黄寺丞相聚。二月末抵家，幸爾善達皆庇之。

及繼得潮陽郭子從寄示先生《行狀》後段印本，不書姓名，想是直卿之筆。鋪叙得大意頗出，❶甚穩帖，然亦有小小造語立字未安處，不知前段如何，又不得本子。如云「正統有歸」，恐只宜作「全體有在」。又如「秋霜」處，恐尚欠「温和」一節。❷又如「有功天下後世」處，恐欠「集諸儒大成」底意。又如「天文、地理、樂律、兵機等類，皆吾道中之事，自己本分著實工夫，所以明明德體用之全，止至善精微之極」底意思，所係「不可得而精粗者」，今乃結上文以「道德光明俊偉」，如此却分析此節離爲二截，似出道德之外不相管屬。

大抵先生之教，所喫緊爲人至切至要處，最是就下學上極著工夫。❸凡上達底妙道精義，須從人事千條萬緒中串過來，極是著實，更無一點懸空底意；極是縝密，亦無一點疎闊底意。恐不必如此分開了，失其旨矣。又如碑記等文，多亦只是發明此理，不可與騷賦等文别作一等看。蓋理明義精，詣極造到，自無所往

---

❶「頗」，原漫漶不清，今據康熙本、乾隆本、清鈔甲本及清鈔乙本訂正。

❷「恐」，清鈔甲本無此字。

❸「最」，原漫漶不清，今據康熙本、乾隆本、清鈔甲本及清鈔乙本訂正。

而不通，無所發而不當，非可拘拘以常迹分别也。❶凡此等恐更當修刮純粹無病，方爲至善盡美。不審台意以爲如何？❷

與李公晦一

某在都下，爲林自知及趙計院諸士友留講貫，至七月末始出都門。八月初經嚴陵，又爲使君鄭寺丞留學中講説，不覺度兩月日。

自都下時，頗聞浙間年來象山之學甚旺，以楊慈湖、袁祭酒爲陸門上足，❸顯立要津，鼓簧其説，❹而士夫頗爲之風動。❺及來嚴陵山峽間，覺士風尤陋，全無向理義者。纔有資質美志於理義，便落在象山圈檻中。緣士人前輩有趙復齋、詹郎中者，❻爲此學已種下種子。趙、詹雖已爲古人，而中輩行有喻、顧二人者，

❶「非」，清鈔甲本作「不」。
❷「如何」，康熙本、清鈔甲本、《四庫》本作「何如」。
❸「袁」，原作「衣」，今據乾隆本、《四庫》本改。清鈔甲本無此字。
❹「鼓簧」，清鈔甲本作「笛鼓」。
❺「士」下，清鈔甲本有「大」字。「風」，清鈔甲本無此字。
❻「土」，康熙本、乾隆本、清鈔甲本作「士」，可從。「者」，清鈔甲本無此字。

又繼之護衛其教，下而少年新進遂多爲薰染。❶其學大抵全用禪家意旨，使人終日默坐以求本心，更不讀書窮理。而其所以爲心者，又却錯認人心指爲道心之妙，與孔孟殊宗，與周、程立敵。平時亦頗苦行，亦以道學之名自標榜鄉間，時官多推重之，殊無一人看得破者。

自某到學，亦都來相訪，議論不合，遂各屏跡。其少年後生有可教者，未欲絶之，❷屢邀來説話。而陷溺固蔽之深，更説不入，竟亦希行疎立，❸不復相親。日間所與講貫者，只是繫籍習舉業諸生，志趣雖凡而意向未雜。聖賢要義與之明白剖析，旬日後，却多有感動警發，嘉歎歆慕，以爲平生所未聞，多有議論播在人間，得以正人心、闢邪説，邦人至是始曉然識破邪正二路之由分，知聖賢實學淵源之所自來，而覺渠諸輩都是沙門黨類，非吾徒者。其間亦接得三四後進，專心一志，有可造道成德之望。

十月初九始離嚴陵到莆，而仙遊陳憲又專書邀過書院，留與令嗣伯澡相聚。此後生甚不易得，數年來極是辨得做鑽仰工夫，甚懇切專篤，已識路脈不差，將來必大有可望者。温陵諸友甚懸望某經過，❹而未暇及者，準擬開春和暖始克辭歸。

---

❶「爲」，清鈔甲本無此字。
❷「未」，清鈔甲本作「不」。
❸「希」，清鈔甲本作「各」。
❹「某」，原作「其」，今據乾隆本改。

稔聞真侯撫字之政甚切，斯民得安田里，頗有生生之樂。自三十年來，士夫不復有此念，視民端如禽獸，摧剥殘賊，不復顧恤。今乃見此仁慈惻隱之實，薰然如春風和氣之發育萬物，令个个有蘇醒意。千里生靈，何其幸邪！

答李公晦二

承喻，黄堂前日欲相延入學講《西銘》，固已參商無及，然亦良感其不外。

但此等文字，亦須稍識路脈者，方可與警發而起其向慕之心。有如汙世流俗，舉子素顛迷於利欲而厭薄理義者。之前且得開示以邪正大分，而明白其入德之門，然後徐徐進以聖賢精密之功。非可躐等，驟與之語此而强聒之，恐未必有絲毫之實益也。

答李公晦三

所示《近思録》并林子武之説，良荷啓益。按此跋意自平正，於理無咈者。

向聞先生亦曰：「四子，六經之階梯；《近思》，四子之階梯。」今子武不以爲然，乃欲讀四書，只參攷此録，使互得以發明。❶似此言者，彼只據先生已解之四書理義已明白者而云云爾。若據古四書本文，非先

❶「互」，清鈔甲本作「正」。

有得乎此録，四先生之説，則亦將從何而入？而孔孟所不傳之秘旨，亦將從何而窺測其藴乎？况先生所解四書之説，亦自四先生之書得之，而此録則四先生之要言所萃。今令學者先讀之，使知道統之復續實有賴於四先生，而起尊敬師慕之心，然後循序漸進於孔孟之門，自當不迷其所趨，亦何疑乎？

答李公晦四

外日承訪及臨漳諸壇壝事。此間舊只有社稷壇一所而已，自先生至，始添創風雷雨師壇二所。已將民間常用尺子，躬按遺址，畫爲圖三紙。大抵社稷壇在郡治之坤位，以春秋社日祭。風師壇在郡治之艮位，以立春後丑日祀。雷雨師壇在郡治之辰位，以立春後申日祀。其執事者並以郡中十名内吏人充。既又借得郡中印本《淳熙編類祭祀儀式》，内有壇壝制度及禮器尺樣，❶適與民間常用之尺合。并檢先生所作《鄂州社稷風雷雨師壇記》參訂之，丈尺又不相契，未詳其如何。若非匠者製造有出入之訛，則恐先生别有所據而然邪？❷此《儀式》之書，乃朝廷頒降，年間所按以行事者，泉之公庫必亦有之，試取一閲之，可見也。

---

❶「器」，乾隆本作「部」。
❷「邪」，清鈔甲本作「也」。

答李郎中貫之

歷陽兵來，忽辱墜翰，詞謙義重，何以克當！

竊嘗深歎：世之學者多有良資美質，可與共學適道，而又多壞以二病：一則病於安常習故，不能立志以求自拔；一則病於偏執己見，不能虛心以求真是。惟其有二病爲之梗塞，是雖有粹美近道之資，亦不免墮于固陋，而終不能以有成。須無二者之病，然後致知、力行之功，可以交進于其後，聖賢千言萬語，皆可以無扞格，而宗廟之美、百官之富，皆可以次第而得之。

如高賢之資質甚美，自其立朝風節勁勁，又典刑端莊靜重者言之，其立根脚已甚健，本領已甚正，胚模已甚宏矣。所欠者，特出光彩工夫。❶今其立志於聖賢門户，甚專篤，且復謙謙求益，虛懷下問，絶無有我之意，又無世學所謂二疾矣。而又如常常佩誦居敬致知之方，是又得其所以爲用功之要，其路脈已不差矣。但俛焉日有孜孜，顧何精之不可詣，而何遠之不可造哉！

諸老先生平日教人最喫緊處，❷「尊德性」、「道問學」二件。工夫固不偏廢，而所大段著力處，却多在

---

❶「特出」，原作「出持」，今據康熙本、乾隆本、清鈔甲本改。

❷「諸」，清鈔甲本無此字。

「道問學」上。其所以爲綱條節目，見於《大學或問》所叙程子格物諸説處，須實下手做，❶便見得滋味，斷不我欺。至于融會貫通，則「卓爾」、「躍如」並在前矣。

江西一派却只是厭煩就簡，❷偏在「尊德性」上去。先生蓋深病之，力爲之挽。乃確然自立一家門户，而不肯回。今世後進中學質美者，亦多有流入此病。可歎！高明固無此等病，亦不可不知其得失之所以然。失者看之破而照之徹，則得者守益牢而進益力矣。

前日見黄義剛録，多有與某所録相同處，彼又未及修整，多過冗濫，恐成重複。可以將倉司本即義剛卷删其同者，將所不同段子并削去其差冗處，❸攢聚只作一卷，如何？廷試後，某更就子善處旋借來看，或有差舛。别更得託胡仲立，附便白鹿奉聞也。

與陳寺丞師復一

某去載在都城，爲朝士輩相留講貫。區區在都城之久，頗覺兩浙間年來象山之學甚旺，由其門人有楊、

❶「做」，原作「故」，今據康熙本、清鈔甲本改。
❷「煩」，清鈔甲本作「繁」。
❸「子」，乾隆本作「更」。

袁貴顯，據要津唱之，不讀書、不窮理，專做打坐功夫，求形體之運動知覺者以爲妙訣。大抵全用禪家宗旨，❶而外面却又假託聖人之言，牽就釋意，以文蓋之，實與孔孟殊宗、與周程立敵。

慈湖纔見伊川語，便怒形於色，朋徒至私相尊號其祖師，以爲真有得堯、舜、孔子千載不傳之正統，每昌言之，不少怍。士夫晚學見不破，❷多爲風靡。而嚴陵有詹、喻輩護法，此法尤熾。後生有志者，多落在其中。其或讀書，却讀《語孟精義》，❸而不肯讀文公《集註》；讀《中庸集解》，而不肯讀文公《章句》《或問》；讀《河南遺書》，而不肯讀《近思録》；讀周子《通書》，而不肯讀《太極圖》；而《通書》只讀白本，而不肯讀文公解本。平時類亦以道學自標榜，時官里俗多所推重，前後無一人看得破。

自某到都來，相訪議論絶不相入。凡朝夕所與講磨，只是在學習舉業諸生，❹雖識趣凡陋，而志向未雜。聖門要義，每極口爲之明白剖析。旬日後，大小生徒多所感發歆慕，以爲平生所未聞，邦人至是始釋然，❺知邪正二路之由分，而異端曲學贓證暴露。使儒容墨行、盜名於一方者，❻不復得以遁其情。亦接得

---

❶「全」，清鈔甲本作「皆」。
❷「士」下，清鈔甲本有「大」字。
❸「語」，清鈔甲本作「論」。
❹「舉」，原脱，今據本書卷二十四《答趙司直季仁一》補。
❺「始」，清鈔甲本作「大」。
❻「使」，清鈔甲本作「正」。「方」，清鈔甲本作「時」。

後進三四輩，專心一志，爲可望有以慰鄭侯拳拳屬望之意，亦自愜以不枉。

如南康乃濂溪、晦翁二儒宗宦游之邦，流風遺躅儼然如在，而豪儁遊紫陽之門者亦多。然其地鄰江西，則象山之風聲氣習，亦無不熏染於簪紳韋布之間。爲吾徒者，時或有出入焉，真是真非無復能辨，而天理人欲恐或混爲一區。則發揚先儒道德之化，主盟斯文，使邦人風動響應，粹然一於聖門實學之趨，而絶無復有詖淫邪遁之流者，❶非吾賢使君其誰歸？想下車先務，深所加意，而英才美質有依賴焉，不審白鹿洞中人物竟如何？有真篤志不雜可取者否？

又聞前政遺論以聚斂之故，則閭閻不無赤立之憂，❷仁人君子至此必深爲之動心而哀痛焉。❸于斯時也，極力撫摩，朝夕正不容緩。況今之世，横斂毒賦隱爲民病，如久年錮疾，赤子不能言、有司不敢言者，在在有之。惟仁者爲能勇于爲民除去，而不容其或留。州閭之間所同病者，最是强梗姦慝之民，專飾虚詞健訟以撓吾善良。❹惟義者爲能深察其情狀，而痛爲之懲艾。或長年善閉之自訟齋，使之無復逞其爪牙，❺庶乎吾民有可安生樂業之望矣。

---

❶「復」，清鈔甲本無此字。

❷「閭閻」，此二字原倒，今據乾隆本乙正。

❸「深」，原漫漶不清，今據康熙本、乾隆本、清鈔甲本及清鈔乙本訂正。

❹「善良」，清鈔甲本作「良善」。

❺「之」，清鈔甲本無此字。「逞其」，清鈔甲本作「甚逞」。

答陳寺丞師復二

伏承誨示讀書精、誠、静三者之説，自非切己用功體察，何以及此？但來説太約，不見得主意之果爲如何。

且書之所謂精者，不知如何其精也。精者，乃純粹至極而無以加之謂。❶如致知而至於知至，則是致知之精；格物而至于物格，則是格物之精也。在讀書言，則只是研窮其理，見理真是真非端端的的、不可移易云爾。如一句以爲如此，又以爲如彼，則是一句之不精矣。如一章既達其辭，而未達其藴，則是一章之不精矣。程子謂「《論語》有讀了後全無事者」，是全未有一字之得，而草率不精之故也；「有得一兩句喜者」，是已入得一綫路子開明，是一句之精也；「有知好之者」，是已覺其中有趣味之可嗜，而於書之大義漸精也；「有直不知手之舞、足之蹈者」，❷是深有悟夫趣味之無窮，而全書之已精也。

然精亦豈容易可至哉？是用多少工夫積累而然！如顔子之博文約禮，必至于所立卓爾，然後爲精。如孔子志學，必至于不惑、知命，然後爲精。然此又以見道全體言之，非精于一書之謂也。

今謂「誠則精」者，不知如何其誠。蓋誠者，真實無妄之謂。有以天命本然言者，若「誠者，天之道」是

❶「至」，清鈔甲本作「之」。

❷「直」，清鈔甲本作「真」。

也；有以人事當然言者，若「誠之者，人之道」是也；有以理言者，若「誠者，物之終始」是也；有以心言者，若「不誠無物」是也；有以德言者，若「唯天下至誠，爲能盡其性」是也；有以用工言者，❶若「君子誠之爲貴」是也。不知來意所主，是以天言邪？人言邪？以理言邪？心言邪？以德言邪？用工言邪？❷由誠而精者，于誠後又如何而精邪？

謂「静則誠」者，不知如何其静。静與動對，静是無事時，動是應事時。如「寂然不動」者是心之未發，而其静也；「感而遂通天下之故」者，是心之已發，而其動也。「人生而静，天之性也」，是未感物時，心之所發渾然天理也；「感於物而動，性之欲也」，是已感物時，性之發而爲情也。「喜怒哀樂之未發謂之中」，則其静也；「發而皆中節謂之和」，則其動也。静者其體，而動者其用也。心不能偏於静，必有動時；亦不能偏於動，必有復静時。一動一静，循環無端。而誠則徹表裏、一終始，而貫動静者也。

今以静言誠，偏就静一邊爲主，❸則其接物而動時，非所謂誠乎？由静而誠者，於静後又如何而誠乎？恐不免墮於釋氏之失否？❹然則由静而誠，由誠而精，其中果有血脈相關處與否？果通而無礙

---

❶「工」，乾隆本作「功」。
❷「工」，乾隆本作「功」。
❸「就」，乾隆本作「於」。
❹「墮」，乾隆本作「墜」。

與否？

想親下工夫，必深熟曲折。若只是揀數箇好字、立箇標榜，不暇計其中意旨曲折淺深可否，使之明明瑩瑩，却成疎漏，又大糊塗、大欠缺，無實下手用工夫處。文公平日所深不喜諸生之有此類者，正謂是也。

所謂「寡欲爲本」之説，信然明白，無可疑者。恃講訂相忘，不覺縷縷。未審雅意以爲如何？

答陳寺丞師復三

久不奉清表，忽承惠翰，披挹謙光，何勝感悚！

勉齋之逝可傷。終始親密師門、傳本末之備者，惟兹一人。今其已矣，誰復可依靠邪？❶爲之累日嘆息。吾黨凋零，斯道誠爲孤立。賢契有志之篤如此，只有賴其光大之功。❷

所論「讀書持敬，一時不可輟」，可謂得學之要領矣。蓋須如此用功，方有日新之望。大抵持敬，乃貫動靜、徹顯微之功，所以存主此心，而森萬里之會爾。讀書又無他道，❸特不過講明此理之端的，是者真知其

---

❶「靠」，乾隆本作「歸」。

❷「光」，清鈔甲本作「廣」。

❸「道」，清鈔甲本作「奇」。當從。

爲是，❶非者真知其爲非，如此而已。是二端者，固相須而相發，然非切實著功夫，❷齊頭並進，亦不足以得其趣味也。

區區每病孤陋，惟英明時有以發之，幸甚。勉齋《論語增釋》，果蒙肯來發藥，❸尤千萬之幸也。

---

❶「爲」，清鈔甲本作「會」。

❷「非」，清鈔甲本無此字。「著」，清鈔甲本作「者」。

❸「發」，乾隆本作「相」。

北京大學《儒藏》編纂與研究中心　編

《儒藏》精華編選刊

北溪先生大全文集（下）

〔南宋〕陳淳　撰

張加才　校點

北京大學出版社
PEKING UNIVERSITY PRESS

北溪先生大全文集卷第二十四

書

答趙司直季仁一

某八月初三日抵此，即見寺丞，蒙出劄子相留在學講説，而士人新第余尉者力贊之。次日，陳宰權教又以學中衆人之狀來請，勢不能却，遂爲之留。

因慨念江西禪學一派，苗脈頗張旺于此山峽之間，❶指人心爲道心，使人終日默坐，以想像形氣之虚靈知覺者以爲大本，而不復致「道問學」一段工夫以求理氣之實。於是舉其宏綱大旨，作《講義》四篇：一曰《道學體統》，二曰《師友淵源》，三曰《用功節目》，四曰《讀書次序》。明爲之剖析，以爲後學一定之準，庶有以正人心而息邪説、距詖行。

講義既成，請使車初八下學，不期寺丞又值私忌并祭社，遷延到十三開講。置酒百位，與諸官及諸生均

❶「此」，清鈔甲本無此字。

洽，蓋重其事，欲諸生留意。不期忽值補試，不行，令諸生四散。又空兩旬閑坐。此月十一方再集講起。大抵今世士習顛迷於舉業一段骨董，殊不知聖門有大壇場、大境界。而此間尤陋，無一人置得晦翁《大學解》，間或一有焉，❶亦只是久年未定之本。如喻、顧二人，資質粹美，却落在江西窠臼中，亦極口爲之剖析，而其受病已深、立意已堅，無可轉回者。

有一二後生可喜，又却平日與相往來，陶染一習，正兹朝夕爲之解釋，未必其果能改聽易慮。外此却有一二後生，志向未雜，儘可與語，頗樂聽受。其他則在學習舉業諸生，朝夕且拘令聽講，多於背後更相告語，以爲説得明白，皆平生耳所未聞，更俟其積累通曉，看如何。

與趙司直季仁二

某在此，不覺兩月日，象山之學，因以得知其情狀來歷，前與寅仲書已詳之矣。大抵全是禪學，象山本自光老得之，今楊門下多是引接僧道等人來往，❷以爲覺者甚多。此間九峰僧覺惠者，詹、喻、顧皆以其得道之故，與之爲朋。詹悟道時，嘗謂他證印法門傳度，❸從來如此。然則此一家

❶「一有」，清鈔甲本作「有一」。
❷「來往」，清鈔甲本作「往來」。
❸「度」，清鈔甲本作「受」。

學問，分明是空門宗派，曉然張無垢之徒，何暇更説吾儒道統？何暇更甚争衡堯、舜、孔、孟之傳？縱待説得精微玄妙，不過只是彌近理而大亂真、甚相似而絶不同也。

然非物格知至、理明義精者，不足以識破此。平時數輩，洋洋於閭里間，以道理自高。後進無知，多爲熏染，落在圈檻中。闔郡又無一人看得破，皆以爲頂上一格人。胡伯量到此講説，亦看之不破。

自某到後，對當人分上，既各逐一與之明白剖析。有後生染其學而來見者，又極與詳細分别路頭。及開講後，又時或與大小諸生説破其是非邪正，根源來歷已自曉然分明，❶無復遁情，邦人始知其判然爲二路之分。

後進中，亦有省覺象山而願學周程、喜來扣擊者。雖只數輩傳法沙門陷溺至深，痛護祖印如護命，不能割舍轉回，然其心腸肝肺中正贓證病根，已被拏攫出來，暴白於衆，有不可得而掩者。是雖無風動響應之效，而其所以正人心、闢邪説、距詖行，以遏方來已説之衝，而開後來無窮之新進者，其爲補亦不淺矣。

與趙司直季仁三

載伯話别次，道及節夫已求書爲四明之行，此子可謂狂妄矣。聞之深爲嘆惜。前日相聚許多時，凡有

❶ 「源」，清鈔甲本作「原」。

議論，渠多不入，意只以守槎溪之言自爲足了。又殊無扣擊，無因與劇談痛論。❶今流而爲此舉，乃是於聖賢門户中，元來全未有少知味處，❷故以爲緩而不在急，蓋無可扣擊者。因覺相聚間泛泛地徒飲食，忽聚忽散，亦不濟事。須是帶一兩件切要書去，不必以道自遜，須舉兩三段道義與衆講貫，明白剖析，如此則每聚每有益於後生。有不能問及未知所向者，皆可以有補。渠館地在何處？今一書早與救正，見三十二卷。不及封，望爲封達之。

載伯又説：袁侍郎欲著書尊其師。豈可强著書？亦豈可强尊所學？❸大抵全是禪家宗旨，無一字與孔孟合。假如推尊之極，亦不過《傳燈録》上添一位爾。若説去聖五百年，得其傳者惟象山，但越見其魍魎無忌憚之甚，爲後世一大笑也。

前日寅仲書中，❹有謂「口頭儘説得，筆下儘寫得，恐亦只是看他不破」而云耳。孟子「知言」地位，自非物格知至、理明義精者不能，非可容易及也。如看他不破，初亦何害？只恐被他引去，則爲害之大者。然與之周旋浹洽，亦安能保其決不爲之引去耶？此又在諸賢所當深自戒也。

---

❶「痛」，清鈔甲本無此字。

❷「處」，清鈔甲本作「趣」。

❸「豈可强著書亦豈可强尊」，乾隆本作「書豈可强著，師豈可强尊」。

❹「中」，清鈔甲本無此字。

與趙司直季仁四❶

去冬棘寺之聚，❷情理優渥，豈勝銘佩！　春首判袂南歸，而台旌又榮赴桂陽藩屏之除，❸相去日遠。一自閏月得楊卿書，道及尊契陛辭之劄，一絶和好，一獎忠義，誠爲大公至正之論，竊深敬仰。四月初，忽傳邸報，又聞遭論罷桂陽之命，爲之怪訝，不知已交篆得幾時，或尚在道未至邪？　司人物之柄者，率然而予，率然而奪，何其兒戲若此？

可見世道之衰，仁人君子難於行志，動輒與時相忤。惟在我者，苟内省無疚，雖百厄其何傷？　且冷處高卧以看兒戲，却於餘暇温習舊學，以爲異日大施設之地，亦自有無窮之益，爲一樂也。諒高趣遠識，必不爲之芥蔕也。

與嚴守鄭寺丞一

某伏蒙喻及講説，此乃與人爲善之美意。區區淺陋，義亦不容固辭。

---

❶「與」，清鈔甲本作「答」。
❷「冬」，清鈔甲本作「年」。
❸「旌」，乾隆本作「車」。

竊惟開發後進，初不在于辭説之多。假如將一件書全部講説，聽者遂不復致思，亦無進益，反成長人怠惰之心，不若只明指其切要路脈，❶使有志者依此尋求，却有日新不已之功。

某今欲將學問大要處，❷作講義四篇。已立題目：一曰《道學體統》、二曰《師友淵源》、三曰《用工節目》、❸四曰《讀書次序》，以應嘉命。若果蒙開允，則退去脩治其詞，午間乞遣一筆吏爲寫講義册子就，明日乞使車下學，❹集諸生一講，因得午後登舟，趕及同行，庶幾行途有所相依。若蹉過此，則後去獨歸，途中勢孤，極爲不便，伏丐台照。❺

與鄭寺丞二

日外拜違，過蒙頒贐。至水次，繼辱誨翰，拳拳眷顧不已之誠，何感如之！

十一日經過壽昌航頭，鄭生聞者已伺候于道左。❻扣其所學來歷，平日惟在婺女呂氏家塾，從王深源

❶「明指」，清鈔甲本作「指明」。
❷「今欲」，清鈔甲本作「欲令」。
❸「工」，清鈔甲本作「功」。
❹「學」，清鈔甲本無此字。
❺「丐」，清鈔甲本作「乞」。
❻「左」，清鈔甲本作「右」。

爲學，却好觀周、程、朱、吕之書，不曾交惹象山，但於書詞，不識郡中諸人學問之是非，而偶及之爾。及得某書，❶大有警省，特爲留一日半并兩夜，與之欵洽，曾用工夫頗有扣擊。年方二十六，趨向甚正。且言諸人之病，謂「其平時以道自尊，無一人看得破，被長者説破情狀，不直一錢，聲價頓減，❷所以魂消魄沮，不復來相親」。斯言亦不易見得到此也。

大抵此一種學問，不止是竊禪家一二，乃全用禪家意旨，與孔孟殊宗。但孔孟爲歷代宗崇已極，❸立之廟學已定，不可貶剝，遂托其言以文。❹蓋其學欲以儒名家，其實乃牽聖言以就釋意，實爲釋家者流。於儒家事業初無絲髮之補，雖或做入細工夫與儒家内省處相近，而亦大故疎闊簡率，❺於儒家淵源趣味實迥然不同。特不過只是山林一苦行僧道輩氣象。❻所謂聖門切己存養省察、精微嚴密之旨，彼烏足以知之？而況含糊不明理之蔽。

其流弊，必至于錯認人欲作天理。如亟戰殺母以爲忠，忘君事讐以爲義。導學者于綱淪法斁之域而不

---

❶「書」下，清鈔甲本有「詞」字。

❷「聲」，清鈔甲本作「身」。

❸「已」，乾隆本作「至」。

❹「文」，清鈔甲本無此字。

❺「故」，康熙本、清鈔甲本作「段」。

❻「象」，原作「相」，今據康熙本、清鈔甲本改。

自知，乃嚚然欲以是而争衡孔孟千載不傳之緒，亦可謂無知之甚。奈近日兩浙間，此學頗旺，緣有貴顯者倡之，後進見不破，樂於徑捷，隨而風靡，識者蓋深憂焉。

茲者幸獲憑藉威尊發揚德音，極爲之剖析，是是非非界分已瞭然明白，雖彼數輩陷溺之深已不可轉移，而在學大小諸生及邦人在外之有志者，頗多有感動警發，已識邪正二路之由分，而知聖門實學，不迷其所向，有以正人心、闢邪説、距詖行。

於其間，又接得四人，若張應霆、朱右、李𤼷、❶鄭聞者，專心篤志，爲理義之歸。而四人之中，鄭與張又已識路脈不差，有可造道成德之望。且因以種聖學于一方，尤非細事，是雖區區勞費唇吻之劇，而不自以爲悔也。

答黄先之

某八月初經嚴陵，不意爲使君及邦人挽留，❷在人情事勢，❸有不容峻拒而走者。遂將《大學》《論語》及《孟子》《中庸》大節目難曉處，都講了。

---

❶「𤼷」，同「登」，本書卷三十二《與鄭行之》作「發」。康熙本作「葬」，清鈔甲本作「奔」，清鈔乙本作「菴」。

❷「使」，原作「史」，今據乾隆本、清鈔甲本改。

❸「勢」，《四庫》本作「理」。

喻丈者，舊雖造師門，而後却爲象山之學。象山學全用禪家宗旨，本自佛照傳來，教人惟終日静坐以求本心，而其所以爲心者，却錯認形體之靈者以爲天理之妙，謂此物光輝燦爛，萬善皆吾固有，❶都只是此一物，只名號不同，但静坐求得之，便爲悟道，便安然行將去，更不復作格物一段工夫去窮究其理，❷恐辨説愈紛而愈惑。此正告子「生之謂性」、佛氏「作用是性」「蠢動含靈皆有佛性」之説，❸乃即舜之所謂人心者，而非道心之謂也。是乃指氣爲理，指人心爲道心，都混雜無别了。既源頭本領差錯，其於聖賢經書言語，只是謾將來文蓋名家，❹多牽合己意，不究本旨端的，與孔孟實相背馳，分明是吾道之賊，只向日張無垢之徒。

楊慈湖爲陸門上足，專佩服《孔叢子》「心之精神是謂聖」一句，❺作《己易》四千餘言，只發揮此意，無一句是。此間詹郎中，亦號陸門上足。趙復齋舊雖來往師門，後亦從此學。今都下士夫，多溺此學者，皆緣以其學簡易徑捷，見之不破，誤陷其中而不自覺。此邦緣有人唱此苗脈，士之有志者多爲薰染。長者有顧平甫，少者有邵生甲、王生震。既落此圈檻，❻意趣議論全别，更無一字相入。又却偏執自是，無可救正轉

❶「吾」，清鈔甲本作「我」。
❷「不」下，清鈔甲本有「必」字。
❸下「佛」字，清鈔甲本作「物」。
❹「名」，乾隆本作「自」。
❺「服」，清鈔甲本無此字。
❻「此」，清鈔甲本作「在」。

移者。

學中所與講貫，只是係籍大小諸生，每日會聚講説，❶必詳悉爲之剖析。聽者無不嘆羨其明白，皆以爲平生所未聞，多有感動警發者。邦人至是始曉然知邪正二路之由分。下縣傳講義去，亦多有興起者。其間亦接得三數人，專心篤志爲理義之歸，無雜念，爲可望爾。是雖無風動響應之效，而其所以正人心、闢邪説、距詖行，于此邦所補亦不淺矣。

答潘謙之

某忝同門之末，曩嘗竊窺問目，久願切磨。南北參商無由會合，高山景行，日勤仰止。昨忽承華緘，先施披味，如奉面教。

顧惟先師文公已遠，有大疑義無從質正。黄寺丞近又不起，失此良友，心傳本末誰與講明？道在斯世凜乎可憂，兹正吾徒所當用力交相勉焉，日有孜孜爲死戰計，而不容有半途之弛者也。

然嘗竊謂：聖賢學問，無過明吾心身之理而已。❷所以爲理者，又非可悠悠泛泛、若存若亡、半間半界，須是見得親切端的，見善真如好好色，見惡真如惡惡臭，然後於切己爲得力，而在我有受用處。到凡遇事，

❶「聚」，清鈔甲本作「敘」。

❷「吾」，清鈔甲本作「我」。

直如鏌鎁著物，❶一觸便成兩片，無復有騎墻不決之態，❷蓋必如此而後爲分明洒落。每深病其未能造此，正有賴於高明鞭策之功，賢者以爲何如？

答徐居甫

所論家居爲俗務所縈，此非吾徒所宜病也。

日用萬事莫非天理所當然，而人道所不容不然。吾於其間但順以應之，奉天命而共厥職爾。何者爲當務，而何者爲俗務耶？纔以俗言，便理與事判，易生厭射，而不自覺其墮於清寂之境矣。故以流俗爲病則可，而通人事爲俗則未可。

雅意以爲如何？

答蔡廷傑一

陳生來，忽承教墨，❸豈勝皇恐！

❶「直」，清鈔甲本作「真」。

❷「墻」，原作「穡」，今據康熙本、乾隆本、清鈔甲本及清鈔乙本改。

❸「墨」，清鈔甲本作「翰」。

以今嗣之資甚朴茂，❶而性亦開通，又加以過庭日親嚴明正大之訓，❷何患其無有造道成德之望？但後生晚學始進發軔之初，亦未可便責以必須知味、必須踐實，且當循循誘之，驰入此路來便不迷其所趨。凡所合當先聞底切要嘉言善行，且須逐旋一一説與之知；凡所合當先讀底切要諸書，且須逐件一一令講究過。要耳目聞見常是此事，心志念慮常在此途，勿過急而迫，勿太弛而忘。至于日積月累，漸摩涵泳之久，一旦自能不覺忽然有警省處，至是，然後其中喜悦方可有趣味，不惟喜之，而又愛之、嗜之，蓋不待爲之鞭辟，而駸駸自不能以止矣。所謂「優而柔之，使自求之；饜而飫之，使自趨之」之道也。

答蔡廷傑二

所喻庭訓多爲舉業之分，❸此無足怪者。時王之法，以此爲尚。生今之世，未能絶俗高飛遠引，安能舍此？自是人家子弟，常事所當習者。但要之聖賢學問，則此等伎倆工夫虚浮無根，誠有病乎聖賢正大之意；而聖賢學問，實未嘗有妨於科

---

❶「嗣」，原作「似」，今據清鈔甲本改。
❷「大」，清鈔甲本作「人」。
❸「喻」，清鈔甲本作「諭」。「庭」，原作「廷」，今據康熙本、清鈔甲本改。

舉之文。蓋理義明，則文字議論益有精神光采，燁然從肺腑中流出，自切人情、當物理，爲天下之至文，而非常情所及者。

故學者亦不必以此分厭懌，在平居暇日，❶當知本末輕重立課程爾。如卓卓有志者，只依程子「月中十日」之說，自不爲慊；或未能然者，每日但分一半工夫，亦可無相妨。惟遲之日積月累之後，至於有得趣味，則必自知賓主，而勇往不可禦矣。

❶「在」，清鈔甲本置於下句「當」字下，似可從。

北溪先生大全文集卷第二十五

書

答郭子從一

去秋承惠書，并碑記文字一封、議論一卷，未及奉報。便來再蒙教翰，❶并書籍二封，重疊皇恐。某區區庸陋，皓首無成。師容日遠，索居閩底，與同門朋友又不相親，❷無可切磨。而鄉間士習又陋，❸不似仙里崇尚此學，故後進絶無登門問津者。丁丑歲，因特試久留中都，❹同門未曾相識者多得會面，四方英雋寓輦下，及朝行志向之美者，亦多得

❶「便」，康熙本、乾隆本、清鈔甲本作「使」。當從。
❷「親」，清鈔甲本作「見」。
❸「又」，清鈔甲本作「之」。
❹「特」，康熙本、清鈔甲本作「待」。

相聚講貫。此番參注，朝士稍稍聞知，又多遣子弟聽講，❶至相挽留依戀，幾不得脱身歸者。

頗覺中都士夫却多有尊德樂道之風，但年來象山之學，亦頗旺于江浙間。❷其爲説全用禪家「作用是性」一意爲宗主，而牽聖言皮膚枝葉以文之。不窮理、不讀書，專静坐澄心，自以爲涵養本源，真有得堯、舜、周、孔千載不傳之秘旨。其實詖淫邪遁，與周、孔背馳，無一相合，蓋真吾道之賊。後生晚學看不破，多先入其説；朝之貴顯者，亦多墮其圈穽而不自知。❸

兩年在彼，頗極爲之剖析是非邪正。其偏執固陋不肯回者，置之不足恤；或所染未深，因有警發而知所歸向者亦衆。❹如仙鄉姚安道，亦象山之學，此後生妙齡美質，志向甚佳，頗勁勁自立。但學無師友淵源，只壁角鑿空杜撰，不知從何傳授得此一門宗旨，先蠱其心。初榮歸經過，一見之頃，亦未詳其爲如此。次年過温陵結親，直造家講論，意旨殊扞格不相入。繼而自温陵貽一書，頗自張皇，説道理自是自專，而其矜驕褊迫、狠憤不平之氣，甚盛溢于豪楮間，已知其非遠器矣。自後相見，以其聲臭不同之故，❺更不復與講論。

❶「多」，清鈔甲本作「各」。
❷「旺」，清鈔甲本作「望」。
❸「圈穽」，清鈔甲本作「穽圈」。
❹「亦衆」，清鈔甲本無此二字。
❺「以」，原脱，今據康熙本、清鈔甲本補。

如《祠堂記》，亦只是後生時文之見。捉摸所謂物格知至、意誠心正、身脩家齊、國治天下平者，無日不講之，乃揀極至之語爲形容，以此爲一篇關紐處而主意焉，❶其實乃大病所在。蓋聖賢正誼不謀利、明道不計功，平時拳拳教人篤于下學，只是做格物致知以誠意正心而脩其身底工夫，何嘗躐等使遽造于物格知至、意誠心正身脩之地，而安享其效？至所謂齊家治國平天下，則又在于身已脩而充之爾，非素無本領可以雜然妄進其極也。

繼又以「敬」之一説，强牽挽附麗于其後，❷意義殊不相屬。外日温陵會次，亦説破此病與之知，❸未必當其意也。使其享年，學老而成，亦不過只成就得一箇拗爾，無足多道。

每嘗竊嘆世之學者，最難得美質。質既美，又難得有志焉。幸而質與志俱美，而所學又不得門路，無以成其質而達其志，竟亦何美之有焉！因是益覺伊川所謂三不幸之説，誠爲不易至論，可敬可服。

林賢良《草範》之書，極荷承教。此亦英才美質、度越流俗者，恨不遇明師，學無本源，用心良苦，與子雲《太玄》、温公《潛虚》、後周衛元嵩之《元包》同一律，皆無加損于《易》。後世聖道不明，而英才美質無所成就、枉入偏曲者，何可勝計邪？

❶「篇」，原作「偏」，今據康熙本、乾隆本、清鈔甲本及《四庫》本改。
❷「其」，清鈔甲本作「時」。
❸「病」，乾隆本作「而」。

仙鄉多同門老成，想時有切磨之樂。前年，道間遇潮人，説及謝教有《書解》自刊行，❶未悉是自著？❷是編集？因一書求之，未蒙回答，更仗吾友求本示及爲幸。

蓋《書》之爲經，最爲切于人事日用之常，惜先師只解得三篇，❸不及全解，竟爲千古之恨。自先師去後，學者又多專門。蔡仲默、林子武皆有《書解》，聞皆各自爲一家。昨過建陽，亦見子武《中庸解》，以《書》相參爲説，中間分章，有改易文公舊處。過温陵，又見知契傳得蔡伯静《易解》，大概訓詁依《本義》，而逐字分析又太細碎，及大義則與《本義》不同，多涉玄妙，終不能脱莊列之習。豈真知《易》之所以爲《易》？良可嘆矣。

直卿去年過南康，太守陳寺丞邀到白鹿洞，講乾九三、坤六二，傳得本相似舉子時文牽挽之態，發二爻大義本旨殊不出。中間詞語又多病，復不見所以爲乾坤之變處。今録去，漫一觀。直卿在師門最久，傳得本末極爲精備，而其爲説如此，則真見之粹然者最爲難也。

《行狀》後段，必是渠筆。此篇形容得文理俱到，却穩善。所欠「温和」一節，誠如來喻。舊某《叙述》之文，亦曰：「望之儼然而可畏，即之温然而可親。其接人也，終日怡悦，熏然春風之和而可挹；事有所不可，

❶「刊行」，原漫漶不清，今據康熙本、乾隆本、清鈔甲本、清鈔乙本訂正。

❷「悉」，原作「委」，今據乾隆本改。

❸「解」，清鈔甲本作「講」。

則其斷之也雷霆之威，又厲然而不可犯。」乃其實也。

然其間亦有小小造語立字未穩處，而後面近末，説「天文、地理、樂律、兵機等，皆吾道中之事，自己本分著實工夫，所以明明德體用之全、止至善精微之極，所係不可得而精粗」者，今乃結上文以道德，却分析此出在道德之外，離爲二截，似不相管屬，説開了。及碑記等文，多亦只是發明此理，不可與騷賦又別作一等看。此段更當脩刮，純粹無病爲善。

直卿前日在安慶，有小不合當路者之意，不欲顯然罷之，姑以大理丞召起。既在道，則使臺章彈去，而畀以祠禄，非誠有召對之命，得以從容于辭受進退之義也。

答郭子從二

所論先天順逆之説，太泥，左旋右轉相滚雜，終竟未瑩。據《説卦》本語，自古無人曉得字義。直至康節先天之學，始説得出，而《啓蒙》《本義》復用其説而詳之，已甚明白矣。

如圓圖之左方，自有乾一而後有兑二、離三、震四相次而生，而卦氣則自震之初爲冬至，離、兑之中爲春分，至乾之末而交夏至焉，皆是順數其已生之卦而言，如順天而左旋，故曰：「數往者順。」其右方，自有巽五而後有坎六、艮七、坤八相次而生，而卦氣則自巽之初爲夏至，坎、艮之中爲秋分，至坤之末而交冬至焉，是皆逆數其未生之卦而言，如逆天而右行，故曰：「知來者逆。」

然推原《易》之所作，乃從乾一、兑二、離三、震四、巽五、坎六、艮七、坤八相次而生，然後成六十四卦焉。

故曰：「《易》逆數也。」

凡此所謂逆順，其主意只是已生未生爲別，而康節引天左右旋爲譬，亦各就兩邊言之耳。今不必拘諸家之説，只管分别如何是左旋、如何是右轉，愈見礙也。

乾九三、坤六二所云云，須要見得兩爻本義端的不可移易處。九三以陽居剛，健而又健，爲健之至，故有「終日乾乾」之象。以其不中，故又有「夕惕」「厲」之戒。然所以至健而乾乾者爲何事，聖人于《文言》申之以「進德修業」。知至至之，可與幾；知終終之，可與存義」。大要不過致知、力行兩盡其道而已。是迺所以爲健而又健之實也。

六二以陰居柔，順而又順之至，❶且居中得正，純粹無偏，故有直方之象。然所以至順而直方者爲何事，聖人於《文言》申之以「敬以直内，義以方外」。大要不過順守其正而已，是乃所以爲順而又順之實也。

乾坤何爲其如此不同也？乾知大始，而坤作成物。乾元，萬物資始，乃統天；而坤，利牝馬之正，先迷後得。是乾能創始，又兼統其終；坤則無始，但有其終而已。

故致知非健，則事物渾淪，無以剖析是非；力行非健，則或作或輟，無以造極。二者兩盡，無一强一弱，乃剛健之至。此正聖人純亦不已之事，而顔子克己工夫，亦足以當之。坤則無致知一截事，只敬義順守于其終而已，此乃仲弓爲仁之功，視顔子大有逕庭。知乎此，則乾坤健順之辨自判矣。此等工夫義理，亦何有

---

❶「之」上，清鈔甲本有「爲順」二字。

上下之限？而渠乃以居下爲言，未免偏滯疎闊。又止言力行一邊，❶而不及致知，一强一弱，何健之云？甚大失聖人之旨矣。

以窮理言，義又不相似。窮索乃平日之功，非裁度處事時之事也。若曰「觀理度宜」則可矣。又言「乾之德業，必本於坤之敬義」，亦有病。乾之爲乾，果有資于彼乎？❷是則聖人德業，須有待於賢者功夫而後成矣。曰：「如此，則乾獨無敬義乎？」❸曰：非也。乾之爲德業純一於誠，無表裏隱顯之間。所謂敬者，自清明如神，何有持主之迹？所謂義者，自從容洒落、迎刃而解，又何有裁度之爲乎？然人之資質不齊，學者自顧，若無清明剛健絶人之資，不能超拔爲乾之事，則莫若且用力於坤之敬義，至于真積力久而不息、無不利，則乾之德業亦可馴造矣。此又自賢入聖而合德無疆之地也。❹妄議大義如此，高明以爲如何？

李推所作姚誌銘亦善，美質不遂，誠爲可惜。然其人已往，無足深論，姑置之。大抵自專自是而不能虛心，乃世儒之通患。惟好自專自是，則無復有進；惟不能虛心，則無可大受。前賢多能以駁雜之資轉移爲美德者，❺皆由不自是之故。先生亦嘗曰：某平生不曾自以爲是，而吾徒看道理，又須要見得真是真非端端

❶「止」，清鈔甲本作「只」。
❷「彼」，清鈔甲本作「本」。
❸「義」，清鈔甲本作「意」。
❹「合德」，清鈔甲本作「德合」。
❺「德」，清鈔甲本作「質」。

的的，方爲切己物有得力處。不可半間半界、含含糊糊，徇人情世俗，相假借爲隱忍回互之態。不惟于道理有妨，而亦心術之大病。去年在桐城，與李推相處多時，見渠于是非白黑，大故騎墻，❶甚欠親切端的工夫。所謂「相觀而善之謂摩」，吾徒亦不可不自警勉也。

答郭子從三

承諭創行宗法，可謂勇于爲義之舉矣，不勝贊詠。且蒙以宗會樓、食燕堂之記爲囑，久未得暇。去冬十月，因撥冗取禮經攷其法之所以然，初只欲應命一篇。然古人宗法，不可不叙其來歷與後人知之，而其中法意曲折浩博，詳言之則動傷冗長，有厭觀者；約言之則又不足發明大義，安能以警悟昏俗？❷遂併作二篇，庶幾少布露區區，以爲名家扶持禮教之助爾。

既而成篇，只依來意所主歸之小宗爲説。而妻父再三道及「豈可無始祖」，畢竟始祖之祭，終不可得而廢之也。於是再攷所示諸文字，得見來説所謂「盛族之始，實自漳來」，此正禮之所謂別子者。若知其名字或墓地名，❸則當以爲始祖；若不記識，則不得已以其下所得知者爲之。莫是今高祖而上，所謂二郎者

---

❶ 「故」，清鈔甲本作「段」。「墻」，原作「檣」，今據乾隆本、清鈔甲本改。

❷ 「能」，原作「肯」，今據康熙本、乾隆本、清鈔甲本改。

❸ 「或」，清鈔甲本作「識」。

是否？

然所謂始祖之祭，亦無甚重難，按《家禮·祠堂》章，始祖雖親盡，而大宗猶歲率宗人一行墓祭，❶百世不改。因欲以是説，再訊取雅意之可否，而悄無鱗翼可附。今只具數端于後，惟高明裁擇焉。

答陳與叔

承手翰并謝教夏商書二册，豈勝欣慰！

《女訓》之書極關世教，得真本見示爲荷。某亦嘗恨此爲世間闕典，因編《女學》之書一帙，以女、妻、婦、母、姑等分門類。纔脱藁，即爲朋友取去，已多年，亦自不能存得一凈本。今感兄之書，覺節目亦切。

深竊敬仰林宰，久聞賢名，只等入郛一見而竟未能來也。傳説愛民甚篤，但亦空有仁心仁聞，而民不被其澤。蓋南邑官錢浩瀚，多是鑿空白撰。爲有司者例許人告訐，重爲科罰以充解發。今渠惡此等無名而不肯效顰，誠是也。然則無計畫可代，其勢不能舍此。若在己當之，則自斟輕重適中，民猶有分毫之賜。今凡有當科罰處，却不自當，而推與三佐官爲之，冀其罪過不己出。然佐官藉長官之命，則肆其慘爲害益甚，❷

❶「猶」，原漫漶不清，今據康熙本、乾隆本、清鈔甲本訂正。

❷「慘」，原作「參」，今據康熙本、《四庫》本改。乾隆本、清鈔甲本作「暴」。

此何異遣兵殺人，曰：❶「此兵也，非我也。」❷不思律中猶分首從輕重之别，則在己果能逃其罪乎？是本欲愛民而反爲民病，其心誠可矜，而用處不達，殊可悶。兹豈學問之當然乎？❸恨不得一會面而扣其説也。

與卓廷瑞一

某欲寓中都，凡百粗遣皆庇之。及此行，雖于進取不甚利，而因以多見賢者，其爲道義之益不淺。自過莆見陳南康，留書院講論。其人胸懷磊落，一持正論，更無回互。因出至之所爲新作二圖并親書，囑渠刊布。一曰《天道至教圖》，❹從太極、兩儀、五行、四時、四方以至四德、五常、四端，相次排列；其一曰《天道至教圖説》❺標出《禮記》「至教至德」一條，及「風雨霜露無非教」一條，與「仁氣義氣」一條，列於其首而爲説于其後。大意説：「君子法天從政，如風動以教民善，如雷擊以懲奸慝。便及始爲士而終爲聖，盡乎人而合乎天。」鄙見竊謂其圖是矣，其説則未能與圖相應，在我殊無本領，所謂「有用而無體」。且徒止於兩端，而造聖人天德之路，又失之急遽而太徑。陳守操筆再三，令某就圖上斫抹，曰：「朋友切磋，正要如此。」

❶「曰」上，清鈔甲本有「而」字。

❷「我也」下，清鈔甲本有「哉」字。

❸「兹」，原漫漶不清，今據康熙本、乾隆本、清鈔甲本及清鈔乙本訂正。

❹「教」，乾隆本作「德」，可從。

❺「天道」，乾隆本作「聖人」，可從。

某謂鄙見姑論其理如此爾，亦不必爲太甚也。

又出黄文思《孟子説》二十段，大概亦平正，而説「性」處所引書及韓公説，只少委曲爾，而至之有説極與辨正。又將《太極圖》來讀，其旁註潘丈説曰：「上天之載無聲無臭者，無極也。儀刑文王萬邦作孚者，太極也。」某謂無極之説是，而太極之説不相似也。大抵論愈精微，言愈易差。於至極精微之地而純乎無毫髮之差者，至爲難得，最未可以容易下筆也。

李郎中貫之，在京口亦得一日之欵。其人氣象端莊静重，最能謙虚請益。其他有同在師門而未及相識者，往往多得面會於中都，亦一幸也。

答卓廷瑞二

林仲載歸，出示二書，甚感勤拳之意。

傳守仁賢，頗相親，向詢民間利病，其謙虚無我，極不易得。始見便囑以學糧事，因上利病二十條，皆學中僉謀公論，❶非一己私説。❷緣漳學糧號爲天下豐羡，數極萬餘。又累政撥田，添至千餘。二三十年來，因推官掌管無清白吏，彼人户計弊減落租數，今不登七千。又累被姦胥盗用，庾庫焦枯，諸生月分錢隔三四

❶「中」，清鈔甲本作「者」。
❷「己」，清鈔甲本作「人」。

季無可支者。寺丞之來，邦人望之，真如大旱之望雨。始謁學日，謂教與養不可偏闕，甚有意爲之整理，因而採訪利病。及集劄子上，將謂便一一施行，立見其效，可以快邦人之望。既而閲旬月後，恬然悄然，無一語信用。

大概近弊，只在庫子吴深、推廳司屈寧二胥盜用，❶而監官受賂，力爲蔽護，然至此而情態暴露，昭昭不可揜。此用剛斷之時，吏當即就鞫，❷官當即改司，庶可整理還復。而依然待之如初，纖毫不少動，著意者姿性慈祥之太過，而剛斷之不足歟！

大抵恤民當以慈祥寬厚爲本，馭吏當以剛明果斷爲先。非所恤而恤，則爲惠姦而傷仁；當爲而不爲，則爲昧理而害義。

亦準擬旦夕更入一劄，少爲裨贊萬一，❸亦未知其從違之果如何。未信而言，聖人弗與；交淺言深，君子所戒。自反亦不能無此咎也。

---

❶「吴」，清鈔甲本作「只」。「司」，清鈔甲本作「用」。

❷「吏」，清鈔甲本作「事」。

❸「萬一」，乾隆本作「一二」。

答卓廷瑞三

九月間，亦得葉友仲圭書，道及夏間造李推處授室。

此子資質甚穎敏，可與適道爲可愛，而病痛之重，❶亦爲可憂。所謂「貪多欲速，而乏研精覃思之功；馳騖飛揚，而無優游涵泳之實」。誠如長者之喻。由其所師者節齋之學，又别自立一家，不純用文公節度。❷如《易解》，雖訓詁紬繹詳於《本義》，❸而理義要歸未能遠脱王、韓、老、莊之見。❹而非有申明羲、文、周、孔之旨，則其所爲教者，必好躐高妙而鮮循序就實工夫，所以從游沿習之至此。

向在仙里相見，頗屢折而痛砭之。及建上再遇，却屏斂鋒鋩，俛意信向。今頗駸趨實矣。是其資質猶可與點化，病痛猶可與醫療，不固執專門偏陋之見，殊可喜。但恨隔越不復相及，恐齊人一語之傳，無以勝楚人衆説之咻，爲可嘆爾。

所喻仙里後進學者通患，誠然。但今世學者，於頽波流俗陷溺至久之中，忽知回頭去彼就此，未可以規

❶「痛」，清鈔甲本作「篤」。
❷「純」，清鈔甲本作「能」。
❸「詳」，清鈔甲本無此字。
❹「脱」，清鈔甲本無此字。

繩矩度嚴密責之，❶須幸其抗志而來，且與嘉接而循循誘之，得他甘心俛首自去下功。俟其入門稍稍有見，則聖人宫墻内許多藴蓄，如千倉萬庾菽粟之富、如千箱萬篋布帛之厚、如千櫝萬匣金璧之美，❷便有一綫路脈之可通，❸而知自厲以求之，鑽得一級則見又親得一級，窺得一點則察又密得一點，鑽益入而見益親，窺益到而察益密，則此身病痛自將愧覺悔悟，慄然不能以自寧，❹而檢點克治懇切，❺更不容已，自不覺其氣質變化矣。

若于始焉，遽繩之太苛，恐又沮人進道之心。彼未得趣味，且畏憚恧縮不復進，則聖人宫墻自此無可入之望，而吾道轉爲孤立，豈不大可慮哉！

---

❶「以」，清鈔甲本無此字。
❷「匣」，清鈔甲本作「篋」。
❸「路」，清鈔甲本作「絡」。
❹「以」，清鈔甲本無此字。
❺「檢點」，清鈔甲本作「點檢」。

北溪先生大全文集卷第二十六

書

答陳伯澡一

吾友天資粹淡，最是近道。而又立志於此，曾用工夫，已識門户趨向矣。加之妙齡甚富，儘可著步。第恨去冬面會只半日，倉遽不及欵曲講論，以發高明之見爾。

閒居無良朋善友，與流俗混處，易墮得。❶人先須堅立此志，常以顔子「有爲若是」者在念而自提撕，以孟子「未免鄉人」者爲憂而自淬厲，不埋没，不退轉，然後循序用工以副之。

其爲工夫大要處，亦不過致知、力行二事而已。二者皆當齊頭著力並做，❷不是截然爲二事，先致知了然後力行，只是一套底事。真能知，則真能行。行之不力，非行之罪，皆由知之者不真切，須到見善真如好

❶「墮」，乾隆本作「墜」。

❷「並」，清鈔甲本作「去」。

好色，見惡真如惡惡臭，然後爲知得親切而謂知之至，則行之力即便在其中矣。自古聖賢喫緊爲人處皆在此。

就二者之中言之，則其最要又在格物上多著工夫。格，至也，窮至事物之理，表裏灼無遁情，如親到而見其然。如《大學或問》中程子所説「格物」諸條，則其用功次第極爲明備。

至其所以爲致知力行之地者，又在主敬。此又是日用貫動静工夫，所以唤醒此心常存于此，惺惺不昧，然後看理不散漫而知可精，作事不差繆而行可達。

若分讀書之序，則須先《小學》以立其基址，次《大學》以提其綱領，次《論》、《孟》以玩其精微，然後會其極于《中庸》。此已詳見《大學或問》中。且就此數書用功，有疑可以書往復，俟此等工夫既做，然後會合正訂，未爲晚也。

答陳伯澡二

所示疑難册子，甚不易究索至此，大概亦多得之。其間有未合處，一一批其後，更子細體認。

大抵窮理不要高遠，只以《集註》爲本，平心看去。欲登高必自下，❶欲陟遐必自邇。❷先其易者而後其

❶「下」下，清鈔甲本有「始」字。

❷「遐」，清鈔甲本作「遠」。「邇」下，清鈔甲本有「始」字。

節目，且循循漸進，切問而近思，到五六番後自有見處，非只一番便可躐等，和高深玄妙都了也。

答陳伯澡三

所寄《論語疑》册子，頗見日來進學工夫。不易，不易！已據鄙見各批鑿於其下，幸更思之。❶但看文字，非可只一番便要鑽研，都了得聖賢精微嚴密之旨，須至于再、至于三而浹洽之，方見得趣味源源而出。

然聖門事業浩博無疆，而用功有節目，讀書有次序。初學入德之門，無如《大學》。此書見得古人規模節序，在諸書中爲提綱振領處，❷必先從事於此，而《論》、《孟》次之，《中庸》又次之。四書皆通，然後胸中權衡尺度分明，輕重長短毫髮不差，乃可以讀天下之書、論天下之事，於是乎井井繩繩，莫不各有條理而不紊矣。不然，泛無定準，凡所考論非有成説。今已讀《論語》，成塗轍，宜速了畢，便著力從《大學》看起。

然古者八歲入小學，十五入大學，中間有許多年植立地基，故就上發越精采，有根著。今已蹉過，無如之何。幸晦翁先生自出一家機軸，輯成《小學》之書，皆是見成義理甚明，直日用當務甚切要。于以收放心

---

❶「思」，清鈔甲本作「詳」。
❷「在諸書中」，清鈔甲本無此四字。

而養其良知、良能之本，便可補填往前欠闕而栽培後來功用，❶極有益於學者，亦不可以爲童習而忽之。常置在案頭，於朝夕之暇，或取一觀焉，則於《大學》不無所發。此在《大學或問》中，第一問之首段及末段，説之已明，須實按之用功，乃見其非虛語也。

答陳伯澡四

承惠書并《疑問》一册，見得日來用功懇切，甚不易。大概不走失，亦多有精確穩帖處。但看文字，須專一熟玩本文正意，最不要支離牽引，愈見駁雜，晦翁平日最不喜人如此。《論語》須以《集註》爲正，❷此書與《孟子集註》及《大學》《中庸》章句、或問等四書，時時脩改，至屬纊而後絶筆，最爲精密。如《論語或問》之書，雖云著之丁酉間，年已高矣，後來置之不脩，未得爲成書。今細觀之，時覺有枯燥處，亦多有不穩處，亦多有失之太甚處。比之《大學》《中庸》或問之書大不同，若姑借之以參訂《集註》之所未詳，則可矣，未可全按之以爲定論也。凡所講究，只專依傍《集註》爲之準的，則非惟大故省力，❸而路脈意義亦自不差矣。

---

❶ 「功」，原作「切」，今據清鈔甲本改。

❷ 「正」，清鈔甲本作「定」。

❸ 「故」，清鈔甲本作「段」。「省」，原漫漶不清，今據乾隆本、清鈔甲本、清鈔乙本訂正。

「仁」字看得亦已近傍，更須熟玩，時時勿忘，須到胸中洒落、無纖毫窒礙處，則日用動静，無非此「仁」卓然呈露矣。

答陳伯澡五

所寄《雍也》册子，講究得頗精密，又路脈認得已定不走，❶較之前册子又大勝矣。此後已無多接續，早終之爲佳。

道雖浩浩無疆，而升高自卑，陟遐自邇。但將路脈不差，又加之不息之功，❷則循序漸進，自有可造之理，更望勉旃。

「仁」字此册看得已稍親，不似前之泛泛。文公有《仁説》二篇，莫須已曾見否？一篇誤在《南軒文集》中，一篇近方得温陵卓丈傳來。此二篇及《克齋記》説較親切，可以此爲準則而體認之，自不差矣。

答陳伯澡六

姚省元過温陵，便道見訪，得欵曲兩時辰講論。奈少年方入門庭，遽攫大名，於路脈未有定準，且復不

---

❶ 「走」下，清鈔甲本有「失」字。可從。

❷ 上「之」字下，清鈔甲本有「以」字。可從。

能虚心敬信、循序致力，尚有疑乎格物工夫之爲外而且煩，又有眷乎陸氏學問之爲得而非偏。彼時隨證爲之救藥，未知其果能釋然與否。若其歸也，必再胥會，當極與之痛切剖析，使之邪正大分明白。不然，則恐亦不能保其一於聖途之適而無差也。

大抵吾儒工夫，有節目次第，非如釋氏妄以一超直入相誑眩，須從下學方可上達，須從格物致知，然後融會貫通。而知與行又不是兩截事，譬如行路，目視足履，動即相關，觸即相應。豈能相離，偏一廢一？若瞽者不用目視而專靠足履，則寸步決不能行；若跛者不用足履而專靠目視，則有空勞望想，亦決無可至之處。

陸學從來只有「尊德性」底意思，而無「道問學」底工夫，蓋厭煩就簡、忽下趨高者，其所謂精微要歸，❶乃不過陰竊釋氏之説以爲聖人之藴，確然自立一家，牢執不可轉移，最爲害事。初學見識未定，看之不破，只當以此爲警，而何可惹著？

學者大患，最是不可先立意見横在肚裏，執之不化。若然，則中已梗塞，後來之善更不能容，是自入頭門路便已差，却更何復望其有睹於堂奥？須是虚心平玩、優柔饜飫，然後聖人之意可以有得，而步步踏實，工夫不枉矣。

吾友却無此等失，然亦不可不知也。吾友攷索路脈已自不差，更望亹亹加功，早畢了《論語》，即又從

❶「謂」，原脱，今據清鈔甲本補。

《大學》看起。《大學》既畢，復温《論語》，意味又别。温《論語》又畢，則基址已自稍稍立定，然後從而開廓之以《孟子》，自不復難，而亦時有洒然之意矣。續後，方以《中庸》會其歸，則聖賢藴蓄事理本末精粗深淺，皆可瞭然在目，而胸中權衡尺度，無星毫分寸之紊矣。❶至是然後可以讀天下之書、論天下之事，而皋、益、伊、傅、周、召大業，亦自不離乎其中矣。此文公先生所示學者次序，決不可移易，決非欺世誤人者。

而姚學諭却不循此，兩年來先專從事於《詩》，李探花持書折之，謂其何不先從《大學》看起。姚却引聖言「興於詩」爲據，而固執其説。時併舉以講訂，某復語以文公四子之序，須著如此用工。渠有難詞。似此等意見，便與聖賢天地懸隔，若久而不改，雖曰篤志，恐散漫而不倫。❷無乃空自苦，是猶却行而望及前人，萬萬無是理。吾友其亦戒之哉！其亦勉之哉！

答陳伯澡七

《論語》看到何處？早畢之爲佳。一書既看得精，則他書亦易。山谷所謂「精于一，然後諸書則亦得其精」，正此意也。

大抵道體渾浩，非可以一蹴到。而聖門事業宏博無疆，又非窺見一斑半點所能了也。求之有次序，而

---

❶「矣」，原殘缺，今據乾隆本、清鈔甲本及清鈔乙本訂補。
❷「倫」，原作「淪」，今據乾隆本、清鈔甲本改。

入之有等級，須一一實致下學之功以體會之。但上等明睿資質，用功快易，到處從容迎刃而解，不大段勞苦。❶在尋常學者，須鋭情苦思，循序以求之，不能兀然安坐，❷望其自至。

若於四子既融會通貫，則理義大體在吾身心已有歸著，更看一二經傳，參質歷代諸史，是非得失皆粲然如燭照星列，然後可探天地之全，施諸用而無阻。此乃聖賢大業，非真篤志者不足語。此吾友進之有方矣。其幸勉之哉！

答陳伯澡八

所示《論語説》二册子，其未安處已批鑿。其所已是處，亦未可便以爲足。異時再復温繹，趣味源源又别也。講究理義，須是一日明白一日，一日簡潔一日，一日親切一日，方爲有日新之功，未可偏滯在一隅，而不之進。

所論「洒掃應對是其然，必有所以然。爲難曉」，此亦何難曉之有？蓋是其然者，洒掃應對之事也；所以然者，洒掃應對之理也。事者，人事也；理者，天理也。理不外乎事之中，而卓然于事之表，然必從事其事，節文纖悉無所不究，而後理可達也。未有不了其事，而能得其理者也。

---

❶「段」，原作「故」，今據清鈔甲本改。

❷「兀」，清鈔甲本作「塊」。

至《大學或問》中所謂「當然之則」者，其事之理也；「所以然之故」者，即理之根源而以天所命者言之也。格物窮理，須且就當然之則處熟看。所謂當然之則，在日用應事境界，正爲要切。其節文淺深疏密、精微曲折，有多少事在，一一見得確然定準，各有條理、不容少紊，然後就上更進一步，究其所以然之故，則自釋然於心目之間，不難曉矣。

故理義中，所以然之故者，實不難曉；而所當然之則者，最未易究。學者毋患乎不難曉者之未能曉，而患乎未易究者之未能究。曉其所不難曉者之未在所急，而究其所未易究者之最不可緩。但當循序用功，俛焉日有孜孜而已，不可忽略於此，而注意于彼也。

某向來得先師親授以「根源」二字之訓，謂「窮理須到根源處方確定」。當時在郡齋，亦未能曉。到別去後，方即其言而推詳之，有數段子去請質，即已深契師旨。❶書來印證，以爲「看得甚精密」。而廖丈不知其由，反以爲疑而立論排之，反復不置。亦感其下學篤實之助，而于原頭終未瑩，❷看理爲不盡也。今録去段子，以此例推之，亦可觸類見矣。

所喻「仁字未能釋然」，此亦不難曉。仁，只是此心天理生生之全體。天理二字，除不得；一个生字，亦除不得。只如此認定看，自直截明潔親切，其他則以此旁通曲暢，無不是矣。但欲真知而實得之，則未易

---

❶「旨」，原作「自」，今據乾隆本改。清鈔甲本作「有」。
❷「原」，清鈔甲本作「源」。

能，須體於身心工夫純熟，遲之十年後，❶亦未爲晚也。

答陳伯澡九

姚省元初間經過，日議論煞不合。後來因便寄一書，只詳日前所論意旨，大抵皆平心講貫之辭，不意渠甚尅不得，答書來，悻悻不平之氣盈溢楮幅間，甚作怪，殊可笑。原其病在於一魁，❷容不得不知，此乃世俗軒輊事，何足道而横肚裏不化？只欲伸於人之上，而不肯屈於人之下。在吾儒真講貫義理，一點俗氣使不得，便昏了義理，不見得是非之真及裏面無窮之趣。

看來乃江西流派，確然欲自植立一門户，無可挽回者。議論殊不識深淺，輕剥儒宗，妄自尊大，欲獨步斯世。亦緣是未曾深用工夫，未見得滋味之故。若用工深、真得滋味之人，自終身竭鑽仰之力，❸俛焉日有孜孜，斃而後已。惟恐做不徹，何敢肆輕無畏？何敢率易妄措一辭？可嘆！

此學甚難，亦見真用力之難，其人謾知之，以爲警戒矣。

❶「後」，清鈔甲本無此字。

❷「魁」，清鈔甲本作「塊」。

❸「自」下，清鈔甲本有「然」字。

答陳伯澡十

某平居里閈，不曾將此理爲人説。以其非是趣味相同，言之徒爲强聒，而無益焉爾。

大抵今之讀書爲儒者，通一世皆是學舉業之人，自兒童學語，便教以屬對。❶既而少長，雖次第讀《孝經》《論》《孟》《詩》《書》經，莫非爲舉業之具。越十五成童，至於二十成人，所謂舉業語言已盈耳充腹、纏肌緻骨，❷渾是世俗一機變浮華之人矣。於是時，而忽有能悔悟、起而從事於聖賢之域，❸而其心度意趣終是束於故習之慣，若固有之而不能忘。至于談賢論聖，乃欲以是而辨是非、斷可否，反自謂真有得乎聖賢精微嚴密之旨，不知依舊只是日前穿鑿粧綴之私，非惟不足以得理義之真，而與聖賢相背馳而去之，是亦良自誤也已。

故凡今之學者，如欲有志于聖賢之學，❹須是屏除舉業一切新奇意見，放下世俗一切人我態度，脱然一意於此，從頭逐句逐字一一子細虚心以求焉。一字亦不敢自是，而必細攷其義之的爲何訓；一句亦不敢自專，而必平玩其旨之的爲何歸。是雖無驟升頓造之功，而循序孜孜日積月累，寸便真得其爲寸，尺便真得其

❶「教」，原作「對」，今據康熙本、乾隆本、清鈔甲本改。

❷「緻」，清鈔甲本作「徹」。

❸「於聖賢之域」，清鈔甲本無此五字。

❹「欲」，清鈔甲本作「彼」。

爲尺，進進不已，❶聖人堂奥自是亦有可造之漸矣。此是真實學問工夫，豈泛泛焉窺高躐遠、輕自大而卒無得者之所能知也。

答陳伯澡十一

相别又許久，做得甚工夫？

道理須要看得端的，不可只略略見个大意便了。是是非非須如好好色、惡惡臭，恁地真切，確然不可移易，方爲實有得于己，方始分數占在强邊，方透得《大學》「誠意」關，方到得《孟子》「居安」地位，方有牢固得力處，方駸駸日進不可禦，方可保成个人免禽獸之歸。

若只依希略綽、❷不解端的，是非美惡半間半界、茫然不定，在平居無事未接物時，猶未見做病，若到應接事物，忽臨大利害境界，有大可羨可嗜及可駭可懾，便不覺爲之潰亂變動，忽或墮於非人類之域而不自知矣。到此又反成大姦慝，從前許多功都掃了，不復見有分毫之益，都成枉費心力，是豈不甚可畏也？是豈不甚可戒也？

然欲到那實得端的處，非迅速用功者不能，而非悠悠度日之可得也。幸更勉之，非細事也。

---

❶ 上「進」字，四庫本作「日」。

❷ 「希」，乾隆本、《四庫》本作「稀」。「綽」，原作「晫」，今據清鈔甲本改。

北溪先生大全文集卷第二十七

書

答陳伯澡一

所示「問目」二册，治行忙甚，兼年來精力覺退，目患常作，視力短，不甚耐煩。撥冗看過，據鄙見批鑿去，可詳之。

大抵讀書之法，先須逐字逐句曉其文義，❶然後通全章會其旨歸。文義、旨歸既通，然後吟哦諷誦、優柔饜飫以玩其味。其中之底蘊，虚心以察之，切身以體之，要使本章正意大義爛熟，擊其首則尾應，擊其尾則首應，逐章每每如此相續，然後意味浹洽，而聖賢精蘊可見。必至於理義昭明如在面前，一扣及之便如自胸中流出，方爲實得而謂之己物。

況如四書者，實後學求道之要津，幸文公先生註解已極精確，實自歷代諸儒百家中磨刮出來，爲後學立

---

❶「逐字」，清鈔甲本無此二字。

一定之準，一字不容易下，甚明甚簡，而涵蓄甚富，誠有以訂千古之訛，正百代之惑。今學者即此據依，不支不蔓，而直從容於聖門之入，以全其降衷秉彝爲成德之歸，非以資談柄也。

今吾子之於四書，姑只通其文義，便以爲足而自任；更不復究其中精蘊大義，便一向就枝葉皮膚、偏旁迂曲、閒慢零碎去處，逐一精粹苦索，❶要無一之不知。如《語孟或問》乃舊作，爲已棄不脩之書，而必著意，惟恐一字之或漏。《中庸集解》中所不取諸有病痛等説，亦必注心，不容一字放過，而《集註章句》微言至論可玩味處，却草率過了，是何耶？

夫窮理固在乎無所不通，然亦須當務之爲急，先其所當務而後其所可緩，到理明義精田地，則從高視下，一目瞭然，一切是非白黑自無遺遁，何須先以瑣瑣爲急？當講者不講，而講其所不必講；合疑者不疑，而疑其所不足疑；不借他言語以看自家道理，而急於攻彼之短；不因他不是以訂自家是處，而專於外面馳逐。蓋自始講學以來，便有此病，合下亦屢説破，而竟不相信。迨今莫能少改，而此病尤甚。看來吾子所學，只欲博物洽聞，爲司馬遷、揚雄諸儒者流，而不欲爲聖門志道據德功夫，殊不入顔、曾路來，竟不知其果何謂也？此理昭昭天地間，亦在人自肯，難爲强聒，不知吾子所志果何如。

古人謂：「博學而篤志，切問而近思。」又曰：「博學之，審問之，慎思之，明辨之，篤行之。」今吾子不切不審，而雜乎其問；不近不慎，而泛乎其思。長編大帙，不論精粗美惡，都一衮來，浩浩瀚瀚，是乃博問而遠

❶「粹」，康熙本、清鈔甲本作「研」，當從。乾隆本作「細」。

思，無乃欲夸多鬬靡，姑託此以爲虚譽之媒乎？殊非朴實頭作工夫。若一向如此，不早自省覺，回頭就實，吾恐終於散漫無所歸宿。至是境界，雖或知悔其功用之錯，亦噬臍無及矣。今不説破此，則區區不能逃誤人之責。❶説破其誤而不肯信，則是乃所以爲自誤，而非區區之預也。❷

所喻質疑陸續，此何期限之拘？能時嗣音，得見進學次第爲佳。但須更請平心直道看文字，掃除舊習，濯出新見。取其大節目關於天理人事之實，端的有疑不通，合講貫處相講貫，則庶幾拙者得以効區區之愚，不爲枉，而賢者因以獲切磨之益，不爲虚也。

答陳伯澡二

承示喻紬繹《集註》之説，甚善。

聖賢精藴，非可以獵涉取，固朝夕所當優游玩味者，但此亦温故之常法，若專一區區於此，又恐窄狹了。有如博覽諸羣書，❸亦當趁後生精力，且勇猛經歷，逐件打破一過，俟他時重温習，旋旋做細密工夫，方可情節諳熟而議論確定。非素未嘗經，可以一朝驟然者也。《中庸》擇善之功，自博學至篤行，其目凡有五，皆始

❶「逃」，乾隆本作「委」。
❷「之」，清鈔甲本作「所」。
❸「諸」，清鈔甲本無此字。

終表裏相爲用而不可偏以一廢者，幸更勉之。

大抵聖賢言語，似甚平常，皆是發明至道精微以示人，然亦無他玄妙奇巧，特不過人道日用之實。斷斷乎不可者，蓋深慮斯人之迷茫不自知，而爲夷狄禽獸之歸爾。今讀其書，亦不必過用心求玄求妙於杳冥昏默之表，特於人事日用間，以聖言一一切身體之，須至于一一見得確然不可移易，當然不自已，❶實爲吾身中物事，則是雖艱難險阻之中，無不從容洒落，百鍊不爲之磨，九死不爲之悔，其中固自有所謂快樂、所謂玄妙者，只心知獨悟，而非他人所能與者。夫然後爲知之至而行之盡，然亦豈尋常苟且所能到哉！是誠不可以不勉焉者也。其毋以常而忽諸。

泉城與諸友講論文公所答《胡廣仲書》卷子，已隨段批鑿其旁，幸更詳之。

答陳伯澡三

某守拙如昨，無足言者。多時不見賢者講貫之來，豈勝馳想！大抵講論不接續，則無以知進學次第而施其與共適道之功。不審許多時，做得甚工夫，見得又如何。

温故者既熟，則新得須源源而出；新究者既廣，則舊見須印證而益精。若溺心偏旁閒末，則大道正義

❶「不」下，清鈔甲本有「容」字。

將窒塞而曖昧；以一斑半點爲足而自限，則宗廟之美、百官之富，將無由而前窺。❶故過屠門，惟膚骼之是嗜，則肥腯大胾，無由可知其味；入酒肆，惟糟醨之是慕，則馨甘醇酎，無由可識其趣。不游滄溟之心，則無以觀大水波瀾之壯，而知天下萬水之所會；不登泰岱之顛，則無以據大山氣勢之雄，而知天下萬山之所歸。其未識蹊逕、未做基址者，誠不足以語此。若可與之語，而嗇焉不之及，則又非忠告善誘之道，而心之所不安也。賢者以爲如何？

答陳伯澡四

承示及疑難册子，又概看得已詳細精密，不勝嘉歎。所謂「讀書須就字裏究其底蘊」者，非是又别有世外一種幽玄道理也。亦不過人事日用間，聖賢道體昭明，不覺流出言語以教人，其爲言似甚平常，而莫非妙道精義所存。今若只就皮膚枝葉、偏旁閒末處理會，則恐枉用心支離而失却其中之底蘊，爲可惜。中前一書痛及此者，蓋爲是爾。然所謂「妙道精義」者，亦非區區談天説地、窮高極深之謂，直不過將聖賢言語，就人事日用之實，參質攷訂其理之爲如何。是非可否、淺深疏密、精微曲折，講之詳則見之益明，體之熟則用之益精。盈天地間，千條萬緒，是多少人事！聖人大成之地，千節萬目，是多少工夫！固不可以支離而失，亦

---

❶「前」，清鈔甲本無此字。

不可以一斑半點而自限。如入大富家，循墻而走者，固不足以窺大富之蘊。既由其門升其堂矣，却不深歷帑廩府庫，以徧閱萬寶之藏，而直欲安據壼奥、端坐堂室，以享大富家之用，亦恐指揮不克以如志也。是可不勉乎哉！

答陳伯澡五

外日所寄册子，説得已精密，甚不易思索至此。豈勝慰沃！大抵道理看得大概已定，無甚走作，更可推廣看去。

成己與成物，理本一而分却不同。所以施諸人者，固不越自身底，然界分廣則施益廣，事緒繁則應益繁。其間綱條節目、法度典章、淺深疎密、輕重曲折，非可以一律齊。若不講究，一一通明透徹，則出門舉足便有礙，一步不可行。

孔子曰："《詩》《書》、執禮，皆雅言也。"《詩》有文公傳，猶可依傍，本子看不差。其他經無準則，正要自著工夫。如《書》，乃帝王所以施諸天下者，其政事功業如彼之光明正大，皆是大本處，堅緻深厚，故大用流行，無所不通。《經禮》三百，《曲禮》三千，皆人事日用不可去者，其纖悉詳委，是多少品節，尤非可以糊塗。《周禮》，又周公經國規模在焉，乃周公之大用流行處。《春秋》，又孔子撥亂世之規模在焉，乃孔子之大用流行處。皆不可以不盡心。

觀萬物流行，而後知洪造之神；萃衆材結屋，而後知大匠之巧。妙道精義，須從千條萬緒中穿過來，無一之不周，然後爲聖門實學。萬理須明徹於胸中，然後可與語孔顔之樂。將此身放在天地間一例看，與之並立爲三才。須明三代法度，通之於當今而無不宜，然後爲全儒，而可以語王佐事業。須運量酬酢，如探諸囊中而不匱，然後爲資之深、取之左右逢其原，而真爲己物。若拘拘止守一隅，道理偏著在一己，則寡陋淺狹、孤單枯燥，是乃一夫之小善，何足以言道？何足以言學？

未能深著工夫，而見理未定者，亦未敢與語此。已識路脈、有基址，❶而不與之言，則又壞人之才爲可惜。❷惟心志不以小成爲限，而俛焉孜孜，實區區千萬之望也。

所論精微底藴底工夫，大概亦得之。然一字有一字之藴，非可專泥著一言片句下，❸皆求必盡得爲拘。誠以聖人一言片句，莫非妙道精義所流行，果能優柔饜飫、融會貫通，則聖人大本全體自可得而見，不待扣諸人而瞭然，更無餘藴矣。

《子上語録》，不止説本朝典故，兼有問理義大節目處，未必經文公親改，向見朱寺正以遺亡爲憂，面囑求之，未知廖本所傳者，是此否。能示及亦佳。

❶「有」，清鈔甲本無此字。
❷「壞」，原漫漶不清，今據康熙本、乾隆本、清鈔甲本、清鈔乙本訂正。
❸「片」，清鈔甲本作「半」。

答陳伯澡六

所喻仁體周流無間，已曉悟無疑，甚善甚慰。但求仁須有克復存養實工夫以副之，然後與之相爲周流而無間。如一視聽非禮，則仁便息於一視聽之下矣；一言動非禮，則仁便息於一言動之間矣；居處一不恭、執事一不敬、與人一不忠，及禮儀三百、威儀三千中，稍有一節目之或不謹，則仁隨處處當下，各便爲之間斷矣。亦復何能與之周流者哉？是固不可以不周匝其功也。

《太極》卷子，各隨段正訂附回，但此等未到處，不必苦苦勞心，過求外索，當反之吾身日用人事之切處。一動一静，蓋莫非太極流行之實，非大著下學工夫，從千條萬緒中串過來，等爲虚談，終非實見，亦安得存養而實有之？將恐復墮於莊列之塗，❶而不自知矣。須從博文約禮工夫兩盡至到，合聚成一个渾淪者在我，❷然後太極全體方爲己物，方可以言大用，而有扶持人極之功。此乃聖門實學工夫，甚穩當，決不差誤人，惟篤信者勉之。

答陳伯澡七

所喻看《書》課程，得見日來進學次第，甚喜甚慰。

---

❶「墮」，乾隆本作「墜」。

❷「个」，清鈔甲本無此字。

《書》無文公解，固無可依據，然有典謨三篇，説得已甚明白，親切精當，非博物洽聞、理明義精不及此。正可爲後學讀他篇之樣。雖他篇茫無定準，便正是學者所當自加功著力磨刮此心之鏡處。外諸家解，文公惟取東坡得解之體，及林少穎説，堪看。然二家之書，非謂一一穩當無病，更在學者精於考覈而去取之。

今來册子雖講究得詳，然大抵有躁迫欲速之病，而無沉潛熟玩之功，未甚得觀《書》之法。《書》不比《論語》，《論語》乃聖人暇日講説理義，章句簡約，又有《集註》指南，直就章句深探力取，可以無走作差謬。《書》乃帝王施設事業，正是聖人用處。大篇大套，有出一時之言，有非同日之語；有記數年之事，有纂數十年之説；有前後相反而相應，有彼此不相干而相涉。上下數千載治迹萃爲一編，一代有一代規模氣象，爲體甚浩博，文難於分章，非有臯、益、伊、傅、周、召胸次，未易諳悉得當時人情事理、精微曲折。

在學者，今只得且順本文，通其訓詁、理義，平心看去，未可輕立議論。看了一番又一番，反覆玩味，優柔饜飫，至數十番後，便有見得爲如何。既有入門路，❶到得裹面，又就中益加熟復，❷便自有貫通融釋，❸

❶「爲如何既」，原殘缺，今據康熙本、清鈔甲本訂補。乾隆本作「義精理到」，《四庫》本作「其中道理」。

❷「復」，原殘缺，今據康熙本、清鈔甲本訂補。乾隆本作「讀」，《四庫》本作「味」。

❸「便自有」，原殘缺，今據康熙本、清鈔甲本訂補。乾隆本作「詳審方」，《四庫》本作「則自然」。

是時方可有端的真見處。如文公《語》《孟》集註，初頭徧閲諸家説，❶或一兩段、或一兩句、或一兩字可取，皆抄掇來，盈溢一箱中，❷續後又旋旋磨刮，❸剪繁趨約，末稍到成个定本，凡幾百番經手頭過。

今方乍讀之，始於一閲之際，便欲浚而深之，句句字字求爲一定不易之則，以括盡千古之情。如入人家，方入第一門限，便欲覷了室中之珍藏。如登高臺，方登第一級，便欲覽了頂上之奇觀，恐不免於躐等而徒勞。方將何以遂志而有得？

況遇制度名數稍磽确處，却又掉了。此等無非理義所寓，於輕重疎密之間，可見古人心術纖悉處，正後生氣力强時工夫可了辦。乃厭而置之，不幾墮釋老空無之病，而不自知乎？

某於此書，亦未能有工夫到一一見得確定不易處，每恨不及請質師門，正望賢者用功，有相發之益爾。

答陳伯澡八

去載承書，痛悼内助之失。并問喪一册，未及奉報。八月初，忽陳秋來，説變故，甚爲驚駭，且恐風傳之

❶「頭」，清鈔甲本作「時」。

❷「中」，原殘缺，今據《四庫》本訂補。乾隆本作「滿」。

❸「續後」二字，原殘缺，今據康熙本、清鈔甲本訂補。《四庫》本作「然後」，乾隆本作「一腹」。

説。今承來書，始詳曲折，❶倍增傷痛。雖屬纊不及親侍，爲終天之恨，想是時得九叔老成，凡事處之周至，必無遺憾。人事變化不常，修短禍福有數。奈何只得以順處之，勉從大事，更不作慰書。

東禪林穴，想必佳葬地，惟以山勢環抱縝密，藏風聚氣爲上，方可久遠無患。南中土薄水淺，穴内不可鑿太深，其兆域亦不可深。今人多只略淺開兆域，遂依山結塚，其封土大半傍山所起，頂處不甚高，甚爲穩，耐久不崩墜也。

《家禮》所處穴中式，在上四州出石灰處可用，在下州不出石灰處難行。蓋緣石灰和細沙、黄土，久後結成石片，❷若蠣蟧灰。❸不堪用此式，只得從鄉俗，用塼結壙爲善。或從隧道入，則上純用磚作窿穹，勢如城門樣。或欲直下，則只用厚石版蓋之，皆可。如晦翁薄版之制，内蓋乃以承松脂，勿汙棺；外蓋以隔石灰，勿與松脂混。渠大要在堅築石灰二三尺之厚，異時化石，則爲金石壙，故無用厚板隔，恐板高又反成不實。然在旁便可堅築，終是上面難於堅築，只待輕旋躡實，所用酒灑却最易實。在吾鄉，如何拘拘此等制耶？葬者，藏也。要爲耐久之計，如四外用灰，❹一説在全塼壙，能依用之，使包裹周匝極佳，蓋灰禦木根，❺只患

---

❶「詳」，原漫漶不清，今據康熙本、乾隆本、清鈔甲本及清鈔乙本訂正。
❷「片」，清鈔甲本無此字。
❸「蟧」，康熙本、乾隆本、《四庫》本作「房」。
❹「用灰」，乾隆本作「用炭」，清鈔甲本作「爲炭」。
❺「灰」，乾隆本、清鈔甲本作「炭」。

貧者無力可久，❶則無可奈何爾。

明器，《温公儀》及《家禮》已備載之，鄉人或作小土偶，不用木刻，然須是於壙外別坎藏之。世俗用紙作人、馬、屋宇等，雖大小不同，亦是明器之遺。但此等無緊要處，合官品與不合官品無足論。若苞筲罌甒等，須依制行禮，豈可用紙糊？

晦翁《儀》雖具明器，而答書又云：「某家不曾用，某向來治葬亦不用此，只用筲罌等，藏之別室，所處朝祖已得之。」所謂告遷祝詞，只直詞言之可也。

慰客之禮，鄉俗用酒，不特莆俗爲然，自泉而漳，此風尤甚。舊嘗以正禮語人，人每以爲難行。及某兩遭大變，來慰者一屏俗禮，遠客只以素食餅麵等待之。及至山頭會葬，賓客只用麵飯，與之飽喫而去，始終絶不用酒。於是人始信之，士族多相倣效。亦有不能純用而間以俗者，❷亦有以山頭祭餘多不敢犯禮，❸只於親賓麵飯後分與荷葉包去而已。俗禮最爲害義，豈可顧俗論而不忍拂之耶？

---

❶「久」，乾隆本作「及」。當從。清鈔甲本、《四庫》本作「辦」。

❷「用」，清鈔甲本作「行」。

❸「祭」下，清鈔甲本有「飯」字。

北溪先生大全文集卷第二十八

書

答陳伯澡

所喻《三禮圖》受冠、受服升數，乃《儀禮・間傳》之文，此固有輕重節次。然古人有織此等布以供喪，升數不容有分毫僭差。

在今世論之，升數不可得而攷矣。若何而爲三升六升，若何而爲七升八升，如攷之果明，則從古豈不甚善？惟其未可的知，難以想像裁決，所以《温公儀》及《家禮》必直至小祥除首絰，亦本《間傳》之文，非臆斷也。所併去者，辟領、負版及衰，三者而已。

其衰裳固自在朔望會哭及饋祭等須服之，非盡除去，此大賢隨時損益之精義，所云用練麻頭巾，自是合如此。若欲用練麻上項衫，繫以索，而去其衰裳腰絰，則只爲服期，何可也？温公於既葬家居，非饋祭見賓客，服白布襴衫、白布四脚巾、白布帶、麻屨，此亦以已葬後哀情減殺，在閒居中可服此。至饋祭見賓，則須仍舊衰裳。

世俗以百日爲卒哭，乃本《開元禮》之失。卒哭本三虞後祭名，以亡者已安厝，其情可少殺，故卒了無時之哭，然猶朝夕哭。今喪柩在堂，未有所歸，正皇皇傷切之時，遽爲之卒哭，服黲衣出謝賓，是割哀自殺，而忘其親矣。夫黲者，淡墨之色，似白非白、似黑非黑，乃禫制中服色，已非喪初所宜。而鄉里近年來，士夫又都變作深皂色，甚可怪，與吉服全無異。且出入無禁，不特以謝賓而已。凡弔賀、餞謁、聚會，無所往而不之。豈喪中「不貳事」之謂乎？

若謝賓一節，《温公儀》、《家禮》俱不載，非忘之，意者其出世俗吉禮之屬歟？如必欲行之，須遲之既葬之後，喪中惟爲喪事而出，則可。其出有適人家者，喪服人所忌，不可以入人家，必不得已，須暫假黲衣行之，亦須白布背，不可以純黲。在春秋，晉公已用墨衰即戎，今當知其爲變禮，何可安之爲常儀？

己卯春，某也自中都回，經建陽，拉文公壻范九哥同訪朱寺正，不知范幾時丁母艱，出相見，乃用麻布巾、麻布上項衫，遂以同造朱宅，彼此俱無諱忌。今汀、贛客人有服者，來往多是虔布上項衫，非學南俗，無理之甚也。

所遭二喪相繼，斬衰已在身，不容更製齊衰，只從重服服之可矣。然《雜記》曰：「有父之喪，如未没喪而母死，其除父之喪也。服其除服，卒事，反喪服。」則是兩製喪服矣。今不再製，以重可包輕，然亦不可全無辨，恐宜於首更增一絰，本在右，及布纓；腰更增一絰，五寸餘，及布帶；杖更加桐與竹，束之相並。如何？

《温公儀》、《家禮》皆於期日易練服，然後行小祥祭，於再期日易禫服，然後行大祥祭。然《士虞禮》卒哭祭竟賓出，主人拜送稽顙，然後脱絰帶於廟門外。以此例推之，恐小祥、大祥，亦當先行祭，然後除服。《服制令》曰：「二十五月大祥，除衰，去絰、杖。」今宜於先小祥日，行祭畢，去首左絰繩纓，未服練冠。俟後小祥日祭畢，去右絰布纓，然後練冠。先大祥日行祭畢，縫斬爲衰，去腰小絰布帶，斷桐杖，然後併服禫服，其請神主入祠堂、徹靈座，亦各隨先後行之。方庶幾於情文相稱耶？❶

東林穴欲於春開驗，則定葬想是秋後事。甲戌生人，在術家，來年正是大利之年，八月與十二月又是大利之月。葬，大事，一而不可再，不必欲速，亦不可自任後生一偏之見。須謀之老成歷練，俟既端的審確，然後下手，庶可以免後悔。

穴向未定，此亦不難。坐穴只看左右前後環密，就平匀相稱，不高不低恰好處。所向，則術家從來内向要合本山陰陽，用針法不可分毫差；外向須看朝對端正及四畔俱匀。

雖然，此皆外面有形勢可憑據處，不難於預定。最是穴中美惡，煞多端，未可預，必須開鑿到底而後見。有山高，而穴中却土薄水淺者。有山勢甚好，而穴中土色不佳，如枯死狀、無生活意者。有到中間忽遇石塊者，如塊不甚大，可以掘取去之，則無害；如至大，盤據不可去，輒就其上，則易引潤，又須度左右前後而改移之。有遇山脈成條，小石卵相枕横貫穴中、而泉行其間者，須少遷而避之。有渾是金沙者，此色甚好。但有乾鬆者，有帶潤意者。若帶潤意，則又防見濕，不可深。有土成五色、甚鮮明者，有膩如粉者，有瑩如切脂

❶「耶」，清鈔甲本作「耳」。

者，此等皆是極好之色，爲難得也。

外既山勢聚，内又土色好，無他阻而所處於中者，又盡善周至，則決爲萬世固無疑矣。❶人子之心，至是豈不甚愜乎哉！

石灰仙鄉既有，則《家禮》之式可按，但上蓋薄版，斷不任重，須用厚椁之制。椁木不必求完，每邊用杉枋二三片相接亦不妨。但雙柩合葬，❷或當一兆而並室，或當一室而並位，更在審處之爲善。如或石灰難得當富羨，不用《家禮》三物之制，則只如鄉俗，用堅塼並結雙室，上用厚石版蓋之，中央一壁，塼用横下，❸庶厚壯，耐承石版。雙頭，四外以炭末厚二寸包一周匝，而中亦用。椁之内用瀝清填實，棺四旁亦爲堅緻安穩。但如此用，椁則不必過厚亦可，或只如灰隔樣，可承瀝清亦不妨。

大抵穴中所最患者，泉水、地風、蟲蟻、木根。上面環密無缺陷，無風門，則無地風之變。鑿穴時土色好，則無泉水之虞。而又爲此瀝清炭末之制，則蟲蟻木根皆無慮矣，更在斟酌裁之。

前書所答挽歌，❹乃按《温公儀》所論，挽柩索而歌者，隨官品有人數多寡，爲失哀樂之節，不可用。若

❶「決」，清鈔甲本無此字。
❷「柩」，清鈔甲本作「棺」。
❸「塼用横下」，清鈔甲本作「用横下塼」。
❹「書」，清鈔甲本作「章」。

士夫，挽章一節却無害，但出鄉閭親戚知契，自形追慕之誠，則可貴。今世俗都是刻行狀，送有官及文士求之，編列紙碑輦之，爲從葬之儀。此却是求名耀俗、❶虚文無益。❷在名德之士，一言猶可爲重，若世俗常人之顯秩厚譽者，雖獲綺言錦語，亦何足爲泉壤之光乎？

與陳伯澡論李公晦往復書

泉人寄吾友與李公晦往復書，三復爲之慨歎。平昔於吾友所以切磨講貫，不拘麄麄細細，是説幾多話矣。而吾友所以鑽研攷究，爲之勤勤懇懇，是用幾多功矣。而此書乃茫然無定主，何耶？默而不言，則無以救其偏；❸言而不白，則無以釋其疑。欲意之白，又不免費辭。

且廖丈病學者妄談高遠、無聖賢切己工夫，遂令其須將《語》、《孟》卑近平實處，身體心驗，以求受用。此教人循序著實，是發明一義。然聖人之道，不離卑近平實者爲是，亦至論也。愚以學者散漫無統紀，遂令其入德之始，先就窮格下功，而必須真知，此爲人發蒙進步，又是發明一義。然非臆見杜撰，實按《大學》節

❶「却」，清鈔甲本作「則」。
❷「文」，清鈔甲本作「名」。
❸「救」，清鈔甲本作「究」。

目，亦至論也。二義雖若不同，合而言之，在廖丈所謂「卑近平實」者，亦豈不必真知而可體之以受用？而愚之所謂「窮格必真知」者，亦豈窮高鶩遠之謂？大要亦不外乎切己人事之近，如爲臣真知止於敬，爲子真知止於孝之類，雖天地萬物皆有理，乃人事通貫後餘力之及，亦姑以參訂吾之理而已，而非其本也。所謂理義精微，須重重入細做工夫者，亦豈求玄求妙於離形絶物之表？亦不過即切己人事之近者而密察之。如敬裏面多少事，豈一致恭足以爲敬？孝裏面多少事，豈一致愛足以爲孝？是則二義之實，固未嘗相反也。

然愚之所謂「真能知則真能行」，❶行之不力非行之罪，由知之不真切」者，乃就窮格一節説个盡頭，兼與行相關之効云耳。非是只教人專務致知，而不必力行。而吾友領去，反認以爲必待知至後方去力行，又以爲只要知得，便自能行得。若然，則《大學》從誠意而下許多節目，都只束之高閣，不用著工夫，可謂大失其旨矣。不知吾友平時所孜孜窮格求真知者，知何事耶？即面前至近至切，意不知著功夫使之誠，心不知著功夫使之正，身不知著功夫使之脩，家不知著功夫使之齊，是大昏瞑者。更以何事爲真知耶？

壬申五月之書，丙子六月之書，及嚴陵《用功節目》講義與《貫齋記》，所以諄諄屬意於知行兩節，亦已苦口矣。何荒忽莫之省耶？

大抵聖學以力行爲主，而致知以副之。以力行爲主，則日日皆是行底事；以致知爲副，日間講究皆是所以達其行，徹首尾無容絲髮間。要之，以極至而論，知與行其實只是一事，不是兩事。凡以知行爲兩事、

❶ 「愚」，清鈔甲本作「予」。

或分輕重緩急者，皆是未曾切己真下功夫，徒獵皮膚之故耳。

真切己下致知功夫者，念念每與行相顧，知得如是而行不去，❶便就步頭思所以窒礙如何，而求必通之，故所知益精細，❷而所行益縝密。

真切己下力行功夫者，步步每與知相照應。❸行得如是而不知其理之所以然，節目必疎率，不合聖賢之成法。須知其理昭昭在前面，則行去便無礙，而所知益清澄。知始終副行，行始終靠知。正如行路，目足相應。目顧足，足步目，無頃刻可偏廢處。

《乾》九三發明「知至至之」與「知終終之」二節，示人以進德居業、始終條理之方，然合而觀之，「知至」、「知終」皆致知之屬，「至之」、「終之」皆力行之屬。今於始條理以知至爲主，而必繼以至之；於終條理以終之爲主，而必繼於知終之下。知與行終始常相依而不能相離，則聖人精密之意可見矣。

丙子六月書，譬「瞽者不用目視而專靠足履，則寸步決不能前；跛者不用足履而專靠目視，則又空勞望想，決無可至之處」，其意亦可謂精切，與《易》非有異旨，而忘之何耶？至病理義重重入細，真知之爲難，未得以力行，乃欲據見成明白無可疑者，且把來做身心受用。得尺守尺、得寸守寸，漸立一定家計，恐紙上鑽

---

❶「是而」，原殘缺，今據乾隆本、清鈔甲本及《四庫》本訂補。

❷「所知」，原殘缺，今據乾隆本、清鈔甲本訂補。

❸「與」，原殘缺，今據乾隆本、清鈔甲本訂補。「應」，清鈔甲本作「顧」。

研，終無所依據。是何於理求玄妙之過，在己失踈闊之甚，爲差誤之至此耶？即此便是蹉過多少難得底日月，空缺多少合做底工夫，寧不半間半界、若有若亡，如在風波洶湧中流耶？

其讀《語》、《孟》之法，廖丈令先看《集義》，❶諸家之說各有落著，❷方將《集註》玩味，謂文公亦是從諸說中淘來做《集註》。然此蓋未成《集註》時讀書之法也。文公本先覺大才，❸又早於儒宗傳心正統，得之有素，故可從諸家說中淘來做《集註》，玆可以常法論。❹今幸已有《集註》爲學者準程，何可放緩作閒物？且復循舊轍，責常情，以先覺之事世，恐必有明睿之才，可以如文公之法。但愚未之見。只據愚以魯鈍之質言之，決不敢若是之泛。先須專從事《集註》，爲一定標準，果於是復熟饜飫，胸中已有定見，然後方可將《集義》諸家說來相參較，仍以《或問》之書訂之，方識破諸家是非得失瞭無遁情。而益見得《集註》明潔親切，辭約而理富，義精而味長，信爲萬世不刊之書！非是禁人絶不要看《集義》與《或問》之書也。

故凡以讀《集註》爲可緩，及慮其枯澁無浹洽意者，皆是未得《集註》中趣味而然，使果得其中趣味，❺日夜不能去手矣。若吾友向來於《集註》微言至論，却草率過了，而《集義》諸家之偏旁閒慢者，却苦思研究不

❶「令」，原作「今」，今據乾隆本、清鈔甲本改。
❷「落著」，清鈔甲本作「著落」。
❸「大」，清鈔甲本作「人」。
❹「可」上，清鈔甲本有「不」字。
❺「趣味」，清鈔甲本作「意趣」。

休，實枉工夫，爲可惜。何爲不自省覺，反以切磋之言爲訝之？❶

有真學問須有真切磋，有真切磋然後真理義出焉，真德業成焉。若「與點」一段議論，又難與初學者道，且點意見極高明，而實不外乎日用人事之近，非洞見道體不至此。而其所以然者，惟程夫子識得破，而文公發得出，甚醒學者眼。且廖丈説涵養後事，而謂涵養之理在裏許，不可分前後作兩截，不免姑含糊作此大言以包之，而實於曾點、程、朱旨趣根原，未能洒落融徹。學者若未曉此，則姑涵泳以俟他日，何可强鑽之不得，反過以爲疑乎？

所謂別尋一个光輝底物爲收藏之説，此正文公擿出異端心腹隱疾，以警學者，而世儒多不免此。凡其窮高極遠、求玄語妙者，皆是坐此病。吾儒所謂高遠，實不外乎人事卑近，非窮諸天地萬物之表。所謂玄妙，實不離乎日用常行，非求諸空無不可涯之中。故精義妙道，須從千條萬緒中串過來，方爲精妙之實；盛德至善，須從百窮九死中磨出來，方爲盛至之實。觀六經、《語》、《孟》所載，何嘗有一懸虚之説？攷孔、顔、曾、孟相傳，何嘗有一過分之事？

語其所以爲教，則循循有序，下學上達，然亦非謂專務下學，便自能上達；亦非謂只務下學，而上達便在裏許。蓋其始，須從下學工夫至到，然後可以上達，於是而著上達工夫，則冰融凍釋，自不勞餘力，至是方真知上達只在下學中，而下學真所以爲上達之地，徹上下本末，真爲一貫者。是則下學之功不可緩，而上達

---

❶ 下「之」字，清鈔甲本作「也」。

之志不必急；下學之事未易致，而上達之境不難造。但學者自信不過，不肯安心循序用功耳。

如吾友此全書之旨，首以廖説卑近爲厭，既又以專就人事理會爲隘，以道體淵微爲念，以天命於穆爲歎，以理義愈窮愈深、安有盡期爲患，以原頭未瑩爲恐，❶所謂「須窮究其根原之所自來」，所謂「望指示其根原之大端」，❷所謂「要向上深去理會」，所謂「終是疑向上截不能放下」，❸所謂「此心大有遲疑而不知所據」，凡此等云云，却是求高遠玄妙之意多，而平實用功之意少；馳心上達之意急，而循序下學之意緩。愚不知其果爲何也？

今請平心放下，審思平日講貫意旨之正脈爲如何，而就實用功以副之，勿支勿離，則尚庶幾其復之不遠，而不墮於迷復凶矣。❹

凡言語須活看，自古聖賢有就一節説話，方發端而未竟者。遽從而偏執之，則必至於差。伊川初謂心，指已發而言，及與叔反覆問難，有「此固未當」之説，而兼明體用之全，至此已説得圓而盡矣。後來五峰不知何爲，又反錯認「心指已發」一句，乃專以「性動爲心」，門徒復從而實之，不肯改。其失旨之害可勝嘆哉！

至若公晦所答，似矣，然不審人發言本指，而遽立説以取勝，豈平心當理之論乎？如謂廖丈之説「重於

❶「未瑩爲恐」，原漫漶不清，今據乾隆本、清鈔乙本訂正。「恐」，清鈔甲本作「窮」。
❷「所謂須」至「指示」十七字，原漫漶不清，今據清鈔甲本訂正。
❸「所謂終是疑向上截」，原漫漶不清，今據乾隆本、清鈔甲本及清鈔乙本訂正。
❹「墮」，乾隆本作「墜」。

行而輕於知」，則是厭卑近而騖高遠，以沮學者之就實。謂愚之説「重於知而輕於行」，則是惡真切而事鶻突，以沮學者之進步。皆是未曾切己真著致知力行功夫，只見知行爲兩事，而不見其相關繫之密處。謂「聖賢之言，不必著意扶撐。著意於左則偏於右，著意於右則偏於左」，然此説流弊，必至使學者於所當爲之事，不敢深著十分功夫，只於中騎墻，❶即這邊五分，又那邊著五分，都要平匀無偏，然後爲得也。

緣渠質軟弱，以騎墻爲便。在泉幕正遇真侯，樂善而好受，盡言乃反。講學務騎墻，而不必是非之太白；論事務騎墻，而不必義利之太分；行政務騎墻，而不必誅賞之太明；與人交務騎墻，而不必善惡之太察。熟此一綫路，而不自知其爲病痛之不小也。

其讀書，謂廖丈先《集義》而後《集註》，爲得先師之遺訓。且如「先於一説，隨其意之所在以驗其通塞，復於衆説求其理之所安，以攷其是非」，❷此乃先師教人於文義有疑而衆説紛錯者，其法當如此讀，何嘗指説須先讀《集義》而後讀《集註》也？果如其説，則於《集義》將以何爲準？若何而可以判通塞、❸決是非乎？

謂愚「專看《集註》爲準的」之説，❹乃爲精力記識之弗强與夫奪於事而鮮餘力者言之，然則精力記識有

---

❶「墻」，原作「牆」，今據乾隆本、清鈔甲本及《四庫》本改。下同，凡六見。
❷「攷」，原作「攻」，今據《朱子語録》改。清鈔甲本作「正」。
❸「以」，乾隆本、清鈔甲本無此字。
❹「謂」，原作「請」，今據乾隆本、清鈔甲本改。

餘而又有暇日者，只得迂從諸家之泛覽，而不必太快於正逵直道之適乎？

謂先攷諸家而折衷於《集註》，猶手挈天下之物，而取正於規矩準繩。然未識規矩準繩爲何物，乃欲挈天下之物而取正之，吾恐必錯認方者爲規，圓者爲矩，平者爲繩，直者爲準矣。若何而可得其正？所謂規矩準繩與所取正之物，豈不作一場没理會乎？

謂先觀《集註》，❶而後攷《集義》，爲先約而後博。然博學詳説將以反説約，反之爲言，❷豈非先於約中已有定準，故可博學詳説不爲之流，因得以觀其會，而復反來歸之約乎？

末説世儒竊禪師之緒餘，以爲别有一物光明迥超物表者，固當麾之門墻之外。凡吾徒之略於事而亟於聞性、天道者，亦不可不戒。然渠門下樂與緇黄來往，而又好觀《楞嚴經解》，則恐其看他必不破，必亦未能脱此圈檻也。❸

有如論「明明德」至「莫非天命流行」一節，及末梢論「見虚」「見實」二條，則却平正無病、有補於學者，亦不可以不知也。

---

❶「謂先觀集註」，原漫漶不清，今據清鈔甲本、清鈔乙本訂正。

❷「然博學」至「反之爲言」十四字，原漫漶不清，今據清鈔甲本訂正。

❸「必」，乾隆本作「恐」。

北溪先生大全文集卷第二十九

書

答林司户一

所喻目今讀《大學》，甚善，不須别立意見。晦翁《章句》訓詁，已示學者一定之凖，只直按他見成底，熟就裏面看意思滋味，便見得無窮義理出焉。凡義理都藏在字裏面，不須只皮膚上淺淺獵涉過，亦不須旁生枝蔓支離，反枉費工夫，都無益也。此書却是羣書綱領，而節目分明，説得親切。於此得焉，則讀諸書有所統攝，而不至於泛濫無歸矣。

答林司户二

承喻日間讀書課程，可見用志之篤，甚善。

但讀書貴精，不在貪多。《論語》中既未有得，却難讀《孟子》。蓋《論語》中聖師所説，句句皆是切身操存涵養實語，如規矩準繩之陳列，使人跬步不敢放；如布帛菽粟之衆，❶使人服食之而不能舍；如太和元氣之絪縕磅礴，襲人肝腸肺腑，而不自知。須當把作切己體察，優柔饜飫於其中，使吾胸中於是理實有所得，則根本立而基址厚矣，然後讀《孟子》以開廓發達之，乃能令人器局恢洪，而意脈條暢。

蓋孟子見得道理明明朗朗，七篇中多是發揮充拓體驗之端，不有以翕之，孰從而闢之？不有以聚之，孰從而散之？若在我者未有根基而遽躐進焉，只將蕩無執守，恐易流於疎闊，而無縝密之功矣。

《近思録》第一卷，皆陰陽性命之藴，最爲難看，未可入頭便硬穿鑿去，須且將易曉段子理會，未曉段子且放緩亦無妨。從第二至第五卷，皆切身用功處，最宜熟與究會。及十三卷辨異端之説，十四卷明聖傳之統，亦兼爲之参攷詳玩，俟有得焉，然後其他皆可以次第釋矣。

《通書》簡奥，亦未可驟。讀史亦宜且放緩。蓋欲應舉者不得不急於觀歷代故事，今既不脩舉業，急之何爲？反見繁雜無補於身心，必須四子兼《詩》、《書》皆通後，胸中權衡一定，方可及之，乃能真有以斷千古是非之情，而資異時盛大之用，不爲虚讀也。

所病收心之難，此亦何難之有？程子曰：「人有四百四病，皆不由自家，只是心須教由自家。」蓋心之爲物，虚靈知覺，所以爲一身之主宰也。身無此爲之主宰，則四支百體皆無所管攝，視必不見，聽必不聞，食必不知其味矣。然所以爲心者，又當由我有以主宰之，我若何而主宰之乎？所謂敬者，又一心之主宰也。

---

❶「衆」，康熙本作「用」，乾隆本作「常」。

敬若何而用工？《大學或問》集程門諸説已明備矣。蓋心神明不測，出入無時，莫知其鄉，惟主於敬，❶則便收斂在此，澄然無事矣。

來説乃謂「敬極難下手做，如整齊嚴肅、戒謹恐懼，猶可勉爲，而主一無適、常惺惺者，難勉爲也」。毋乃分析之過，却是未曾下手，如實下手做，只整齊嚴肅，則心便一；只戒謹恐懼、提撕警覺，便常惺惺在此，不可以他求而二觀也。❷

又謂「主一事無適他事，固可。若心主這一事，無適第二事，爲最難」。不知謂事者，是何事耶？若是物欲、私意底事，合下便須一刀截斷了，不可接之上心來。若是當然人事所不容廢底，則亦自有輕重緩急，先者輕而緩，後者重而急，則當捨先而應後；先者重而急，後者輕而緩，則所應自有次第，隨物各止其所。何容膠膠紊亂乎？

聖賢主一之功到，是雖日用酬酢千條萬緒，爲之千變萬化流行貫通，❸而吾之所謂一者，固常卓然一定而不亂，何但拘拘於二三之無適而止乎？所病者，只恐平日所以爲持敬者不力，素無真積力久、一顯微、貫動靜、徹終始之功，或作或輟，方暫爾一念之整敕，而遽責以全體之寧定，則亦難乎其爲效矣。

---

❶「於」，清鈔甲本無此字。

❷「而」下，清鈔甲本有「爲」字。

❸「千」，原脱，今據康熙本、乾隆本、清鈔甲本補。

然又不可以偏主，而「居敬」、「窮理」二者，實爲相須。蓋心具萬理，能敬則心體昭融，而萬理呈露；至於窮理之精明，則又所以達吾之敬，而瑩吾之心。敬直乎內，則清明如神；理徹乎外，則知止有定。於是時也，一毫私意無少萌焉，一毫物欲無少留焉。

若所謂「茫茫無所不之」者，所謂「思那事又惹起那事、憧憧無止息」者，所謂「未一瞬間又在千里外」者，所謂「静坐一時幾出幾入」者，所謂「愈見散漫無收拾」者，所謂「讀書易忘、應事多錯」者，所謂「鐘聲未斷已在别處」者，所謂「心游千里之外而身在此」者，所謂「愈把捉愈易走作」者，許多等類，諸件並是書中問語。皆是私意物欲底心，由形氣而發，乃即舜之所謂人心者，而非降衷秉彝正心之謂，至此自當恬静退伏，一惟道心之聽命矣。寧復尚有竊發爲吾病乎？

文公《敬齋箴》、《孟子心箴》及《大學或問》、《正心説》，與明道《定性書》，皆要切語，可爲收心之助，併列座右，交規互警，然操縱之權實在我而已。我自不能爲主而聽其所之，亦何以我爲是？雖區區外求扁鵲、華陀神奇醫治之術，亦末如之何也矣。

答林司户三

前書所訂改名可否異同之論，良見不外。然此亦不甚難決。今只據朴實頭論之，須原其命名之初。若先世只是偶然與儒宗同，而所主别有意謂，此亦世俗常情之事，與儒宗自不相干，不足爲怪，則其所命已定之名，自不容輕以私意改易，只依舊名舊字，一循其初，固無妨害，而亦不須委曲回互，妄以私意杜撰出希慕儒宗乃先人所囑，而别爲新字以副之，是又誣其親而以僞道事之者也。若先世果在於希儒宗以爲名，但一時不及細意，其直犯儒宗之爲不遜，此則先世有尊德樂道之美而未盡善者也。不改，則反以彰其先人不學無識之陋；改之，則有以成先人之美，而蓋先人之愆。是乃以聖賢禮義事其親而爲孝，正大之道也。

此其幾，非外人所得知，而亦非外人所能決，只在賢者自度於心，而自爲之決爾。其餘名齋等所囑，皆是標榜虚心，非聖門志道據德、朴實頭做工夫底事。聖門實學綱條節目布在方册，昭昭不紊，惟實用工者一一循序，俛焉孜孜，真積力久便知趣味無窮，而不能以自止矣。外此區區一切沽名之説，皆非愚之所知，而亦不敢以相授與相率而爲僞也。

答林司户四

再訂仁之爲義，已説得明穩，不走作，更不必就上穿鑿，恐又支離。且只如此涵泳，久久熟後自當有長進、通透，便自有的然親切不可移易處。

「安仁」、「利仁」已剖析得明白，但「安」、「利」二字，須只就「約」、「樂」處合看，方見得本旨之親切，不可開看，便疎了，無意味。安仁者，仁已是己内物，此身都從容天理中行，而無適不安，久處約亦安，長處樂亦安。利仁者，仁未與己一，然已真知其爲至寶，深貪極愛而不易所守，久處約亦不易所守，長處樂亦不易所守。

「不以其道得之」,《集註》謂「不當得而得之」,其意已明白矣。蓋以君子所爲而得富貴,是有當得富貴之道也。若附權倖而轉官,以賂求薦而改秩,則是不當得之富貴,此等富貴吾所耻,故舍之而不處。以小人所爲而得貧賤,是有當得貧賤之道也。若脩身謹行而愈遭困匱,抱道守義而竟淹下僚,則是不當得而得之貧賤,此等貧賤於我何病焉? 故安之而不去。若貪此等富貴而求處之,則是其中爲富貴所動;厭此等貧賤而求去之,則是其中爲貧賤所移。是蓋本心出逐物欲而自離其仁,已無君子成德之實矣。亦何以成其君子成德之名乎?

下面歸重説依仁存養至密之功,又示人以所當著力要切處,有志於仁者,不可不熟玩而深體之也。

答蘇德甫一

大抵自古聖賢,平時所以孜孜汲汲於此學而不容一日廢者,非有他也,只爲此身中有至珍至貴底物事,不欲自毀壞了,須爲之成就保全,達則與天下共之,不克行於時則垂訓以傳方來,如此而已矣。

如賢者之質,湛然無世俗之好,最爲近道,而又有志於此,不肯以庸常自處,是其於邪正之大分已卓然不迷其所趨矣。

惟願立此志之堅,常以顔子所謂「舜何人也,予何人也,有爲者亦若是」,孟子所謂「舜爲法於天下,可傳於後世,而我猶未免鄉人,爲可憂」者,自激厲、不埋没、不退轉,然後循序用功以副之,自格物致知以正心脩身，如《大學》明德之次第；自學問思辨而篤行，如《中庸》擇善之節目；而其所以進學之要處，❶尤於「思」爲著力。

凡讀書，一言一句，皆當思聖謨賢訓引而不發，不思則不得也。日用應接，一事一物，亦皆當思天理流行，事事物物無所不在，不思則不得也。至其所以爲思，則勿浮淺、勿散漫，須是懇切精專。蓋不懇切，則無以抉開縫罅而探其中之藴；不精專，則無以鑽入堂奥而詣乎理之至。故《管子》曰：「思之思之，又重思之，思之而不通，鬼神將通之。非鬼神之力也，精神之極也。」若有大疑義苦不通處，則記向一邊，俟會行剖析。

前日所謂「看《小學》者，蓋古人大學工夫，須於洒掃、應對、進退中立根本」。今亡其書，晦翁所集，姑以補亡。然其開示人以爲學大義，綱條有序，於學者尤爲有力，❷且其言明直，讀之知學之大義如此。有个基址，則做大學等工夫有所係屬，不爲懸虚。如《大學或問》中一段，説諸書次序，亦不可不循序速理會過也。其他須相見進一級則講一級，不能預及。

答蘇德甫二

向者自閩入浙，區區經歷，道途所接峩峩偉偉，誰非時豪習尚，誰肯回頭作此念者？而賢者獨甘心焉。

---

❶「學」，清鈔甲本作「德」。

❷「尤」下，清鈔甲本有「大」字。

可謂卓然於流俗之中，不隨波而流，不逐風而靡，不肯作尋常士類矣。

矧今時累已脱，正可著功成就此美志，勿謂身事已了，不足加意，徒爲此虚勞，此便正是作臯、益、伊、傅、周、召等事業規模也。平日一一排定在此，一旦當路舉而施之，如探諸囊，夫豈淺淺俗吏私智所杜撰，胡撑亂拄，謂爲致君澤民之術哉！

聖賢之學與科舉之學，事同而情異。同是書也，同是讀也，科舉之儒專事涉獵、剽竊以粧點時樣，取妍於人，只如工賈門一技藝，不見裏面真實滋味；聖賢之學，件件都是實工夫，無非切己分事，所以成就吾道義，二者意趣甚相判。

今格物時取聖賢之書讀之，須字字句句都從新虚心理會，❶勿以舉業舊意見先主於中，細觀其指而徐玩其歸，則聖賢平正廣大之意，可得而見矣。駸駸不已，異日到真有躍如於前，則手舞足蹈，自不能止矣。

賢者日下雖有廷課關念，❷然此等文字，如章奏，儘可肆筆，不比方州省闈，程度太拘拘，自無相好絆處。賢者以爲如何？

---

❶「新」，原作「心」，據康熙本、清鈔甲本改。乾隆本作「此」。

❷「日」，乾隆本作「目」。

答蘇德甫三

所喻「日來病痛在於泛觀博取而無精切篤志之思，根浮脚淺而無沈潛縝密之味，似做不做，若存若亡」，可謂切於内省者矣。

然此亦何足深病？ 所病者，工夫之未加焉爾。 不知吾友日間如何作工夫，而朋輩時相來往者，又如何其切磨。 夫學正貴乎博，而不貴乎泛。 蓋道體高明廣大，非可以單寡聞見求，而聖心精微嚴密，未可以一二窺覘得，故學者用工須有次序，而不可泛泛，而其循序而進也，又須勇猛，而不可悠悠。

文公表出《近思録》及四子，以爲初學入道之門者，姑使人識聖門蹊逕。 於此融會貫通，以作準則權度，❶去讀天下羣書，究人生萬事，特其始進綱領之一端，非謂天下道理皆叢萃該備於此，可以向此取足，便安然兀坐，❷持循把守，以爲聖賢事業盡在此，無復他求，只恁静存動察，一直熟將去，便可造道成德，運用施爲，脩己治人，齊家理國，無往而不通耶？ 是大不然也。

凡學未到聖人從心地位，須只管做工夫，去一層了又一層，不可萌計效之心。 如格物只管格將去，須無一物之不格，而未可計效望物之已格。 致知只管致將去，須無一知之不致，而未可計效望知之已至。

---

❶ 「準」，原脱，今據康熙本、清鈔甲本補。

❷ 「兀」，清鈔甲本作「靠」。

自四子等數書之外，所謂經傳子史諸屬，一件各有一件指歸，須循序件件從首至尾，更將此道理充廣去，逐一勘驗，其異同得失、是非邪正、淺深疎密各有歸著，然後道理自然愈見精明親切，而其最緊要，却是常反吾身心，著實體驗其有無欠缺、體用精粗符與不符，❶常切切照管，勿令間斷，内外交養，表裏並進。

所謂博學、審問、慎思、明辨、篤行，五者之功，自粗而精，終始循環，俛焉日有孜孜，斃而後已者，何可只髣髴覷得个些少一撮底道理，便欲依靠其即至？❷所謂精切篤至、深沈縝密之功，非惟計功謀利之私，已爲害道。此正猶朝植一尋之木，而夕遽求其凌霄漢之高；❸今日覆一簣之土，而明日遽責以齊嵩華之壯。萬萬無此理。亦何怪乎根浮脚淺、無可據之地乎？

程子曰：「學者識得仁體，實有諸己，只要義理栽培。如求經義，皆栽培之意。」又曰：「須大其心使開闊，譬如爲九層之臺，須大做脚始得。」果能如是栽培，則植根日深而愈深。果能如是開闊，則立脚日壯而益壯。若未嘗栽培而病根之浮，未嘗開闊而病根之淺，亦空勞心力而已。

---

❶「精」，原作「之」，今據乾隆本改。康熙本此句作「體用之相符與不符」。

❷「即至」，原殘缺，今據《四庫》本訂補。

❸「凌」，原漫漶不清，今據康熙本、乾隆本、清鈔甲本及清鈔乙本訂正。

此病非特吾友爲然，迪父諸友輩，皆到此一證，須趁妙齡精力，做工夫正其時，所謂潛心大業者正在此。如只孤孤單單、窄窄狹狹去看道理，但見左動而右礙、前觸而後窒，便是欲做不做、若存若亡，更無復有長進之望，亦無可加醫治之功矣。

北溪先生大全文集卷第三十

書

答王迪甫一

相别多年，做得甚工夫？

想平日諸友，時得聚辨。若有新得及有疑義便次可附者，❶儘往復校量爲佳。

若只姑存趨慕此道之意而悠悠，❷若存若亡，若進若退，不能辨得氣力大作講究此道之功，非惟虚度妙齡爲可惜，而在我胸中，亦未有確然端的可執守處，異時忽臨利害，安能保其不爲之遷變也？

此事甚要急，幸勿作閒慢視之。

---

❶「次」，清鈔甲本作「此」。

❷「只」，清鈔甲本無此字。

答王迪甫二

來書所喻「佛家持敬」一段，分別得聖賢與佛家相異處，已爲得之。但須更以人心道心者按之，則其界分益明白净盡而無遺矣。

人生血氣纔具而爲身，便有箇心之靈在其間爲身之主宰，而其所以爲心之體，渾然萬理具焉。由理義而發者，是理義爲之主，而謂之道心；由形氣而發者，是形氣爲之主，而謂之人心。然理義無形狀，至隱微而難著；形氣易走作，至危虺而不安。聖賢學問，專就理義上用功夫，要使道心常爲此身之主，而人心每聽命焉。故平時主敬工夫，乃所以喚醒此心。敬則此心惺惺，萬理便存在，所謂「敬，德之聚也」。惟此理存在，故其酬酢事物，便無非此理之流行。

佛氏合下不曾知此心體全是理，亦不曾就理上作工夫要明理，彼都以理爲障礙，要得心上全無一物，故所謂道心衮雜於日用之間，亦不復自知，更不待論矣。平日只是見得形氣所主底偏重，故其所以堅持力制，亦只是硬將此形氣所主底鈐束按伏，取使之一向寂滅，❶如槁木死灰，絶念不動，方爲净潔。不知此心本是箇活物，如何教他絶不動得？只是其動有邪正之分爾。邪便是從形氣上動來，正便是從義理上動來。若要教他絶不動，除是形氣都死，始得。

❶「取」，疑當作「期」。乾隆本無此字。

僧家煞有苦行，終日面壁，兀坐澄心，真如對越上帝、全無邪念妄想者，分明是有持敬工夫。然其所以爲敬，其實又却同行而異情，不是要清明此心、存在此理，只是要空虚此心、絶滅百念。惟其如此，是雖工夫做得十分精到，無邪念妄想，而實不離乎意欲之私，非所謂天理之公，是乃邪妄之尤者。此是第一精微病痛處。

至於無下學、絶人倫之失，又是此後第二節病也。故程子以爲：「佛有个覺之理，可以敬以直内矣。然無義以方外，其直内者，要其本亦不是。」正謂此也。

外日承喻蔡丈所疑「授命」「致命」諸説，如拚命一般。向因送别之晚，於旅邸獨處無事，忽及之，始悟蔡丈所以爲疑者，蓋嫌其似拚命而無義爾。

據《論語》夫子論成人章云「見危授命」，謂不愛其生，持以與人也；子張曰「士見危致命」，謂委致其命，猶授命也；子夏曰「事君能致其身」，謂委致其身，不以爲我有也。凡此事，皆以人之常情顧身命太重，❶便爲此物所蔽，更不復知有義矣。

故聖人教人事君，見危便須委致其身命，不以爲己有，則不爲之所蔽而義便可明，❷方能直前勇往，冒患難任君之事而不辭。或當死與不當死，皆自分曉矣。非謂授命致命後，便即死也。

---

❶「身」，清鈔甲本作「自」。

❷「之」上，清鈔甲本有「物」字。

况其委致之初，是爲君、爲國而不爲己，爲公而不爲私，即此便已有義在其間矣。既曰義，則當死與不當死，便有裁斷可否；至其果死，須又看臨時事理輕重緩急，未便一快直就死，以爲合義也。

此與拚命者其情自不同。世之勇猛、暴悍之夫好拚命者，不爲君、不爲國、不爲公，直不過任血氣之私，不能自禁爾，義何在也？

若《困卦》所謂「致命遂志」者，此語意正與殺身成仁一般，義便在遂志中矣。致命所以遂此志，猶殺身所以成此仁也。

蔡丈更共講之，爲如何？

答王迪甫三

所示程子「主一」及文公「有事主事」之義，大概皆已得之。❶然亦當知所謂主事者，心只在我而有以宰制彼事之謂，非逐在事上去而中無有也。若世人讀書忘寢食，乃心逐物在外而中無有，固不得例以爲主事、主一之證。若以主之爲受重而著意以加之，則又將心爲事役，不免助長之病，而無從容之應矣。

其次段就理氣間剖析是非真妄之起，已爲明净，但「非性無自而發」一語，畢竟亦未甚透徹，幸更詳之。

---

❶「皆」，清鈔甲本作「俱」。

答梁伯翔一

竊嘗深歎聖賢理義之學，最是人間第一義，而人生天地間，抱負良資美質可與適道者，❶亦甚不少，只緣被科舉一段無益之業籠罩了，自嬰孩便聾瞽其耳目，不復知有聖賢門路，是以終其身顛冥於同流合污之中，而不知覺，竟亦醉生夢死而已爾，未可全歸之自暴自棄而不肯志焉者也。

今賢者幸迷途未遠，早自悔悟而有志於超凡而入聖，又正是妙齡可畏之時，如其立此志之堅，果能勇往精進，則何理義之不可明？何聖賢之不可造？

聖賢著書垂訓以示天下來世，千言萬語，無他，大抵亦不過明此理義而已。理義乃人心之所同然固有，聖賢先知先覺，先鋪排在那裏，已如日星，雖極千條萬緒之不齊，其實不離乎日用人事常行所當然者，初無玄妙高遠底事。學者讀聖賢之書，亦不過平心講究以明此理義之攸歸，其大要亦惟欲内成諸己以無失吾之所固有者而已。在己者有餘，然後推而淑諸人，以廣吾之所同然而非其所先也。

今來意先急諸人而後諸己，失其序矣。且人性雖曰本善，然自有生以來，拘於氣稟，狃於俗習，蔽於物欲，汨於私意，是幾重埋没，則其所以檢察克治之功，雖汲汲窮日夜之力，猶恐其不逮，而何暇及乎其他？

---

❶ 「資」，原作「姿」，今據康熙本、乾隆本及清鈔甲本改。「抱負」，清鈔甲本作「負抱」。

然其日間用功節目，亦自有其要。程子曰：「涵養須用敬，進學則在致知。」❶二言者，夫子教人所以造道入德之大端，而不可偏廢者也。蓋敬者，主一無適之謂，乃貫動静終始之功，有事無事皆常主於中。中能主敬，則此心大本清明，而萬理萃焉。致知者，推致吾心之知識，欲其精粗隱顯無不極盡也。知不致，則無以識是非、善惡之真，將從何而趨，從何而舍？必有錯認人欲作天理而不自覺者矣。欲致知，在格物。而讀書其格物之一端也。

然讀書次序，亦自有其要。先須《大學》以爲入德之門，以其中説「明明德」、「新民」具有條理，實羣經之綱領也。次則《論語》，以爲操存涵養之實。又其次則《孟子》，以爲體驗充廣之端。三者既通，然後會其極於《中庸》，而胸中之權衡一定矣。至是乃可以進讀他經，併及諸史子，而論天下之事，無往不迎刃而解矣。

若所謂《近思録》者，又四書之階梯也。諸先覺君子，發洙泗千載不傳之秘，其全編大帙，若《遺書》等類，文字浩博，難驟得其門而入。文公集其要者爲此録，真迷途之指南，而初學啓蒙之最切者。文公所答鄧衛老，論其標目已甚分明，如第一卷較淵奥，有未曉處，且放過無妨。自第二、第五卷，皆日用緊切下工處，并末一卷説聖傳標的，皆宜先反復玩味，以會其旨歸爲善。❷所喻借伯澡註本，今納去，幸檢。

至若《小學》一書，文公雖以補古人幼學之闕，而其終之所以凝道據德而成大學之功者，亦不越乎此。

---

❶「知」，原作「和」，今據康熙本、乾隆本、清鈔甲本及《二程遺書》改。

❷「旨」，清鈔甲本作「指」。

且甚坦易明白，最爲切於學者日用之實，亦不可不常在目前也。

答梁伯翔二

承特有講訂三段之説，得見日來進學次第，頗有切己體察之功，深以爲喜。

第一段所論「持敬」工夫，謂「静亦敬、動亦敬，只管恁地，❶却茫然無下手處」。恐只是於動静時止死法空念个「敬」字，不曾實作持敬工夫，所以如此。今不必他求，只原程子説「敬」字本旨，其以「主一無適」四字爲言者，可謂極其精矣。「主一」是心只在此，所主惟一，不二不三。「無適」是心只在此，不走作，亦不之東，亦不之西，亦不之南，亦不之北。然「主一」即是「無適」，只展轉相解釋，要分明，非於「主一」之外，又别有「無適」之功也。惟心主乎一，所以無適；惟心無所適，所以常主於一。此四字貫動静，無事時其心收斂，主一在此，不走作；應事時心又主在一事上，亦無走作。

其他又以「整齊嚴肅」爲言，及謝氏「常惺惺」之説、尹氏「其心收斂，不容一物」之説，皆是詳發明此一意。整齊思慮、嚴肅容貌，此心便一，更無他適。常惺惺，亦只是心常惺定在此，不昏困，所主便一，若昏困則便有他適矣。其心收斂、著一物不得，亦只是主一，若更容得一物，便是有他適矣。此三言，亦皆貫動静之功，可謂甚親切明要。只依此爲準作工夫，自不差錯。

---

❶「地」，原作「他」，今據康熙本改。

雖然，亦偏靠一箇「持敬」不得，須是「致知」與「持敬」相發。知精則敬益密，敬密則知益精。知苟不致，則理義不明，雖無事時澄心浄慮，持敬亦姑死守箇無事之敬，或有一念之私慾忽萌，亦何由知而截之？必至隱伏以爲吾病。或有一念之善端微露，亦何由知而養之？必至壅閼而有所傷。及事至而敬以應之，❶又姑死守箇應事之敬，或事中於理而當行，亦何由知而爲之必從？或事違於理而當止，亦何由知而爲之必拒？

故程子曰：「涵養須用敬，進學則在致知。」二者常相須，不容以偏廢。惟二者工夫俱到，則於静而敬時，萬理森然在其中，常昭昭不昧；及動而敬時，此理流行乎萬變之間，又整整不亂也。若欲就九容九思上用持敬工夫，九容皆敬之事，亦善。《小學》所載，一依古註，甚簡而切。而「立容德」句下，又詳之曰：「德者，得也。立則磬折，如人授物與己，己受得之之容也。」亦已甚明白矣。若九思乃思誠事，不專説敬。惟敬而後能爲是九思，以至於誠。不如文公《敬齋箴》❷鋪叙日間做工夫節目，最爲切密。正宜常在目前，❸今別紙略解析去，幸詳之。

第二段説《大學》體驗省察之意多而涵養本原之意少，以《小學》時，德性已自涵養了，到《大學》，工夫只

---

❶「敬」上，乾隆本有「持」字。

❷「不如」，原漫漶不清，今據康熙本、清鈔甲本訂正。

❸「正宜常在」，原漫漶不清，今據康熙本、清鈔甲本訂正。

一向理會進學致知，以造道成德，所體認已得之矣。但更須知《小學》涵養，只是箇胚樸已就，到《大學》進學時，此等工夫固自在其中，未嘗間斷，非謂止一向進學去，遂忘却此工夫，不相接續也。古人此二項工夫，常相須。如車兩輪、如鳥兩翼，極是相關，縝密無縫罅可截斷處。若文公以「敬」一字，爲今學者補《小學》之闕，而後進以《大學》之功，固是完備無缺，然亦須十倍其力做去，方見得滋味功效次第，而有進之之實也。

第三段，所分别「意」與「情」，未明心是以全體言，意是就心上發念處言，有思量運用之義。凡發見於外，思量要恁地底，❶皆是不可截斷以幾微方動處爲限。情是心裏面自然發動，改頭換面出來底，與性相對，是從性動來，只直恁地，亦不必截斷以大段動來出底爲拘。❷如接物時，在内主宰者是心，動出來或喜或怒是「情」。思量要喜那人、要怒那人，或輕或重，是「意」。裏面有箇物，能動出來底是「性」。心所喜、所怒之人是「志」。許多便都一齊在面前。

經曰：「欲正其心者，先誠其意。」又曰：「意誠而後心正。」其言若有次第者。古人此等工夫，合下皆齊頭並做，逐地頭箇箇各著力，如手捉物時，十指俱動，無一箇放慢處。但遡其本之序而言，則欲正其心者，必以誠意爲先，非謂欲正其心者，更不必做正心工夫，而但專做誠意工夫便了也。又順其效之序而言，則必意之已誠而後心乃得其正，非謂意已誠了，更不用做正心工夫，而心便自爾正也。但曰「正心」、曰「誠意」，又

---

❶「要」，清鈔甲本無此字。

❷「來出」，乾隆本作「出來」。

自有疎密緩急，而工夫皆不曾偏。

故《大學》於「正心」章，但大概説箇喜、怒、憂、懼四者做病，而必常致其存密之功。❶至「誠意」章中，却再三注意於自欺、自慊，與君子小人誠善、誠惡之辨，而歸重著力在謹獨，以心大體明白易見，而意極細密隱奥，潛伏難測，最難得表裏真實如一，此「誠意」一章所以爲《大學》要關處，説得尤力，正聖賢進退之路所由分，天理人欲勝負之機所由判處。必透過此關而後道理方牢固，實有善而真無惡，始真能入得堯、舜、孔、顔路，上行而決不至於下墜。若過此未透，便待博聞洽見，説得道理如天花亂墜，終未可保其必不下從桀、跖之歸也，可不畏哉！可不謹哉！可不深致力乎哉！

答梁伯翔三

所示《大學疑》，見得日來進學次第。間有未安者，敢一評之。

謂「虚靈不昧皆屬氣」，此當詳本文全句，其曰：「明德者，人之所得乎天而虚靈不昧，以具衆理而應萬事者也。」此句皆是解「明德」兩字爲言。所謂「明德」者，是專以理言之。謂「人之所得乎天」者，是得于天之理。謂「虚靈不昧」者，是狀此德之光明。謂「具衆理而應萬事」者，是又兼舉此德體用之實，要圓備。《或問》中曰：「方寸之間虚靈洞徹，萬理咸備。」亦只是再詳此句，無異旨。

---

❶「密」，乾隆本作「察」。

凡此主意，本皆是以理爲言，但今實論其所以爲根原底裏，則理無形狀，其爲物是如何而解如此之靈且明哉？畢竟是理絶不能離氣而單立，因人生得是氣而成形，理與氣合，便有如此妙用爾。外日，姑就四字分析，其實靈與明處，非可專指氣之自會如此，亦非可專指理之自會如此。要之，氣非理主宰，則不會自靈且明；理非氣發達，則亦不會自靈且明。理與氣本不可截斷作二物。去將那處截斷喚此作理、喚彼作氣，判然不相交涉耶？

粗一譬之，明德如燭之輝光燦爛，理則燭之火，而氣則燭之脂膏者也。今指定燭之輝光燦爛處，是火耶？是脂膏耶？專以爲火而不干脂膏事，不可也；專以爲脂膏而不干火事，亦不可也。要之，火爲之主而脂膏以灌注之，方有是發越輝光燦爛爾。此等處須了了，豈可含糊！今不因此句，就吾身心上實體認此明德是甚麽底物，其爲體段形狀是如何，乃解如此之虛靈洞徹、光明不昧，在日用見定間所謂虛靈洞徹、光明不昧之實又如何，就何處可實見得其爲如此。於此果見得落著，❶便可實下操存涵養工夫。不平心定氣實計見此本物，只區區計較閒末，尋枝逐葉、展轉差訛，正如冥者之扣槃捫燭，流爲聞鍾執籥之繆，乃反歸咎於告者以光與圓之言，爲不識日而非所以論日，豈不大誤也哉！

若李推説尤爲亂道，胡答胡辨，殊不成説話，只似不曾讀書者之言。且如《好學論》，曰：「天地儲精，得五行之秀者爲人。其本也真而静，其未發也，五性具焉。曰精曰秀，以氣言；曰真曰静，以理言。」繼曰：「五

❶「落著」，康熙本、乾隆本作「著落」。

性又以理言。」亦可剥以爲理中具理乎？❶ 又如《太極圖》曰：「無極而太極。」「起頭四字便都言理，下又言真、言性、言仁義中正，又皆以理言。」亦可剥以爲理中重重具理乎？❷

古人文字，血脈相應自如此，假如以虛靈、洞徹、不昧等皆爲氣，如一般心恙底，只有其氣存，何故一恁昏迷顛錯，却無此虛靈、洞徹、不昧底意，何耶？ 若爾講學，枉用心神而無長進之益矣。

「格物致知」，所以求知所止，「物格知至」，則已知所止。「誠意」而下，所以求得所止。「意誠」而下，則已得所止。 此固是總八者説「止至善」之大綱，❸亦須知就八者之中，逐件亦各有「止至善」處，即其逐件中所名，各到至極之處者便是。 而於逐章中，亦已默寓其意矣。

感自外入，以彼物之至吾前而言；應由中出，以此心之接彼物而言。 彼物之來，有千變萬狀之不齊；而吾心之應，各隨彼天則之自爾。 當好當惡、當喜當怒、輕重淺深，分數無毫髪差，是謂物各付物、各止其所，而我無與焉，然亦須吾胸中鑑空衡平之體素定，然後能如此，而非臨時區處之謂也。

「誠意」段，小人外一等未實見道理，人雖分明有好善之心，終是不能徹表裏，必有陷於自欺田地不自知時節，須是真知善惡分明，然後有真好真惡之切，如好好色、惡惡臭之徹表裏、一於誠爾。 所以經文曰：「知

❶「剥」，康熙本、清鈔甲本作「駁」。
❷「剥」，康熙本、清鈔甲本作「駁」。
❸「止」，原作「上」，今據康熙本、乾隆本、清鈔甲本改。

至而後意誠。」然真知已至後，❶亦非聽之自誠，蓋無一刻不用其戒謹之功。豈但如來説一日之謂？所以傳文又兩言「必謹其獨」，❷及結以「必誠其意」，以明此功夫須如此不可間斷，而所緊要著力，尤在於幽獨幾微之處也。

二「必」字正本文著力處，❸最宜詳味。始終條理之分難易，姑以骨角之脈理可尋，與玉石之渾全堅確，爲切磋琢磨之辨，最發得本文之旨瑩白，爲可玩。況其實，如物格知至，所謂真知覺貫通田地，又非容易可至，固未可以易視之而不深加工也。力行固難，然知之真而行之勇，則循理爲樂，自不見其難者。惟知之不真而行之不勇，遂不見其樂，而每苦其難爾。若《孟子》始終條理，分智聖主意，乃言二者須兩極其全爲貴，非有難易之辨。而文公知行如車兩輪之説，其意又要齊頭並進，非可以難易論也。各隨本文自不礙，而各實用功自可見。

要之，聖賢固有言易以誘人之進處，亦有不敢言易以驕人之志處；固有言難以勉人之進處，亦有不敢言難以沮人之志處。皆不可以一律定也。

「治國」章所載先君子之言，誠爲至論。蓋君子之學，惟求其在我者而已，本非有治人之念也。在我者

❶「真」，原爲墨丁，今據清鈔甲本補。
❷「又」，原作「反」，今據乾隆本、清鈔甲本改。
❸「本」，原作「立」，今據康熙本、清鈔甲本改。

既至，或出而當治人之任，然後推己以及人，而非預爲之地也。若爲人而學，則有計利之私，而非誠於學矣。

《論語》「時習」之説，於當事親時，而習前日所以學事親者；當敬兄時，而習前日所以學敬兄者。其爲時似稍疎，❶却是實體此語做工夫處，初無妨害。然亦當知君子縝密之功，固無一事之不學，而無一時之不習也，亦在人隨力量循序而進。果有實工夫進進不已，則由疎而密，無空隙閒事矣。更在勉之。

其十一段之所謂一意者，❷乃是剖析理義之淵微精密處，皆上達底意思，非初學所可驟曉，姑緩之可也。

---

❶「時」，清鈔甲本作「説」。

❷ 上「一」字，清鈔甲本作「二」。

北溪先生大全文集卷第三十一

書

與姚安道潮人，名宏中。

外日特承光訪匆匆，恨不及欵洽清論，别去倏易三晦朔，而區區未嘗不向往也。《詩傳》中所疑難如何，併乞一一疏示，庶得以交相講訂，而爲定是之歸。

蓋學不厭講而貴乎有疑，必有疑而後能進。以疑則辨、辨則明、明則通，至於工夫大進而萬疑畢湊，涣然爲之一决，則如冰消雪融而不復疑矣。此顔子所以「既竭吾才」，而「如有卓爾」也。

所謂「格物」之説，今見得果如何？此最進學之要處。所當大致其功，不得以爲煩勞而狀之也。蓋不如是，則理無由明，義無由精。其於行也，必左動而右礙、前通而後窒，欲保其駸駸一於聖門之入而無路脉之差，亦且難矣。何復望其有從容洒落處乎？程子諸説，示人精微曲折，已爲詳盡，而文公發明攷證，又爲明瑩親切，確乎不可易。學者但當按之循序加功，便自見得趣味，而知聖賢之决不我欺。

大抵聖門工夫自有次序，非如釋氏妄以一超直入之説，欺愚惑衆。須從下學方可上達，須從格物致知，然後融會貫通，而動容周旋可以無阻，譬如行者之適都城，未曾識得路脉，從南從北幾程幾里，如何舉得步？出門便差。却如陸學，從來只有尊德性底意思，而無道問學底工夫，蓋厭繁就簡，忽下趨高者，其所精要處，乃陰竊釋氏之旨，而陽托諸聖人之傳，確然自立一家。文公向日最欲挽而歸之正，而偏執牢不可破，非如南軒之資，純粹坦易，一變便可至道也。

初學者識見未定，其立的最不可泛。孔、顏、曾、孟遠矣，不可得而見矣。如近世周、程諸儒，亦不可親見其人之爲如何，據其道於遺編而師之。若文公者，同時並世，某於經籍中，師仰其道者十年，而親炙函丈者又十年，真所謂身即書、心即理，凡昔聞其語者，今親見其人，真所謂宫墻巍巍不得其門而入，不見宗廟之美、百官之富，仰之彌高、鑽之彌堅，瞻之在前、忽然在後者也。學者惟當終身竭鑽仰之力，未可以道聽塗説世俗常情而窺測之。此心先有一般意見横在肚裏，爲之梗塞，則一切微詞精義便相扞格，更不能入，最是大病處。

爲學工夫所最先者，一當立志以斷定邪正之路，一當虚心以玩味理義之實，然後致知力行可以交進於其後。不然，則散漫不倫，終亦不能以有得矣。

侍同臭，講此不覺縷縷，不自知其爲過繁也。高明以爲如何？

與陳仲思鎮江人。

某前月初八日抵臨安，依舊宿故壘。廷試已定四月十八日，此事從來無定準，一聽造物之爲如何，無可言者。前者高才綱漏，欲尋舊迹升黜之爲如何？恐亦不必如此介注。

科舉本是壞天下人才底物，本不足以取人才。其爲法，不考平日素行，只校三日虚文，固無一定之賢否矣。今且就虚文言之，又只各隨有司意見之不齊，亦非有確然一定之能否，則得不得有命之説焉。達者當之只可付一笑，非可以是爲介注也。況舉子學術技藝，從來有淺深、高下之不齊；考官學術意見，亦從來有淺深高下之不齊，安能保其必相偶合？即此不能保其必相偶合，而其相偶合者，非人力之所能爲，是命也。只此非人力之所能必處，便是天之所爲，便是命，更不必冥搜遠索，指蒼蒼者以爲天之於我如何，而後謂之命也。

雖然，此就格法中論之如此，❶若超乎繩墨之外，以高明正大之見言之，欲治國平天下，而專靠此以取天下人才以爲治國平天下之用，直是兒戲，亦只是未有三代聖君賢相高見遠識，無人看得此事破，無以變通其法爾。

向來伊川先生修學制略，本先王遺意，非有過高之事。以劉摯非不賢，乃獨毅然力排之，以爲「高闊以慕古，新奇以變常」，其識之不足而妄論如此，無足怪也。每嘗最愛明道先生《修學校尊師儒取士》一奏，蓋斟酌三代之意而損益之，以宜於今者。若有聖君賢相者出，欲變通其法於將來，須如此奏節目施行，然後爲可，而非可與常情論也。

---

❶「格」，康熙本、清鈔甲本作「俗」。

因話謾及之，❶聊以發高明之一笑。

與黄寅仲

外日書院相聚，極荷愛篤。遷出江下，又蒙連日綢繆，何感如之！別去區區第有銘佩而已。

某到嚴陵，不意以人情事勢所不容峻却而去，又留滯在此許久。寺丞端人正士，慈祥愷悌，誠心愛民。今年水旱大歉，無日不憂形於色。子和亦多能之士，曆、醫、山水皆精，由其資稟聰俊，故無所不通爾。

可中資質極是純粹，惜乎學問差向一偏去，已纏肌入骨之深，無可轉回者。初間到旅邸相訪，亦開懷説其學問來歷，及詹郎中悟道一段，殊無隱情。以爲堯舜至孔子相傳都是如此，是時與他詳細剖析，從原頭梳理下來，忽爾日暮，各且散去。後再相見，更不扣竟前説，又多是匆匆不暇。大抵先入者爲主，確然固執，自以爲是了，外言更如何入得？其祭詹文道：「孟子後千五百年，得其傳者惟象山，象山之傳惟默信。」其意向偏暗如此。末結説默信未嘗死，又全用佛、莊死而不亡底意，更何暇責顧？

平甫資質亦莊静，扣其所學及與詹、楊來往有何傳授，欲因其所偏而爲之救正。絶口不出一言，屢扣屢寂，但叉手聲喏而已。又不如可中之無隱。爲其堅意隱默如此，後因來訪，只直剖析儒釋之所以分，及陸楊之所以偏處與之，自後或相見，坐未煖則別去，不暇講論，必是意旨不相契，兼未能知味，故以爲緩而不在

❶「話」，清鈔甲本作「語」。

急也。

自到嚴陵，益知得象山之學情狀端的處。❶ 大抵其教人，只令終日静坐以存本心，無用許多辯説勞攘。此説近本，又簡易徑捷，後進未見得破，便爲竦動。

今按其説，若果是能存本心，亦未爲失。但其所以爲本心者認得錯了，只是認形氣之虚靈知覺者，以此一物甚光輝爍爛，爲天理之妙，不知形氣之虚靈知覺者，人與物皆同，如牛羊鳥獸蟲魚，凡有血氣之屬皆能知覺，趨利避害不足爲貴。此心乃即舜之所謂人心者，而非道心之謂也。人之所以貴於物者，以其有道心，❷若仁義禮智之粹然者是也。人心，血氣之私也；道心，性命之正也。二者雖不相離而本自不相混。❸

今指人心爲道心，便是向來告子指生爲性之説，及佛家所謂「作用是性」之説，「蠢動含靈皆有佛性」之説，「運水搬柴無非妙用」之説，故慈湖傳之，專認心之精神爲性，則是全指氣爲理矣。惟其全指氣爲理，故安然以陰陽爲形而上之道言之，不惟論天，論《易》、論乾坤都做此一物，論道論德、論仁論義、論禮論智、論誠敬、論忠信，諸等固有萬善，皆只是此一箇渾淪底物，只名號不同爾。

夫道德仁義，乃專以理言。而指氣以當之，已爲不是。而諸等名義各有所主，頭面體段自是不同，甲件

❶ 「處」，原爲墨丁，今據康熙本、清鈔甲本、清鈔乙本及《四庫》本補。
❷ 「以」，清鈔甲本作「爲」。
❸ 「二」，原作「仁」，今據康熙本、乾隆本改。

自有甲件用，乙件自有乙件用，都來混作一物，尤含糊鶻突，用處豈得不差錯？讀書窮理，正要講究此，令分明。於一本渾然之中，須知得界分不相侵奪處；又於萬殊粲然之中，須知得脉絡相爲流通處，然後見得圓、工夫匝，體無不備而用無不周。

今都掃去「格物」一段工夫，不復辨别，如無星之秤、無寸之尺，只默坐存想在此，稍得髣髴，便云悟道。既悟得後，却又將聖賢言語來手頭作弄，到死後又依古禮行喪。如此者何故？蓋須是如此，方爲儒名家。不然，則爲佛名家矣。其實於聖賢言語，只是略略依他見成條貫，不要甚通解，多牽來拗就己意，未嘗講究聖賢本旨端的之爲如何。

既不辨别衆理，又不見得端的之爲如何，則臨利害之衝，如何應變？又如何守得牢固？因知輔漢卿所録，譬如販私鹽人擔頭將鮝魚粧面之説，爲發得情狀出，甚端的也。

以晦翁手段，親與象山説不下，況今日其如此等人何？❶近思量渠門既偏溺於此矣，又直攻其所偏溺，則愈畏縮而不入。

今喻文得瘧，俟兩日平和更見之，將此話頭置放一邊，絶口不及，只以孔孟工夫精密切要處開誘之，令且子細師法孔孟，不可恁疏闊，恐滲漏處多，但誘得入窮理路來，可漸有見，自能覺其是非爾。

❶「其」，乾隆本作「某」。

答黄寅仲

所摘胡義之疵，甚當。不特此句之疵，其説「敬」之大義亦不出。緣是未曾做得持敬工夫，未見得「敬」滋味也。

其他亦多有句不穩，及多有欠意不圓處，只説氣稟之昏，不説物欲之蔽，而「明德」、「新民」、「止至善」三句裏面底藴，殊未曾動著。此非有妄議之慊，乃講其理如此爾，亦格物之一端也。

答林自知

自嚴陵一别，僂指忽三易歲華，❶而此念無日不向往。昨許友之來，承惠手翰，深稔勤誠。❷趙司直宫祠莊嚴幽居，想時得過從講貫，有洪論大義時析一二，附南來之鴈，得見故人不忘之意，不爲惡也。

抑嘗嘆今之學者，其隨波逐流者固無足論，或有不肯自暴自棄而願志道者，已爲度越於人不淺，然又多是悠悠泛泛，不能勇往直前，的爲正道之趨。方且彷徨中流、騎墻不定，❸則殆見好善決不能如好好色，惡

❶「僂」，清鈔甲本作「屈」。
❷「稔」，原作「認」，今據康熙本、清鈔甲本改。
❸「墻」，原作「檣」，今據康熙本、乾隆本、清鈔甲本改。

惡真不能如惡惡臭，切己將何有得力？在我將何有受用？又將若何保其斷爲君子之歸，而決不復小人之墮邪？❶

此亦入門未見趣味者之常態，尤吾黨所當痛自省察而用功加勉焉者也。賢者試三復之爲如何？

與邵生甲嚴陵人。

數日甚企想，而佩音悄然，❷何邪？

始者承賢者來訪，謂賢者資質志向之美，亦易通曉者，便極爲剖析其是非邪正之分，庶幾曉然不迷其所趨。再蒙見訪，又道及濂洛諸老先生之書，都曾看來，親手編寫成帙，又知其亦素用功者。繼而講論鬼神之事，乃至偏執異端死而不亡之說，❸滯而不能化，亦未曉其受病之由。續到賢者之居，獲奉從容，仍出江西。至言示其意所主者，始讀一篇，不見其有一句入正腔窠；再讀二篇，又不見其有一句入正腔窠，遂掩卷不讀。而賢者又示以小詩與《行狀》，乃知自孩幼時已衩異矣。而賢者嗜之不釋口，且曰「從濂洛諸老先生書來，末方得此，見其爲好」，并談易談心，悉踵已見之誤而安之不怍。至是，乃知賢者平生學問，知賢者胸

❶「墮」，乾隆本作「墜」。

❷「佩」，乾隆本作「德」。

❸「亡」，原作「忘」，今據乾隆本、清鈔甲本改。

中底藴，知賢者病根所在，從原頭本領差錯來，纏心腸、蝕肝肺者已深矣。

因覺始相見極爲剖析之言，殊不入賢者之耳，枉爲虚説。而賢者於諸老先生之書，亦枉用許多工夫，全未有一字之得。此其故何也？由諸老先生見此道理素熟，所謂至精至好處，只作家常茶飯底事，平平説去，淡若無味，而其中發明孔孟不傳之秘旨，實爲格言至論，千古顛撲不破。以時文淺識泛泛讀過，莫能曉解，忽見此人説得奇奇怪怪，又簡易徑捷，便爲竦動而陷墮其間。使向於諸先生書上，❶稍得一字之義而知味焉，則決不至有此陷墮處。非惟於諸老先生書未有一字之得，在孔孟之門，亦未得寸步之入。

并覺昨所論「鬼神」一節，乃至幽至玄、無形影事，非物格知至、理明義精者不足與語，而遽於賢者之前言之，乃强人以所未到之理，講其所不當講，答其所不當答，不能逃躁瞽之愆。然此心終不能恝然於賢者，以賢者方二十六，正孔子所謂後生可畏之時，前程地步闊，日子長，儘可闊步著工夫，做聖賢大業，不可但爲山林苦行，偏滯在一隅，枉了可惜。

今固不敢勸賢者絶濂洛而師象山，亦不敢勸賢者舍象山而從濂洛，此事未易決，姑置之勿論。且賢者讀書爲儒，豈非祖孔孟者乎？今只以孔孟門庭精要工夫，與賢者共切磨之，如何？

某在此不久，只月末便歸，不得與賢者久處。若不説及此，恐失此等工夫，則疎闊走漏處多。且孔孟門庭精要工夫如何？在《書》則「惟精」與「惟一」不偏廢；在《易》則「知至」與「知終」不偏廢；在

---

❶ 「使」，原作「所」，今據乾隆本、清鈔甲本改。

《大學》則「知止」與「靜安慮得」不偏廢，「格物致知」與「誠意正心脩身」不偏廢；在《中庸》則「明善」與「誠身」不偏廢，「道問學」與「尊德性」不偏廢，「博學審問慎思明辨」與「篤行」不偏廢；在孔子則「始條理」與「終條理」不偏廢；在顔子則「博文」與「約禮」不偏廢；在孟子則「盡心知性」與「存心養性事天」不偏廢。

蓋察之不精，則若何而能一？知之不至，則若何而能終？不知所止之地，則將於何而静？於何而安？於何而慮？於何而得？物不格、知不致，則意將如何而誠？心將如何而正？身將如何而修？善不明，則身將如何而誠？問學之不道，則將如何而爲？德性又如何而尊？學問思辨之不博審慎明，則將從何而行？❶又如何而篤？始不知條理，則終如何而爲條理？文不博，則禮將如何而約？心不盡，性與天俱不知，則又將如何而存？如何而養？如何而事？

萬物固皆備於我，然物物各有頭面：事親當如何而爲孝？事君當如何而爲忠？事長當如何而爲弟？夫婦當如何而爲别？朋友當如何而爲信？曰仁，如何而爲仁？曰義，如何而爲義？曰禮，如何而爲禮？曰智，如何而爲智？合當用義時，❷可只以仁應否？合當用智時，❸可只以禮應否？曰誠，如何而爲誠？曰敬，如何而爲敬？合當用敬時，可只以誠應否？曰忠恕，如何而爲忠恕？曰中庸，如何而爲

❶「從」，乾隆本、《四庫》本作「如」。
❷「合」，清鈔甲本作「曰」。
❸「合」，清鈔甲本作「今」。

中庸？曰義利，如何而爲義？如何而爲利？又有義之似利、利之似義，則將如何而辨？曰天理、人欲，如何而爲天理？如何而爲人欲？又有天理之似人欲、人欲之似天理，則將如何而分？

凡此等類，只可坐想都了否？還亦須著工夫理會？如合著工夫，如何而著？不審賢者於此已生知安行將去？抑尚在學知勉行邪？抑未能知未能行，而合求知求行邪？

此等工夫，甚欲與喻、顧二丈及王生相切磨。不然，則空爲世情契，不爲道義交。今喻丈瘧未愈，顧丈又拘書會，自講説，諸執事並在坐相陪，獨渠不曾一來。將意旨不相契而憚進耶？❶抑某説之不足聽邪？抑未能知味以爲緩而不在急邪？

王生又屢邀而屢不至，昨適幸其至，方回頭欲與語而忽又不見，或謂徑去矣。殊不曉其意之如何也。此理十説無窮、七説無盡，雖終日不食、終夜不寢以求之，猶恐不及，而悠悠若是，豈所謂志學者？

竊嘆黄堂篤意於開明後學，每見每必問。是何闔郡亦無一人稍體黄堂之意，以自篤其意爲開明之歸，可以爲黄堂説？幸而得賢者一人可語，又唱焉而不和，何邪？

此天下公理，是曰是，非曰非，一行乎大公，非可拂理徇情，拗非爲是而相取諛。若拗非爲是而相取諛，則是陷人於非道，而賊夫人之子。樂人之取諛而忌人之救正，則是又護過以匿於己，而吾道之賊也。此皆私意之尤，非君子豁然大公之心，而豈所謂切磋之道也？

---

❶「憚」，原作「禪」，今據乾隆本、清鈔甲本改。

所學爲何事而私意如此？何時得胸中洒落如光風霽月？何時得本體輝光潔白，如江漢以濯之、秋陽以暴之邪？

野人前所講義四段，想必已見，又不敢奉呈，恐不相契，反爲覆瓿。舊亦有《心説》二篇，皆未敢唐突出授。深念賢者，更遣此忠告，能併達此意於王生諸人，幸甚。

與王生震

某始到學，吾子不外，首先來訪。見其資質志向之美，可與適道，豈勝欣幸！續於九峰，聞尊丈説吾子聰俊之發甚早，自九歲已能文，十二三已志道，今年方二十。又不勝嘉嘆。❶屢使人邀屈欲細扣所學來歷，庶知其是非深淺，可以置切磋之功。而屢邀屢不至，屢唱屢不和。今幾匝兩月矣，竟未得與吾子有一日之欵，劇談而痛論。

昨忽承吾子之至，方回頭欲與語，而忽徑去又不見。此其故何謂邪？是固不難曉矣。子學淵源祖象山，曲護祖印如護命，懼拙者有以攻之，故稀行疎立，而不欲相親。

吾何私寃於象山哉！爲其佐異端、鼓淫詞，爲人心害，吾對越上天，講明公理，爲人剖析是非，深有愛於人而存忠恕之心，懼其或至誤陷焉，而枉害了一生也。

---

❶「嘉嘆」，原漫漶不清，今據康熙本、乾隆本、清鈔甲本、清鈔乙本訂正。

今吾子既深忌而痛護之矣，吾亦何苦强聒於子哉？姑置之勿論，待他日識見長而自定焉。只如洙泗之上，大聖羣哲端拱肅列相與講道，下學而上達，是多少精微廣大之旨，是多少縝密要切之功，殊不得與吾子浹洽講貫，後生失此不及知，豈不大欠缺，爲可惜。

又深念吾子妙齡美質，正孔子所謂可畏之時，氣力正强，志意正鋭，正可闊著步做聖賢大業工夫，爲天下大儒。無但隘守隅角，小道細行，姑長雄於山峽間，枉度了一生，又可惜。

學中講説，大小諸生皆環坐樂聽，是開闡多少宏綱大義，是發揮多少微言秘旨。而吾子獨不得一聞以發高明之見，又可惜。

此月末欲便歸矣，與吾子只成結世情知識，而不成結道義交契者，何邪？九峰又聞尊丈説，吾子旦夕爲四明之行，此豈小兒志識未定者之事邪？彼持敬苦行一節爲可美，而學術議論只是一老禪伯。見之何爲？看之不破，稚嫩之質寧無轉移潰亂邪？

聞之，極爲良資美質痛惜。夜睫爲之不交，早作，不覺肝肺流而爲一篇。今未知吾子此行之果如何。將别矣，亦録爲贈言在别紙。見第一卷。

北溪先生大全文集卷第三十二

書

與鄭行之嚴州人，名聞。

某外日都門一接見，深爲吾子喜。何喜也？二五流行，參錯不齊，而人生所值，駁者多而純者少，故賦質之粹美者最難。其人或既有是美質矣，而又安常習故，不能志於學以成之。其有是美質，又能立志於聖賢之學者，豈不爲難中之尤難者乎！今吾子俱有是二難之美，是安得不爲吾子喜？

自奉嚴陵郡侯命，入學與諸生講貫，深念吾子有此密邇，實爲不可逢之良便，是以專人奉書，冀其一來，相聚旬日，少效愚見以發高明，而吾子辭焉。回武只奉空書而至，又大爲吾子愕。何愕也？聖人垂世立教，是多少精微廣大之旨，欲與吾子講而不得講；學者師慕聖人，❶是多少縝密要切之功，欲與吾子究而不得究。日間與諸生誦《大學》、《論》、《孟》、《中庸》之書，是開闡多少宏綱大義，是發揮多少微詞奥藴，而吾子

❶「師」，清鈔甲本作「思」。

皆不及與一聽焉，❶於學問誠大欠缺者。❷而安得不爲吾子愕？

既而開緘讀之，心病隱隱於聲畫間，又極爲吾子憂也。聖人不作，專門名家以亂吾道者甚衆，學者立志之初，最當明别邪正二路之所由分。適乎正路，則爲賢爲聖；差之邪徑，則爲狂爲愚。今子之所志者，❸何學歟？書詞主象山，其根原差錯矣。

道學師友淵源，自孟子没，千四百年，得濂洛諸君子更相發明，而後孔孟之心始白，斯道之傳始有繼。其微言秘旨，又得朱文公精明而光瑩之，實後學之指南而百世之師範，一定而不可復易者也。彼象山者，不師孔不師孟，而師道光，號佛照。竊其宗旨而文以聖人之言，屹然自植一家，與孔孟背馳，與周程立敵，導學者於詖淫邪遁之歸，誠異端之雄，而吾道之賊也。

子平日在吕氏家塾相講磨，東萊蓋友朱張、師周程，而宗孔孟者也。其子弟決不肯背其先學爲異端之趨，不知子從何而得之歟？

大抵其教人終日默坐以求本心，以萬善皆吾心所固有，無事乎辨説之勞，屏去格物一段工夫。而其所以爲心者，乃錯認形氣之虚靈知覺以爲天理之妙，不知形氣之虚靈知覺一也，而有人心道心之不同焉。

❶「及」，清鈔甲本作「極」。

❷「誠」，清鈔甲本作「仍」。

❸「者」，清鈔甲本無此字。

由形氣而發者，以形氣爲主，而謂之人心，如耳目鼻口四肢之運用者是也，而人與物同，不甚遠也。由理義而發者，以理義爲主，而謂之道心，若仁義禮智之屬是也，而人與物異，獨爲最貴者也。二者在方寸間，本自不相紊亂，如饑而食、渴而飲，此由形氣而發，人心也。此心最危䠊而易陷，若窮口腹之欲，則陷矣。嘑爾蹴爾嗟來等食則不食，此由理義而發，道心也。此心甚隱微而難見，如其嗟也可去，其謝也可食，自非聖人莫能見之。聖人精察二者，不容於雜而一體，道心常爲之主，使人心每聽命焉，故聲爲律、身爲度，從心所欲不踰矩，則日用動静云爲，無非純是道心之流行矣。自古羣聖所授受、相講明者，其要訣正在於此。

今却指人心爲道心，乃告子「生之謂性」、佛氏「作用是性」之説，是指氣爲理矣。則其所謂道德仁義等萬善，皆不説著本體端的，而萬善本一而分殊，名義又各有所主，一物自有一物之用，隨感而應，脉絡粲然各不相奪。今都混爲一物，無用致窮格之功以明析之，則用處豈能各止其分？不過直行己意之私而天理人欲雜無辨矣。

雖萬善本皆我固有，然人自有生以來，氣稟習俗、物欲私意，是幾重湮蔽，豈可但坐想即得之，便安然行去，有如此之徑捷乎？此根原來歷與聖人殊宗，蓋昭昭矣。吾子晚進見之不破，而遽有嗜焉，又安得不爲吾子憂？

然人之稟性也有偏圓，而其受病也有淺深。❶ 圓者易轉，偏者難回；淺者易醫，深者難救。

---

❶ 「其」，清鈔甲本無此字。

吾子之性若圓而病若淺也，願因愚言，凝然思、愓然動、釋然悟、幡然改，悉濯去江西舊見，一新更窠易模，循濂洛淵源以達洙泗。其用功也，必依某所謂致知力行之節目，而主敬以爲之本。其讀書也，必依某所謂四書之次序而復熟焉。果能致知力行之功到，而四書之義徹，至於一旦豁然，真有卓爾躍如目前，然後知今日之言，❶的不爲吾子欺矣。

吾子之性若偏而病若深也，則濂洛、江西二派未容易決，願將二家之書且束之高閣，俱勿論，惟清心專讀《大學》、《論語》，專以孔聖爲師，顔曾二子爲友，❷而《孟子》亦以爲體驗充廣之助，是三書者既融會貫通，則邪正之分自定而取舍之幾自決，所謂濂洛、江西二派，不待較而判矣。

如或皆不以爲然而偏執舊見，牢不可解，則是不師孔孟而師異端，不由公平正大之道，而趨詖淫邪遁之域。其歸宿成就，不過一老佛莊列之徒爾，反不若常人之未能立志者之爲愈也。何者？以彼之心未病，猶在人理之常，而此爲心恙已甚，乃出乎人理之外也。至是則更不能爲吾子救，❸而但爲吾子哀矣。況子之妙齡甚富，正孔子所謂後生可畏之時，前程地步闊、日子長，正可著聖賢大業工夫，爲天下真儒。而拘拘於

❶「之言」，清鈔甲本無此二字。
❷「二子」，清鈔甲本無此二字。
❸「至」，清鈔甲本作「若」。

一隅之小道細行，枉了一生，抑甚爲吾子惜也。❶此間詹、喻、顧，皆江西之流。詹不及識，如《己易》，全用空門宗旨，無一句是，而跋爲清明，則其胸中可見矣。喻旨不相契，顧自是自足，議論不離流俗之見。後進有邵生甲、王生震者，妙齡可教，而亦墮圈檻中，不惟自是自足，而又自高自傲，無可救藥。而甲者又不能閉户自靖，牢守祖印，乃自矜自衒、自哲自聖。爲祖師解析，鼓淫詞而張之，既奉墨以附於儒，而又挽而歸之墨，❷殊無知可笑。假如有莊周口吻，説得至玄至妙，亦不過彌近理而大亂真，絶相似而極不同也。而況於無莊周之玄妙乎？其殆客氣忿憤欲角勝負，兒態癲狂亂爲叫呼，❸乃自絶於長者，非長者絶之也。外此，惟接得張生應霆一人，志趣未雜而一心樂聽講論，爲可望爾。近又得李生發，有志舍舊從新，爲可嘉，亦未知其終之如何也。

今恐南去，與吾子益遠，又未敢絶人向善之路，輒叙此曲折，托壽昌縣前董四省元轉達，併録講義四篇，乃立後學一定之準，決無相誤。及舊嘗解「食無求飽」一章，恐可以爲進學之警，别紙録去，幸詳之。

❶「抑」，清鈔甲本作「耶」。

❷「挽」，原漫漶不清，今據康熙本、乾隆本、清鈔甲本、清鈔乙本訂正。

❸「癲」，清鈔甲本作「顛」。「亂」，清鈔甲本無此字。

區區詞不盡意，❶諸容來年九月參選過此。吾子有定見，無惜披露一幅，預於九月初寄董家見示，當觀新得，爲吾徒賀焉。

答鄭行之

承喻及臨利害得喪，輒覺氣慴心動，爲身之大患。自非切己用功，何以及此？然去病當從根，則無遺種。此病豈非見底事之理不破，❷而所養之氣餒而未充故邪？大凡臨利害得喪，見其理不破，則於中不能無所疑；所養之氣餒而未充，則於中不能無所懼。疑與懼交戰，心烏乎而不動？❸

欲見事理之破者，在乎致知格物之功；欲養氣之充者，在乎致集義之功。❹所謂「格物」者，格，至也，窮至事物之理，如親到然，其真是真非甚端的明白。所謂「集義」者，集，聚也。甲事爲之合宜，則在我得一義矣；乙事爲之又合宜，則在我又得一義矣；丙事爲之又合宜，則在我又復得一義矣。每事皆然，則衆義聚集，而行無不慊於中，其氣自浩然生矣。果能物格知至，則於天下之事無所疑，而其中所存者定矣。又能義

❶「詞」，清鈔甲本作「辭」。
❷「之」，清鈔甲本無此字。
❸「而」，清鈔甲本無此字。
❹「致」下，清鈔甲本有一空格。

集氣充，則於天下之事無所懼，而其中所主者壯矣。是雖臨大變、當大任，而應之無不從容閒暇，又何有以爲吾動乎？

不特此爾，凡一切病痛，但理明義精，則皆無逃遁之所矣。更在有志者勉之。

與鄭節夫

自都城獲奉從容，知賢者資質志趣之美，實惟欣幸。别來山川日阻，愈見差池，而此心則未嘗忘也。❶載伯來，得知賢者已有館地，便即就赴，不勝慰懌。報别次又道及賢者已覓書爲四明之行，其意久矣，甚鋭而不可遏者，何邪？驟聞此舉，甚爲賢者傷惜，彌夜達旦，耿耿於中，不能以自平也。

且彼持敬苦行一節，誠亦可欽羡，然所持者，亦只是一箇死敬；所苦者，亦只是一箇死行而已。有何運用活樂處？有何裨補濟益處？其學術議論，不過只是一老禪伯祖師傳授，根原本領差錯來，本只是禪家宗派，非可以吾儒論。《己易》數千言，無一句是，察言以求其心，即此便見他所以爲心處。永嘉之政，殊可笑，攷迹以觀其用，即此便見他所以爲用處。其門下多是引接僧道輩來往，以法門兄弟氣類相同之故。嚴陵之詹，乃其朋儕，跋《己易》爲「清明」，則其胸中亦可見矣。

喻、顧及後進輩，有邵、王皆其黨，議論乖繆處甚乖繆，凡鄙處甚凡鄙，無一字合正腔窠，無一語相入。

---

❶ 「則」，清鈔甲本作「只」。

嚴陵有九峰寺僧惠覺者，詹悟道時嘗造請證印，得「朝聞夕死」一言而歸，不勝其欣榮。喻、顧即日與他爲至朋，無時不造談論，其平日從遊趣向只是如此。彼識吾儒門户是如何？識聖人壇場境界是如何？而欲以儒家事業、聖門淵源與之講訂，則大誤矣。

某《嚴陵講義》四篇，曾見否？此喫緊爲天下來世學者立一定準程，非止爲山峽間一州之設，的無相誤處。幸勿以厭平淡、喜新奇之心而易忽之。及所與寅仲初書，并嚴陵學者鄭生聞書、卲生甲書、王生震書，及詩所辨論象山異端之學，及學者要切工夫處，甚詳明，幸一復熟之。

此等輩不師孔、不師孟而師佛照，其爲學規式、用功節目，别杜撰創一種徑捷門户，與孔孟殊宗，與周程立敵，只當以非吾徒斷之，何暇更求見之？云求見，不徒是空來往，勞費無益，而又不覺能轉移人眼睛喎斜向一邊去，不成本來面目。受害反有甚，亦凜乎可畏。❶

而賢者冒行之，殊不曉所謂吾儒門户，修身行己自有正法，造道入德自有正路，等級次序一定不可復易，而聖人壇場境界，公平廣大，載在《語》、《孟》、《大學》、《中庸》、六經之書，又萬世通行，昭昭可覆也。能循循而進，日有日之功，月有月之益，歲有歲之效。

賢者與槎溪相聚許久，所謂格言至論，誦之亦云多矣；所謂宏綱大旨，講之亦云熟矣。想其志，必亦欲

❶ 「畏」，清鈔甲本作「愛」。

爲君子儒，而不爲小人之歸；必亦識聖賢趣向，❶而知所用力之方矣。今忽舍儒而歸墨，叛聖賢而入異端，不師孔孟大中至正之教，❷而宗慈湖、祖象山，爲奇怪之習，出人理之常，是亦甚可哀也已！豈槎溪有以誤之邪？抑賢者之無常而負槎溪也？謂其急於求道而不暇擇歟？然饑者之欲食，亦須是食五穀然後可以充饑，豈有不暇擇五穀，而但急於走江以漁魚、走山以獵獸？而僥倖其或可以有濟也，謂其旁搜博覽以備參考，而中自有主歟？然此則大賢物格知至、理明義精、學有餘者之事，而非新進晚學、志稚而未定、識嫩而未確者之所宜也。志稚而識嫩，則是非茫然莫得其真，而遽欲爲泛泛之舉，殆猶乘一葉之舟於風濤洶湧之衝，其不覆而沉者，希矣。

因覺前日都門相聚，雖賢者之意亦甚拳拳，而退後之語每以守舊爲足，亦殊無一言扣擊，是以精切之論無因而發，不得到賢者之前以廣高明之見，致使賢者有今日之流，則拙者亦不能逃其罪也。

今白沙舟中念及賢者，恐南去益遠，與賢者愈不相及，而賢者之病日深，纏肌蝕骨不可救藥，❸因急發此，託計院轉達。願平心定氣而三思三省焉，無爲是支離駁雜，且取四書循序而熟讀之，俛焉孜孜，須到混融貫通處，自當卓然有見，而知天下真是真非。邪正之分自定，從違之幾自決，而且以知今日之言，的不爲

---

❶「亦」，清鈔甲本作「多」。

❷「師」，清鈔甲本作「思」。

❸「肌」，原作「飢」，今據康熙本、乾隆本及《四庫》本改。

賢者詆也。若不以爲然，則是欲果於自暴自棄，爲狂妄之歸，愚亦不能强聒於子矣。

答鄭節夫

某十月初抵中都，即探知賢者寓京口。今承惠書，甚慰。但某寓此不能久，而賢者開春方歸，又無會合之期，不無悵然。

前年唐突附計院一書，蓋以賢者可與語，而惜其爲邪説之流，遂據正理直情剖露，更不復委曲回互，效世俗書札諛言諂語之態，亦以真講學故有真切磋，有真切磋然後有真警發，而亦惟真好學者，然後能樂真切磋而可以有真警發，不爲訝也。

今承來書，未能釋然，縷縷分析，猶有不能割捨之意。何邪？豈愚者之言未白，不足以發賢者之正見？抑大賢固無可無不可，非淺拙所能識也？

大抵此一種門户，全用禪家宗旨，無一與孔孟合。其要訣所主，只是祖述那「作用是性」一説，再得孟子所闢告子「生之謂性」底意，重喚起來，乃是指氣爲理，指人心爲道心，謂此箇物輝光燦爛，至靈至聖，天生完具，彌滿世界，千萬億刼，不死不滅。凡性、命、道、德、仁、義、禮、智等，都是此一物而異名。禪家此等意旨，從來交相密付，只是口訣，不用文字，所以渠門不要讀書，更不用窮格一段學問，而非有存養底工夫。

凡平時所以拳拳向内矜持者，不把作日用人事所當然，只是要保護那箇輝光燦爛、❶不死不滅底物事，是乃私意利心之尤者，其狀甚有似於存養，而實非聖門爲己之學也。惟其所主在此，故將下學千條萬緒底工夫，都作外物一蓋掃了，合下處己便直向聖人「生知安行」地位上立，❷至接後進，❸亦便直引向聖人「生知安行」地位上行。其待斯世常人，亦便直以太古太朴之道待之，所以出門動步便有礙，寸地通不得。

其徒一二老輩，間有踐履好處者，此非由學力師訓之故，乃出於生質之篤厚而然，而亦只是與道暗合，按之正理實不相符，不過只如僧道苦行、鄉原忠信廉潔之類，無足歆羡。在後生晚學，只當專以孔、顔、曾、孟實踐處爲準的，果能深熟用功，實得其趣味，則其中之樂自足，自無復走作他求，有如必欲識他是非邪正者，須是真識得儒釋之辨方可。

然儒釋界分亦未易白，自唐來名儒多不能識破，直至周程諸君子，有物格知至之功，理明義精，方始剖判得分明。夫豈初學志識、未有定主者所可遽論？

程子曰：「學者於釋氏之説，直須如淫聲美色以遠之，不爾，則駸駸入其中矣。」又曰：「釋氏之學，更不消言，常戒到自家自信後，便不能亂得。」又曰：「若欲窮其説而去取之，則其説未能窮，固已化而爲佛矣。

❶「輝光」，清鈔甲本作「光輝」。
❷「立」，清鈔甲本作「行」。
❸「至接後」，清鈔甲本作「其待時」。

不若且於迹上斷定：❶不與聖人合者，固所不取；其有合處，則吾道固已有。如是定立，却省易。」此數言，皆緊切爲人處，真千古不易之確論。

若學者未能見破，須且權作未斷底公案，束之高閣，且須依此數言佩服，他日有見自定。何須堅欲俛首鞠躬於其門，姑爲觀德考行，退自警勉之計邪？實得是理於心謂之德，實踐是理於身謂之行。彼於是理本原既差錯，則何實得實踐之能有？而何德之可觀？何行之可考？舍聖門正大、真切、縝密之功不之事，而爲是支雜，曰吾自保其必不爲之流，萬萬無是理也。

前年與黄寅仲及鄭聞書，説破儒釋之辨甚明，今更不暇論。此番都下新接一二，非不篤志於道，然皆偏執先入之説爲主，初見間，亦不能不出一二語以正之，既而頗護其説，確然自以爲是，遂更不復與語，聽之自錯自誤，於我何加損焉！❷

要之，吾道自孔、孟、周、程、朱諸儒宗更相發明，❸已明明白白於霄壤間，如青天白日，萬古不容掩没。豈小小異端所能爲病？舉斯世莫非斯人，亦何闕一二人之陷其中？自不須勞唇吻、費詞説，徒爲紛紛，彼此俱無益也。

---

❶「定」，清鈔甲本無此字。

❷「加」，原作「嘉」，今據康熙本、乾隆本、清鈔甲本及《四庫》本改。

❸「更」，原作「受」，今據康熙本、乾隆本、清鈔甲本改。

別紙所論人心道心，中間自「人受二五之氣」而下一截，似已識得人心道心界分，而亦未瑩。其首末處所辨論，則甚支離，又似於二者之名義全未曾曉得，何邪？大抵人惟有一心，非有兩箇心並生來，只是所以爲虚靈知覺者不同爾。其虚靈知覺從形氣上發來者，❶以形氣爲主，故謂之人心，如耳目鼻口四支之運動是也。其虚靈知覺從理義上發來者，❷以理義爲主，故謂之道心，如仁義禮智之形見是也。

人心方是就此軀殼上平説，雖上智不能無，未是不好底物，但此心最䠻𠩂不安，易流於不好，故謂之「危」。道心專是就理義上説，雖下愚不能無，但此心本無形狀，至幽隱而難見，故謂之「微」。且如饑思食、渴思飲，此由形體而發，人心也。因而飲食未害也，若窮口腹之欲，便陷矣。其動來易陷，如此非危而何如？嘑爾蹴爾、嗟來等食，皆不肯食，此由理義而發，道心也。然此猶是易見處。若其嗟也可去，其謝也可食，則於理甚隱，最爲難知，非聖哲莫能識之，非微而何？

二者在方寸間，無日無時不發見呈露，非是判然爲二物不相交涉，只在人識别之，其工夫緊要在「精」、「一」二字上。精，則察乎二者之間而不雜；一，則守夫道心之正而不離。既專守道心之正而不離，則道心常爲此身之主，而人心一聽命矣。如此，則實理流行，動無非中。至於聲爲律、身爲度、從心不踰矩田地，則

---

❶「知覺」，清鈔甲本無此二字。
❷「理義」，清鈔甲本作「義理」。

此身日用酬酢，❶凡由人心而出者，莫非純是道心之流行，而不復有二者之間矣。舜此四言，極是親切，端的無一字可改易。

聖人見道明朗如此，若趙臨川所論「人心不可專作人慾看」，此語既説得是，未見其差。而賢者攻之不置，却是未識人心之所以爲人心而求之遠矣。

所引「克己」、「毋意」爲比，亦不相似。克己之己，合下乃指身之私欲而言，非單指此身，只因對「復禮」形之，而後爲己私也。若對「復禮」形之而後爲己私，則須「復禮」而後「克己」，而非「克己」以「復禮」也。「毋意」之「意」，合下亦只是指私意而言，與「誠意」之「意」，亦自不同也。

趙臨川説「危」字之義，又太遲緩。此物好動，本不安帖，最易流易陷，即此便是危處。豈必待到逆倫亂理、❷爭奪相殺，然後謂之危也！説「道心隱於人欲熾盛之中，視之不見、聽之不聞爲微」，亦失之迂折，兼似未識道心之所以爲道心也。

來説折之，以爲：「若如此，則是人心流失，必至於人欲已熾、天理僅存，然後即此道心之隱然者而充導之。此時濟得甚事？」此一義發得甚當，但其他所説「危」、「微」二字之義，却不親切，與夫所謂「純乎天理而中庸爲難」，及所謂「不合於仁則合於義，不合於義則合於禮」等語，殊不可曉也。

---

❶ 「此身」，清鈔甲本無此二字。

❷ 「理」，清鈔甲本作「禮」。

大凡知言最難，而立言亦難，須見理明徹後自然無差，❶非區區口舌所能强也。惟願格致之功真積力久，則他日自當條暢，更在勉旃。

❶「見理明徹後自然無差」，清鈔甲本作「見徹後自然理明無差」。

北溪先生大全文集卷第三十三

書

答西蜀史杜諸友序文❶

某外日别次，甚感諸友各勤贈言，途中匆匆，未及披覽。至家，人事稍暇後，方得一觀。類皆志趣高明，不肯埋没流俗，俱卓卓有景慕賢德之意，竊深爲之敬嘆。其間有義未安處，敢一切磨之。

史兄全篇，以濂洛之學乃洙泗萬世之正學爲主意，而謂文公集厥大成，粹乎真洙泗濂洛之淵源，可謂已認著聖賢門路，而得其一定準程矣。但當即此爲終身鑽仰之計，且須平心玩味，切己體察，孜孜循序，毋支毋離，毋過毋鑿，則異日自有登堂入室處。

所論「乾道變化，各正性命，無非生生不息之誠；鳶飛魚躍，上下皆察，無非成性存存之妙」，此等陳義

❶「諸友」，清鈔甲本無此二字。

似高，然不免舉子時文牽挽之態，看道理正不可如此含糊，❶須各隨本文子細紬繹，❷乃能明曉瑩徹，有切己得力處。如《乾·彖傳》，所謂「變者，化之始，以所賦之命言；化者，變之成，以所受之性言」二句，乃謂乾道變化無所不利，而萬物各受其所賦之正，以爲一身之主。所以釋乾利之義，蓋就陰静一邊言之，生生不息之誠，乃一元生理之流行，貫徹乎四德，動静之間，❸循環而無端也。《中庸》引「鳶飛魚躍」，以證天理自然流行之妙，昭昭乎天地上下無所不在。若「成性存存」，乃言智禮本成之性，❹存存於我，則道從此而出，其存之又存，乃工夫純熟無間斷之意。此等語脉自各不同，强爲牽合，則渾雜無別，有害於窮理之實。

至所謂「清濁混雜有待澄治，則爲庸人」者，又欠委曲。據人生氣稟，除了聖人一等，自賢人而下，便已皆然。但其中多寡分數煞不齊，而人品隨之亦煞不一，未可都以庸人一例斷之，失權衡之平矣。餘所講明，則皆平正穩帖，路脉不差，爲可喜，千萬勉之。

杜兄深有警策於「爲學當在自己下工夫實體之」一言，全篇反復推證，以是意爲主而服膺之，可謂得切問近思之要矣。大抵古聖賢，邈在數千百載之上，影響絶不相接，只有遺言在簡册間，今若不實體於己，則

---

❶「正」，清鈔甲本無此字。
❷「文」下，清鈔甲本有「主意」二字。
❸「動静」，清鈔甲本無此二字。
❹「智禮」，清鈔甲本作「禮智」。

何由識言中滋味，而得古人心腸肝肺？於己分亦何相干？須把聖人之言，如親承謦欬於羣弟子，如親與同堂合席相講磨。其所論事，如自己親做底，一一就己上實體之，則其是非當否、輕重緩急，一如痒疴疾痛之切於身，皆瞭然可得而知矣。

由是而之，則聖賢千言萬語皆爲切己之盤盂几杖，箇箇有受用處。及其久而熟也，雖或閒言漫語，亦無非吾切己之益而用功之實也。然於實體之中，亦須致知力行工夫並進。蓋實體察之，則知益精；實體而合之，則行益切。又不可徒守彼一言，恐復糊塗，無活法也。

子安所叙雖嫩，而旨意已平正。其論「閩、浙、湖湘、江西之學，爲門各異，而獨有取於閩學」，得正傳之粹，亦所主之不差矣，但諸家之深淺邪正，亦當灼知其本末表裏，無纖悉遁情，方能決不爲吾惑，而所主者益堅以定。若未能然，則全未可惹著，只一意堅吾所主，以待他時識見長而自明。

且如湖湘之學，亦自濂洛而來，只初間論「性無善惡，有專門之固」，及文公爲之反覆辨論，南軒幡然從之。徒義之果、克己之嚴，雖其早世不及大成，而所歸亦已就平實，有功於吾道之羽翼。

浙中之學，有陳、吕之別。如吕以少年豪氣雄文，俯視斯世，一旦聞周、程、朱、張之説，乃盡棄其學而學焉，孜孜俛首爲聖門鑽仰之歸，未論所至之何如，只此勇於去邪就正一節，深足爲至道者之觀，亦吾名教中人。如諸陳輩，乃鄙薄先儒理義爲虛拙，專馳騖諸史，攟摭舊聞爲新奇，崇奬漢、唐，比附三代，以便其計功謀利之私，曰「此吾所以爲道之實」者，兹又管、晏之輿皁，而導學者於卑陋之歸也。

若江西之學，則内專據禪家宗旨爲主，而外復牽聖言皮膚枝葉以文之，别自創立一家，曰「此吾所獨悟於孔孟未發之秘旨，而妙契乎堯舜千載不傳之正統」者，其實詖淫邪遁，與孔、孟、周、程大相背馳，其爲吾道賊，害尤甚。後進看邪正不破，樂其徑便，多靡然從之。此種自江沿浙已滋蔓矣。兹其取舍從違之機，非理明義精未易決。在初學有志斯道而爲聖賢之歸者，誠不可不謹其所習也。其名約之，則汎濫駁雜之甚矣。

所列道學四條之義，安得許多分裂？所謂道學者，其所學以道爲主，而所謂道者又非有他，只不過人事當然之理，天下古今所共由者而已。初非有幽玄高妙、懸空在萬物之表，與人事不相干者也。但推其根原所自來，❶則出於天命之自然。而語其全體所會，則實具於吾心。

惟是氣稟物欲之交累，而致知力行等工夫少得人勇猛去做。如果有能做得此工夫浄辦至到，則是理可復全於我，由中而見於四體，則目視耳聽有常度，手舉足履有常節。至於動容周旋無不中禮者，皆仁義禮智睟面盎背之餘，而爲道德之容。見於應事接物，則爲父子有親，爲君臣有義，爲夫婦有别，爲長幼有序，爲朋友有信。無不各盡其道者，皆此理之大目而爲人倫之至。❷其與朋友切磋琢磨者，亦不過講明乎此理，而相勉以進之也。如《大學》所謂「如切如磋」者，道學也。蓋以切磋骨角，有脉理之可尋，乃是言講學之事，非指此目爲道學也。其發明聖經藴奥、著書以導後學者，亦不過寫其平日躬行心得之餘，而寓於修道之教也。是雖至於治國平天下，彌綸天地，裁成萬物，亦莫非其中大本之所流行，而明德新民之極功，非度外也。是雖

❶「來」，原作「未」，今據康熙本、乾隆本、清鈔甲本及《四庫》本改。

❷「目」，清鈔甲本作「自」。「而」，清鈔甲本無此字。

曰萬殊而皆一本也，此堯、舜、禹、湯、文、武、臯陶、伊、傅、周、召達之所行，孔、顔、曾、孟、周、程諸儒窮之所明，無二致也。

若所學不由此，則無其本，而所固有者不能有。凡百所爲，皆不免於外面計較之私，是雖言動有禮，容止可觀，未必合理義之當然，而爲先王之法言德行也。是雖忠於君、孝於親、弟於兄、信於友，未必得古人之成法，而爲中庸之至德也。雖於朋友講磨極其博洽，❶殆亦不過俗尚意見之偏，而非聖賢之精義也。雖訓釋諸經窮深極微，號爲名儒，殆亦不過曲學專門之鑿，而非道德之格言也。雖至於治國平天下，亦不過才智功利之陋，而非此道之大用流行也。是特漢、唐諸儒及管、晏儔輩等事，烏識所謂聖門之學？❷而烏可以道學名之？❸

至所謂終日兀坐，與坐禪無異，而前輩又喜人静坐之説，此正異端，與吾儒極相似而絶不同處，不可不講其所以爲邪正之辨。道佛二家皆於坐中做工夫，而小不同。道家以人之睡卧則精神莽董，行動則勞形摇精，故終日夜專以打坐爲功，只是欲醒定其精神魂魄，游心於冲漠以通仙靈，而爲長生計爾。佛家以睡卧則心靈顛倒，行動則心靈走失，故終日夜專以坐禪爲功，只是欲空百念、絶萬想，以常存其千萬億刧不死不滅

❶「於」，清鈔甲本作「與」。
❷「烏」，清鈔甲本作「焉」。
❸「烏」，清鈔甲本作「焉」。

底心靈神識，使不至於迷錯箇輪回超生路頭爾。❶ 此其所主皆未免意欲爲利之私，且違陰陽之經，咈人理之常，非所謂大中至正之道也。

若聖賢之所謂静坐者，蓋持敬之道，所以斂容體、息思慮、收放心、涵養本原，而爲酧酢之地爾。固不終日役役，與事物相追逐。前輩所以喜人静坐必嘆其爲善學者，以此。然亦未嘗終日偏靠於此，無事則静坐，事至則應接，故禮經於合當坐時則坐如尸，合當立時則立如齊。明道亦終日端坐如泥塑人，及至接人，則渾是一團和氣。是皆天理之公而學行當然不容廢者。

若江西之學，不讀書不窮理，只終日默坐澄心，正用佛家坐禪之説，非吾儒所宜言，在初學者未能有得，則其志道精思未始須臾息，亦未可須臾忘也。安得終日兀坐而無爲？如理未明、識未精，徒然終日兀坐而無爲，是乃槁木死灰，其將何用？

來説乃謂「心最難制，默然端坐，舉目紛然，❷不火而熱，不冰而寒，欲其無所思而不可得」，則差之遠矣。心不能無思，所思出於正乃天理之形，非以無所思爲貴，坐當思亦思。思其所不當思，則爲坐馳，非以無所思爲奇特。他門欲終日默坐無所思，便自忽然有箇覺悟處，寧有是理哉？

道必講而後明，物必格而後知。《大學》首重在格物致知者，非謂格物致知都要周至全盡，方始可做誠

---

❶「至」，清鈔甲本作「致」。「箇」清鈔甲本無此字。

❷「目」，原作「日」，今據康熙本、乾隆本、清鈔甲本改。

意、正心、修身等工夫，凡一切工夫合下須齊頭並做，但語其功效次第，必物已格而後知乃可得其至，知已至而後意乃可得其誠，以至心正、身修，各隨次第得力爾。

天下事物無一非理之所寓，而格之自有次序。先其近者小者，而後其遠者大者；先其易者著者，而後其難者幽者。論其極，則天地萬物皆不可遺；語其要，則日用人事最不容緩。

如事親當孝者，非是空守一箇孝字，必須窮格所以爲孝之理當如何，如何而爲奉養之宜，如何而爲温凊之節，❶凡古人事親條目，皆無一不講，然後可以實能盡孝。

如事長當弟，非是空守一箇弟字，必須窮格所以爲弟之理當如何，如何而爲侍坐、侍食之禮，如何而爲應對、進退之儀，凡禮經事長條目，皆無一不究，然後可以實能盡弟。

況此身在目當如何視而爲明，在耳當如何聽而爲聰，在手當如何執而爲恭，在足當如何履而爲正。內而曰心當如何而存，曰性當如何而盡，曰情當如何而撿，曰意當如何而誠。曰仁、曰義當如何而居、如何而由，曰道、曰德當如何而志、如何而據。善如何遷、過如何改而爲吾益，忿如何懲、慾如何窒而爲吾損。利與義雜，如何而能舍利，如何而能取義；己與禮並，如何而能克己，如何而能復禮。言當如何言爲法言，行當如何行爲德行。居家當如何爲齊，居鄉當如何爲睦；居官當如何爲理，事君當如何爲忠；待人當如何其節文，接物當如何其品制。

❶ 「凊」，原作「清」，今據康熙本、乾隆本、清鈔甲本、清鈔乙本及《四庫》本改。

似此等類，是多少底事，皆爲人至切要處。若不講究得一一分明，如何忽然自能之？亦如何做得人？今舍此等不務，却疑身外别更有深奥處，而欲博窮六合，知其非所得知，❶果何以彼爲？無乃太失之支離，向莊列圈穽去，豈聖門實學之謂哉？

程子曰：「致知之要，當知至善之所在，如父止於慈、子止於孝之類。若舍此不務，而欲泛然觀萬物之理，吾恐其如大軍之遊騎，出太遠而無所歸。」正爲此爾。若果能低心遜志於人事處，下學既到，則根本體統一定，至是雖或窮高極深，莫非吾度内，亦自可以通天地之大全矣。

若讀書次序，則《嚴陵講義》第四篇已明，須循此而進，方可入道。讀晦庵之書，則第二篇已言其略矣。須以此爲定準，方可路脉無差。果於是焉真有實得，則胸中權衡尺度明明整整，以之讀他書，真僞邪正自判然迎刃而解，雖汗牛充棟，不能爲吾惑。不然，則將有泣岐望洋之憂，亦難保其不迷而覆矣。

《近思録》之讀，則已見《答林司户書》。大抵首尾陰陽性命之説，姑示學者以理義根原，❷大端有在於此而不在乎他，蓋亦不離日用人事之實，特欲使志道者，起向慕之心，而知所底止，非遽躐等俾之强通也。自第二至第五卷，皆用工夫之切；十三十四卷，又辨異端、明道統，尤不可不熟於究竟。此數卷果通，則首卷將不言而喻矣。

---

❶「知其非所得知」，清鈔甲本作「知其所以知得」。

❷「原」，清鈔甲本作「源」。

答楊行之

承附遞書翰，深愜間闊之情。去冬都城幸獲邂逅，諸賢拳拳向道之志，度越流俗倍等，竊深以爲喜。蓋聖門之學，雖自濂、洛、紫陽諸儒宗發明得已有成説，如皎日、如夷途、如桑麻穀粟之切於日用，奈斯世士俗甚陋，類竭一生心力，顛迷沈没於科舉中，每厭薄理義，以爲若將浼焉，❶更不復有回頭問津者。不知舉業有害乎聖賢之學，而聖賢理義文字，本無相妨。理義明，則文字益條暢、有精采。況日下視聽言動、事親事長、待人接物處，箇箇有合用道理切身，不可一日闕者，乃反屏去不少顧，而急急於身外儻來不可必之物，冥其心於虚浮無根不之覺，多見其不知輕重，而果於自暴自棄，爲下流之歸也。

某自戊辰、辛未兩至中都，絶無一人知音過門。丁丑歲再至，雖四方英雋來往相過者亦衆，然大抵或只欲識面，或圖結交，或只要知己。求其所謂確實下工、真以理義相切磨而期有實益於己者，絶難得一二見。既不可以往教，又不可以强聒，遂使區區與人爲善之心無從而發，而聖賢精切正大之論，亦無由得到後學之前。

今諸友皆真情悃愊，有樂相親之意，切磨講貫，日求實益，不爲具文，可謂真有志於聖賢者，此豈世俗尋常所可論哉！惟真有志於聖賢，然後能辨得真下工夫、真相切磨，而可以真有警發，異日必亦真有造到、真

❶「焉」，原漫漶不清，今據康熙本、乾隆本、清鈔甲本、清鈔乙本及《四庫》本訂正。

有成就而不徒爾也。

諸所惠序文，可見人人志向，其中或有合講磨處，已別紙剖析去，可相與詳之。所喻讀《大學》、《論語》二書已畢，再欲從首子細窮索所疑，甚佳，但所疑亦未可强索，須意到自見。

文公四書，一生精力在是，至屬纊而後絶筆，爲義極精矣。凡立語下字，端端的的，如逐字秤過一般，無一字苟且過。《大學》約其旨於《章句》，已的確真切，而詳其義於《或問》，又明實敷暢。觀《章句》中太簡而或未喻，則易枯，必於《或問》詳之。觀《或問》中太博而或未貫，則易泛，必於《章句》約之。

《論語》，聖人之言，真如箇元氣，極是渾淪無縫可鑿，被文公直就句裏面剖抉出許多精藴來，爲詞甚約而涵理甚腴，註文與經文，字字元自照應，有一字當數十字者，有一字當數千百字者，不可草草率略皮膚上走過，然亦不必别生枝節過求，只就本句下所註本語，逐字相照理會，要實通曉其義，字字句句既分明，則總一章全旨玩之。一章既通透訖，則讀第二章，二章又通透訖，則讀第三章。章章如此相接續去，則前後旨意又相發。到一篇終，則一篇中許多理義又接續相發，而聖人之旨可見於一篇矣。到二十篇俱通，則篇篇許多理義又接續相發，而聖人一部書之全旨，粲然盡在目矣。果能於是中有得，則理義已稍見大概，方可讀《孟子》以發暢之。

今吾友讀之太快易，恐未見得趣味處。❶程子曰：「《論語》有讀了後全然無事者，有讀了後其中得一兩

---

❶「見得」，清鈔甲本作「有」。

句喜者，有讀了後知好之者，有讀了後不知手之舞之、足之蹈之者。」「全無事者」，是只空念過，全未有一字之得，恰如未曾讀也。「得一兩句喜者」，是已開得一綫路子入也。「知好之者」，是已覺其中有趣味之可嗜也。「不知舞蹈者」，是已嗜後沉潛饜飫在裏面，又深悟其趣味之無窮而不能自止也。舊《答林司户書》中，亦有説讀《論語》之法，可參看。

若諸子時文之類，欲應舉者自是合當讀，後生筆力未熟，此等工夫，豈容少廢？但在平居暇日，可酌輕重立課程，如程子月中十日之説，未爲害。若在今試期之迫，則且將聖學等書權放一邊，❶而專做舉業工夫，亦無妨。

答葉仲圭邵武人，名采。

某前者過建陽朱寺正處，❷領文字一封，并別簡議論，迫行匆匆，不及報。今回程，不可無一言。

簡中所喻「性」一條，別立語固佳，然彼此都一般，但文質不同，初未嘗有異旨也。又謂「仁義禮智四者之發，本無次第」，則恐未然。大抵心之理本渾淪，只一箇物，分而言之則爲四位，相對截然各有定分。而於

❶「學」，康熙本、《四庫》本作「賢」。

❷「者」，清鈔甲本作「日」。

四者之中，脉絡又未嘗不相爲貫通，❶又非判然各成四箇界分，絶不相交涉去。惟其如此，故纔一遇事觸物，此中打一動，便都呈露在面前，隨吾所用而應，固自有秩然不紊。可以次第言時，亦或有雜然並見；不必以次第言時，初不可執定拘著在一偏。况如所講兩節，一從下説上去，一從上説下來，自是天然如此，不待人安排，亦烏得强欲紊之以爲不然？

如所謂：「與賓客相接，初纔聞之，便有箇懇惻之心怛然動於中，是仁。此是合相見之客，初聞之，自是如此，其後接見之禮、管待之義，自是隨應相繼而出，復何疑焉？」來説乃於既懇惻後，方裁度其可見與不可見，若是不當見之客，合下便不見，自不曾上心來，豈得思量而後決？這裏合下元亦不曾有懇惻之動，又何待至此後，方徐徐爲之裁度其可見不可見邪？恐皆雜亂不可得而通矣。

如所講兩節，方是粗言其大略耳。據裏面曲折，大有事在。必若究言之，大處則大有，小處則小有；疏處則疏有，密處則密有；充之天下莫能載，斂之毫末不能遺。若果見得本物真玲瓏，貫穿四方八面俱透徹，則横説竪説、七顛八倒説，❷無所窒礙而無所不通。何但止此爲然哉？更在詳細深切體察而涵泳之，無急輕議論，他日熟後，自當條暢。

別紙更録所改「命」章一段，并「仁義禮智」章數節，寄范九哥處遞達，聊以爲講磨之助也。

❶「爲」，清鈔甲本無此字。
❷「説」，清鈔甲本無此字。

北溪先生大全文集卷第三十四

書

答陳遂父一

外日特承光訪，深認來誠，❶因以接見。賢者近道之質爲甚美，而慕道之志爲甚鋭，何勝贊詠！第恨區區不及奉從容而有歉爾。❷

蓋聖賢精微嚴密之旨，未可以立談判，而斯道高明正大之體，❸非可以翹想窺，彼此交拘於内外之爲限，而無以暢切磨之情，恐不免有滯乎駿才一日千里之進也。

❶「認」，清鈔甲本作「稔」。
❷「而」，清鈔甲本作「爲」。
❸「立談判而」，清鈔甲本作「判而立談」。

答陳遂父二

所喻病痛，有「喜善嫉惡之心太勝，而包荒之量則未洪；勇往直前之力有餘，而詳緩之意則不足」。非自反之篤，何以及此？

大抵病痛，有從氣稟之偏來者，有從己意之私來者，其類自不同。而於氣稟偏中又不一，有偏向上去，是過於厚、過於善而爲君子之過，如黨錮諸賢之類。有偏向下去，是過於薄、過於惡而爲小人之過，如世俗五不孝之類。若喜善疾惡、勇往直前等類，却是氣稟之偏爲病，而過於厚、過於善者，固非私意之屬，亦未可爲之深疾。

然欲去其病者，無他，惟進吾之學，至於理義窮格昭明，氣質磨礱純粹，則其遇事所發，當好而好、當惡而惡、當進而進、當退而退，當輕當重、當緩當急，皆莫非天理流行，自無不各中其節，而無復有太過不及之病矣。若吾學未進、理義不明而氣質不化，則病根不去，雖欲力摧强制，亦末如之何。況如一以包荒爲量，而其理不明，則混而無別，有妨乎智。一以詳緩爲意，而其理不明，則懦而無立，有害乎義，又不可以一定拘也。

至程子論讀書法，要「平其心、易其氣」。所謂平其心者，是虚其心，如衡之平，不可先立一箇定説，❶纔先把一説爲主於中，便如秤盤上先加一星了。到秤物時，如何得銖兩之正？易其氣者，只是欲見得聖人真

---

❶「説」，清鈔甲本作「識」。

意時，須是和平其氣，雍容和緩，自然而得之，乃能默契。非如初入門鑽仰考索時，奮厲吾氣力、鋭攻急逐之可能也。如左序所謂「優而柔之，使自求之；饜而飫之，使自趣之；涣然冰釋，怡然理順，然後而得」，即此意也。

然讀書，見今緊要處，❶最是「虚心玩味，切己體察」兩句爲要，不可易之以爲常談而忽諸。❷

答徐懋功一❸

承示及《〈大學章句〉雜詠》一篇，可見用心傳習之不苟，非徒爲口耳之好者。竊不復事形迹，輒以情義相忘，詳爲三復，直據鄙見隨章改抹批鑿，而總論講學之大意於其後。亦惟有真切磨然後有真警發，有真警發然後有真造到，惟英明無以爲厭，而深爲之熟復焉。

果若有會於心，而實用其功以副之，沉潛浹洽，見得其中趣味源源而出，則嗜之有不容釋，而進進自不能已者，夫然後知愚言之爲決不我欺。若以一斑半點自奇，以直詣徑造爲志，務獵虚名、不圖實得，則與聖賢心事相反，非愚之所知也。

---

❶「處」，清鈔甲本無此字。

❷「諸」，清鈔甲本作「之」。

❸「懋功」，清鈔甲本作「茂公」。

答徐懋功二❶

某始者接吾子於稠人之中，見其粹然有近道之質，❷而卓然起慕道之志，爲之敬愛。❸既而日夕相親、聲臭相投，而不相枘鑿，❹竊不自勝其喜，以爲斯學之不孤也。今承貽書，乃以親朋相責，以爲恐害夫場屋之文，而中心亦爲之自疑而驚且嘆焉。

嗟乎！吾道不明，❺至是哉！自堯舜周孔之教不行於世，而禪學老子習盈乎中土，❻世之儒者類以吾之爲道，亦二家之比。蓋皆有超乎天地人物之表，爲世外一等幽微玄妙之説，與日用人事不相關，遂爲吾子忠告，其懼有陷溺之害。是蓋不知吾道中體統，不識吾學中趣味而爲是卑陋之見，亦無怪乎其然也。

自有天地，則有此理。有生人，則在心所具有五常，在身所接有五品，在日用動静有萬事，而道行乎其間，不能與之相離。講明是道則爲學，實踐是道則爲行，實得是道則爲德，舉而措之天下則爲事業，而發達

---

❶「懋功」，清鈔甲本作「茂公」。
❷「粹然有近道」，清鈔甲本作「有粹然近道」。
❸「敬愛」，清鈔甲本作「愛敬」。
❹「枘」，原作「桐」，今據康熙本、乾隆本及《四庫》本改。
❺「道」下，清鈔甲本作「之」字。
❻「子」下，清鈔甲本有「之」字。

於言詞則爲文章。故道與文非二物也，是則吾道豈日用人事之外，別爲一等幽微玄妙之説？而文即是理之所形見，豈能有外乎道哉！

道者，文之根本；文者，道之枝葉華實。道即體，文即用。珊中而彪外，和順積而英華發。六經，孔子之文也，而實孔子之道。所以渾然一本者，流行貫通也。七篇，孟子之文也，而其大本自性善而來，故醇醇乎仁義王道之談。荀卿惟不識大本，故其文偏駁而不純。揚雄惟善惡無別，❶故其文淺短而艱晦。董子最得聖賢之意，故三篇之策純如也。惟其見道不甚明白，❷故其失也緩而不切。韓子惟有見乎堯、舜、禹、湯、文、武、周、孔之傳，故其文雄深雅健，最爲近古；惟其知用而不及體，故無精微縝密之功。歐陽之文，步驟最學韓而欠韓之健，❸不免淺弱而少理致；由其不事性學，無韓之淵源。眉山之文，老蘇波瀾最爲雄健，然縱橫偏駁，原於戰國之學。歐陽子以爲似荀卿，其偏駁者相似也。東坡雄健大不及其父，然節氣所充亦英發；但揆之理則不十語必差，未能改家學縱橫之舊。至子由則弱矣，又不及其兄，然其致頗近理而少繆，又似過於兄；惟所學以虛無爲宗，皆非有聖賢之淵源者也。若濂溪關洛諸儒宗不爲文，惟其道體昭明，間有著書遺言一二篇，實與聖經相表裏，爲萬世之至文。

---

❶「揚」，原作「楊」，今據康熙本、乾隆本及《四庫》本改。

❷「白」，清鈔甲本無此字。

❸「步驟」，清鈔甲本無此二字。

歷考古今其文之粹者，未有不根本於道。而多駁不純者，皆由是理之不明者也。

若今科舉之文，至爲陳腐爛熟、浮虛卑薾，不足以古人前輩論，然其所以爲文，亦豈能外天理人物、離身心萬事而爲説哉？❶既不能外天地人物、離身心萬事爲説，則所以行乎天地人物之中，身心萬事所當然之理，古今所共由而不可離者，正所以資文之精采，而發文之波瀾，何有妨於文哉？

雖今之文不本於道，而文中之傑者，蓋亦有與道暗合，由之而不知者也。況國家法令，何嘗禁人爲理致之文？而有司程度，亦豈必取夫無理之文哉？學者惟窮理之不精，而見義之不明爾。理義決非害人之具，果能窮格工夫至到，胸中昭融洞徹，無一毫之少蔽，則於吐詞論事，如冰融凍釋，如破竹迎刃而解，如春陽著物，❷隨所至無不敷榮條暢，又何艱深蹇塞之爲乎？

故凡狀物意之不切者，由其見物理之不真也；論事情之不白者，由其燭事理之不瑩也。然則理義於文章，果不相爲悖，而世儒交攻卑陋之説，無足惑亦無足責也。

吾子於文已成一機軸，詞源之正駛、詞鋒之正鋭，❸其於對敵有餘也。科舉之文足以對敵，則已其得失有命焉。若於其上求之益工，爲必得之計，則惑矣。理義在吾身心，不可一日闕者，一日而舍去，則醉生夢

❶「哉」，清鈔甲本作「耶」。
❷「春陽」，清鈔甲本作「陽和」。
❸「駛」，清鈔甲本作「駃」。

死，爲迷途中人，爲庸夫俗子，爲自暴自棄於孔孟門墻之外。此其輕重緩急之辨，亦惟有志者之自擇。

連日公事冗擾，❶不得暇。今撥剔奉報，併録舊作《似學之辨》一篇，與此意正相發者，幸併一覽焉。當有以釋其疑矣。

答徐懋功三❷

外日承喻及：「世俗風波，有譖言之入於百里者，不審其然邪？」此無他，皆由未知心事之故爾。

大抵世俗耳聞目見、口誦心惟，是非美惡、好惡輕重，只是流俗一種見解，初不識古之士君子用心爲如何。❸不識古士君子之用心，由其不識聖賢學問功夫之所在。聖賢學問功用之大，極於彌綸天地、化育萬物。而其用功之至切、至要處，惟在於此心。此心寂而静，則有直内之敬；感而通，則有方外之義。體未發，則卓然存大本之中；用既發，則粹然達中節之和。

在吾身主宰，入而處己，❹則不愧屋漏，不欺闇室，肅肅乎上帝之臨汝；出而應接，則如見大賓，如承大

❶「事」，原漫漶不清，今據康熙本、乾隆本及《四庫》本訂正。清鈔甲本作「車」，清鈔乙本作「𣅀」。
❷「懋功」，清鈔甲本作「茂公」。
❸「如何」，清鈔甲本作「何如」。
❹「入」，原作「人」，今據康熙本、乾隆本、清鈔甲本及清鈔乙本改。

祭，兢兢乎不敢有一念之忽。視不妄視，而視必思明；聽不妄聽，而聽必思聰；言不妄言，而言必忠；行不妄行，而行必謹。足容必重而不妄履，手容必恭而不妄舉，口容止而不妄欬，色容莊而不妄笑，頭容直而頸必中，氣容肅而屏不息。山立而揚休，聲律而身度。

而其所以爲戒謹恐懼、提撕警覺，常惺惺乎一敬者，蓋又貫動静顯微、❶徹表裏終始，而無頃刻絲忽之容有間斷。志於古學者，平日用功蓋如此，雖未敢望聖人之純亦不已，常必勉爲君子之自强不息。

一有非禮之稍干吾防，❷則亟察而克去之；一有私意之微動其幾，則早覺而勦絶之。日惟切切自攻其惡，無攻人之惡。樂取人善於己，聞人之過如聞父母之名。凡其磨礲剔刮，直欲使吾胸中光明瑩净，洒如光風霽月，日用渾是天理流行，無一點障翳，尚何有世俗相毁相訾、相傾相陷等嵬瑣汙陋氣習？❸此豈不爲妄言、妄動之大，非禮私意之尤者乎？所謂戒謹恐懼、提撕警覺之功者，至此何在？寧不重爲吾心事之累、吾天理之玷乎？

若世俗顛迷於頽波之中，心靈昏昏莫克主宰，體用動静無復準則，目隨物視，耳隨物聽，行信足步，言信

---

❶「又」，清鈔甲本作「交」。

❷「干」，原漫漶不清，今據康熙本、乾隆本、清鈔甲本、清鈔乙本及《四庫》本訂正。

❸「嵬」，《四庫》本作「猥」。

口説；面對人談欲猝取其舌，貌與人笑欲陰割其肝；❶貴利如珠璣，賤義如草芥，❷上下同一習慣矣。不曾此等學問工夫，❸不曾知學古君子平日用心之如是，謂其饑食渴飲與人同也，冬裘夏葛與人類也，意其心度識趣與世俗人一等，❹則世俗所謂相毁相訾、相傾相陷等氣習，例以爲常情，俱不免。

故譖者之言易入，而聽者之惑易深，此無足怪，亦無足憾，❺無足爲解析，無足爲芥蔕也。何者？此吾外，無預吾内也。吾惟盡吾分内之所當然：事官長，惟知盡吾恭而已，不知官長怒我之有無輕重；交僚友，惟知盡吾信而已，不知僚友擠我之有無淺深。凡在内者，一毫未有盡，則爲吾愧；而在外者，於我無加損，吾無容心焉。《論語》所謂「人不知而不愠」、《易》所謂「不見是而無悶」，正此其境也。故於此，益有以密吾恐懼修省之功，增吾之德而熟吾之仁，是又爲吾進學之益也。何病焉？

某沿檄此來，蓋嘗講道矣，而知心者絶少，幸吾友臭味相投，可與晤語。而相聚日淺，恐亦未知心曲精微嚴密之功，因此略道其梗概，以爲切磋之資，庶幾發軔取舍之分白得以相期，❻一意於聖賢高明正大之域

---

❶「割」，原作「對」，今據康熙本改。乾隆本作「剖」，《四庫》本作「劙」。

❷「賤」，原作「則」，今據康熙本、乾隆本、清鈔甲本改。《四庫》本作「刈」。

❸「曾」下，清鈔甲本有「有」字，康熙本、乾隆本有「知」字。

❹「與世」，清鈔甲本作「都與」。

❺「足憾」，清鈔甲本作「所惑」。

❻「白」，清鈔甲本無此字。

之歸，而世俗嵬瑣汙陋之蹊逕，不在論也。❶惟其勉之，千萬之幸！千萬之望！

答林若時

价至辱惠書，知諸賢俱悄然者，何邪？敝里榜重陽前已揭，亦不愜公論。然此等末世敝法，其得與失從來不足爲賢者輕重，而士君子立身行己自有法度，亦不當以是爲低昂也。

某區區皓首未能聞道，有玷師門。暮年叨冒末職，又需遠闕，不足以行志，極爲之意闌。居常惟念世道之衰，同志者鮮，如吾執契者以純明朴實之資，春秋正盛而志趣不凡，每恨往年接識之不早，方邂逅而忽分飛，不及從容於切磋磨琢之場，迨今以爲歉也。

茲承枉翰，拳拳惟以反觀内省、求道寡過爲務，竊深嘆咏，竊深嘉仰。大抵此道理本無玄妙奇特，只是人事日用之常，於中一一見其職之所當然，而悟其理之所以然，又厚養而實體之，然後爲己物，而區區正病此而未能也。不無望於吾執契交規互警之力，儻能時加箴砭，豈勝萬幸！

與林一之

聞有欲收養遺棄之説，果成否？還論其姓同異否？若異姓，則如何？此雖比傍律文，然本律之意主

---

❶「在」，清鈔甲本作「足」。

於存恤之仁，❶而非與其繼絶之義，且係在禁養異姓條之下，則非律之正，按之禮經，又甚違戾。

在本宗而言，陽若有於爲繼，❷而陰不免於自絶，秦之吕政、晉之牛睿，識者貶之。世之蚩蚩愚氓，亦多有循習此態成俗而不自覺，❸而謂明者亦爲之，豈當局易眩，未之思乎？且度其果能息異日争之之患乎？恐未爲計之善者，更當熟入思議，未可輕決也。

未及躬拜函丈，姑此一言，少盡忠告之愚，不宣。

與王仁甫

春首紹興書院得拜侍先丈郎中，極荷欵洽。豈意自此一别而歸，反成永世之訣。追思疇昔，其爲感愴，何可言論！

前日一慰之頃，❹倉卒不及少叙所欲言，既而歸村，杜門不復入郛。日來傳聞襄事已有定期，在十二月十六日，果然否？切惟郎中之才學、行義、風節，度越於人，非循常之比，不審所當墓誌銘之類，亦曾經營諸

❶「主」，原漫漶不清，今據乾隆本、清鈔甲本、清鈔乙本及《四庫》本訂正。
❷「於」，清鈔甲本作「子」。當從。
❸「亦」，原爲墨丁，今據清鈔甲本補。乾隆本作「固」，《四庫》本作「或」。
❹「慰」，清鈔甲本作「會」。

作者之筆，以發先德之幽光否？在《祭義》「孝子顯揚其先」一節，反復甚詳明，以爲：「無美而稱之，是誣也；有善而弗知，不明也；知而不傳，不仁也。」

況郎中如彼卓卓，而道義之交，爲世顯顯者，有廖帥賓謨公，其次有黄宰直卿，皆平生號爲素相知。而時之貴人，有如鄒給事公，又其門下士最相與者，合具其行狀，爲之一請可也。❶而行狀則孝子之職，非他人所得熟知。不然，則或編其事實，只作段子亦可也。

夫孝子所謂孝之云者，豈專在於送死能終其大事之謂哉？又豈專在於泣血三年，而盡其痛慕之謂哉？又豈專在於保其財業，承其爵命，以光大門閭之謂哉？善繼前人之志，善述前人之事，顯揚其美而明著之後世，最爲孝子致孝之大節，所關係事體甚重，未易以尺楮究。想在賢者素有是議，❷無俟於鄙賤者之言，而區區忝辱知識之末，不得不爲之一訊。

抑又有欲訊者，郎中道義家，平生素持正論，不與世俗浮沉，其身後舉動，正鄉人觀禮者之所屬，最不可以不謹。始者自荒帷未至之前七七日，❸盛爲緇黄之會，存歿殆若相反，何謂邪？或者猶可諉曰：此家人

---

❶「可」，原殘缺，今據康熙本、乾隆本、清鈔甲本及《四庫》本訂補。

❷「是」，清鈔甲本作「定」。

❸「帷」，原作「惟」，今據康熙本、乾隆本、清鈔甲本改。

隨俗之禮，而賢者不之與也。❶ 昨承惠齋食，甚感至意。然亦頗爲訝。愚不曉其所謂將隨鄉儀爲此，以答來弔之客邪？ 抑尚緇黄薦拔邪？ 若是爲鄉儀以答弔客，則已爲濡滯流俗而立脚不住，然猶庶幾其有説也。若是靠緇黄薦拔，則無乃隨頽波流轉，全然放倒門户者，所謂君子之澤一世即斬，不待其至於五世之後也。如何如何，已往無可言，會葬之禮更宜謹之。

唐突附此，少伸平日道義交契之忠，更望炤亮不宣。

與陳正仲

始吾子造門求教，拳拳執恭，甚卑甚巽。將謂吾子之誠有志也，因爲講《大學》以開其入德之門，❷既而方及首一章，吾子乃無心於聽受，遽告爲清源之行。❸ 覈其所以行之故，則無説，亦未曉其意之爲如何也。

越旬日後，令叔遣人來道慇懃，歷歷吾子之詳：家人生産之不事，而事落魄不羈之態；庭闈素行之不修，而修猖狂妄行之術。請爲之嚴加箴砭，以懲其舊而進其新，創其既往而淑其方來。

某聞其言，慨然爲之三太息。曰：噫！ 有是哉？ 有是哉？ 且吾子之及吾門者，何謂邪？ 意者爲慕

❶ 「不之與」，原作「之與不」，今據康熙本、清鈔甲本改。
❷ 「其」，清鈔甲本無此字。
❸ 「爲」下，清鈔甲本有「有」字。「源」，清鈔甲本作「原」。

道而來也，欲相與講明聖賢之學，而爲君子之儒也。而其爲清源之遊者，❶又何意邪？無亦爲孤陋寡聞，而欲從師取友於四方也。以一鄉之善爲未足，而欲兼天下之善也，其立志亦可謂偉偉不凡矣。然道不在乎他，只在日用人倫事物之間所當行者是已。

子家有母之親、有叔父之尊、有兄長之嚴，正大倫大法所係，所謂「孝弟爲仁根本」者，實在此。入孝出弟，行有餘力而以學文，蓋有無窮之樂存焉。而子欲反之，不稟叔父教命，不與兄比肩事母，❷朝夕承順以安子職，是根本已先撥矣。舉足第一步便錯，而與道背馳矣，何更以求道爲？聖賢之學，不過講明此理，而以明人倫爲主。敗倫逆理之人，正聖門所必誅而不赦者，何復以講學爲？而亦何君子儒之有？

道在邇而求諸遠，素未曾識蹊逕而狂走四方者何之？假使徧謁明師，歷扣良友，鞠躬盡敬於其旁，不知欲聞見何事？欲講貫何説？不愛其親而愛他人者，謂之悖德；不敬其親而敬他人者，謂之悖禮。求師友於四方，而悖德悖禮之是習，❸不知此爲何淵源？

吾鄉儒宗所臨，道德遺風未泯，雖後進拘於舉子程度，未能嗣音，然猶賨祖業、安里塾，日怡愉於事親敬長之側，不失人道之常，亦足以爲善俗。子不是之善，而欲變常求異以取善於天下，是乃反人道爲行怪之

❶「源」，清鈔甲本作「原」。「者」，清鈔甲本作「也」。

❷「與」，原作「事」，今據康熙本、乾隆本、清鈔甲本改。

❸「悖德悖禮」，清鈔甲本作「悖禮悖德」。

舉，既自誤其身，而復誤其弟，相從於狂妄之歸蓋莫大焉，而何善之能爲？

道若大路然，豈難知哉？人病不求爾。子歸而求之，有餘師。孟子不聽曹交講學於其門，而必使之歸，求諸孝弟之間者，❶非有秘於交也，欲其朴實用功，屏虚文而務實行，以爲入堯舜之實地，是誠深有愛於交，而不爲交之欺也。

吾子其熟復斯言，以爲切己之警請。無求諸他，❷且安心定志，從小學之書始。「君子之過也，如日月之食焉，人皆見之。及其更也，人皆仰之。」若甘於自暴自棄，則無可言者矣。

答陳正仲

承喻《文公語録》云：「自家只著些子力，提醒照會他便了，不要苦著力，著力則反不是。」此語只是指此心萬理，本自完具，只著些少持敬工夫，便都森然如在面前。所謂持敬，便即是提醒，便即是戒謹恐懼。此中趣味須實用工夫便自見得，若苦執捉太重，則又太拘拘，反成畏怖驚惶去，本然道理反晦了。

「戒謹恐懼」四字解析，亦切於自省者，但此處用四字意，説得較輕。戒字只是懲創禁止之意，莫恁地不好而已。不必記人己前後，又多端了。

---

❶「諸」，清鈔甲本作「之」。

❷「諸」，清鈔甲本作「之」。

北溪先生大全文集卷第三十五

答問

答王迪甫問「仁」

承示仁説，大概近傍無甚差錯處。然亦未見得真有貫通之實也。

蓋仁最是箇大底物事，❶聖人所以教人急於求仁者，只爲此物乃人所以爲人之主，日用不可須臾失。纔失之，便身心顛冥，而入於夷狄禽獸矣。其所關繫如此之切，裏面底藴是多少曲折，今不合只將數箇字立數箇語，要拘定包蓋了，便覺見如絣放在那裏，意味殊枯餒孤單，徒依傍人言語，不自胸中流出，恐於切己之用無補，非求仁之善也。若是真曉得底人，假如簡説一兩句，亦自明白親切，縱教詳説到千言萬語，亦自不差。❷

❶「箇」，清鈔甲本無此字。
❷「自」，清鈔甲本作「是」。

今須如程子所謂「將聖賢言仁處類聚觀之，❶體認出來」，須是逐件一一考究，要有歸著，各各通透，如寶藏四方，八面玲瓏，穿穴無所壅窒，然後於仁始無遺藴，而可以從容體之在我矣。今就段子，亦略批其大意，未穩處幸更詳之。批答段子見下卷。

答王迪甫問「性」

「非性無自而發」一句，前日伯澡録所説已自明，今忽將此一句插在彼，殊無理會，又似不曉。何也？「大本一正」後，下面許多查滓，便如何自會渾化？説得又太快易，得無糊塗鶻突也邪？

答林尉問「仁者心之德、愛之理」

四端是仁、義、禮、智所發見端緒，如何指作「四者界分」？仁是此心中天理生生之全體。發出來真情，自惻隱，自無不愛，但惻隱是於渾淪體上方萌動，便是從惻隱端來，流行及到那物處。故愛與惻隱皆仁之情、性之用。如何全指仁作「本是箇愛底物」？無乃認情爲性、認用爲體，恐差之遠矣。更子細體認之。

❶「須」，清鈔甲本作「思」。

答鄭尉景千問「持敬」

所喻「持敬之難」，恐莫是大把來做件事，❶太重了，須是見得「敬」字明，則做便易，無所往而不在是矣。

所謂「主一無適」者，敬之義；所謂「常惺惺」者，敬之體；所謂「整齊嚴肅」者，敬之容；所謂「戒謹恐懼」者，敬之意；所謂「其心收斂，不容一物」者，又正持敬時凝定之功。人心散漫，出入無時，莫知其鄉，須敬則有所統攝主宰，許多道理便萃在其中，生生有不容已。

所謂敬者非有他也，只是此心存在不走作爾。非是專要整襟肅容、❷端身拱坐，而後謂之敬也。坐則在坐，言則在言，視則在視，聽則在聽。無事時在此常惺惺，有事時則呈露在事。執此事則在此事，執彼事則在彼事。對境而見，當境而存。既不走東，又不走西。既不添第二件，又不插第三件。既不執著太重，又不忽略太忘。既不拘束太迫，又不放蕩太寬。只如平常做去，久之自然耳目手足有常度，容貌身體有常節，初未嘗著意於持敬，而固無所不敬也。

如文公《敬齋箴》，正是鋪叙持敬工夫節目，不可不詳玩在目前。然程子曰：「涵養須用敬，進學則在致知。」二言者，又夫子所以教人造道入德之大端，而不可偏廢。不是只靠著此一邊，便自可管得那一邊也。

---

❶「件」，清鈔甲本作「個」。

❷「襟」，清鈔甲本作「謹」。

故既尊德性，須又道問學。二者互加功，便互相發而互進。❶不然，則亦不能以上達矣。若在官中，自涵養而言，則酧酢應接，莫非做工夫處，本無相妨。自窮格而言，則紛來沓至，却有所妨奪。然於公餘，所謂四子面前明白底道理，亦未可全然棄却。

因話縷縷及此，亦同臭講貫之故，不自知其爲過繁也。

答鄭尉景千書中「窮格」一條之義

或疑應接事物亦窮理也，而書中乃以爲有妨奪，何也？曰：是何言之易也！

予非不知程子論「窮理」之目，曰：「或讀書講明道義，或論古今人物而别其是非，或應接事物而處其當否。」然其言固有序矣。讀書居其先，而應接事物居其後，無亦以應接事物一節爲最難，❷非讀書有定見者未易以當此，而非初學者所可遽及也。

予向於書中所云，其意爲初學者主於讀書而言，雖事事物物固皆有理，而聖賢書中，又見成理義所萃，而皆事物之則也。在初學者入窮理工夫，或茫然未識其入門，或泛然莫得其要領，未可當動而妄求，憑虚而暗索。須先且就聖賢言語實處爲準則，於幽閒静一之中，虚心而詳玩，隨章逐句，一一實下講明考究工夫。

❶「互」，清鈔甲本作「後」。

❷「一節」，清鈔甲本無此二字。

蓋幽閒静一，則心清而不擾；虚心詳玩，則前無所蔽，而可以有見。果能於是理實有得其大綱，則是非邪正大分已明，而胸中權度稍定，然後次而及於論古今人物，以相參質，則其褒貶去取，方可有定論。最其後也，乃及於應接事物以相證訂，❶則其裁處剖決，方可有中節，而不至於差舛。至是，則吾之見有以照彼之情，而歷練感觸，又有以長吾之見，内外交相發，權度可以愈精，理義可以愈瑩，將無所往而非吾窮格之益也。

若在我未能有定見，而遽欲於酧酢求窮格之益，吾恐外紛而内擾，彼求而此震，稚嫩者爲之眩惑，柔弱者爲之牽引，其心之不流而亡者，鮮矣。尚何理之能窮哉？此夫子於子路以「社稷人民皆所以爲學，何必專於讀書然後爲學」，必深斥其佞者，❷亦正爲是爾。

然程子之言必兼該衆目者，博其功而言之也，是用功深者之事也。予之説非偏靠一邊，乃循其序而言之也，是方用功者之事也。意各有所主而不相悖，惟實用功者加勉而無忽焉可也。❸

❶「應接事物」，清鈔甲本作「應事接物」。
❷「斥」，清鈔甲本作「折」。
❸「實」，清鈔甲本作「日」。

答徐懋功問「過化存神」説❶

舊説皆以「『過化』爲物已過乎前者，即消化無凝滯；『存神』謂心存於中，常恁神妙，應事物而心常虚靈，❷故謂大而化之之化，即此化意」。此説似精而粗，與上下文不相貫，決非孟子本旨。在常人質美者可能之流弊，❸有老學之病。

至程子説，曰：「身所經歷處便無不化，心所存主處便神妙不測。」二言已甚明白，而南軒又錯會下句，復如前之意。文公《集註》上句證以舜事，下句證以夫子得邦家一節，到此乃極明瑩，無復可疑矣。其意蓋謂聖人到處，無不感動從化，心存主要做那事，便自響應，此由盛德之至，便自然有此神化之妙，上下與天地同流。語脈渾然貫通。❹其説似粗而實精，自非聖人大根大本博厚深固，安能及此？乃堯舜地位事，非常情所可容易到也。

若來説曉會未通，乃是字義未明，欲合二意爲一説。請更詳之。

---

❶「功」，清鈔甲本作「公」。

❷「靈」，原爲墨丁，今據《四庫》本補。乾隆本作「湛」。

❸「質美」，清鈔甲本作「美質」。

❹「脈」，清鈔甲本作「默」。

答李丈人「因亡婦欲輟春祭」之問❶

伏承示喻以亡者之故，欲輟春祭。此在《曾子問》，誠可考者。《曾子問》：「士緦不祭。」謂主祭者己身有緦服，則不當行祭也。又曰：「所祭，於死者無服，則祭。」鄭注謂「若舅、舅之子、從母昆弟」，以己身於舅有小功，於舅之子及從母昆弟有緦，然在所祭者而言，於是死者皆無服，又皆外服也，神明之情自無阻也，❷則己雖有服，是私義也。何可以己之私義而廢祖先正統之常祀也？此於不可祭之中，而有可祭者焉，固不得而屈也。

若今之亡者，在主祭者己身則謂之堂弟之婦，固無服阻礙。而上自二代言之，一謂孫婦，有緦麻；一謂親子妻，有大功。於死者分明有服，又皆内服也。冥冥之間，必無安然享祭之情，則己雖無服可祭，是私禮也，恐亦難以己之私禮而通祖先必享之情也。於此可祭之中，❸而有不可祭者焉，又不得而伸也。

二者，其義固一，無可疑也。若疑一代廢祭而餘代併廢者，蓋自三年及齊衰、大功而下，其例皆然，不復

---

❶「人」，清鈔甲本無此字。「婦」上，清鈔甲本有「弟」字。
❷「自」，清鈔甲本作「是」。
❸「於此」，清鈔甲本作「此於」。

分别，豈不以四代精神則一，❶祖祔合高、禰祔合曾，祔合不全則難以獨享歟？

答李文人論「喪疑」❷

伏承示及《喪疑》所引《雜記》之文。竊詳其義，是前居重喪，❸已製重服服之矣，未終，而復併遭輕喪，❹則又製後輕喪之服，暫以從事而不以輕爲常。若前居輕喪，已製輕服服之矣，未終，而復併遭重喪，則又必製後重喪之服，而專以重爲常。及除輕喪之日，暫服輕服以與祥祭。既卒事，然後反服重服如常，恐無待於服前服不脱體。俟既一處不祭，乃可以爲嫌。

今則屋祭，乃後屋具饌去，若二處俱祭，誠爲重複。而只行祭於前屋，不必再行於後屋，自可以爲安，若

---

❶「四代」上，清鈔甲本有兩空格。

❷此目下，原有「又答喪疑」、「答李文人論祔疑」、「又答祔疑」、「答李文人問祭疑」、「又答祭疑」等五目，僅存標目。

❸「居」，清鈔甲本作「遭」。

❹「併」，清鈔甲本無此字。

又不然，❶必欲別擇日，❷具一牲，特講後屋之祭，❸此義却無不可者，不必以支子專祭爲疑也。若必欲同日兼同一牲，則於義決爲不可矣。

答陳伯澡問「居喪出入服色」

所叩出入服色，在今時俗言之，只得用黲布、衫巾爲得情理之宜。温公《論禫服》亦云：「未大祥間出諸人家，假而用之。」正是此意。其爲白布四脚、白布襴衫者，乃公所自撰，爲家居之服，説見本章已明矣。若今人假禫服，果爲喪事而出，未爲失禮。惟其視以爲常，直至忘哀、慶弔、燕集，無所往而不之，全似已除喪者，却爲大害義也。

答莊行之問「服制主式」

承喻及「紹興服制」之説，某不曾見此書，但據禮經：己之子與兄弟之子，以己視之；若有親疎，以父母

---

❶「安若又不然」，原殘缺，或漫漶不清，今據乾隆本、清鈔甲本及清鈔乙本訂補或訂正。
❷「別」，清鈔甲本無此字。
❸「講」，清鈔甲本作「備」。

視之。己與兄弟均爲父母之子，己子與兄弟之子均爲父母之孫，故己視兄弟之子謂之猶子，其服均爲期，不容以私意有所輕重。此引而進之者也。

堂兄弟之妻與堂兄弟子之妻，若有尊卑，然古禮嫂叔無服，蓋推而遠之，重别之義。以親兄弟之妻猶無服，况堂兄弟之妻乎？自唐太宗始制嫂叔服小功，而後代因之，兄弟子之妻紹興服緦，❶今律服大功，已爲定制。蓋亦以子婦視之，引而進之者也。

若主式古無傳，❷只晏昌公荀氏始有祠版，❸而温公因之，然字已舛訛，分寸不中度，難於據從。至程子始創爲定式，有所法象，已極精確。然陷中亦不言定寸，至《高氏儀》始言闊一寸，長六寸。朱文公又云：「當深四分。若亡者官號字多，❹則不必拘六寸之制。」《温公儀》「韜以囊，考紫妣緋」者，亦是以意裁之。見《小祥》篇首，所謂府君、夫人，則自漢來，以爲尊神之通稱，❺文公説漢人碑已如此云。

---

❶「緦」下，清鈔甲本有「麻」字。
❷「主」，原漫漶不清，今據乾隆本、清鈔甲本及清鈔乙本訂正。
❸「只晏昌公」，原漫漶不清，今據清鈔甲本訂正。
❹「多」，清鈔甲本作「漾」。
❺「來以」，清鈔甲本作「以來」。

北溪先生大全文集卷第三十六

答　問

答南康胡伯量問目名詠，文公門人。

問：《大學》敬四説，一長上云：四説乃是互足。先生可之，是否？

互足之説，究未爲差。❶但如此樣校量，都是皮膚上走。四説之意，各有所主，亦不須比並相校，只須直就裏面深著持敬工夫，到融會貫通處，❷無所往而不敬，四説箇箇有得力受用，無復更有窒礙矣。舊日答人書，有「持敬」一段，恐可以助高明。别紙録呈。見上卷答鄭尉問「持敬」。

問：「游氣紛擾，合而成質者，生人物之萬殊。其陰陽兩端，循環不已者，立天地之大義。」游氣在陰陽之外，恐是二物否？

❶「究」，原作「空」，今據乾隆本改。清鈔甲本作「實」。

❷「處」，清鈔甲本無此字。

游氣、陰陽，不必分別。陰陽循環不已，是統言大化全體。游氣生人物，是就上拈出流行發育底説。所謂陰陽游氣，亦猶言山之土石、水之波浪云爾。豈得以爲二物而在外也？

問：「動静無端、陰陽無始」，或云動静是理，或云是氣，或云是所乘之機。所謂無端無始，只是二而一、一而二者也。

動静，氣也。動陽而静陰，其所以動静者，理也。無端無始，説亦未明。只是此物渾淪，就中分作陰陽動静，雖分作二箇，依舊只是渾淪一箇，也不見起頭處，也不見合尾處。在造化言亦如此，在人事言亦如此。如元亨利貞，❶循環不窮。元亨，動也，屬乎陽；利貞，静也，屬乎陰。謂動爲始，則動前又是静；謂陽爲始，則陽前又是陰。若就日用論，則程子所謂「冲漠無朕，萬象森然已具。未應不是先，已應不是後」者，亦此理也。寂然不動，感而遂通。以寂爲始，則寂前又是感；以感爲始，則感前又是寂。元無間斷，將那處窺其端乎？

問「明明德」章句註。

「明德」，專以理言，但不外乎氣。氣有象，理無形。無氣則理無寄劄處，無理則氣亦不解妙用。「虚靈」二字看得是。然「虚靈」二字，大概形容本體明處，只「虚靈不昧」四字，説「明德」意已足矣。更説「具衆理、應萬事、包體用在其中」，又却實而不爲虚，其言的確渾圓，無可破綻處。至此謂之「直指全體」，亦可見矣。

❶「如」，清鈔甲本無此字。

答郭子從問目潮州人，名叔云。

問「孝弟爲仁之本」章。

來説解釋得前言已明，然畢竟只不過依傍人言語，未見有自得處。仁之所以爲仁，須是切己體察，❶自真見得親切端的，爲物果是如何，加之涵養，常如在目前，則日用動静無一不在是，而無往不得力矣。若按册子上便見得，掩了册子去應接事物，便不見，則只是紙上仁也。與己何相干？願更勉之。

問「曾子啓手足」章。

來説已詳明，此固是奉父母遺體，亦爲人合當本分底事。蓋天下萬萬道理，非此身無所該載，豈可一日而不敬謹邪？

問「先天後天説」。❷

來説發明先天，大義未出，從乾至震以下分别逆順，又雜亂不可曉。據《繫辭》「易有太極」及「天地定位」二章，最是緊要處，於以見易之象數次第，全是天然，特假伏羲手畫出來，無一點智力造作。至其爲圓圖，則陰陽消長布置，又全與天地造化自然者相契合，無纖毫出聖人私意，最可深玩。聖人作《易》，本原精微之義。

---

❶「是」，清鈔甲本作「自」。

❷「先」，原作「應」，今據乾隆本、《四庫》本改。

若逆順之説，則在《啓蒙》、《本義》解釋已極分明，恐讀之未詳，請更子細消悉。後天之説，則已詳明矣。當敬承教益。

問前書所扣「三子出位越思，❶而有凝滯倚著，窘迫正助之病」。

三子所言，自量才力所至，亦皆是實事。但身未當其時、履其地，却先去著意想像，把那事横在胸中，❷如此則是理在彼而不在此，在異日而不在今日，❸在吾身外而不在日用之見定。便是出位越思，不安己之本分。便是凝滯泥著那事。不待其來則應、過則化，便是窘迫。要急於用而不從容於酬酢之間，便是有意於期必、正心、助長，而失却自然流行之意。若點，則志識高明，存見乎日用，處處無非此理流行之妙，故從容灑落，惟即吾身之所處而行吾心之所樂，絶無一毫外慕之私，此其所以爲高而非三子所及也。但其行有不揜，不免爲狂士，又不若曾子，工夫從實地上逐一做去，到那一貫處，爲無病也。

問後書所疑《太極圖説》「中正仁義」而註脚又云「仁義中正」。❹

曰中正仁義，曰仁義中正，互而言之，以見此理之循環無端，不可執定以孰爲先、孰爲後也。亦猶四時言春

---

❶「扣」，乾隆本作「叩」。
❷「横」，原殘缺，今據乾隆本、清鈔甲本及清鈔乙本訂補。
❸下「日」字，清鈔甲本無此字。
❹「後」，清鈔甲本作「復」。

夏秋冬，或言秋冬春夏，以見此氣之動静無端、陰陽無始也。

答王迪父問「仁」之目❶

問自其包四者而言，則曰心之德；自其偏主一事而言，則曰愛之理。然愛之理即心之德，非心德之外復有所謂愛之理也。

此説固然。須看愛之理，如何便即是心之德。❷德裏面須有血脉貫通，❸未可强牽合，恐成鶻突也。

問仁者愛之性，愛者仁之情。

仁何故是愛之性，愛何故是仁之情，須見得相關親切處，乃爲有益。

問孝弟者，仁之實。心猶穀種，仁者穀種所具之生意，愛即生意之發，孝弟乃其發出至親至切之根苗。

此段與程子本説又差。程子以生之性爲仁，今以生意言則是已發矣。「根苗」二字，亦不可含糊，根是生入土底，❹苗是生出土來底，須認定以何爲主。❺

❶「父」，清鈔甲本作「甫」。
❷「便」，清鈔甲本無此字。
❸「通」下，清鈔甲本有「處」字。
❹「生」，清鈔甲本無此字。
❺「爲」，清鈔甲本無此字。

問公者仁之量。若夫愛，則此心元有之理，以公而後能充其本體，非因公而後有是也。公所以爲仁也。蓋仁者本心之全體渾是天理，人惟私欲間之，故爲不仁。惟廓然大公，則無私欲以間之，而天理便流行矣。今以量言，却不親切。文公嘗譬仁如水泉，私如沙石，能壅却水泉，公乃所以決去沙石者也。沙石去而水泉出，私去而仁復，此説得甚親切矣。愛是仁之發處，愛之理則具於心。今指愛爲理，則不可。

問覺者仁之著。按文公謂仁是箇生物，必具生之理，滿腔子純是生理，則其所知覺者，即此生之理之自然呈露者爾。其界限蓋智之發用，而仁之所兼也。若指以爲仁，則又離矣。上蔡所謂覺者，又異是。上蔡謂「活底是仁，死底是不仁」，與程子「手足頑痺」之説最近。但程子主意在於生意不貫，❶上蔡以察識端倪爲急。❷

仁以理言，知覺活物以氣言。上蔡之病在於指氣言仁而不及理，正佛氏「作用是性」之説，若能轉一步看，只知覺純是理，及所活底道理便是仁也。文公説不差，來説却鶻突矣。若程子「手足頑痺」之説，只是譬生理不流行爾。上蔡意雖相近，而甚不同也。

問敬者仁之聚。此心兢兢收斂不放，則一動一靜自不違乎愛之理，而心之德全矣。

---

❶ 上「意」字，原漫漶不清，今據乾隆本、清鈔甲本及清鈔乙本訂正。

❷ 「急」，原漫漶不清，今據乾隆本、清鈔甲本及清鈔乙本訂正。

敬固德之聚，乃左氏語。然敬字看得未親切，與聚意未甚相關也。

答陳伯澡問「仁」之目

問《語録》「以初意看，仁及生之性只是狀得仁體」段。

此等語言若見得破後，❶皆無窒礙。蓋仁者，天地生物之心，而人生所得以爲心者。在五常得之最先，故可以初意看。如一陽來復之初，生理昭然可見，而在人正所謂性之仁者，故春所以爲生物之初，而元者所以爲衆善之長也。道夫乃指動之機運轉流通者言之，分明靠一邊了。晦翁令看程子「心譬穀種」一節及夫子「克己復禮」一節，誠爲親切，不可不深玩之。所謂「生之性是仁」者，以大本言之也。若該内外本末言，則生之性，乃爲狀得仁之體矣。❷亦猶其他處言仁是性，又曰「仁之體用，所以專一心之妙而主乎性情者也」。

問「生之性，是偏言之仁」段。

愛之理，却可以爲偏言。❸而生之性，則未可以爲偏言也。謂其不能兼包而貫通，則誤矣。

問《語録》謂「須將仁義禮智四者共看便見仁」。

---

❶「語言」，《四庫》本作「言語」。
❷「乃」，清鈔甲本作「只」。
❸「爲」，清鈔甲本無此字。

須於渾然統體之中，分别出四者所以條理不紊處；又於四者界至分明之中，總玩其所以血脈處。要得縱横顛倒，無所不通。若靠著一邊，則狹隘而不能以周匝矣。

問《語録》「就惻隱上看」段。

傍惻隱上看，則仁意不差。然靠著，則又迷其本矣。

問《語録》説「惻隱之心」，林擇之謂：「人七尺之軀，一箇針劄著便痛。」問處事物亦然否？曰：「此心應物不窮，若事事物物常是這箇心，便是仁。若有一事不如此，便是這一處不仁了。」

晦翁所謂「若事事物物常是這箇心，便是仁」，此一節發得極親切，與擇之所説亦無異旨，❶須詳味之。若來説只發得惻隱之貫四端處，而亦不親切。要見惻隱之貫四端，只遇事到那真切懇到處，便是，亦只於不期而然，不由人安排處見之。如己有不善忽自覺著，再三羞愧，痛自悔恨；人之不善忽然聞著，再三酷惡，至於痛責。又如人忽有饋賜，不欲受，再三辭遜，情甚迫切，必欲脱去。又如忽覽古迹之興亡，忽聞時事之得失，是者再三慨嘆其爲是，而起慕之；非者再三痛憤其爲非，而切責之。似此等類，皆是真情惻隱貫通處。

問「仁者，以萬爲一體」段。❷

人物事物，皆在其中。然人物以生體一源而言；事物以本體未發而言。

---

❶ 「亦」，清鈔甲本作「初」。

❷ 「萬」下，《朱子語類》卷五十三有「物」字。

問《論語或問》辨謝氏「活者爲仁，死者爲不仁」。謝氏謂：「活者爲仁，死者爲不仁。」此語未爲失，但其主意必欲識此活物乃爲知仁，而不務操存踐履之功，則爲大失。而其所謂活之意，乃知覺之謂，平時專以知覺言仁，而深疾夫愛之說。不思仁者能知覺，而非可以知覺訓仁。知覺乃智之事，舍愛而言知覺，則蹉仁愈遠矣。❶前日所謂心是箇活物，仁是心中活底道理，其意又不同。活猶生也，心不是槁木死灰，常惺在這裏，生生爲不息也。仁是其中活底道理，此正猶程子所謂生之性也，更在體認之。

問楊敬仲詩云「有時父召急趨前，不覺不知造淵奥」，五峰説「人要識心」，與謝氏説如何？楊詩不曾見全文，不曉所謂。然其學無本領，持循篤而講貫略。五峰多教人識心，而其所以爲心，則指用言之。又有「心無死生」之説，殊涉妄誕，❷而其論「爲仁必先識仁之體」，則又謝氏之説也。

答陳伯澡問「性」之目

問「理氣」段。

合是非真妄皆以爲性，則不可。須是是者、真者，乃理之所當然，而謂之性；非者、妄者，則咈乎理之所當

---

❶「蹉」，乾隆本作「差」，《四庫》本作「去」。

❷「誕」，清鈔甲本作「談」。

然，而不得爲性矣。

問「性無善、無不善」與「性可以爲善，可以爲不善」何分别？謂無善、無不善，則是天理人欲於中雖未見，而已隱然同體矣。謂可以爲善、可以爲不善，則是天理人欲於中雖未分，而已晦然並生矣。❶

問佛氏「作用是性」與「虚無寂滅，去四大除六根」之説相反。佛家以作用言性。作用是動作運用，是指氣之活處。謂衆生與佛同一性者在此，故有問如何是佛？答者呼犬而前以示之。他把此處做大本一源，更無分别，不知只是説著氣之云爾，❷非指日用動作等實事爲言也。凡日用動作等實事，他又却把作緣累，須要一切掃除，都歸於空寂，雖天地、日月、山河，亦以爲幻妄不實，都要一空，始爲正道。其談玄説妙、不可致詰處，只不過即此空幻者極言之爾。嘗愛程子之言，曰：「學者於釋氏之説，直須如淫聲美色以遠之，❸不爾，則駸駸然入於其中。若欲窮其説而去取之，則其説未能窮，固已化而爲佛矣。」此乃示人不易之格言，非徒務爲却絶，而漫無是非也。吾惟專從事於吾儒經常之定説，到自家理義明徹、根本深固後，則其差繆處自一照而破，不待勞心苦索矣。大抵老釋差處，只在判道器

❶「晦」，乾隆本作「隱」。
❷「只是」，清鈔甲本作「是只」。
❸「須如」，清鈔甲本作「需是」。

爲二物，而欲離日用實事以求道於冥漠之中，雖其用功有極精篤處，要之無下面一截，則其所謂上達者，便亦都全不是，❶而不得謂之達也。而何得以爲道乎？

答陳伯澡再問「仁」之目

問晦庵説「克己復禮」如何便喚做仁，疑是兼體用而言。

克去己私以復於禮，純是天理流行，則仁之體極是親切。雖是用在其中不相離，然恐愈眩惑，若到真識後，自無所不通貫。

問「生之性兼包四者」。

生之性，是就心之體言，義禮智都統在其中。若無此生性，則義如何裁制？禮如何敬？智如何別？正猶元之貫亨利貞，無一刻少息，默驗之，自見。

問：「克己復禮爲仁，乃統言心之全德、天理之公也。」今卓丈所傳「仁説」則云「天下無一物不在吾涵育之中」，却就愛上説，似偏言之仁。如何？

仁離愛字不得。所謂「愛之理」，只就心之德上狀出來，非於心之德之外別有愛之理也。

問「傍惻隱上看，則仁意不差；然靠著，則又迷其本」。

---

❶「都」，清鈔甲本作「多」。

惻隱是愛之初萌，便是從生性發來，於仁之意義爲親切，只是發在外，不可偏靠著爾。

問「心生生不息，又與知覺意思相類，❶而仁是活底道理，又隣於謝氏活底是仁」之說。

生生不息是心體本如此，❷然貫動静而無間，惟其生生所以能知覺，然可以生之性言仁，而不可指知覺以言仁也。仁是活底之理，謝氏所失，只在於活物而不及理，便是涉釋氏「作用是性」之説，❸其取譬直以桃仁杏仁爲仁，❹與程子「穀種生性」之意大異，而其所謂活物者，又作弄太過，❺如有一箇物跳躍流動、常在事物之間，欲見此爲知仁，主意又專在於知見，❻而無操存踐履之功，其差之愈遠矣。

問謝氏所謂「活即知覺」之謂。

據謝氏所謂活、所謂知覺，按程子頑痺不仁之説，亦相似，但主意却差。把作一箇物，恁地活，欲瞥然見之方得爲仁，全流入異端去也。

❶「類」，清鈔甲本作「戾」。
❷「本」，清鈔甲本作「上」。
❸「涉」，清鈔甲本作「極」。
❹「直」上，清鈔甲本有「諸」字。
❺「作弄」，清鈔甲本作「似」。
❻「見」，乾隆本作「覺」。

北溪先生大全文集卷第三十七

答問

答陳伯澡問《論語》

問程子説作經之意與用心。❶

到經明後，方知得作經之意；識聖人心體，方知他所以用處。❷今不必指定爲證也。❸

問「學而時習之」。

❶ 「與用心」三字，原漫漶不清，今據清鈔甲本訂正。乾隆本作「本於心」。

❷ 「他」，原漫漶不清，今據清鈔甲本、清鈔乙本訂正。乾隆本作「其」。《四庫》本作「得」。「用」下，清鈔甲本有「心」字。

❸ 「也」，原漫漶不清，今據清鈔甲本、清鈔乙本訂正。

《集註》數語，須當詳玩。❶ 所謂「明善而復其初」者，❷其中極有含蓄，乃兼知行而言，非於善明之便是復其初也，❸學自是兼知行工夫，豈但明此理而已哉？❹

問「不亦樂」。

此正孟子所謂「得天下英材而教育之」之樂也。❺ 蓋人皆信從，則是道所傳者衆，吾中心之所願者愜矣。豈不快樂也哉！ 不干人共樂事。

問「説無迹，樂有迹」。

悦者得此理而怡悦，❻自形見有迹。 樂者胸中快樂，形容不得，何迹之有？ 非因悦之發散也。❼

問「學之正、習之熟、悦之深」。

---

❶「玩」，原漫漶不清，今據乾隆本、清鈔甲本訂正。

❷「所謂明」三字，原漫漶不清，據乾隆本、清鈔甲本訂正。

❸「非於善明之」，原漫漶不清，今據乾隆本訂正。《四庫》本作「非謂明善」。

❹「理而已」三字，原漫漶不清，今據清鈔甲本訂正。《四庫》本作「善而已哉」，乾隆本作「而遺彼耶」。

❺「正」，清鈔甲本無此字。「之之」，清鈔甲本不重「之」字。

❻「怡悦」，原作「活説」，今據清鈔甲本改。乾隆本作「活潑」。

❼「悦」，清鈔甲本無此字。

學之正，則路不差；習之熟，則悦在己；❶悦之深，則無作輟。❷

問「不和不樂則鄙詐」。❸

鄙者麄俗，自是乖戾，安能和？詐者多機變膠擾，安能樂？

問「孝弟爲仁之本」。

行仁只是推行仁愛以及物，須從孝弟處起。蓋事親事兄，❹乃愛之發所最先處，❺以是爲根本，然後可及民物，所謂「親親而仁民，仁民而愛物」也。須認定此意熟看，不必支離。❻

問「犯上者鮮」。

一言稍不中節，便傷父母之色，便是犯上。豈是易事？

問「心之德，愛之理」。

愛之理，即是心之德，非於心之德之外，又别有箇愛之理也。但「心之德」就體言，「愛之理」就用言，須兼兩

---

❶「習之熟則悦」五字，原漫漶不清，今據乾隆本、清鈔甲本、清鈔乙本訂正。

❷「無作輟」三字，原漫漶不清，今據乾隆本、清鈔甲本、清鈔乙本訂正。

❸「鄙詐」二字，原闕，今據乾隆本、清鈔甲本補。清鈔乙本存「鄙」字。

❹下「事」字，清鈔甲本作「從」。

❺「愛」，原作「受」，今據乾隆本、清鈔甲本及《四庫》本改。

❻「支」，原作「文」，今據乾隆本、清鈔甲本及《四庫》本改。

語方圓。

問「爲仁之本」。

此第一仁字，合如此正解。然仁字隨處用，又有淺深，此爲仁，只以仁愛而言，不必深看。

問「木神則仁，火神則禮」。

此神只是氣之伸，只以五行分配而言，不必重看。

問「惻隱貫四端」。

貫是穿透去，不可分先後，就羞惡、恭敬、是非中，只看真情所發懇切處，便見得惻隱相爲貫通。

問「仁活物」。

心是箇活物，仁便是心中活底道理，所以謂心之德。❶

問《論語或問》中説「仁」與「巧令」氣象。

仁者，中有實德，自是渾厚慈良。巧令者，言輕貌輕、外事虚飾，自是輕浮刻薄，氣象自明，何用過索？

問「忠信」。

「盡己之謂忠」，是就中心處説，非指其發於外也。「以實之謂信」，是就言上説，非謂所爲之事理也。

問「五常之信」與「忠信之信」同異。

❶ 「謂」，清鈔甲本作「爲」。

信之得名，只是實而已。五常之信以心之實而言，是其體；忠信之信以言之實而言，是其用。非有二物也。

問「賢賢易色」。

易色是改易其好色之心，❶正如《中庸》遠色所以尊賢之意，不必將好好色來摻了。❷

問「忠信」與「誠」。

忠信是人做工夫處，「不誠無物」之誠，亦是就人工夫言。若「誠者物之終始」與「誠者天之道」之誠，則以自然之實理言。當隨處看。

問「晦翁平生斷義分明，最得延平此一言之力」。

「晦翁平生斷義分明，最得延平此一言之力」，如東萊則正坐此病。

問「節文儀則」。

四字相對説，節則無太過，文則無不及，則定法也。儀在外有可觀，則在内有可守。宜細玩之。

問「不患人之不己知，患不知人」。

不知人，則人之是非邪正不能辨，故賢者不得親，不肖者不得遠，所以爲患也。

問「其言微婉，或因一事而發」。

---

❶ 下「易」字，清鈔甲本無此字。

❷ 「了」，原作「予」，今據乾隆本改。

此乃説《詩》中其他言語如此，便證見「思無邪」一句，爲直指全體，自明也。

問「知天命」。

天命初無甚玄妙處，但學不躐等，且當循序逐件理會事物當然之則，若果知之明而無所疑，則更推上一層，其所以然者，便自瞭然矣。

問「生事以禮」段。

須熟究以禮事其親之正意，始終一以禮事其親，則爲敬親之至矣。然若何而爲以禮事其親，其中節文纖悉委曲多少事，皆不可以不講也。

問「父母唯其疾之憂」段。

凡《集註》有二説者，當以前説爲正。後説雖於文義亦通，終不似前義之爲長爾。此章乃發父母愛子情之真切處，❶以感動之，使之起孝起敬，自不容已，亦可見聖人之變化人有道矣。

問「夫子答子游以敬、子夏以愛」段。

愛、敬固是兩盡，須深究其所以爲愛、敬之藴，不但只咬此兩字而已。

問「武伯多可憂，子游狎愛，子夏直」義。

---

❶ 「愛」，原脱，今據乾隆本、清鈔甲本補。

武伯謚以武，爲人自可。卜子夏只於「不可者拒之」一節，❶及「北宫黝似子夏」底意，❷亦可見其氣象端嚴；子游亦未至於狎處，但警之，恐其流如是爾。

問「顔子不違如愚」段。

延平發得固明白，亦須自體認得洒落，方見趣味。蓋聖人言語，皆從大本中流出，雖一言半句，若常談而莫非妙道精義所形見，他人聞之，只如平常。豈曾識破顔子工夫至到、見識明睿？其於夫子之言，耳纔聞得，❸口不待説而心中了了，如冰之融釋，隨入隨化，此理洞然呈露，自成條理，不復疑礙。所以雖終日言而意旨相契，❹不相違背，此於聖人耳順地位雖未幾及，而已同是一般趣味矣。來説雖隨文解析，終不免牽强，未見洒落處。所謂「坦然由之而無疑」者，只是見得此理明，甚坦然，平步進去，更無阻礙爾，亦未説到安行底意，恐不必過爲是支離也。

問「觀其所由」段。

觀其所由，是就意之所從來處看；察其所安，是就心之所安樂處看。意是發端處，心是全體處。

---

❶「卜」，清鈔甲本作「見」，屬上讀。

❷「意」下，清鈔甲本有「思」字。

❸「得」，清鈔甲本無此字。

❹「言」，清鈔甲本無此字。

問「温故知新」段。

「知新」是心中有得於是理，已覺悟。曰「新」云者，是日每有得而學能日進，所蘊未可量也，故可應學者之求。曰「可以」，猶云足以之謂，何必又生「方僅而非有餘」之説以汩之乎？恐涉支離而晦其正意矣。

問「學而不思則罔」段。

學統言之，固是效先覺之所爲。今就近言，學只是學其事，思是思其理。學是身去學，思是心中思。

問「子張學干祿」段。

謹乃不放縱、不輕忽之謂，非方爲之審擇。而亦不必説「僅能寡尤悔而未至於純」，尤悔豈易寡哉？恐轉見支離，而不得其所以謹言行之趣矣。

問「舉直錯枉」段。❶

好惡，情也。好直而惡枉，則情之由性而發者也。不可混雜無辨。謝氏居敬窮理之云，乃因而及之，其實此二者聖學之要訣，大有工夫在，未可以易視之。

問「非其鬼而祭之」段。

妄祭未是諂。於其中趨媚以求福，則諂也。

問「不仁如禮何」段。

---

❶「枉」上，清鈔甲本有「諸」字。

仁不止言心，❶須兼以理看。蓋仁者之心純是天理，其從事於禮樂，莫非天理之所流行著見，❷故玉帛所將皆吾之敬，鐘鼓所發皆吾之和，與禮樂只是一物。不仁之人則本心亡而天理滅，所謂「敬本無有，雖欲用玉帛以將之而莫之能將」，所謂「和本無有，雖欲用鐘鼓以發之而莫之能發」，便是禮樂不爲之用，而無如禮樂何，身與禮樂判而爲二矣。

問游氏、程子「如禮樂何」之説。

仁者，此心天理之全體也。程子「正理」之説，雖寬而實切，却見得仁與禮樂相關甚密處，❸然須更兼游氏「人心」之説乃圓，所以《集註》並言之也。

問「林放問禮」段。

儉、戚雖非得中，終是本之所在，要須先以此爲主而加隆焉，然後文以副之爾。

問「知其説者之於天下也」段。

此是最大節目難明處，既有以明之，則其他無有不可明者也；最疎遠難格處，既有以格之，則其他無有不可格者矣。所以於治天下不難也，亦猶「至誠感神，矧兹有苗」之意。豈謂只能如此，便能如彼，更不必用工夫

---

❶「止」，清鈔甲本作「仁」。

❷「所」，清鈔甲本無此字。

❸「甚密處」，清鈔甲本作「處甚密」。

心力邪？

問「獲罪於天」段，説「天下只有一箇道理」云云。

天即理也，只是一物，若所説則天與理爲二矣。豈得爲至尊無對，❶而可以折夫媚奥竈者之禱乎？

問「入太廟，每事問」段。

《集註》云：「雖知亦問，則不知而問者，自在其中。」然此章，須於聖人敬謹之至處，玩聖人氣象。

問「射不主皮」段。

此章須玩古人尚德不尚力之意，乃爲得其旨。

問「子貢欲去告朔餼羊」段。

須知子貢意思，未免計校，涉於爲利，聖人則大義甚明，故斷制直截如此。

問「君使臣以禮」段。

吕氏齊頭説本章之義已明，尹氏作相關説，可以足其餘意，所以并取之，亦不可遺也。

問「管仲器小」段。

奢而犯禮，事目皆莫非在器小之内，不待功業著不得後，方奢而犯禮。

問「局量規模」。

---

❶ 「豈得爲至尊」五字，原漫漶不清，今據乾隆本、清鈔甲本及清鈔乙本訂正。

局量是就身上言，局是格局其所存處，量是度量其所蘊處。規模是就事業言其所施設處。局量褊淺，故不能正身修德，好奢而犯禮，規模卑狹，故不能致主於王道，僅相威公霸諸侯而已。二者蓋兼内外體用平說，以爲器小之證，亦略有先後，但不可分明開了。如蘇氏說得不知《大學》本領，所以局量褊淺處；楊氏說得不能致主於王道，所以規模卑狹處。須兼二說通看，乃備其義。凡義當以《集註》爲正，如《或問》之書，乃舊說，不曾經脩，更在平心去取，不可全靠爲定論也。如召陵之役，以義服楚，最爲春秋盛舉，然細攷之，當時所以責楚者，亦不過只搜尋昭王遠年已往之事，及包茅小小不供貢，便休了。如僭王猾夏之罪，實關天地大經，可以爲興周之舉，殊不敢問着，恐他未肯退聽，便大費力，無合殺也。此皆是器小之故。須如《大學》局量規模，乃爲大器，非王佐之才不能。

問「純如皦如」。

二字正相反。純則相濟如一而和，皦則節奏分明而不相侵奪。

問「韶武善美」。

美以功言，善以德言，《集註》已分明。揖遜、征伐，乃所遇之時不同，非干性反之故。

問「性反與樂何相干」。

樂雖由外作，却與本人意思相合，便是德之影子，不可謂不相干也。

問「居上不寬」段。

觀字有辨明兩件底意，此三者是根本切要處，可以觀人之得失。若無其本，則其他末處，無可以觀其得失

矣。必如此，然後文義乃足矣。❶

問「久處約」段。

仁者、智者之能處約樂，只於安利處便見。蓋仁者，安其仁而無適不安，❷久處約亦安，長處樂亦安。如舜飯糗茹草，若將終身；及被袗鼓琴，若固有之。殊不以約樂爲事，視外事若無有也。智者貪仁如嗜利而不易所守，在富貴不能淫，在貧賤不能移，故久處約、長處樂，皆確然不爲外物所奪。

問「仁者心無内外、精粗、遠近之間」段。

内外以身分別，内是裏面，外是外面；遠近以所在言，近是目前處，遠是千里之外極天所覆處。精粗以事言，精是入細底事，粗是至麄鄙底事。仁者之心，日用間渾是天理流行，無一處不該、無一物不貫，何有内外、遠近、精粗之間？若見得仁分明，此等處自曉然矣。

問：「《孟子》『中天下而立，君子樂之，所性不存焉』與『樂爲情而所性不存焉』相類，得失如何？」

孟子主意在所性，❸不以行藏而有加損。謝氏主意在盡性以忘情之累，自不同矣。但看文字，只須隨本章

❶「矣」，清鈔甲本無此字。

❷下「安」字，清鈔甲本作「然」。當從。見朱熹註「仁者安仁」，文句同。

❸「主」，清鈔甲本作「所」。

直看正意，❶正意既明，涵泳熟後自有通貫處。最不要如此牽東牽西、引南引北，胸中擾擾，越見窒礙，大義無由而明。如《或問》之書，亦姑借以證《集註》之所未詳，其與《集註》異者，當從《集註》，亦不在旁搜横索，一一勘定，且須放緩，將見大體通貫後，此等自迎刃而判，不待勞心苦索矣。

問「强仁恐不能無易所守」。

强仁亦有淺深，若用功深後，天理有以勝人欲，亦能確其所守也。

問程子公正二字。

二字固須兼盡，然亦相因，非截然二物，更須知雖無私心，苟不合正理，乃私也；雖或當理，苟未能無私心，亦未得爲當理也。

問《或問》辨楊氏「會萬物於一己」之説，以爲僧肇之言也段。

世之想像理義者，多好爲此等大言，以籠天下之物，而不究其實。背理傷義，無一可通。《或問》辨之已悉矣。原其初，亦是放孟子萬物皆備於我之説，而不得其旨，毫釐之差則千里之繆，所以至此。

問「富貴是人之所欲」。

不當得之富貴，如齊不用孟子而欲養以萬鍾之類，及世人買官覓薦等，皆是。貧賤在天，如何去得？如不能安分，却非理求官營財，便是欲脱去貧賤。

---

❶「須」，清鈔甲本作「思」。

問「好仁、惡不仁」段。

好仁、惡不仁，二者字固若以二人言，然真能好仁者，未有不惡不仁；真能惡不仁者，未有不好仁。但聖人於此二者，各極其趣而言之，未有好仁者只知仁之可好而不能惡不仁，惡不仁者只知不仁之可惡而不能好仁底意，恐不必恁支離也。此處須深究如何是好仁，如何是惡不仁，❶見得其中底藴，方有益。凡看文字，只就字裏究底藴，不須就字旁生枝節。

問「實理虚理」。

理無不實，非有虚也。但人之聞見，自不實爾。

問程子「實理者，實見得是、實見得非」段。

晦翁亦嘗疑此句記有誤，實理與實見不同，有那實理，人須是實見得也。

問「聞道非但知一理」。

聞道是真知，非一二髣髴之可得。

問「謝氏謂『不聞此而死，則謂生而死』者，爲吾身血氣之爲，『聞此而死，則知生而死』者，乃道之出乎生、入乎死，而無所復憂」段。

此言聞道者，生死乃道出入，而非血氣之生死，故超然無生死之累，而無所復憂，亦「死而不亡」之意。蓋異

❶「如何」，清鈔甲本無此二字。

端驚怪之論，非儒者之所宜言矣。

問「士志於道」段。

志方求而未真有得，安能保其無外役以分之？

問：「佛有覺之理，可以敬以直内。是如何？」

覺只是未接物之前，❶惺惺不昧也，故亦可「敬以直内」。然細論之，吾儒覺中皆是實理，又非如釋氏空寂之云矣。

問「能以禮讓爲國乎何有」段。

此章讀作三句爲安：❷上句至「有」字，中句至「國」字絶。「遜者，禮之實」一句最要。乃以心言，真能如此，則自足以興起國人之心矣。❸《集註》文義不倒，❹更詳之。

問「一貫」段。

忠恕之分不可亂。忠盡己，是在我底；恕推己，是及物底。今曰就事物上盡己心推將去，則恐渾雜無辨。

---

❶「只」，清鈔甲本作「即」。

❷「安」，清鈔甲本作「妥」。

❸「自」，清鈔甲本作「是」。

❹「倒」，清鈔甲本作「到」，可從。

若曰以其盡己心者推將去，則可爾。

問「更無餘法」段。

詳《集註》所謂「自此之外，更無餘法，而亦無待於推矣」，繫之「天地至誠無息，而萬物各得其所」之下，則「更無餘法」，是言已盡之意，應「至誠無息」句，「亦無待於推」，是應「萬物各得其所」句。

問「一事各具一理，而萬理同出一原」。

一事各具一理，若易究也。然一一下學，欲偏觀而盡識，則未爲易也。萬理同出一原，若難窮也。然到上達境界，則瞭然在目，亦未爲難也。在學者用工，❶須俛焉從事於曾子之所以爲貫，而未可躐等遽求夫子之所以爲一。譬之一貫散錢，須已數成十箇百訖，與之一條索子，便都貫得；若散亂堆簇，未曾數著，縱與之索子，亦無從而貫之矣。

問「君子喻於義」段。

義只是心之裁斷，而宜之理也。利是利便，只是討便宜之謂。凡所以行乎父子、兄弟、夫婦、朋友之間，飲食起居言動之際，纔有一毫涉於便己自私，皆利也。其事雖善，而有所爲而爲之，如內交要譽、惡其聲之類，稍有萌於中，是亦莫非利焉，不止於名位貨財之謂，此特其流之甚著見爾。

---

❶「工」，清鈔甲本作「功」。

北溪先生大全文集卷第三十八

答問

答陳伯澡問《論語》

問「雍也仁而不佞」，《集註》「仁道至大，全體不息」段。

仁惟此心純是天理之公，而絕無一毫人欲之私以間之，❶乃可以當其名。《集註》所謂全體云者，非指仁之全體而言，乃所以全體之也。仲弓又不止「日月至焉」之地位。

問「顏子具體與全體，❷如何分別」。

具體之體，實字，乃以成人身體譬之；全體之體，虛字，旨意自不同。

問「夫子之文章」。

---

❶「無」，原脱，今據乾隆本、清鈔甲本及《四庫》本補。

❷上「體」字，原作「禮」，今據乾隆本、清鈔甲本、清鈔乙本及《四庫》本改。

文是條理相錯，章是彰著可觀。

問「文章、性、天道」。

文章固是「性」、「天道」之發，然聖人教不躐等，平時只是教人以文章，到後來地位高，方語以「性」、「天道」爾。

問「令尹子文、陳文子『未知，焉得仁』」段。

此處論仁，以「當理而無私心」，正以其事言，未可開看。

問「三仁，微子先去，比干繼死，箕子後爲奴」。

按《史記》，是時箕子先諫，紂囚之爲奴，箕子因徉狂受辱，徉狂非本意也。比干繼而諫，紂殺之，微子乃去周，以存宗祀爾。❶

問「三仁、夷齊、顔子、仲弓、子路等，❷及《憲問》等仁」。

仁一也，而言之不同：以理言，則心德之全，而天理之公也；以心言，則此心純是天理之公，而無一毫人欲之私者是也；以事言，則當理而無私心之謂。若顔子、仲弓、子路、冉有、公西華及《憲問》等章之所謂仁，則以此心純是天理之公而無一毫人欲之私者言之；若三仁、夷齊與子文、文子等章之所謂仁，則以當理而無私

---

❶「宗」，清鈔甲本作「商」。

❷「齊」下，據卷七「三仁、夷齊之仁及顔子等仁」章，當有「之仁」二字。

心者言之。然以心言者，是以平日統體言之也；以事言者，是於臨事變中，因以觀其心體之云爾，非姑指一事而言，其實亦非有二義也。

問「子文不能無喜愠，文子不能無怨悔」，與「克伐怨欲不行」及「夷齊、三仁相反」段。

聖人於子文，大概以所仕、所已、所告者，未必皆出於天理而無私，故不得謂之仁，非專以無喜愠者論也。文子大概以潔身去亂，其心未能果見理義之當然而有失正君討賊之義，故不得謂之仁，非專以反國而未能無怨悔者論也，與《憲問》章意自不同。而三仁、夷齊，只是一樣心，又不可分高下。

問「一事可謂之仁」段。

仁者心德之全，其道至大，非全體而不息者，不足以名之，❶非可指一事而言。若三仁、夷齊之仁，是於大變中做事見其當理而全無私心之謂。若子張之問子文、文子，則又但以其一事之小者而欲信其大者，則不可也。

問「二子事聖人爲之亦曰忠清」與「比干之忠見得便是仁」段。

聖人之心，渾然天理流行通貫，❷固無一事之非仁。❸若但指其忠清一事而遂以爲仁，則不可。若比干之

❶「名」，清鈔甲本重一「名」字。
❷「通貫」，清鈔甲本作「貫通」。
❸「固」，清鈔甲本無此字。

「忠」，而謂之「仁」者，是於此見其心之所存者，皆天理之正而無毫髮私欲之爲累爾，非指忠之一事而名之也。❶

問「君子務窮理而貴果斷」段。

理之明，則是非判；斷之果，則從違決。此又工夫最切處。

問：「程子謂『微生所枉雖小，而害直爲大』。」

程子之意，恐只是以乞醯之事至小，而害及心術，❷則爲大也。

問「足恭等可恥，有甚於穿窬」。

穿窬者之志，不過陰取貨財而止，若此二者，過諂以事人，匿怨而面交，其所包藏，豈止於取貨財之謂邪？故可恥有甚於穿窬也。

問「雍也可使南面」段。

寬洪只就仁字見之，簡重則就不佞及居敬行簡見之，然此須看寬洪簡重，乃君人當然之常度。仲弓特於此有合焉，非專就仲弓起此意。

問「不遷怒」段。

---

❶ 「忠」，清鈔甲本無此字。

❷ 「及」，原作「乃」，今據清鈔甲本改。

更看理所當怒而不在血氣，則伸縮由我，自是不遷。若怒自己起而不由於理，則氣不能平，必至於移甲加乙。

問「不貳過」。

有心背理謂之惡，無心失理謂之過。過者，誤也，不必拘定以爲只在心術念慮之間。❶不貳云者，只是不再作，若念慮間覺得爲過，則便克了此念，更不再作；若於行上覺得爲過，則便克了此行，更不再作。只如此看，甚明白，不必過爲支離也。

問「顔子好學論」。

其本也真而静，只就人説。其未發也，五性具焉，亦只一套接去，真只是理，❷即所謂五性者。静亦即是未發爾。情循性而發則善，不循性而發則不善，非因所行之得失，而後有善不善之分也。其餘並已得之，而以顔子就性情上用工夫，發得尤爲親切。而程子曰：「心一也，有指體而言者，寂然不動是也；有指用而言者，感而遂通是也。」又曰：「自性之有形者謂之心，自性之有動者謂之情。」此論心性情三者爲一處，更詳玩之。

問：「喜、愛、欲如何分？」

❶「只」，清鈔甲本作「指」。

❷「只」，清鈔甲本作「即」。

三字有淺深。喜方見於顔色；愛則心中好之，❶然未有取之之意；欲則貪意直注於彼，必欲挐將來矣。

問「程子論七情，與孟子四端之情不同」。

情只是心之發。子思只説箇喜怒哀樂四者，到《禮運》詳而爲七情，又就上生來。愛自喜上生，❷欲又自愛上生。❸程子只是申明此説爾。若展轉相生不已，雖什伯千萬而無算者，如《大學》所謂「忿懥、恐懼、好樂、憂患」，所謂「親愛、賤惡、畏敬、哀矜、敖惰」之類是也。豈但七者而已哉？若《孟子》論四端之情，乃專指其由仁義禮智之性而發者，其言各有所當，不必相比較也。然七情之類，亦未嘗不由性而發。大抵心統性情，其未發則性也，心之體也；其已發則情也，心之用也。情發於心而根於性，雖古人諸説詳略之不同，固亦未嘗不相爲流通，而發之有中節、不中節，則又係乎所養如何爾。

問橫渠説當知「三月不違」與「日月至焉」、「内外賓主」之辨。

知只是一知，只有淺深、真與未真爾。橫渠説亦只是平説，而淺深皆用得，不必過求，不必泥著，亦隨人用力旋旋加進。如「内外賓主」之辨，初學便當知此。然天理人欲相爲勝負之幾，最未易判也。若到天理決然常在内而爲主，人欲決然不隨之追逐於外而爲賓，非真知而足目俱到者，不能到此田地，則主勢日伸、賓勢日

❶「心中」，清鈔甲本作「中心」。
❷「自」，清鈔甲本作「是」。「生」下，清鈔甲本有「來」字。
❸「自」，清鈔甲本作「是」。

屈，其進進日不能止，過此方如車輪運轉不停，非是放下全不用力，前頭限量不由我，非吾力所能料，雖欲輟不用力而力自不能輟矣，此即日進無疆地位也。然此等皆學者所未到之理，非可以臆度想像而識，須臨境而後知味也。

問程子説心廣體胖，這裏著樂字不得。延平以明道吟風弄月爲初見濂溪時事。心廣體胖地位高，自是樂之發散，有自然安泰氣象。人見其爲樂，而自不知其爲樂也。如何更著得樂字？明道見濂溪，吟風弄月以歸，雖云胸中快樂，有自得之意，然未免有形迹，若鄰於乍見者，未能恬然以爲家常茶飯底事，所以延平疑其爲初見時事也。

問程子説「爲人欲見知於人」、謝氏説「利爲適己自便」、南軒説「有所爲」，三者不同。君子小人儒章。欲見知於人，便是求自利便，便己而後爲之，便是有所爲。程、謝、張説更相發明，初無異旨。

問「生理本直」段。只是秉彝中許多道理，本甚坦直，何嘗有一毫嶢曲迂折？如自孩童便知愛親，是直；妻子具而孝衰，則不直矣。長便知敬兄，是直；紾兄臂而奪之食，則不直矣。見孺子入井便怵惕、惻隱，是直；納交、要譽、惡其聲，則不直矣。見牛觳觫而不忍，❶是直；以羊易之，則不直矣。又廣而推之，至於君臣之當有義，夫婦之當有別，居處之當恭，執事之當敬，與人之當忠，理本甚直；若沈湎淫佚，若鑽穴踰墻，若箕踞傲惰，若相傾相

❶「而」，清鈔甲本作「便」。

詐，則非其直矣。似此等類，皆可見。

問「程子以先獲如利仁是也」段。

先難後獲，本文爲事而發。若程子利仁之説，乃於言外發。此以警學者心術之微。❶在學者，雖以利仁之爲篤，❷而亦當知利仁之爲非。所謂地位，亦未易定其優劣也。

問「齊魯一變」章，《集註》謂「施爲緩急之序」。

恐只是變齊之習至魯在所急，而變魯之習至道在所緩，以霸俗貴掃除之亟，而王道須浹洽之深故也。

問「博學於文，約之以禮」段。

博文是所以窮理，約禮是約此理於吾身而已。

問楊氏辨「高明所以處己，中庸所以處人」之説。

或人之説固失矣。楊氏辨之雖得，而所以主意，亦未能無失也。大抵皆是不得本文之義。本文所謂極高明者，是言存心處無私欲之累，故恁地高明。所謂道中庸者，是言處事處無過不及之差，皆由乎中庸而已。今彼主意皆以理論，則是理有二致矣。而可乎？

問「己欲立而立人」章，《集註》謂「狀仁之體」。

---

❶「微」，原作「徵」，今據乾隆本、清鈔甲本及《四庫》本改。

❷「之」下，清鈔甲本有「説」字。

仁者之心廓然大公，無所不愛，其體自如此，非姑指其及物處爲然也。❶但不可偏靠此爲言爾。

問程子謂「仁者以天地萬物爲一體」。

程子之説，亦只是言其與物爲一，而無所不愛之意。然專靠此爲言，則窮大而失其本，當於此處觀天理所以流行無間之體，則仁可識矣。❷

問程子「手足痿痹爲不仁」段。

仁只是天理生生之全體，❸故仁者之心，渾然天理。生生不息者，其本體也。視物爲一而無所不愛者，其用也。夫子所答以己及人，公平天理流行無間者，正是指言其體，而用在其中矣。程子、《集註》所發明，皆是不外此意。

問「默而識之」段。

不言而存諸心，謂口雖不言而歷歷記在心也。

問「依於仁」段。

---

❶ 「及」，原脱，今據乾隆本、清鈔甲本及清鈔乙本補。

❷ 「仁可識」，清鈔甲本作「無失」。

❸ 「只」，清鈔甲本作「即」。

仁非萬理之總名，所以該貫萬理而爲之總會也。依仁，則此心全體不昧，而是理之在我者有所總會，❶而主宰之矣。

問「志道據德」章。

初學須循四者之序，而不可亂。到成德後，日用間四通八達，穿穴玲瓏，方有更相爲用處。

問「用之則行」段。

此章文義固然，❷然其主意大體，更須看聖人道全德備，其具在我，顏子體道幾於聖人，亦有其具，故用舍行藏，獨與夫子能之，在他人則假使遇明王聖主之用亦無可行，而舍之亦無可藏矣。

問「樂亦在其中」段。

若欲知樂之實味，須到萬理明徹、私欲净盡後，胸中洒然無纖毫窒礙，而無入不自得處，方庶幾其有以得之矣。

問「樂在其中」與「不改其樂」有淺深。

「樂在其中」與「不改其樂」，誠有間，但程子於此却用「不改」字，主意全别，其添一「能」字，而又係之「疏食飲水」之下者，是雖疏食飲水，亦不能改聖人之樂，便見本然渾成之樂元不曾動，比之顏子「不改」係之「回也」

---

❶「我」，清鈔甲本作「外」。

❷「文義」，清鈔甲本作「之意」。

之下，❶是回不爲簞瓢陋巷所改，語意輕重自不同矣。

問「子所雅言」章説「性與天道夫子不言」。

性與天道，非聖人絶口全不言之，❷但以此理玄奥，未易遽知，非教人之所先耳。其與學力到、地位高者，亦未嘗不一二言以發之，❸如語子貢以「天何言」及贊《易》以「一陰一陽，繼善成性，乾道變化，各正性命」之類。但不如日用切近等事，常言之爾。其曰不可得聞者，亦姑言其大概如此，而在學者默而識之，亦非是全用不言而解，亦須略憑聖人一二言爲之法，然後從而準則，以演而伸之、❹觸類而長之爾。

問「子不語怪」章論「鬼神造化之迹」。

造化之迹，只是天地間造化之顯然可見處，莫非陰陽二氣之所爲。來説大概近之而未廣，更詳之，到無所不通處爲善。

問「桓魋其如予何」段。

曰「天生德於予」，亦其至聖之實所不容揜處，曰「桓魋其如予何」，乃聖人極斷制以理，雖臨患難而每自必如

---

❶「改」下，清鈔甲本有「其樂」二字。
❷「口」，清鈔甲本無此字。
❸「言」，清鈔甲本無此字。
❹「演」，乾隆本、清鈔甲本作「引」。

此，無復顧慮也。

問「二三子以我爲隱」章論「道果有隱顯之異否」。

如性與天道，是深隱高遠處；日用人事，是淺近卑顯處。然深隱高遠之理，實流行乎淺近卑顯之中；而淺近卑顯之事，實根原於深隱高遠之處，其分不同，而其理則一而已。由其理之一，所以夫子「無行而不與二三子」，作止語默，無非教也。由其分之殊，故學者當循序而漸進，不可躐等而頓造也。

問「子以四教」章。

須知學文所以窮理，修行所以體是理於身，而存忠信又所以萃是理於心者也。

問：程子曰「一心之謂誠，盡心之謂忠」，「一心」與「盡心」何别？

「一心」是終始無間斷之意，❶「盡心」是自盡於中而無隱之謂。「一心」是自然，「盡心」是著力。誠以理言，忠以心言；誠以天道言，忠以人道言；誠以聖人言，忠以學者事言。在聖人之誠，則天道也；在聖人之忠，則誠之發也。在學者之誠，則本然之理也；在學者之忠，則近於誠矣。

問：程子曰：「忠信以人言之，要之則實理也。」《文公語録》曰：「以人言之，則爲忠信；不以人言之，則只是箇實理。如誠者天之道，則只是箇實理。惟天下至誠，便是以人言之也。」

五性之信，是即仁義禮智皆實有而無妄之謂，此理之總名。程子所謂實理者，此也。其見於用，則發已而自

❶「終始」，清鈔甲本作「始終」。

盡者謂之忠，循物而無違者謂之信，是以人工夫得名。程子所謂以人言之者，此也。文公所引「誠」説，亦正如此。

問「聖人者，神明不測之號」。

聖與神無甚分别，合而言之，只一套事。分而言之，神只是聖之不可知，非於聖人之上，又别有一等神人也。所謂神明不測者，自其底藴言之，則淵而不可測；自其施爲言之，則妙而不可測，不可以偏看也。

問「我欲仁」章。

據一時言，只我欲仁一念之興，此心便在此，仁便當時即此而在矣。此聖人示人親切直截、簡潔明快處，❶自足以起人歡欣愛慕、亹亹不厭之心。

問「丘也幸，苟有過」章。

吴氏之説甚善甚穩，❷甚精甚密，最發得聖人盛德酬酢從容中節之意，更不容貶剥，宜詳玩之。

問程子謂：「巫馬期以告孔子，孔子只得不答。」

程子之意，以孔子既不可自謂諱君之惡，又不可以娶同姓爲知禮，自受以爲己過；又恐彰君之惡，只可不答而已。然以吴氏之説通之，其受以爲過也，亦不正言其所以過，初若不知孟子之事者，是則彼此俱無妨礙，

❶「處」，清鈔甲本無此字。

❷「穩」，清鈔甲本作「慰」。

非惟程子之所疑者不足疑，抑以見聖人盛德之言，隨觸而應，自然從容中節，而不失乎人情事理之宜，真可爲萬世法矣。

問「温而厲，威而不猛，以氣稟言；恭而安，以氣習言」。

此皆聖人盛德充溢，晬面盎背，自然之容，豈復可見氣稟、氣習之所以然？而何可以是論？

問泰伯「父死不赴，斷髮文身」。

此乃變中之正，不可以常論。蓋不如是，❶則無以絶君國之念，而成其讓矣。

問「動容貌」章「動」、「正」、「出」三字。

若以三字作重看，爲用力處，則正字可通，而動、出二字，非其例也。若作輕看，則又有行信脚動、話信口出之弊，今只得平看，其用工不在三字上，而在三者之時。

問「所貴乎道者三」《集註》新舊説。

斯字猶必字意，據曾子，此章主意不在斯字上，最重在貴字上。動容貌以能遠暴慢爲貴，正顔色以能近信爲貴，出詞氣以能遠鄙背爲貴，其意止此而已。程子及門人發明究極三者之所以然，則有平時涵養之功，有臨事持守之力。❷以平時涵養而言，則工夫在上三句之前，而下三句乃其效驗處，斯字猶「綏之斯來」之斯，謂

❶「是」，清鈔甲本作「此」。
❷「事」，清鈔甲本作「時」。

其必能如此也。以臨事持守而言，❶則工夫在上三句之時，而歸宿在下三句。斯字猶「聞斯行之」之斯，謂其必要如此也。是二義皆曾子意之所未及。《集註》舊本以爲修身之驗，非莊敬誠實涵養有素者不能，則申程門平時涵養之説也。改本以爲修身之要，學者所當操存省察，而不可有造次顛沛之違，則申程門臨事持守之説也。❷今考之平時涵養之説，雖有根原，然却在三言之外起意，其工夫全在日前，而目下則疎闊，有任其自爾，如前所謂信脚動、信口出之弊，不若改本工夫縝密親切，既可以包平日涵養在内，又從目今臨事以至於將死，❸一息未絶之前，皆無有頃刻之違。其所謂操存，則在上三句；所謂省察，則在下三句。本末不偏，終始兼貫，其義爲長，却皆在曾子三言之中，起意於曾子，正意不相悖，所以《集註》如此改定，而程子、尹氏之發明，有味，不可廢，亦必係之於其後也。

問「以能問不能」章。

理義無窮，如何盡得？顔子汲汲下問，惟恐其有一理之不獲，而已如何敢有必其盡之之心？若有必其盡之之心，則是自爲之限，而學不能以日新矣。犯而不校，亦非只見理在，而不見其有犯我者，不專是所存之廣大也。

❶「事」，清鈔甲本作「時」。
❷「事」，清鈔甲本作「時」。
❸「事」，清鈔甲本作「時」。

問「可以托六尺之孤」三句。

三句謂之君子者，乃有學以成其才德者之事，周公固不待說，孔明正可當此，若子孟輩，只是資稟來厚、朴實頭能鎮壓，故做得贏爾，他無可恃也。

問程子曰：「弘而不毅則無規矩而難立，毅而不弘則隘陋無以居之。」

二句亦明白不難曉，如柳下惠是弘底人，其流失之不恭，則無規矩而難立，然惠却不以三公易其介，是弘而能毅也。伯夷是毅底人，其流失之隘，則是隘陋而無以居之，然夷却不念舊惡，是毅而能弘也。弘而能毅，則和而不流而有規矩矣；毅而能弘，則中立而不倚，而有以居之矣。

問「民可使由之」章「理之當然」與「其所以然」。

理之當然，如父慈子孝之類，亦是大綱說。其纖悉曲折，乃是中間慈孝節目，如《内則》許多事件之類，皆日用常行當然底，非謂其所以然者，所以然乃根原來歷，是性命之本處。

問「學如不及」章。

此章大意說爲學用工如此之急。程子「不得放過」又接此發明「恐失」之意。纔放過待明日，便緩便失了，非是常持，此二句之心，不得放過也。

問「唯堯則之」章尹氏說。

尹氏說當與前合作一意看，無爲而成是大裏面事，凖則之以治天下，亦是德裏面事。

北溪先生大全文集卷第三十九

答問

答陳伯澡問《論語》

問「子絶四」章，横渠説「四者有一焉，則與天地不相似」。

無我一義，❶楊氏所謂「道通爲一」者，亦精。蓋聖人之心，廓然大公，與道爲一，何有私我？❷如天地大化，一闢一闔，無非公平太極流行之妙，而天地何預焉！又細思之，我與物對，因物形之而後我始見，恐亦去此意不得，須兼之於中。蓋聖人於應事也，物各付物，而我何預焉！同然大公，豈復見有物？豈復見有我？惟純見是理而已。

問「仰之彌高」章，程子謂「到此地位工夫尤難」。

❶「義」，清鈔甲本作「意」。

❷「我」，清鈔甲本作「吾」。

前此尤可以用力，到此則自大而趨於化，自思勉而之不思不勉，介乎二者之境，所未達者一間，非人力所能爲矣。但當據其所已然，從容涵養，勿忘勿助，至於日深月熟，則亦將忽不期而自到，而非今日之所預知也。

問「子在川上」章。

程子「與道爲體」四字極精。蓋道體本無窮，天運日行、水流物生，乃與道爲體而無窮者也。

問程子答張思叔無窮之説。

思叔於此直斷以「無窮」二字，而不知其所以無窮之藴，煞有義理在，觀諸《集註》，亦可以見其大略矣。

問「未可與權」章漢儒程子經權之説。

權不可直謂之反經。漢儒之説誠非，程子亦不直謂「權只是經」，本文謂經所不及者，權量輕重使之合義，才合義，便是經也，其爲言亦婉矣。來説所辨已得之，謂「權異乎經而不離乎經」者，亦當。嘗愛柳子之言，曰：「權也者，達經者也。」斯義甚精，❶併詳玩之。

問「子莫無權」與此章「權」字輕重不同。

權之得名，本秤錘之義，所以稱物輕重而取中者也。然古人用之，有以一節言者，有以全體言者。自其一節言，則如時中之類，亦日用所不可闕；自其全體言，則如「中庸」之爲至德，非義精者不能及也。

問程子曰「權，義也，義以上更難説」。

---

❶ 「精」，清鈔甲本作「明」。

權所以量輕重而使之合義，不可直謂之義也。蓋亦有體用之分焉。然處義未精者，亦未可與權，必有錯用其所不當用處；而欲精其義者，非物格知至者不能。此程子所以謂「義以上更難説」也。

問「與上大夫言，誾誾如也」。

先言和悦，後言諍。和悦者，❶事長順也；諍，則不詭隨矣。

問「足躩如也，盤辟貌」。

盤辟，乃盤旋曲折之意。辟，音闢；蹜蹜，乃舉足促狹也。❷

問「立不中門」註「當棖闑之間」。

棖是門旁枋，闑是門中立木，以爲門扇之礙者。

問「過位」註「位者，君之虚位，人君宁立之處」。❸

門屏之間，謂之宁屏，猶今之塞門也。古者覲以正君臣之禮，天子當依而立，不下堂而見諸侯；朝以講賓主之儀，天子當宁而立，在路門之外，相與揖遜而入。

問「享禮有容色」段。

---

❶「者」上，清鈔甲本有「也」字。

❷「促」，清鈔甲本無此字。

❸「宁」，清鈔甲本作「佇」。

聘禮有享、有私覿。聘者，奉君命聘問於鄰國之君，以結其好也。享，獻也，與饗不同。既聘而行享獻於鄰國之君，以厚其恩也。❶私覿者，既享而以私禮見鄰國之君，以盡其歡也。聘君用圭，聘夫人用璋。享君用束帛加璧，享夫人用束帛加琮，庭實用皮或馬。私覿用束帛，乘馬。既覿就館，君使卿致饔餼，❷贈賄及饗食燕。將反，則還圭璋而不還璧琮享幣。圭璋以致命，璧琮享幣以致獻。重命而輕獻，所以輕財而重禮也。璧琮享幣不還者，有賄及幣以報之也。圭璋必還之者，禮命之玉，非財之比也。詳見《聘禮》及《聘義》。

問「顔淵後」段。胡氏曰：「閭巷之人辭親遠適，則同患難，有相死之理，况朋友乎？况弟子之於師乎？」

又曰：「其可不可，當未行而預斷，不當臨難而始謀也。」

胡氏所謂「未行而預斷，不當臨難而始謀」者，蓋以常人大概言之。若回於孔子，恩義極重，豈他人之爲師弟者比？假使夫子在患難，而回不預其行，則於風聞之始，亦必稟父而糾率以赴救之，亦不當以在父而不在師者爲辭。况已辭親之側而侍師之旁，則其同患難危迫，灼然有相死之理。在師爲師，天理人情大公至正，無可疑者，非回私爲師而不存其父也。是乃所以忠於師，而爲不辱其親之孝也。萬一夫子不免於難而死，而回赴救之不克及，則奈何？至是，則又不當繼之，徒爲無益之死矣。必當告天王方伯，請討復讎。如胡氏之説，以伸此心拳拳事師之大義，乃庶乎有以對越神靈而無忝也。

---

❶「恩」，清鈔甲本作「惠」。

❷「卿」，乾隆本作「人」。

問「親在而仕當致死不致死」。

所在致死之説，古人已明白。然於臨境情態亦多端，❶而所以處之之義，亦未可以一概定也。若東漢趙苞於鮮卑入寇之時，其母爲所質以要之，乃亟戰以殺其母，則大非所宜矣。

問「與點」章程子謂「游心千里之外，爲曾點設」。

程子之言亦只是平説，非有譏點之意，然點亦未能脱此病也。

問「克己復禮」段。

「一日克己復禮，天下歸仁焉」，極言其功夫之勇猛至到，與效驗之速，而大不必贅添支節也。

問「心兮本虚，應物無迹，即《孟子》『出入無時，莫知其鄉』也」。

與孟子語不相似。所謂虚者，只是本無一點物事，雖裏面都是實理，然理有甚形迹。

問「知誘物化」。

程子此四字，正用《樂記》中語，非指耳而言也。❷

問「『發禁躁妄』與『傷易則誕』，易即躁，誕即妄」。

❶「於」，清鈔甲本無此字。

❷「非」下，清鈔甲本有「真」字。

「躁妄」與「易誕」似相類而實不同。「躁妄」二字是雙頭並説，與「静專」二字爲對。躁者，病而動也，❶而與静對；妄者，虚而亂也，而與專對。此二字置於心動之下，樞機之前，所以總提其意。易者，輕快之謂；誕者，欺誑之謂。其傷易、傷煩兩脚，則從躁妄句中分來，易自躁中生，煩自妄中生，誕則易中之病，支則煩中之失。易而誕，則己肆而物忤矣，内何有静之云？煩而支，則出悖而來違矣，内何有專之云？其首尾意脈相應，可詳玩之。

問「視聽有節文處」。

禮文正是指禮儀三百、❷威儀三千之類。但書亡，無傳其緒。餘可見者，如「視毋上於面，毋下於帶。坐視膝，立視足，應對言語視面」。「將入户，視必下。入户，視瞻毋回。」「經坐視平衡；恭坐微俯，視尊者之膝；肅坐仰首，視不出尋常之内。朝廷之視，端汴平衡；祭祀之視，視如有將；軍旅之視，固視虎張；喪紀之視，下汴垂綱。」皆視之節文也。如「毋側聽，不傾聽，聽必恭」之類，則聽之節文也。古人此等，想極纖悉詳備，人動容周旋，無一日一時不在禮文中。今既無可考，但當以理爲主。理之當然處，無過無不及，便中節文之會，如當視而視、當聽而聽、當言而言、當動而動，便中理之節文，❸便是禮。如視其所不當視，聽其所不當

❶ 「病」，乾隆本作「疾」。
❷ 上「禮」字，乾隆本作「節」。
❸ 「理」，清鈔甲本作「禮」。

聽，言其所不當言，動其所不當動，便是人欲之私，不中理之節文，是之謂非禮。然非窮理之精，則必有錯認其所不當然者爲當然，而節文亦不能以中矣。

問「死生有命」章。

天者命之所自出，命則天地之所賦於人者，故以理言之謂之天，自人言之謂之命，其實一而已。

問「盍徹」章。

周制，國中鄉遂之地，用貢法：田不井授，但爲溝洫，一夫受田百畝，與同溝之人通力合作，計畝均收，大率什而賦其一，所謂徹也。野外都鄙之地，用助法：田以井授，中百畝爲公田，八家各私外百畝，同養公田，公事畢，然後敢治私事也。詳見《周禮》、《孟子》。

問「子張崇德」段。

主忠信，則存無不誠而本以立；徙義，則動無非理而行以進。❶又互而言之，能主忠信，則所徙者溥博淵泉而時出；能徙義，則所主者篤實輝光而日新。此德所以日積而高，自有不容已者。

問「子張問政」章註。

凡文公之説，皆所以發明程子之説，或足其所未盡，或補其所未圓，或白其所未瑩，或貫其所未一，其實不離乎程説之中。必如是，而後謂有功於程子，未可以優劣校之。

❶「理」，清鈔甲本作「禮」。

問「先事後得」段。

先其事之所當爲，而後其效之所得，是不計功謀利也。只管爲所當爲，則德日積；不計效，則德崇而不自知矣。《集註》已甚明。

問「名不正」段。

兩句亦甚明。❶ 如父唤做子，子唤做父，名不正了，便説來不順。呼唤既不順，則所以待父待子之事，❷都不成了，便顛倒無序，乖戾不和，禮樂如何興得？以此推之，他可類見。

問「見小利」。

見小利，便被小利牽制蒙蔽了，更都不見大體處，故大處做不成。❸ 只如此看，自分曉。

問「克伐怨欲」章《集註》「拔去病根」意。

學者惟患不能自知己之病根所在耳。若果知，却合下便當下克己工夫，對境直截與之拔去，一舉净盡，然後爲快。豈有放緩第一著且做第二著，且制之不行，待他時工夫稍熟後，乃漸進以拔之邪？若然，則恐病根轉深，不可得而拔，胸中一起一伏，轉爲之擾，非所謂篤志求仁之道也。

---

❶ 「句」，乾隆本作「段」。

❷ 下「待」字，清鈔甲本無此字。

❸ 「處」，清鈔甲本作「體」。

問《集註》管仲、子產才德。

二子皆無《大學》規模，須是《大學》規模，乃爲王佐才，而伊、傅、周、召其人也。

問「以直報怨」章。

「以德報怨」，乃老氏語，❶出於有意之私，可謂特加厚於怨者矣。而德無物可報，不幾於薄乎？其言死定偏滯在一邊。若聖人之言，怨則以直報，德則以德報，二者各得其平，極是明白簡約，更無嶢攲勞攘，而其中旨意却反覆無窮。且如此人舊於吾有怨，今適相值。有罪邪？隨其罪之如何而公斷之。果賢邪？亦薦之。果不肖邪？則絶之。設若不肖者後復能改而賢，則吾又薦之，一惟理之當然而吾無容私焉，是之謂直，而於怨固未嘗汲汲以圖報也。如此人舊於吾有德，今適相值。果賢邪？吾固薦之以爲報。若不肖邪？吾則權其輕重，使公義行於上、私恩伸於下，於德亦未嘗失其報也。此其言甚活樂圓轉，無所用而不通，所以爲聖人之言歟？

問「上達」及程子説「下學上達，意在言表」句。

有一節上達，有全體上達，因其言而得其意，便是下學上達也。

問「修己以敬」章程子説。

此又極言敬之道。程子此段成二節，皆是推廣修己以敬，以發聖人言外之意。

---

❶ 「氏」，清鈔甲本作「子」。「語」，清鈔甲本無此字。

問「予一以貫之」章。

此章須玩味。予一字，要認定是就吾心渾然一大本而流行貫徹乎萬事者言之，非可泛言其爲一道也。謝氏譬天之造化發育萬物，亦是一元之氣流行貫徹，初無二理，末以《中庸》語證，乃形容天理自然流行之妙、❶無雕刻形迹，即以結前意爾。

問「行篤敬」篤之一字。

「篤」謂厚而力也，不止是厚一字，於厚之中有自力之意。聖人無不然，但不見其迹爾。「篤」與「敬」，乃相對雙字。若篤敬，❷則又是篤其恭也，語意自不類。

問「志士仁人」及《集註》、《語録》所辨。

仁人身與理俱，志士亦能確然不易所守。《集註》兩條是解本文兩句文義，字字相應，甚明。《語録》所辨，是説當人臨境時直截一意，無他顧慮，尤爲簡潔。

問「義以爲質」段。

事到面前便斷可否，此在先是「義以爲質」。可否既定，或從或違，所以區處須中節文，無過不及，是「禮以行之」。於其區處，或出辭氣，須遜順而無峻厲，方不忤人，是「孫以出之」。其總歸須誠實，則此事之成無欠缺

❶ 「自然」，清鈔甲本無此二字。
❷ 「敬」，乾隆本作「恭」。當從。

可悔處，是「信以成之」。四者皆一套事，只於日用間驗之，自見。

問「思無益，不如學」段。

學是親身去理會，兼知能説；思是心頭空思量。

問：「智已及之而動不以禮，乃有小疵，是知處猶未周匝。如何？」

理義欲其周知而無不盡，學問欲其大醇而無少疵，❶夫豈易至？而亦豈可以易言哉？

問：「『禄之去公室』章，南軒説『以禄去公室爲專制魯國之富，❷以政逮大夫爲政悉移於大夫』。解得明？」

南軒分别二句，誠明，但恐無事實，則難爲確論。《集註》意恐以上句主於君言之，故曰：「君失其政。」以下句主於大夫言之，故曰：「始專國政。」蓋君失其政不能制禄，則禄去公室也。

問蘇氏説「魯失政，恐魯未有專征伐之事」。

魯雖無威文專征伐之事，❸然征伐亦不無。按《春秋》可見，凡征伐皆天子之事，非諸侯所宜出，則魯亦豈得爲無僭者？

❶「少」，清鈔甲本作「小」。

❷「富」，乾隆本有註：「大全張氏本文『富』作『賦』。」

❸「威」，乾隆本作「桓」，此處爲作者避宋欽宗趙桓諱改。

問「性相近」章。

論性之本，只是就氣中掇出理言，❶非於未有氣之前論也。若未有氣之前，則是未有人，所謂堯舜亦何在？

問公山、佛肸召二段。《延平師弟答問》中云：元晦更熟玩孔子所答之語，求一指歸處。所謂指歸處是如何？又問：自其欲往觀之，則見聖人神化之妙，雖叛逆之徒，❷亦無所棄。自其卒不往觀之，則見聖人圓通明達，才知其不可爲，則便不爲之涗，此乃涅不緇、磨不磷處。

磨不磷、涅不緇，是就到地頭説，非是知其不可便不爲處看。所謂指歸處，只就程張説中意看。

問：朱先生《語録》云「吾其爲東周乎」謂干木隨身，❸逢塲作劇。❹是如何？

只是有家具在身，遇著用處也要用。

問：六言惟剛勇二者相近，如何分別？兼後章「惡果敢而窒」，與此二者又如何分別？❺

「勇」是氣奮發直前，其蔽便作亂鬬打。「剛」是體質剛硬，其蔽便躁率。「果敢」是好果決作事，若窒塞不通，便妄作矣。

---

❶「就」，原作「説」，今據乾隆本、清鈔甲本改。

❷「徒」，原作「往」，今據乾隆本、清鈔甲本改。

❸「干」，乾隆本、清鈔甲本作「竿」。

❹「劇」，原作「處」，今據清鈔甲本改。乾隆本作「戲」。

❺「分」，原脱，今據清鈔甲本及《四庫》本補。

問「正墻而立」段。

二《南》所説修身齊家，最日用至切事。❶若不知此，舉目便有遮蔽，無所見；動步便有礙，不可行。《集註》解得極親切分明。

問「民有三疾」。

蕩忿戾詐，乃是意欲之私，非小病也。

問「惡紫奪朱」。

朱是南方正，火色赤。紫是北方間，水剋火，赤黑色。似朱而非朱，惡邪之奪正也。

問「三仁」，按《史記》三處不同：《殷紀》以微子先去，比干乃諫而死，然後箕子佯狂爲奴。《周紀》云：「殺王子比干，囚箕子。」《宋世家》云：「箕子先諫，紂囚之，乃佯狂爲奴。比干乃繼而諫，紂殺之，大師乃勸微子去，遂行。」未知孰是？

《或問》中主《殷紀》，❷亦未純以爲然。《小學》書又却取《世家》之言，其先後亦有理。今《集註》中又却是參取殷周二《紀》并《世家》之文，其考之必得，實當按此爲定。然其大義，則須各就逐人分上，看他所處如何，亦不必苦泥此先後，非大義所係也。

❶「至」，清鈔甲本作「親」。
❷「中」，清鈔甲本無此字。

問「三仁」。

三子謂之仁者，只是即此等事變之中，見他心體之所存，洞然無一毫私欲之爲累，而其所處，又各當於理而無咈焉爾。

問「小子當洒掃」章。

須是先從事其小者、近者，而後從事其大者、遠者，是謂循序漸進，由末以達本，工夫不偏靠在一邊。此章程子説得甚快，而旨意甚微。賴文公斷得分明，於學者極爲有力。

問：「程子曰：從洒掃應對與精義入神通貫一理，雖洒掃應對，只看所以然如何。」

如《曲禮》「爲長者糞」一段。第一番且講究此禮，要見其中一箇節文曲折所當然不易處。如「必加帚於箕上」，此是初往時，以帚加箕上，方得兩手奉箕爲恭。若不然，則所執參差不齊，不得而爲恭矣。於此知必加帚於箕上，乃初往時節文所當然不可易處也。如「以袂拘而退，其塵不及長者」，此是正掃時，以袂擁帚之前，而却行以退，則其飛塵不汙及長者。若不然，則其塵必汙及長者而不敬矣。於此知「以袂拘而退，其塵不及長者」，乃正掃時節文所當然不可易處也。如「以箕自向而扱之」，❶此是收糞時，必以箕舌向己而勿向長者，乃爲敬。若不然，則是以穢處向長者，爲不敬矣。於此知「以箕自向而扱之」，❷乃收糞時節文所當然

❶「扱」，原作「吸」，今據乾隆本及《曲禮》原文改。

❷「扱」，原作「吸」，今據乾隆本及《曲禮》原文改。

不可易處也。既各各見得節文當然不可易，第二番看，❶便要見初往時，節文因甚如此當然不可易；正掃時，節文又因甚如此當然不可易。見得時，此便是理也。是理合如此，而吾不得不如此也。既各各見得爲當然之理，第三番又看初往時當然之理，因甚其如此；正掃時當然之理，又因甚其如此；收糞時當然之理，又因甚其如此。既不是聖人制禮，使我要如此齊整，又不是生於吾之己意，要如此好看；又不是迎奉長者意思，要道好；又不是畏長者，恐激怒；又不是恐旁人窺其所爲。彼此俱無所由，❷便是天之命我者如此，而一毫人爲之私無所與於其間，吾只得盡恭敬以奉天職爾。是謂必有所以然者，是理之根原來處。所謂「人事盡處，是謂天理」，❸於此可的見其實。而於其中又細玩之，可見此心生道焉，可見天理流行者焉，可見敬之所以主一者焉，可見誠之所以不息者焉，可見仁之所存焉，可見恕之所貫焉，可見中之所寓焉。此又其精義入神處，即是上達處。以此類推之，三千三百之儀皆可見，然終是根原來歷未爲難窮，而節文曲折最未易究，❹尤不可以或忽也。

問「立之斯立」章。

---

❶「二」，原作「一」，今據乾隆本改。

❷「彼」，清鈔甲本作「凡」。當從。

❸「盡」，原作「一」。下「謂」字，原作「爲」。今據《北溪先生字義·命》引唐陸德明語改。

❹「折」，原作「節」，今據乾隆本、清鈔甲本及《四庫》本改。

植其生乃制民之産底事。感乃上四者，應乃下四者。

問「泰而不驕」。

安舒氣象似驕。心廣體胖，何驕之有？

問：「不戒視成謂之暴」與「慢令致期謂之賊」，意相似，何以分别？

上句是工役等事，下句是約束、立限、輸納及禁止等事。

北溪先生大全文集卷第四十

答問

答陳伯澡問辨諸丈人心道心之論

問張、吴南劍張顯父，字敬之。潮陽吴恭之，❶字叔惠。說「人心道心，一是天理，一是人欲」。程子雖有是説，然更在人自體察。而人欲亦有淺深，若察之不明，則人心與人欲又都没理會了。

問二丈云「操則存，道心也；舍則亡，人心也」。操而存，則道心便在此。舍而亡，則人心便放蕩去了，非可直指此爲人心道心也。

問二丈云「其爲物欲者，都是此心做去，難叫做好」。嗜欲皆從人心出。心逐欲而陷，乃不好。

問二丈云「主宰便道心矣」。

❶「潮」，原漫漶不清，今據乾隆本、清鈔甲本訂正。

主宰萬物皆由理義，乃是道心。未便可唤作道心。

問「人心道心大意」。

《中庸》序説已極分明，可熟玩味爲準，不必他生穿鑿，轉見迷眩。大抵心一也，就中分别：以其從形氣上發來，本形氣爲主，故謂之人心，即四支百骸之所知覺運動者是也；以其從理義上發來，本理義爲主，故謂之道心，即此所稟受仁義禮智之心是也。二者之心，上智下愚皆所同然，但人心至危殆而難安，道心至微隱而難見，雖上聖大賢，亦不敢以爲易而忽之。况在學者，尤須要分别得二者界分分明而操制之。❶如饑則食、渴則飲之類，人心也；嗟來之食則不肯食，嘑爾蹴爾而與之則不肯食等類，道心也。如男女之欲等類，人心也；夫婦有别等類，道心也。人徒見程子有天理人欲之分，更不實自體察於己，以道心全做好底物，亦便以人心全做不好底物。夫天理與人欲相對，天理分明是好，人欲分明是不好；道心全是天理，固全是好；然人心只是平説形體之知覺運動，未便是人欲，未便是不好。只是嗜欲之類皆從此出，極是危殆𩌏𩌧而難乎安息安帖，❷最易流易墮爾。❸古人於此有精一之功焉，「精」則要分别二者界分分明，不相混雜；「一」則專守道心之正，而無以人心二之，要得道心常爲一身之主，而人心每聽命焉。至於工夫純熟、氣質變化，則從心

❶ 「二」，原作「一」，今據康熙本、乾隆本、清鈔甲本、清鈔乙本及《四庫》本改。
❷ 「𩌏𩌧」，原作「𩌧𩌏」，今據乾隆本改。
❸ 「墮」，乾隆本作「墜」，《四庫》本作「陷」。

所欲不踰矩，聲爲律而身爲度，即人心便都純是道心，❶而不復見人心之爲吾間矣。

問「人心無定，如翻車流轉，無須臾停。楊至之曰：此乃人欲，非人心也」。

此乃人心馳逐於物欲之私。

問程子謂「逐物是欲而非心」。

所謂「逐物是欲」，程子之意，蓋謂欲者情也；❷感物而逐之者，乃情欲爾。本心之體在中，却自若。然細論之，情亦心之成也，❸更以人心道心按之，則逐物欲亦是人心，而非道心之謂，未可全以爲非心也。文字須要活看。

問：心者知覺之謂，而智亦訓爲知，心與知字亦須分明。❹楊曰：不須如此説，有心便有性，二者不相離。不是先有這知覺，而後這是非之理，旋旋安排出來。又問：《語録》云：動處是心，動底是性。楊曰：仁義禮智，性也；惻隱羞惡等，情也。心統性情也。分開説，則動處是心，動底是性。然論得來，心性自不相離，此心纔動，那箇仁義禮智便在裏許，非旋旋安排出來。

---

❶「純」，清鈔甲本作「統」。

❷「蓋謂」，乾隆本作「以爲」。

❸「成」，乾隆本作「感」。

❹「分」，清鈔甲本作「看」。

「心」者人之神明，所以爲身之主宰者，即此身上箇靈底是也。「性」即心中所具之理，若仁義禮智是也。「心」是箇靈物，能知覺。「智」即心中所能知覺之理，能是能非者。豈可更將「心」與「智」相對持分別？❶是猶指日與光對分爲二物也，而可乎？所謂「動處是心，動底是性」，動處是其靈活能酬酢處也，動底是動之理也。若合「心」、「性」、「情」而言，則静是性，動是情，心貫動静而統性情，静其體而動其用也。所謂「知覺在，理義便在，只有淺深」。緣知覺則惺惺不昏昧，理義便都在其中。若冥然不省，則禮義何在邪？如人叫則便應，其知覺之淺處；見孺子將入井便怵惕，其知覺之深處。理義隨深淺呈露爾，❷楊文此處説不破。

答陳伯澡再問《論語》

問「祖孫一氣」。

精與氣合而生，魂升魄降而死。然祖孫一氣，祖宗雖死而子孫之身在，此則所謂一氣者，猶相貫於幽明之中，固自有長存不滅者。所以禮重於絶人後，而人以子孫世世有常祀爲貴也。

問康節謂「性者道之形體」，與《文公語録》「性是道骨子」及「道是在物之理，性是在己之理」。

道者事物中所當然之理，人之所共由者也。性即在我之理，具於吾心而道之所總會也。所謂形體者，正如

❶「更」，清鈔甲本作「便」。

❷「深淺」，清鈔甲本作「淺深」。

此。初非有待於人爲而後得。❶而邵子、文公之説，皆互相發明，本無異旨。

問楊氏「會萬物於一己」之説，與《孟子》「萬物皆備於我」，異同如何？

「萬物皆備於我」，是言萬物本然之理，皆具於吾身而已。若「會萬物於一己」，是言人恁地做工夫，然萬物如何會合於己，己亦如何會合得萬物？此其意特不過佛家平等之説、墨氏愛無差等之云，不知萬物從來不齊，人酬酢於其間，小大踈密，各有其分而不亂，但仁者之心無私，則自無物我之間爾，非以彼合此之謂也。

問「學者就事上逐件盡己心推將去」。

此語之病，是臨事方盡己心，而無平日存主之功爾。所謂盡己心者，只是此心存主處，❷真實而無僞妄，便是忠。平日常如此，到臨事時，只是此心無間斷，非於此而方盡也。

問：「盡己推己，就事父孝、事君忠及泛應事物上如何？」

事親孝是忠恕之本，所發用來最先第一件便在此上。若就此上分別二字，則其正所從事孝時，便是恕起頭處；其所存主於中，真實無僞妄處，便是忠。至於事長弟、事君忠，便只是以此事親底心達之爾。但學者著力而然，便是盡，便是推。故自其所存主於事親時，真實無僞妄底心，到事長事君時無間斷，便是盡己之忠。自其所從事於事長、事君時，要得皆如事親底心，便是推己之恕。至凡應事物，皆是己與人相接了，其爲心

❶「爲」，清鈔甲本作「焉」。

❷「主」，原作「王」，今據乾隆本、清鈔甲本、清鈔乙本及《四庫》本改。

皆如此。若其思慮當如何如何，此又是講學之事。

問「盡己心者推將去」一句。

泥文執義太局蹙了。凡窮格到窒礙不通處，便須退步澄神，反觀其本義，然後復徐徐尋繹而進，則堅者亦將自破矣。❶

問《遺書》「仁者渾然與物同體，義禮者皆仁」。❷「物」字是人物？是事物？若説人物，則恐連禮智信不來；❸若説事物，則與「《訂頑》備言此體」之句不合。如何？

「仁者與物同體」，只是言其理之一爾。人物與事物非判然絶異。細論之，事物只自人物而出，凡己與人物接，方有許多事物出來；若於己獨立時，亦無甚多事。故此「物」字皆可以包言。所謂「《訂頑》備言此體」者，亦只是言其理之一爾，更詳玩之。

問：文公稱許明道「須先識仁」一段，復嘆其説太廣，學者難入。學者於仁，合如何下工夫？

---

❶「破」，原作「彼」，今據乾隆本、清鈔甲本、清鈔乙本及《四庫》本改。

❷「者」，乾隆本及《遺書》作「智信」。

❸「連」下，乾隆本有「義」字。

明道此一段説話，❶乃地位高者之事，學者取此甚遠。❷在學者工夫，只從克己復禮入，爲最要。❸此工夫徹上徹下，無所不宜。

問：程子説「《訂頑》意極完備，乃仁之體」。此篇只發明「與萬物爲一」之意，如何見得仁體？非指與萬物爲一處爲仁之體，乃言天理流行無間爲仁之體也。

問：程子此下云：「實有諸己，其地位已高，到此地位自別有見處，不可窮高極遠。」見得此理渾然無間、實有諸己後，日用酬酢無往而非此理，更有何事？更何用窮高極遠？

問：「仁者之心，廓然大公，無所不愛。其體段自如此，非姑指其及物處爲然，但不可偏靠此爲言爾。」是如何？

仁者之心，廓然大公，視天地萬物皆爲一體，固無所不愛。但偏靠此爲言，則窮大而失其本，溺於情而不及性爾。

問「博施濟衆」章文意曲折。

此章須將夫子所答本文分作三節看：「何事」至「病諸」爲第一節，「夫仁」至「達人」爲第二節，「能近」至「也

❶「説」，清鈔甲本無此字。
❷「甚」，清鈔甲本作「意」。
❸「最」，清鈔甲本作「得」。

己」爲第三節。上節是辨子貢之失。夫博施濟衆，亦仁者之極功，但不可以是求仁。今子貢欲以是求仁，則失之泛濫高大，而不切於己。故夫子折難之，曰：何止仁能如此，必須聖人能之乎！雖聖如堯、舜，猶不足於此，不能做得此等功，❶汝安可以是求仁？中節是就己上平說。仁者之心，以己欲立欲達之心而及於人，則天理流行無間，便正是語子貢以仁之體，而爲切於己矣。末節遂説恕所以推己及人之事，是推己所以欲立欲達之心而及於人，亦引天理使流行無間，其示子貢求仁之方，可謂益近而易勉。若果能如此，則博施濟衆之功，亦自此而可進矣。

程子之説，正是狀天理流行無間處，當以此意體認之，❷可也。若不觀此，而偏靠天地萬物爲一體上尋求，則是呂《銘》之失矣。

答陳伯澡問《大學》

問：小學、大學所教子弟如何分別？

初間未知智愚，皆當教之，到十五年，則智愚可見矣。故入大學須有别。然天子之元子，❸當有天下之責，

❶「此等」，清鈔甲本作「如此」。
❷「此」，清鈔甲本作「已」。
❸「然」，清鈔甲本作「焉」，屬上讀。

衆子當建國爲侯；❶公卿大夫元士之適子，當有家之責，故皆在所教；庶人則惟俊秀者，乃得與，以其亦將任之以位也。

問：「敬以直内」，如何是直内？

内主敬，則私意不萌，更有甚嶢曲？所以謂之直也。

問：《文公語録》：「無事主心，有事主事。」如何是「無事主心」工夫？

無事主心，有甚大段工夫？只是提撕，常教醒定，常敬而已。若有走作，便是不敬了。心亦如何絶得不思？但無邪思可也，❷纔思便是已發，便是有事了。惟動静皆一於敬，則静無走作，動無邪思。

問「氣質」二字。

「流行乎一身之間」者，是氣。「凝定成形」者，是質。❸

問「物得其偏：有專得水之性，有專得木之性」。

如動物頭横，植物頭倒。人頭圓，象天，居上；足方，象地，居下。兩目象日月，居前南；頂中央百會穴，象北極，居後北。亦其得天地正氣之一驗也。

❶「衆子當」，清鈔甲本作「次皆亦」。
❷「思」，清鈔甲本無此字。
❸「凝」，原作「疑」，今據乾隆本、清鈔甲本、清鈔乙本及《四庫》本改。

問：「其正也，有美惡之異；其通也，有清濁之殊。」正如何有惡？通如何有濁？

偏正、通塞，方以判人物之大分；其美惡、清濁，又就人中細別。❶

問：齊家中所以新之之道、治國中所以新之之道、平天下中所以新之之道，或是只自明其明德，而人自觀感爲善邪？或亦須有施爲，如禮樂刑政之類？

二者皆不可偏廢。家國天下，大小雖不同，而其所以爲齊治平之道則一，前古帝王此道皆備，而《堯典》稱堯自「克明俊德」，至於「協和萬邦」；二《南》詩詠文王之化，自《關雎》至於《騶虞》，尤爲明著易見者，亦其全盡。此《大學》之一驗也。

問：「至善」是指工夫做到極處而言？是事物中極至之理而言？

「至善」是物事中極至之理，是所當止之地也。❷「止於至善」，是做工夫做到極處，是止於其所當止之地也。文義自不亂。

問：新民是在人底，如何使之皆止於至善？

須是到比屋興仁，人人有士君子之行處，方爲新民之止於至善。此亦是聖人善政、善教全盡之功。

問：《或問》「致知」章中云：「身心性情之德，人倫日用之常，天地鬼神之變，鳥獸草木之宜，莫不有所當然

❶「就」，清鈔甲本作「從」。

❷「也」，清鈔甲本無此字。

而不容已，與所以然而不可易者。」乞一一分析。

當然、所以然，皆言理。「當然」是就目今直看其合當如此，是理之見定形狀也。「所以然」是就上面委曲看其因甚如此，是理之來歷根原也。❶「當然」者，在身，如手容合當恭、足容合當重之類；在心，如體合當寂、用合當感之類；性如仁合當愛，義合當斷之類；情如見赤子入井合當惻隱，見大賓合當恭敬之類；人倫如君合當止仁，臣合當止敬之類；日用如居處合當恭，執事合當敬之類；天地如天合當高，地合當厚；鬼神二氣如陽合當伸，陰合當屈；鳥獸如牛合當耕，馬合當乘；草木如春合當生，秋合當殺等類，皆有理存乎其間也。所以然者，如手容因甚當恭，足容因甚當重，以下諸條一一各因甚當如此，是理之所自來，天命之本然也。凡此等，煞有事在，皆當理會，要一一通透。果能一一通透，無所窒礙，便是物格，便是知至。前書并所答「洒掃」條，及寄去「根原」段子，已具其詳，可併玩之。

問：「誠意」前已有「格物」一段工夫，而此章所謂「自欺」，猶有「陽欲爲善，而陰在於惡」。如何？

雖是物已格、知已至而後意誠，然必須透過此關之後，善惡進退之機方真能決，君子小人之岐方真能判，物方爲真能格，❷知方爲真能至。若未透過此關，則所守不牢，忽或變潰。❸其所以爲自欺情狀，自有如許，亦

❶「是理之來歷」，原作「而來之來歷」，今據乾隆本改。清鈔甲本作「是來歷之」。
❷「格」，原作「決」，今據乾隆本、清鈔甲本及清鈔乙本改。
❸「忽或」，原漫漶不清，今據乾隆本、清鈔甲本及清鈔乙本訂正。

何怪乎？可不重以爲戒？

問「絜矩」章：初言上下四旁如一，自《南山》詩以下，止言好惡兩端有不同，及請實事爲證。初言上下四旁，均平如一，是總説箇「絜矩」正意。自引《南山》詩以下，則姑舉兩端以見其例云爾。如己欲孝其親、弟其兄、慈其幼，而使民父母凍餓、兄弟妻子離散，亦上下之證。如户開亦開、户闔亦闔，不以後來變乎前；有後入者，闔而勿遂，不以先入拒乎後，亦前後之證。如並坐不横肱，恐妨害旁人，亦左右之證。《或問》中，所舉「趙由爲守則易尉，而爲尉則陵守」，「王肅方於事上，而好人佞己」，皆已明白。於此見得明，則廣而言之，如「己欲立而立人，己欲達而達人」，「己所不欲，勿施於人」，「所欲與之聚，所惡勿施爾」，及文王「視民如傷」、「如保赤子」等類，皆此一理也。

問：《或問》中，有以倡焉而興起矣，然不能察彼之心，而失其所以處之之道，則或不得遂而有不均之嘆。上既老老、長長、恤孤，有以倡民而興孝弟，不倍矣而不能制民之産，使仰不足以事、❶俯不足以育，❷至樂歲終身苦、凶年不免於死亡，則是不能察其心，❸而失所以處之之道，使彼興起者，或不得遂也。只觀孟子答齊、梁行王政條目「五畝之宅」一段，則古人察民心之所同而得絜矩之道，可見矣。

---

❶「事」下，清鈔甲本有「父母」二字。

❷「育」下，清鈔甲本有「妻子」二字。

❸「能」下，清鈔甲本有「以」字。

答陳伯澡再問《大學》

問：《或問》中於「致知」云：「表裏洞然，無有不盡。」於「格物」云：「精粗隱顯，究極無餘。」不知何別？或一物俱含此四字，或總百物始有此四字。

「致知」言表裏，以心之內外而言；「格物」言精粗隱顯，方周匝物之曲折。而偏言、總言，皆當如此也。

問「知」與「覺」字不同。

「知」與「覺」並言，則「知」是識其事之所當然，「覺」是悟其理之所以然。

問：程子曰：「但於一事上窮盡，其他可以類推。」是如何？

如親親上理會得盡，便推類去理會仁民，仁民是親親之類。仁民上理會得盡，便推類去理會愛物，愛物是仁民之類。如視思明上理會得盡，便推類去理會聽思聰，聽思聰是視思明之類。聽思聰上理會得盡，便推類去理會色思温，色思温是聽思聰之類。

問天地之所以高深，鬼神之所以幽顯。

此二節求之過深了，只須平看。如天之狀如何便恁高，地之狀如何便恁深。天是覆地上，是包地下過；地是上載天，是跨在天中間。天是浮停在上，是旋轉不息。日月星辰是懸在天上，是附天而行；地是如何結而爲山岳，如何融而爲江海。只如此等理會，❶便是理會天地之所以高深處，何必更過索之冥冥漠漠邪？

問《或問》中云：「莫不有以見其所當然而不容已。」

日用事物間，見得到當然不容已處，則於此理便真切，❷自住不得，自不得不恁地做，此最爲人緊切處也。

問：「極其大，天地之運、古今之變，不能外也；盡其小，一塵之微、一息之頃，不能遺也。」此處欲分別其所當然，與其所以然之故，如何？

理無物不在，無時不然。大而天地之一開一闔，古今之一否一泰；小而一塵之或飛或伏，一息之或呼或吸，皆此理之所寓也。❸「當然」，就其見定者而言；「所以然」，乃大化本體從來如此。

問：表裏精粗四字分別。表裏是言物有内外，精粗是言人見有淺深否？

表是外面，裏是内面，粗是外面形狀大概，精是内面底蘊細密處。凡物皆有此四者，未説到人工夫處。❹

問「修身」章喜怒憂懼四者。

此章只是四者。感物而應不中其節，則此心便爲四者所動，而不得其正矣。

❶「等」下，清鈔甲本有「類」字。

❷「於」，清鈔甲本無此字。

❸「此」，清鈔甲本無此字。

❹「到」，清鈔甲本無此字。

問：如恐懼、如憂患，若是小可底事未甚逼近，❶猶可排遣；若是大禍患逼近在目前，則恐懼憂患，如何不動其心？不知當此之時，果何道以處之？使各當其分而不動其心邪？

此二節是當恐懼、當憂患之時，如何要排遣？死了心不應？若強要排遣，灰槁其心，便成釋氏去而所以爲禍患者，處之便失其幾矣。

問：意者心之所發，若忿懥等四者，❷謂心之所發亦可，❸不知與「誠意」何異？又如忿懥四者，與親愛五者亦相類，親愛畏敬乃好樂之屬，賤惡傲惰乃忿懥之漸，不知「正心」與「修身」又何別？

隨本章各有所主。❹且「誠意」章是説好善、惡惡，須恁底真實。「正心」章忿懥四者，是説心之用處，不可不中節。「修身」章親愛五者，又是身接物時事，❺不可失之偏。所主各自不同，安可比而同之？

問：《或問》云：若於理有未明，心有未正，則吾之所欲者，未必其所當欲，遽欲以是爲施於人之準則，則其意雖公而事則私，將見其物我相侵、彼此交病，❻雖庭除之內、跬步之間，亦且參商矛盾而不可行矣。

---

❶「是」，清鈔甲本無此字。「逼」，清鈔甲本作「迫」。
❷「等」，原作「寺」，今據乾隆本、清鈔甲本、清鈔乙本及《四庫》本改。
❸「心」上，清鈔甲本有「之」字。
❹「章」，清鈔甲本作「意」。
❺「時事」，清鈔甲本作「事時」。
❻「彼」，原作「被」，今據乾隆本、清鈔甲本、清鈔乙本及《四庫》本改。

且以今人溺浮屠者言之，❶是所欲非其所陰欲。❷爲郡守者，率民禮塔修善，自州治之前及諸坊巷，各建道塲，使民廢耕織、買賣來會，是我侵乎物；民托太守威勢，張皇其事，莫敢誰何，是物侵乎我。太守送諸處香燭，雖費不敢辭；民亦斂財備燈燭，化粿食犒設，雖費不敢道，是彼此交病。動闔郡男女游觀，❸因而有争鬬、淫奔等訟，太守亦鹵莽隱忍不敢正其罪，❹雖親子弟僕從，亦動游觀之念，而不可禁遏。是庭除之内、跬步之間，參商矛盾，而不可行矣。

❶「且」，原脱，今據乾隆本、清鈔甲本及清鈔乙本補。
❷「陰」，乾隆本、清鈔甲本作「當」。
❸「闔」，原漫漶不清，今據乾隆本、清鈔甲本及清鈔乙本訂正。
❹「鹵莽」，原作「莽鹵」，今據乾隆本、清鈔甲本及清鈔乙本改。「隱」，清鈔甲本作「因」。「敢」，乾隆本作「復」。

北溪先生大全文集卷第四十一

答問

答陳伯澡問《近思録》

問：「發微不可見，充周不可窮」，二句如何分别？

「發微」指幾言，「充周」指德言。其所發見流行之實，則誠也。

問「一陽復，乃天地生物之心」。

須元、亨、利、貞，乃心之全；一陽復處，乃天地之心。此動之端，乃天地生物之意，於此可見耳。程子「動之端」三字最精，宜詳玩之。

問「人生氣稟，理有善惡」。

「人生氣稟，理有善惡」者，非指此理之體，有善惡相對而生也。只是言氣稟之不齊，所以有善有惡，此乃其理之必然耳。

問「冲漠無眹，萬象森然已具」云云。

此句已甚明白，不容添字贅了。造化、人心，皆如此。當寂然不動之時，是冲漠無眹，然日用萬事之理，皆森然已具於其中。及感而遂通之際，千條萬緒泛應各當，莫非即此理流行發見，非至此而後始旋生也。故或寂或感，雖有體用之殊，❶而其實只渾淪是一物而已，不容以先後言。如就蓮子中最可觀造化，此理尤爲明甚：方成房結子、稍可食時，來年生意絶未有兆眹，而其根葉花實則已盡具矣。每於此深有省焉，所謂塗轍云者，只猶曰路脉云耳。

問「心本善。發於思慮，則有善有不善；若既發，則可謂之情，不可謂之心」。

心自是本善，何嘗有不善？其不善者，乃發而流耳。其曰「可謂之情，不可謂之心」，乃隨人問意，各有所主，今但當以意逆之。豈可又從而貶剥之？

問「氣坱然太虚」一段。

此乃是從太初説來。至爲霜雪而上，則氣之成象者；至爲山川萬品，則氣之成形者耳。

問「游氣紛擾」。如何是游氣？

游氣，只是流出來生人物底氣。

問「推行有漸爲化，合一不測爲神」。

---

❶「殊」，清鈔甲本作「全」。

「化」，只是變化此物，變成彼物。❶惟是變則有迹，而化則無迹。至於「神」，則又妙而不可測耳。

問《定性書》「無將迎」。

未然而趨之謂之將，未至而逆之謂之迎。若如此，則是求物爲應，先已自亂矣。何定之有？

問「忠信所以進德，修辭立誠所以居業」至「存義」，《本義》、《程傳》不同。

忠信進德是存心處，修辭居業是行事處。《本義》與上文相應，而《程傳》不相應，亦不害其爲同也。

問《咸》九四《程傳》。

傳義已明。今只以王霸觀之：王者之心，無偏無黨，所過即化，所存即神，上下與天地同流，豈思之所及？若霸者一用其私心，只盟會所及之國，❷則服從所不及者，豈能感而通乎？

問「忠恕所以公平」。公平是言理否？

忠恕是做工夫處。其工夫極處，則自公平。❸故曰：其致則公平。語脉自明，不必以理言也。

問「公而以人體之，故爲仁」。

公只是虛説箇理；以人體之，則公在我，此心廓然無私，天理便流行而爲仁矣。

---

❶「成」，清鈔甲本作「化」。

❷「只盟會」，清鈔甲本作「即會盟」。

❸「自」，清鈔甲本作「是」。

問橫渠「精義入神」段。

此張子推明《易・繫辭》。本文只是極言屈伸感應自然之理，❶所以交養互發之意。若謂動靜相爲用，則稍緩而非切本旨矣。

問「窮神知化」四字，兼窮神與入神淺深。

神是天地之心，化是天地之用。❷入神以知見言，窮神以至到言。知化非聞見之知，如知化育之知，乃默契之謂耳。

問「領惡全好」。領是一齊掃去，更無少留迹。

領是統領之意，其權在我矣。古人下字甚有力。

問：「莫非天也，陽明勝」云云，此語法與「視聽言動皆天也」云云一同否？

何必相牽？此最讀書之大病。每每愛如此，便將其中無窮之味都失了。且如「視聽言動皆天也」，❸是以氣言；「於其中要識得真與妄」，是以理言。而「陽明勝則德性用，陰濁勝則物欲行，領惡全好」等語，若就日用以晝夜體察，則其切己做工夫有無窮意味。不此之究，豈非其大欠缺乎？

---

❶「屈伸感應」，清鈔甲本作「感應屈伸」。
❷「是」，原作「之」，今據乾隆本、清鈔甲本及《四庫》本改。
❸「且」，清鈔甲本作「只」。

問「體天下之物」。❶ 體字是體認、體察否？

體是以身體之，謂視之無一非我，如此則切於己，而此心之用無不周矣。

問「《易》有聖人之道四，以言者」云云。

以者，用也。用《易》發言，所尚者卦爻勸戒之辭；用《易》應事，所尚者卦爻陰陽之變；用《易》制器，所尚者卦爻上下自然之象；用《易》卜筮，所尚者卦爻吉凶已決之占。四者《易》之本旨大要。而《程傳》以玩辭爲主者，專以理義言也。

問「觀會通以行其典禮，則辭無不備」。

會，謂理之所聚而不可遺處。通，謂理之可行而無所礙處。觀理之會通，以爲行事品節之常，見於爻辭者無不備矣。

問「由象知數」。

物生而後有象，有象而後有滋，有滋而後有數，故由象可以知數。

問《春秋傳序》。

《春秋》大概所以明王道、立百王經世之大法，❷非止褒善貶惡而已。《傳序》首言：「治之而争奪息，導之而

---

❶ 「問」下，乾隆本有「聖人」二字。

❷ 「立」，乾隆本作「正」。

生養遂，教之而倫理明，然後人道立，天道成，地道平。」及《語》「顏子爲邦」一節，乃其綱領也。

問「《尚書》難看，蓋難得胸臆如此之大」。

《書》皆帝王經綸天下大業，從大公至正胸中流出，乃聖人之用處，未可以小見而窺也。

問《易傳》「艮其背」一段。

未接事物之時，不獲其身，只知有理；既接事物之際，不見其人，亦只知有理。

問「欲實認得敬，只是常惺惺三字最好。若專就整齊嚴肅上用工，又太迫切拘束」。

須是整齊嚴肅，便常惺惺，烏有外慢而中不放者，不可爲是厭煩憚勞之意也。

問「惡不仁，故不善未嘗不知。徒好仁而不惡不仁，則習不著」。

好仁是善邊工夫，必兼惡不仁，乃有去惡邊工夫，相副兩盡，爲密察精至也。

問「盡性至命必本於孝弟」，是就孝弟中推原其所以然，則性命便在其中。

孝親弟長，是性命流行發見之大處。今不務全盡孝弟爲實到性命，❶只欲於孝弟中推原其所以然者爲性命，無乃墮於佛氏「一超直入」之説，豈聖門實學工夫之謂也耶？

❶ 「爲」，清鈔甲本無此字。

答陳伯澡問《中庸》

問：程子曰：「中之理至矣。獨陰不生，獨陽不成。偏則爲禽獸夷狄，中則爲人。」此是泛言天地中底道理，恐不可分作未發已發之中否？

已發未發，是就人心分別，❶在天地只是統言此理而已。然亦何有偏倚？何有過不及？

問「天性在人，猶水性之在冰」。

張子冰水之譬未善。冰釋復歸於水，便是佛氏「死而不亡、還復本來面目」之説，與「天性在人」不相似也。

問「張子曰：未嘗無之謂體」。

「未嘗無」，只是言此理之實有。然不直曰有，而必委曲言未嘗無者，老氏以無爲宗，所以破異端之説也。然亦不必靠此立論。❷

問「程子曰：若言道不消先立下名義，則茫茫地何處下手」。

先立下名義，❸則有所依據準的，然見之不精，則名義亦不能確定矣。

---

❶「就」，清鈔甲本無此字。

❷「此」，原漫漶不清，今據乾隆本、清鈔甲本及清鈔乙本訂正。

❸「先」，清鈔甲本無此字。

問「文公《或問》中言：物得其形氣之偏，而不能以貫通乎全體」。物雖稟得來偏，然隨他所得許多，其理依舊渾淪完足。❶且如蜂蟻，雖偏於君臣之義，然其報衙，則禮也；巧於營窠，則智也；失主則團聚不食，而爲情惻然，則仁也。虎狼雖偏於父子之仁，然有文章，則禮也；有威，則義也；殺有神色變與不變之別，則智也。其他廣推之，皆可見矣。

問「程子曰：鬼神憑依言語」。鬼神憑依事，大抵是妖由人興，多緣人之精神不足，故妖邪之鬼乘而附之。若正鬼神則不然，此不得以莫見乎隱、莫顯乎微者爲言。

問「楊氏曰：權以中行，中因權立」。❷前後二説皆通，然分析楊氏本語未甚明白。權以中行者，中爲主；中因權立者，權爲主。大抵知中，然後能權；惟權，然後得中。

問呂氏與程子論「中」。辨析呂説雖詳審，然偏旁枝葉之論，在文公《或問》中已説破大概矣。學者且須涵泳子思本文爛熟，講究其正意大義，切於身心而實體之，舍此不務。而區區惟偏旁枝葉之急，非所謂善學《中庸》者也。

---

❶「其」，乾隆本作「道」。
❷「因」，清鈔甲本作「以」。

問「劉用之問：氣之已散者，既化而無有；根於理而日生者，固浩然而無窮」。此語録一段，已説得明。所謂無子孫底事已絶，而根於理而日生者，固浩然而無窮。乃是如今社稷祭勾芒后稷，廟學祭先聖先師，及齊祭爽鳩氏之類，非可通天下之常人無後者，皆以此一例論也。

問《或問》中論宗廟段「惑異端、狗流俗」之説。

後世祀典，自天子至於庶人，皆是惑異端、狗流俗。鄙陋之甚，而不自知其爲非者。

問：《或問》中云：「不違之終始，即其事之終始；至焉之終始，即其物之終始。」言事言物何別？

心不違仁，就事見，故以事言；至其境界，是實地，故以物言。

問「夫焉有所倚」，謂「少涉思議作爲，便是倚」。

此句只是結上文三語而言，此皆至誠無妄、自然之功用。夫豈有所倚靠於他術，而後能哉？亦猶不待賞而民勸，不待怒而民威於鈇鉞之類。若來説，乃涉於釋氏之意矣。

答陳伯澡問辨諸友情性之論

問：文公答胡廣仲「人生而静」説云：「及其感物而動，則是非真妄自此分矣。然非性，則亦無自而動，故曰性之欲。」性無不善，「是」與「真」固是性之動，「非」與「妄」如何亦謂性之動？

文公此本句是將情粘帶性來，❶非指「非」與「妄」亦從性中動來也。非與妄，只是動後差，却不必過爲紛紛，若曰非與妄亦謂性之動，乃錯會文公本句。病在此。

問：情感物而動之時，似有二截。初頭裏面，自惻惻地發動出來，是第一截，乃能然之理也。到既動後，易爲物欲所誘，始有善惡之分，是第二截，乃當然之理也。

兩截之説甚支離。能然、當然，亦非可分二截，不能然何有當然？不當然則能然者妄矣。若此所説，則是合當做底，乃後來旋旋生也。豈本然固有之謂乎？

問：當初只因「情非性無自而發」一句不通，後來李推却令須看非與妄從何處發來，故諸友推詳，轉生疑惑。

問語當云「須看非與妄從何處起」，則自直截。今云「何處發來」，則若有所從而來矣。所以起學者生疑，只管展轉就裏面尋求，求之愈深而愈不得其要領。然諸友所以展轉辨論，如彼其不通瑩者，皆緣性、情、理、氣四字，❷曉得不透。四字分看，須要界分極分明，不相凌奪；合聚作一處看，又須見得脉絡不相紊亂。如性與情，正相對底物。性是情底體，情是性底用。性是情底静，情是性底動，猶形影然。性無形狀，非情無以見；情雖外見，非性無自而發。性本純粹，至善無惡，見於情有中節不中節，便有善惡之分。情之善是從本性正面發來，其不善是發處差了，是感物蹉了性之本位而然，非從本性中來也。若便以理與氣合言之，則性

❶「本句」，清鈔甲本作「句本」。

❷「緣性」，原漫漶不清，今據清鈔甲本、清鈔乙本及《四庫》本訂正。

即是天理，❶然理不懸空，必因氣賦形，生而寓其中。氣形活物，不能不動而發於情；情則乘氣而發者也。情之所以有不善者，由氣有參差不齊，其發時從氣之偏勝處差去，故氣强厲者多怒，柔弱者多笑。其怒與笑，豈能一一皆中節？故氣質之性有善惡，雖原於賦形已具之初，而亦於發而後見。天地之性本善，然在氣質之中，亦未嘗相混而無別。氣質之性以氣言，天地之性以理言。理固不離氣，氣固不離理。但迪父説得自糊塗鶻突，無以訂是非，須就實事上聚作一處看，見得如何是理、如何是氣，要十分明徹不亂，始於切己有力。如目之欲色、耳之欲聲，是氣質之性，由人心所發而以氣言者也。如目不視惡色而視必思明，❷耳不聽惡聲而聽必思聰，❸則是天地之性，由道心所發而以理言者也。此等正理義原頭來歷處，講之不明而見之不真，則反之於身，一點不能有；責之日用，一字用不得。是理於我亦何干涉乎？幸更詳之，而併以《通書》之所謂「幾」者參攷焉，則善惡來歷所由分，瞭然無遺遁矣。

答陳伯澡問《敬箴》

問：程子説：「佛有箇覺之理，可以敬以直内矣，然無義以方外。其直内者，其本亦不是。」及「佛氏不知裏

❶「即」，清鈔甲本無此字。
❷「必」，清鈔甲本無此字。
❸「必」，清鈔甲本無此字。

面實理」。

佛氏亦不是不知裏面有實理，他合下以理爲障礙，直要一盡掃除，使萬理俱空而百念悉滅耳，亦自不知有所謂敬，只是箇覺底工夫，有似乎直内之敬耳，而實不同。吾儒不必言空，其所存養工夫，只是要得此心豁然純是天理之公，而絶無一毫人欲之私之謂。須認此意體究，方斷制得明白。

問：《敬箴解》「不東以西」至「靡他其適」，謂「心對事時主敬」；「勿貳以二」至「萬變是監」，謂「心寓事時主敬」。「對」與「寓」何别？

二字皆是應事時，但小爲之别耳。本文上四句申程子無適之義，説較寬，是事始到面前，方對境時。下四句申程子主一之義，説却緊，是心寓在事上，乃正裁處時。亦略有踈密不同也。

問「不火而熱，不冰而寒」。

原此節四句，及後節四句，皆説得病痛重大，❶而其語又本用《莊子》「熱焦火而寒凝冰」句意，更以《感興詩》所謂「凝冰亦焦火，淵淪復天飛」，及前後「出入」、「動静」之言參之，則其大意亦可見矣。

問「毫釐有差，天壤易處」。

此非謂些小事不敬，便能做大病。是言大病痛，只在微細處失起，故千里之繆差之毫釐處，千丈之繩斷在一寸處。然亦當思微細處差失，似甚小可，何故便到天地變亂，三綱淪、九法斁，何爲罪過如彼重大？此殆難

❶ 「得」，清鈔甲本作「到」。

以空言解釋，須多歷人情事變之熟，乃知此不敬之爲害端的處，凜乎甚可畏，❶而抑以見此老非練熟情理明、事義精，亦不能發到此，真可爲切己箴砭，救人免陷於夷狄禽獸之歸也。

問：蒙指教「天理流行無間是仁之體」，常疑天理流行無間，乃是仁之發用。如何謂仁之體？

仁之本體，渾是天理周流無間，❷無表裏動静，無隱顯精粗，其生生不息之機不曾有少停歇，亦不曾有少限隔。所謂用處，只是就體中掇出一截爲言，而與體實未嘗相離。非謂體只塊然不動在中，❸因見於發用，而後始流行也，更詳體認之。

---

❶「甚」，乾隆本作「其」。
❷「周流」，清鈔甲本作「流行」。
❸「在」，清鈔甲本作「其」。

北溪先生大全文集卷第四十二

答　問

答陳伯澡問「太極」

問「無極而太極」一節解。

「上天之載」，以理言；「無聲無臭」解「無極」字；「實造化之樞紐、品彙之根柢」解「太極」字。無極只是無形狀，太極只是至理。理不外乎氣，若説截然在陰陽五行之先及在陰陽五行之中，便成理與氣判爲二物矣。❶

問「一陰一陽之謂道。繼之者善，成之者性」，《通書》、《本義》不同。《本義》皆言氣，《通書》解分理氣。「繼」字、「成」字與「陰陽」字相應，是以氣言；「善」字、「性」字與「道」字相應，是以理言。二解未見其有異也。

問「動静所乘之機」。

「動」是理之流行出來，「静」是既流行底復止，如弩機之一張一弛也。

---

❶「理與氣」，清鈔甲本作「氣與理」。

問「五行生生之序，如何是天一生水、地二生火」等。

以《河圖》觀之：天一生水，居北；地二生火，居南；天三生木，居左；地四生金，居右。與今天地間四方四時位次相合，恐是元初生來自然之序如此，然亦非是截然爲先後之序，一箇生了又一箇生也。

問「五殊二實無餘欠」。

分而爲五非有欠，合而爲二非有餘。

問「感物而動，或發於理義之公，或發於血氣之私，這裏便分善惡」。

非發於血氣之私便爲惡，乃發後流而爲惡耳。

問：《文公語録》：「『一陽初動處，❶萬物未生時』，此所謂一動一静之間也。日某嘗謂康節之學，與周程所説小有不同。康節於陰陽相接處看得分曉，故多舉此爲説，不似周子説『無極而太極』與『五行一陰陽，陰陽一太極』如此周遍。若如周程之説，則康節所説在其中矣。」又曰：「伊川之學，於大體上瑩徹，於小小節目猶有踈處。康節却盡得事物之變，於大體上有未瑩處。」二段欲望就周程、康節不同處開教。

康節本從數學入，因而究竟得事物之理，一一有自然歸著。到那盡頭，遂亦通及本原，如先天圖象、《經世》、《觀物》，及《擊壤》中《冬至》、《天根》、《月窟》等詩，皆可見。只是理義根原正面大體上未能透徹，無周程等學問意識。周程是正用功理義之學，於陰陽、太極、性命原頭，大根大本、人事大體上極瑩徹精熟，而小小節

❶「處」，原作「後」，今據乾隆本及邵雍原詩改。

目亦有踈漏處。如易學象數，却無康節《先天圖畫》底意思，乃以抑末視之，不屑爲。故論聖賢傳道之統者，❶惟周程獨當之；而語君子成德之域，則康節亦所不歉。學者攷師友淵源，固不可不灼知本末，而亦不可徒爲高山之仰，當各盡其景行之實，然後於切己俱爲有益也。

問：「或誦康節詩『若論先天一事無，後天方要著工夫』。先生問：如何是『一事無』？曰：出於自然，不用安排。先生默然。廣云：一事無處是太極。先生曰：嘗謂太極是箇藏頭底物事，重重推將去，更無盡期，有時看得來頭痛。」切詳「一事無處是太極」，便似截斷上一節，與事物相離了，却有箇起頭處，故文公云「是箇藏頭底物」，此是「陰陽無始、動静無端」底意。如何？

所説亦通。但「一事無處是太極」，乃冲漠無眹而是理已具之謂。以太極爲藏頭底物，乃渾淪無端而涵蓄之富。及重重推去，更無盡期，則又千變萬化而本無窮極也。

問「物雖禀得來偏，然隨他所得，許多道理依舊渾淪」段。

太極只是理，理本圓，故太極之體本渾淪。理無形狀、無界限間隔，故萬物無不各具得太極，而太極之本體各各無不渾淪。惟人氣正且通，爲萬物之靈，能通得渾淪之體。物氣偏且塞，不如人之靈，雖有渾淪之體，不能通耳。然人類中，亦惟聖人大賢，然後真能通得渾淪之體；一種下愚底人，其昏頑却與物無異，則又正中之偏、通中之塞者；一種靈禽仁獸，其性與人甚相近，則又偏中之正、塞中之通者。細推之，有不能以言

❶「故」，原漫漶不清，今據乾隆本、清鈔甲本、清鈔乙本及《四庫》本訂正。

盡。來說大概得之。

問「無極而太極」，「而」字不是有兩義意，只是就一句中有抑揚，言此理雖無形狀，而實能爲萬化根柢。「太極本無極」，「本」字是指定那本體言；「無極之真」，「真」字又是指其實有此理而言，見得道體無形狀中，都是實理，不是寂滅空虛，便見下語精密。

更須知無極之所以爲無形狀，而太極之所以謂之理者何故。今粗以近言之，「極」之爲訓「窮也」、「至也」，只是言此理之無窮極，而實至極耳。從而語其義，則只是無聲無臭而爲萬化之樞紐者，下句放此。

問人者天地之心，或云：「天地其體，而人其心也。天地非人，則緣何發揮得那許多底蘊道理出來？」或云：「人之心即天地之心。『天地之塞，吾其體；天地之帥，吾其性。』惟人能全得天地之心以爲心。」又云：「人者其天地之德、陰陽之交、鬼神之會。」又何別？

且平看來，只是人處中間，有彌縫造化之妙耳。若從而細論之，人之所以有是彌縫造化之妙者，亦由其心，即天地之心也。來說二義須兼看乃足。若又就人類中實究其所以然，則惟是聖人然後足以當天地之心也。所謂天地之德，則又就其中以所得之理言，此說較密。陰陽之言「交」，則又以二氣交合而成此體質；鬼神之言「會」，則又以二氣精靈妙用，萃于此身爲魂魄言。[1]

問陰陽鬼神之交會，人與物同否。

---

[1] 「身」上，清鈔甲本有「心」字。

陰陽鬼神只是氣，物亦無不有，畢竟偏而塞，不如人之魂魄爲精靈耳。《禮記》此數言蓋真聖賢之遺語，非漢儒所能自道也。

答陳伯澡再問「太極」

問「太極之所以爲理，以其爲天地萬物之至極，而無以加之謂」。太極所以唤做理者，以其至極，萬古不易而已。窮天地、亘萬古，所不易者，惟理。此所以爲萬化樞紐，而天地萬物無此則不能以自存也。

問：無極之所以爲無形狀，只是渾淪一理，無限隔；或是渾淪無端意。推前引後，合一分萬，皆無窮極，所以無形狀可見否？

無窮極，只是申明無極二字；無形狀，亦只是形容無極二字。二意只一般。惟無窮極，所以無形狀；惟無形狀，所以無窮極。須合聚散、縱横顛倒看，徹前後終始、精粗本末，無往不然，乃益見此理之爲渾淪至極。來説大概得之，但須將「無極」二字，急連「太極」二字，合一看，方見此理之爲妙，不可分開去，恐成二截，不相貫了。

問：文公解「無極」作「無聲臭」，如何？

無聲臭，只是無形狀。若稍有聲臭，便涉形狀、落方體，是有窮極處，不得謂之無極矣。文公解用「無聲臭」語，是説二字之大義，詞不迫切而其理自曉。然學者又過索二字於玄妙，不知此只是無窮極耳。故今只就近而前訓之，語雖平常，而意旨則甚親切明白矣。

問：「無形狀」是形容此理之本體，「無窮極」是推究此理之妙用否？體用皆然，不必判作二意。指定分開説，恐又成二截，涉於有形狀、有窮極而不圓矣。

問：理無形狀，無界限間隔，須把形器相比並看，方影得此理本自渾淪。❶理不在形器之外，非可離形器而求。須大著下學工夫，從千條萬緒中串過來，到合聚成一箇物處，方真見得此理之爲渾淪至極，亦便實能體得渾淪至極者在我矣。

問：前截蒙面誨云：太極只是理，自象數未形，而其理已具之稱；及形器已具，而其理無眹之目。此物本渾淪，無往而不渾淪。總萬物爲一太極，固是渾淪；散而爲萬物，則萬物各具一太極，个个又渾淪。如月落萬川，處處皆圓，而其實，在天只一个月，恁的圓，自四方八面凑合來，到此中間爲極，更無去處。自此中間分散出去，四方八面都个个停匀，亦無偏剩，亦無偏缺。推之萬古之前，不見其始之合；引之萬古之後，不見其終之離。自其冲漠無眹，而天地萬物皆由是出，便是「無極而太極」；及天地萬物既由是出，而又依舊冲漠無眹，便是「太極本無極」。某細攷此段，只是發明渾淪底意：「總萬物爲太極」一節，是言自一而萬，个个圓足，更無虧欠也。「自四方八面凑到中間」一節，是言中外凑合，面面停匀，更無剩欠也。「推之萬古」一節，是言圓物活轉不停，更無頭尾也。「自其冲漠無眹」一節，是言圓底體相常自若，更不隨

❶「影」，乾隆本作「形」。

物變化也。蓋此理本圓，故如此縱横顛倒，或開或合，❶看來看去，無往而不渾淪。未審是否？

説亦得之，而未能意味浹洽。大抵第一節，言太極渾淪之理，自末而本，自本而末，一聚一散，而太極無所不圓具也。第二節，言太極渾淪之象，自博而約，自約而博，一闔一闢，而太極無所不至極也。第三節，言太極渾淪之全體，自萬古之前與萬古之後，總只是一太極也。第四節，言太極渾淪之妙用，自無而入於有，自有而復於無，又只是渾淪一無極也。可熟玩之。

答陳伯澡問《西銘》

問《西銘》專言事天、事親之事。

《西銘》非將事親、事天並言，乃是借事親，以形容事天云耳。

問「知化善述其事，窮神善繼其志」。

化者天地之用，知化則如孝子之善述其事。神者天地之心，窮神則如孝子之善繼其志。

問：「《訂頑》立心便達天德」，是言人能以訂頑立心，則廓然大公，便純是天理。

《訂頑》是説人之立心如此。天德，在天言，則天理流行，爲人物所得者；在人言，則人所得於天之理也。

問：《西銘》是《原道》之宗祖。

---

❶「合」，乾隆本作「闔」。

《原道》説無原頭，《西銘》從原頭説來，所以爲《原道》之宗祖。

問：游氏讀《西銘》曰：「此中庸之理也。」是言人物性體之所自來否？❶

不止是言性體之所自來，須兼事天節目言之，皆是日用切己之實，無過無不及，所以謂「中庸之理也」。

問《西銘》有箇直下底道理，有箇横截底道理。

如「乾稱父」至「顛連無告」，是直下底道理；自「于時保之」以下，是横截底道理。

答陳伯澡問《詩》

問《詩》大序六義註：比中有專於比，而又有兼於興；興中有專於興，而又有兼於比。難曉。

不正言其事，只以彼物譬喻其意，是之謂比。如《螽斯》、《鶴鳴》、《匏有苦葉》之類，全章皆比，乃專於比者。有上二句是比，下繼有詞若相因者，是比中兼興。如《南山》、《甫田》、《揚之水》、《蜉蝣》之類是也。只託物興詞，無意義相協者，是之謂興。如《南有嘉魚》、《南山有臺》、《蓼蕭》、《湛露》、《園有桃》、《山有樞》、《終南》、《黄鳥》、《晨風》、《墓門》、《澤陂》之類是也。有託物起意，與下文意義相類者，是興中兼比。如《菉竹》、《菁莪》、《鴻鴈》、《旄丘》之類是也。然詩人之情，本甚坦易明白，和平温厚，絶無一點磽确。讀詩者，須從容涵泳，以會其大旨，不比他書須逐字究索，便拘礙滯泥而不通也。

❶「性體」，原作「體性」，今據清鈔甲本及本書下文改。

問：《二子乘舟》詩，李迂仲說：父之命，有可從，有不可從者。伋既不能避害而見殺，是不可從而從也；壽之争死，無救於兄而重父之過，非義也。如太子申生，謂之恭則可，謂之孝則不可。若伋、壽，❶以恭名之則可，論其孝則不可。竊謂伋可謂之恭，壽恐不得謂之恭否？

父母有過則諫，三諫不聽，則號泣以感動其天性之真心，諭歸於道而無陷於惡，然後爲孝。今二子争相爲死，蓋急趍父之非命，而恐傷父之邪志，違經背理甚矣。此其事無足深論，而其志實爲可哀，故作詩者，姑以著國人悲傷之情，一以痛二子之殉小節而忘大義，一以惡宣公之溺人欲而滅天理也。

答陳伯澡問《書》

問《書序》。

《序》乃先秦之儒、孔門之後，不可的知其誰何，決非孔子作，明矣。如《康誥》、《酒誥》、《梓材》三篇，乃武王封康叔告戒之詞，而《序》以爲成王，可見其誤。

問：《舜典》以下，❷《春秋傳》引曰《夏書》，而今云《虞書》，乃孔子所定者。何在？

夫子定夏書爲虞者，以其皆舜時事。

❶「若」，清鈔甲本無此字。

❷「舜」，乾隆本作「堯」。

問：「古人教人，必先以樂。」是何意？

古人禮樂不可斯須去身，自幼年已學樂，至成德則必成於樂。❶今此學廢已久，視樂爲賤藝，見此等話，自詑異。

問：「水火金木土穀惟修。」文公《傳》以水尅火，以火尅金，以金尅木，以木尅土，而生五穀。或相制以泄其過，或相助以補其不足。是如何？❷

逐件言之：在水克火，❸則燎者沃之，鍛者淬之。火克金，則硬者柔之，軟者剛之。金克木，則節者削之，偏者直之。木克土，則高者平之，低者填之。土克水，則穴以滲之，隄以瀦之。此相制以泄其過，相助以補其不足也。又一套言之，則以水制火，乃不至焚燎而可鍛金；金成器，則斲木爲耒耜，然後可以治土而播種焉。此五行相克，以生五穀也。至若木乾則火熾，火熾則竈土熱，土熱則鼎金焦，金焦則水沸，然後可烹飪以食焉。此又五行相生，以熟五穀也。

問「昏迷不恭，侮慢自賢」。

「昏迷不恭」，言處己處；「侮慢自賢」，言待人處。二句相對。惟昏迷不恭，故反道；惟侮慢自賢，故敗德，民

---

❶「德則」，原爲墨丁，今據清鈔甲本補。

❷「是」，清鈔甲本無此字。

❸「在」，清鈔甲本作「是」。

棄去，不與保邦，亦與「天降之咎」句意相對。❶

問「剛而塞、彊而義」。「剛」、「彊」二字，不知何訓？

剛者勁而不屈，彊者壯而有力。剛而弗實，則屈於物欲矣；彊而弗義，則爲血氣之勇矣。

問：九德有與教胄子之目同，其意同否？

上九字，以性質之美言；下九字，以學力言，所以成是德者。前命夔教胄子，有與此同其目者，彼因其性質之美，而輔翼以成之，此則以其德之已成者言之也。

問：以五采彰施于五色，只是作繪。與繡何預？

青黄赤白黑，性曰采，施曰色，衣皆玄，裳皆纁，所象十二章，或繪於衣，或綉於裳，皆雜用五采本性，而施之爲五色也。

問《五子之歌》「五子」，仲康、少康，是其二也。

少康乃相之后緍逃有仍而生，去太康時已遠，非可以爲太康之弟也。

問「五章」。每人各作一章，或云只是篇次。

「五章」各出於五人，而詞意相次，從輕至重，渾如一人之手，見其同心一體，憂國之深也。

問：東坡、少穎、東萊「三失」之説，孰是？

---

❶「句」，清鈔甲本無此字。

蘇氏「三失」之説雖明，然篇中無「失天命」之意，未敢信其爲必然。看來林説爲長。失而至於三，則彰著已甚，民怨必叢至矣。人君弭怨之道，豈在於已明而後圖之？當圖於未有纖毫形見之初，則可以絶怨之根矣。此三句自然相應。可詳之。

北溪先生大全文集卷第四十三

劄

辭謝陳教廷傑延入學

某伏蒙公堂特有寵命，延入賓賢齋者，顧惟是齋本以賓禮賢者，而肅後進於儀範，其所係蓋不淺。區區愚陋，何足爲輕重，而乃蒙蒐録，甚感甚愧。

但自春首，已在隆興村寺訓集童蒙。既不可中輟而入學；又不可姑以共命，而往來乎二者之間；又不可姑寄虛籍，而惟月廩之請；又不能靦顔隨例日提攜，於庖人之側飽餐，❶獲罪深矣。然嚴命又不可以虛辱，竊有所欲言者，敢盡愚於左右，可乎？

蓋自教授先生下車以來，最篤意於學校，既誦史以訓之，又考課以勸之，又命宿學以鎮之，又不測巡齋以察之，又申月書季考以激之。而文之魁者，又列之職以率之。而又采鄉評、訪人物，欲儲爲有學之光，可

❶「餐」，原作「深」，今據乾隆本改。

謂卓犖振拔，有志於盡職，而非尋常苟簡爲學校者比也。然以愚觀之，恐未得其所以作成教育之方，將徒勤而無補歟！

蓋昔者聖王立學教民，以民之秉彜有仁義禮智之性，父子、君臣、夫婦、長幼、朋友之倫，與生俱生，不能以一日離，故使之羣聚而講明服習之。而其所以爲教之條序，則自格物、致知、誠意、正心、脩身，以至於齊家、治國、平天下。而其教之成，則自鄉人可至於聖人。❶而閭閻之薰其德者，❷亦皆有士行。夏曰校，殷曰序，周曰庠，莫不一由於此。而其説，則具於孔、孟、周、程羣聖賢之書，昭如日星，不我誣也。

今之郡庠，即古之鄉學也。一郡人才風俗，於此焉係，亦不可謂不重也。雖今之法取人以文，而聖賢之學，則與法未嘗相戾，❸而法亦未嘗是禁也，故有志者亦可以有行矣。内以是自治，而外以是治諸人矣。奈何世之士類，皆志卑識凡，斷然判古今爲兩途，截上達通衢以爲決不可行，而甘心於時流蹊徑自限。爲師者之所以教，爲弟子者之所以學，舍科文之外，無爲也。

夫止於科文猶可矣，今則左呼紅、右喝么，前淫歌、後偶唱，亂頭倮體，俳言穢語，争箪競豆，踰墻穿穴，靡不有之，遂使聖賢明倫之重地，反爲市廛烏合之淵藪，蕩無繩檢，壞人子弟，使之至於棄人倫、賊天理，而

❶「聖」，原漫漶不清，今據康熙本、清鈔甲本及《四庫》本訂正。
❷「閭閻」，康熙本、清鈔甲本、《四庫》本作「閻閭」。當從。
❸「與」，清鈔甲本作「其」。

胥爲夷獸者，常必由之，滔滔皆是，蓋不特兹地爲然矣。士之稍自愛重者，恥入焉，而况乎嚴於自律而密於自省者，其肯輕棄規矩繩墨，❶俛焉自相追隨於放蕩無檢之地，而取玷明倫之罪於聖賢哉？

此樂育英才之具，所以常爲饕利亡耻者之世利；❷而端人雅士，則惟願結環堵之茅於茂林之下、清泉之濱，與一二同志疏食飲水，詠先王之風，以樂吾趣，而亦無來學之念也。如執事以卓犖振拔之資，二年於此，勤勤於舉其職者，❸殆恐亦未免作學者以緝時文、釣利禄之具，而聖人教人之法，則遺漏而未舉歟！

夫緝時文、釣利禄之具，彼自急之不待作也。作之者，賈儒也。聖人教人之法，一郡民彝人極之綱紀，則當一郡師儒之職者，不可以不正也。執事如卓然有志，不狥流俗之私情，欲一變而新之，則學宫郡縣帑見有近日所刊孔、孟、周、程諸書在。

而仙里有陳君厚之者，又執事之鄰，學古君子也。試一訪焉，彼必有以忠復矣。而又蒐集此郡之學明行脩者，肅然在列，朋而翼之，是乃率一郡均爲君子之道也，則某雖僻處竊其餘潤以自補，克免爲郡之愚氓，❹則受賜亦大矣。

---

❶「棄」，清鈔甲本作「去」。
❷「世」，康熙本、清鈔甲本作「所」。
❸「者」，清鈔甲本作「也」。
❹「氓」，乾隆本作「民」。

區區叙此，拜謝厚意，非敢爲瀆也。惟善人能受盡言而教之。

擬上趙寺丞改學移貢院

某竊嘗謂：❶負高明正大之才者，然後有以立高明正大之功；立高明正大之功者，必先有以定高明正大之見。

恭惟判府寺丞，以天潢源派之秀，來典此邦，下車以來，擿姦發伏，有巨猾爲民蠹，繩年不能去者，❷一旦悉剔清之。崇儒重道，有越繩檢、行訟庭，累政無敢誰何者，一旦悉鈐制之。可謂負高明正大之才矣。邇者悼此邦士風之一厄，以爲實原於學校作成之地，規模之不端正，奮然爲之更改，期以振作而汛刷之，是又能立高明正大之功矣。❸以高明正大之才，而立高明正大之功，漳之士子幸也。然其所以爲規模者，大有可議，未可以尋常淺見議之。而奉承者，以尋常淺見，左牽而右拘，則失其旨矣。

蓋向者晦庵先生朱侯之在此邦，首務明教化、崇學校。以侍郎李侯始創規模之已善，自大成殿及池與

---

❶「嘗」，清鈔甲本無此字。

❷「繩」，乾隆本作「頻」，清鈔甲本作「終」，《四庫》本作「積」。

❸「又」，清鈔甲本無此字。

尊道堂爲不可更移，而深病夫東西兩廡齋舍之迫窄、晻曖，❶不足以容人物、清講磨，思一開廣而明爽之。東欲移貢院於他所，而盡貢院之址悉以爲東齋；西欲移行衙於他所，而盡行衙之址悉以爲西齋。其齋相枕，悉南面，每齋中間爲廳，廳之左右各爲四大窗，而各裝截爲四闊間。廳之後，爲爐亭；爐亭之左右，爲小庖及浴室與圊舍。其外，則以崇墉包之。後齋之面，則對前齋之墉，一如太學之制。

時紹熙辛亥春也，擬秋月興工，不謂入夏，忽以喪嫡奉祠，而竟不果。繼以司諫鄧侯，承其有改學之名，不復攷其所以爲規模之實，遽毁東廡諸齋，及填池之左邊，悉以與貢院。又毁西廡諸齋，及填池之右邊，别爲學於西偏，以與先聖廟相並。然其所以爲齋之間架，則反變大而就小，抑又狹於李侯之舊。邦人至以俚語目之，曰「十八家」，以其局蹙，❷不足副學校之名云耳。

今吾君侯病鄧侯規模之不善，而欲復李侯規模之舊，誠善矣。然東迫於貢院之西廊，不敢以侵入，則在東諸齋，必不能以寬廣；西拘於鄧侯之故迹，不欲以盡毁，則在西諸齋，亦不能以從容。而池之塞者不復鑿，則又不能以爽塏，雖視鄧侯學爲差勝，而終未免於五十步之視百步。較之李侯規模之舊，未足以增光，則亦何以集吾高明正大之功哉？必欲稱此邦方面之體制，則須定吾高明正大之見，一遵晦庵先生規模之盛，然後爲可耳。

---

❶ 「窄」，原作「穿」，今據乾隆本改。

❷ 「蹙」，乾隆本作「促」。

若夫貢院，奉天子明詔，賓興之地，在此邦關係尤爲重，而視學校爲尤急，尤不可不擇形勝之最者處之。前年之厄，説者皆以爲南橋之激。南橋之造，特出于鄉大夫林寺丞聽一庸僧之臆見，不僉謀諸善陰陽者。漳水本安静，而聚石以激之，衝突怒號，一如建、劍湍險之聲，將何以自寧？南橋之造，盍造於出雲館？❶以漳水自此而下，爲彊弓之勢，不純腰帶之繞，正陰陽家所忌。橋造於此，則下流有鈐束不足忌，而上流有關鏁，風氣藏聚盤礴，自足以爲雄勝。然此事已失，重大難整，更不必深論。惟是貢院正居其衝，有前年之變，則恐難於不移。而其中迫窄，不足以容衆，則又不容於不移。而此邦所謂形勝之聚者，又有久虚而未及舉，❷則益不可以不亟移。

何謂此邦形勝之最？蓋此邦行龍，自天寶山發脉而來，至欲結聚爲州，則湧起昂頭而爲登高山，然後左臂分枝而下，寬平廣厚，而爲郡治。實坐坎山，視登高在乾，爲貪狼，魁然其形，雄偉秀傑，爲諸山之冠，惜其下以浮屠鎮之。浮屠無父無君之教，非聖世之所宜容。而所謂開元寺者，又非聖朝之所創建，特有唐之陋俗，而五代之所沿襲。至聖朝網漏，尚爲未斷之案，固非有司所得專廢，然移之他所，有何不可？若出一札之喻，❸許僧家自移，僧人無不樂於效命。

❶「出」，乾隆本作「水」。
❷「及」，清鈔甲本無此字。
❸「若」，清鈔甲本作「君」。

吾因度其故地，廣輪若干，擬容萬人之坐，爲後進日增之計，創新貢院，以爲吾君選取忠義孝友之士，使行所學於斯世，以佐國家、理民物，誠大公至正之舉，非燕私亭榭之比，亦豈法之所制？

其中經畫既定，其在兩旁諸小院之不相礙者，爲崇墉以障之，左視光孝浄衆，及郡治諸山，爲龍臂；右視湖内諸山，爲虎臂。天融地結，氣象環合。前朝之水，❶實在南橋之内，則南橋關鏁，尤爲有力，乃復轉凶而爲吉，所謂地靈人傑，亦將理勢之不容已者。

自非卓然有高明正大之見，亦何以照識之而定？吾高明正大之見，確然不爲浮論摇奪，以立漳民萬古之遺愛者，非吾君侯其誰？比數詔掛坐圖於此所，邦人私竊相慶，以爲天啓之兆矣。則待其人而舉之者，端有在於今日歟！

或者曰：改學校、移貢院，大役也。寧無擾民費財之病乎？愚以爲，善於區處則不擾民，不費財而自集。區處之不得其策，則雖擾民、費財而無成。

大抵官司創造，始必發公帑以市屋材，而責胥吏以行文，引四散鄉村與民户交易，❷於是乎假託行姦而擾民者，❸百出焉。

---

❶「朝」，清鈔甲本作「廟」。

❷「散」下，清鈔甲本有「之」字。

❸「乎」，清鈔甲本無此字。

凡用若干竹木，若干瓦石，若干甎甓，釘若干頭，灰若干斛，朱漆若干斤，引之所載者百，不知賣弄其幾百，而後百者始至官。引之所具者千，不知賣弄其幾千，而後千者始至官。及其既至官，直一緡者只估五百，直十緡者只估五千，較之民間私價，已虧其半。至請其半價之直，則又有董脩造職事之覓，總脩造都匠之覓，❶交領貨物吏之覓，估物價牙儈之覓，與夫稟支雜吏之覓，❷出庫吏之覓。經由諸門吏之覓，實錢歸家，能復幾何？名曰依公估價，而實横取；名曰見錢和買，而實白奪。況又易堅以瑕，代美以惡，胥輩於中種種情弊，故其所萃集之物，則徒爾駁雜備數，而不復能以精良。至於工匠，所謂工師者，止用一人，而小小諸匠，亦各有定數，乃闔境賣弄無寧居。卒之趍供工而赴執役者，特其羸鈍、無錢計囑者耳。官或時支雇錢，復爲監吏所得，不過素手而歸，❸故其所制造之功，則徒爾草率應命，而不復能以固緻。是則公家雖不欲擾民，而民實不能逃其擾；雖不吝於費財，❹而絶不得其財之力。朝植而暮欲頽，❺春

❶「都」，清鈔甲本無此字。
❷「雜」，原爲墨丁，今據清鈔甲本補。
❸「素」，原作「索」，今據乾隆本、清鈔甲本改。
❹「吝」，原作「各」，今據乾隆本、清鈔甲本、清鈔乙本及《四庫》本改。
❺「欲」，乾隆本作「卻」。

落成而秋告圮焉，❶所謂區處之不得其策者也。

善於區處者如之何？

舉漳州之産而七分之，❷民户居其一，而僧户居其六。於一分民户之中，上等富户，歲穀以千斛計者絶少；其次，數百至百斛者，亦不多見；類皆三五十斛無擔石之家，終歲營營，爲仰事俯育之計，且不能以自給。則爲漳之民户者甚貧，在官司絶不可更有絲毫之擾。

以六分僧户言之，上寺歲入以數萬斛；其次，亦餘萬斛，或數千斛；其下，亦六七百斛，或三五百斛。雖窮村至小之院，亦登百斛，視民户極爲富衍。以滅倫敗教、不耕不蠶，塊然一無用之髡，獨無故竊據而奄有之，閒居以安享之。所與坐食之衆，上寺不過百人；其次不及百人，或數十人；其下僅五六人，或止孤僧而已，則歲費類皆不能十之一。所謂九分者，直不過恣爲主僧花酒不肖之資，是果何爲也哉？

故今公家凡有創造，無求諸他，惟盡第彼僧門産業之高下，而畫吾屋宇界分之大小之財付之，且量支吾公帑之財，爲之開端，而後取辦責成焉耳。

絶無出一引，絶無差一吏，凡竹木甎瓦之類，任其以市價私自貿易，而吾不之問焉，則其所聚者皆精良。

---

❶ 「圮」，原漫漶不清，今據清鈔甲本、清鈔乙本及《四庫》本訂正。

❷ 「舉」，清鈔甲本無此字。「漳」，乾隆本作「一」。

凡工匠人夫之輩，❶聽其以鄉例私自傭雇，而吾不之繩焉，則其所就者皆固緻。假使有陪貼不貲之費，實皆吾公家之財也。移吾公家之財爲吾公家之用，彼特爲吾幹之耳，非尅彼父母錢本也，非括彼房匳中物也，吾不可復爲之恤也，但時施其犒勞之惠耳。❷若是，則吾民不知擾，❸吾財不甚費，而無不如吾志之所欲爲。

往者判院趙侯之架州治，亦大役也，惟責辦於諸僧，而民絕無所擾，即今之廳事是也。司諫鄧侯之架州學，亦大役也，每齋惟支百緡付之一僧，亦不擾而學成，即前所謂西偏是也。都運趙侯之造通濟橋，亦大役也，每舟惟支二十緡付之一僧，亦不擾而橋成，即今柳營江之所跨是也。

凡此諸名公，蓋有高識明見，燭破風土民俗輕重弛張之所宜，而隨宜區處，所以爲至當不易之道如此，君侯以爲如何？

某素不預學校教養，又已該恩免，不預貢院之選，皆非有所覬望，又不曾足躡貴人之門，惟以鄉邦此事，久爲闕典，自創州以來，至于今五百餘年，未遇一賢刺史，覺其然而整頓之。今幸遇君侯負高明正大之才，秉高明正大之見，而又能立高明正大之功，此正千一之期。苟於此不爲州閭出而一陳之，則進爲有隱於邦君之賢，而失事機之會；退爲得罪於鄉人子弟，而抱無補之羞。是以冒昧而前，不勝僭越皇汗之至。

---

❶「輩」，清鈔甲本作「類」。
❷「時」，清鈔甲本作「得」。
❸「知」，乾隆本作「之」。當從。

上趙寺丞論淫祀

某竊以南人好尚淫祀，而此邦之俗爲尤甚。

自城邑至村墟，淫鬼之名號者至不一，而所以爲廟宇者，亦何啻數百所？逐廟各有迎神之禮，隨月迭爲迎神之會，❶自入春首，便措置排辦迎神財物事例，❷或裝土偶，名曰舍人，羣呵隊從，撞入人家，迫脅題疏。多者索至十千，少者亦不下一千。或裝土偶，名曰急脚，立於通衢，攔街覓錢。擔夫販婦，拖拽攘奪，真如白晝行刧，無一空過者。或印百錢小榜，隨門抑取，嚴於官租，單丁寡婦，無能逃者。陰陽人鬼不同途，鬼有何説，欲人之必迎？人有何見，知鬼之必欲迎？

凡此，皆游手無賴、好生事之徒，假托此以括掠錢物，憑藉使用，内利其烹羔擊豕之樂，而外唱以禳灾祈福之名。始必浼鄉秩之尊者，爲簽都勸緣之銜以率之；既又挾羣宗室爲之羽翼，謂之勸首；而豪胥猾吏，又相與爲之爪牙，謂之會幹。愚民無知，迷惑陷溺，畏禍懼譴，皆黽勉傾囊舍施，或解質舉貸以從之。今月甲廟未償，後月乙廟又至，又後月丙廟、丁廟，復張頤接踵於其後。廢塞向墐户之用，以爲莊嚴祠宇之需；❸輟

❶「迭」，原作「送」，今據乾隆本、清鈔甲本改。
❷「排辦」，清鈔甲本作「安排」。
❸「莊」，原作「裝」，今據乾隆本改。

仰事俯育之恩，以爲養哺土偶之給，至罄其室、枵其廬，凍餒其父母，藍縷其妻孥，有所不恤。錢既裒集富衍，遂恣爲無忌憚。既塑其正鬼之夫婦，被以衣裳冠帔；又塑鬼之父母，曰聖考聖妣；又塑鬼之子孫，曰皇子皇孫。一廟之迎，動以十數像羣輿於街中，且黄其傘、龍其輦、黼其座，又裝御直班以導於前，僭擬踰越，恬不爲怪。四境聞風鼓動，復爲優戲隊相勝以應之，人各全身新製羅帛金翠，務以悦神。或陰策其馬而縱之，謂之「神走馬」，或陰驅其簥而奔之，謂之「神走簥」，以誣罔百姓。男女聚觀，淫奔酣鬭。夫不暇及耕，婦不暇及織，而一惟淫鬼之玩；子不暇及孝，弟不暇及恭，而一惟淫鬼之敬。廢人事之常職，崇鬼道之妖儀。一歲之中，若是者凡幾廟，民之被擾者凡幾番。

不惟在城皆然，而諸鄉下邑，亦莫非同此一習。前後有司不能明禁，復張帷幕以觀之，謂之與民同樂。且賞錢賜酒，是又推波助瀾，鼓巫風而張旺之。

《禮》：法施於民則祀之，以死勤事則祀之，以勞定國則祀之，能禦大災則祀之，能捍大患則祀之。及夫日月星辰，民所瞻仰；山林、川谷、丘陵，民所取財用，能出雲爲風雨、見怪物，皆曰神。非此族也，不在祀典。今此邦之所崇奉者，大抵皆非此族：其無封號者，固無根原來歷；而有封號者，亦不過出於附會而貨取，何者而非淫祀？

惟威惠一廟，爲死事捍患於此邦，國朝之所封錫，應禮合制，號曰忠臣義士之祠，邦人之所仰。然既載在公家祀典，則春秋薦享常儀，蓋有司之事，必肅其壇宇，嚴其扃鐍，歲時禁人閒雜來往，止於朔望啓鑰，與民庶瞻禮乃爲得。事神嚴恭之道，上不失乎敬鬼神而遠之之智，下不陷於非其鬼而祭之之諂，陰陽人鬼不相亂，庶幾稱情而合宜，固非民庶所得私祭而浪祀者也。今帳御僭越既不度，廟貌叢雜又不肅，而又恣羣小爲此等妖妄媟瀆之舉，是雖號曰正祠，亦不免均於淫祀而已耳。

非所祭而祭之，曰淫祀。淫祀無福。神其聰明正直，必不冒而享之。況其他所謂聖妃者，莆鬼也，於此邦乎何關？所謂廣利者，廣祠也，於此邦乎何與？假使有，或憑依言語，❶亦妖由人興，不足崇信。人惟素行質諸鬼神而無愧，則雖不牲不牢，而神福之。何事此妖邪之爲乎？

至於朝嶽一會，又將次第而起，復鄙俚可笑。嶽泰山，魯鎮也，惟魯邦之所得祭。而立祠於諸州也，何謂？國朝以帝封之，帝以氣之主宰者而言，非有人之謂也。巋然其峙者，山之形也，而人其貌也，何爲？立后殿於其後者，又不知爲何山也。自開闢已有是嶽，而以三月二十七日爲嶽生之辰者，❷又爲何據？闔境男女混雜，徹晝夜而朝禮之，以會于嶽廟，入門則羣慟，謂爲亡者祈哀，以爲陰府縲紲之脱度。侍者亦預爲他日之祈，❸謂之朝生嶽。州有州嶽，而近城之民朝會焉；邑有邑嶽，而環邑之民朝會焉。自以爲報親，而不知其爲辱親。自以爲修善，而不知其陷於惡。與前迎鬼者同一律，❹皆蠹壞風俗，溷亂教化之尤者也。

---

❶「言語」，清鈔甲本作「語言」。
❷「七」，清鈔甲本作「一」，當爲「八」。
❸「祈」，清鈔甲本作「期」。
❹「鬼」，清鈔甲本無此字。

端人正士德政之下，恐非所宜容。國家法令，迎鬼有禁。前政方宗丞嘗列其條於譙門，❶故榜在案可考也。

某愚區區，欲望台慈特喚法司開具迎鬼諸條令，明立榜文，并朝嶽俚俗嚴行禁止，仍頒布諸鄉下邑而齊一之，於以解人心之宿惑，而有風移俗易之美；省民財之妄費，而有家給人足之道。實爲此邦厚幸。

❶「宗」，疑當爲「寺」。

北溪先生大全文集卷第四十四

劄

上趙寺丞論秤提會

某伏覩朝廷注意會子頒行天下，諸州大率秤提不起。獨南漳一邦，得寺丞公嚴無私，民間流通行使，一如元錢之數，上下固已相安，爲天下之最矣。

近日上司又差興化通判到此，再共秤提。寺丞爲之遣兵馬司根刷在城户眼富室質庫。上户俾藏二百，中户一百，下户五十，不測行輿以摘之，兩日之内，會價騰湧，不惟行使如元錢之數，而兑便增加與見錢等，頓使錢輕而會重，又可謂得秤提之機要矣。昨以兵馬司所籍三等户之失實，又爲之分九，則俾巷長平議投櫃於鼓門，以憑撞點，是又覺前日賣弄之弊，而爲今日均平之政矣。然於其間，猶有一二未盡通處，不得不采物議以冒聞焉。

蓋南漳僻在一隅，無番舶來往，民無大經商。所謂富室上户者，亦無甚巨力；❶中産之家，則僅足以自遣；謂之下户者，大率皆貧窘者而已耳。前日，兵馬司過於賣弄不實，多以下户爲上户，邦民畏謹，不能分解。其在物力稍贏者，猶可傾囊以供命；守常處約者，類多解質以從之；貧者，倉卒無可計畫，則多有鬻田出屋以爲備者。今覺其爲害，而分九則以均之，俾巷長别開具其户等，誠善矣。

然九等之户，官司不明示一式而付之巷長所自分，將以何據而分之？以産論，則有有財而不置産者；以財論，則有有産而無浮財者；以門面論，則有賃屋而居者，有高梁大厦而内實空虚者。户等既不明，則其中所以區别會子者，將不能以各得其分。

今若上户果有物力，則上之三，則或二百，或百七十，或百五十，皆足以供之，而日間行用之際，猶别有截長補短，未爲甚病。惟是中下户，最難於取給。中户之上者，藏一百，非有七十七千剩錢，不可備平時。僅僅守常，安有剩錢七十七千居於一百之會而不動乎？次者減而八十，亦須樁六十一千有奇以居之。下者減而七千，亦須樁五十三千有奇以居之，則外此爲日間行用，❷又將以何錢何會而給之？其在下户三，則皆是貧者，平時家無一緡之儲，至有用財，方擘畫計置，則下之上者五十，非三十八千有奇不可置，何從而得之？中者四十，非三十千有奇不可置，何從而備之？下者三十，亦非二十三千有奇不可置，何從而辦

❶「巨」，原作「區」，今據乾隆本改。
❷「此」，清鈔甲本作「取」。

之？假使户户各擘畫如數，則又各保護愛惜，牢緘固守爲鎮家之具，不敢以移用，是又使民停藏會子而已耳。安有日前流通之實？

況所謂僧户，産居此邦十分之七，目前數甲院或産百千，或九十千，或八十千，歲入巨萬斛，正其多用會子之所，而安坐旁視，又何以均之？所謂品官户，及吏户、軍户，亦非用會子之家乎？而皆不預其數，又何以通之？

下至鄉村根括，農功正時，騷然撓動，竟廢種蒔奔波營備，其力不贍者，曰：吾有死而已！而昨收元引，❶皆懽欣鼓舞，詠更生之賜。惟城下貧户，日夜懔懔，懼官司撞點，不能以逃罪。

愚區區竊以爲會子之政，惟貴於公私上下無處之不流通，非貴於偏責民户之多爲私藏，今莫若出一定格：富室上户自産錢七千而上，巨商賈户自鋪前積貨七百緡以上，質庫户若不在産户之家者以簿歷有典百緡以上，僧户以産錢二十千而上，並使收塌若干數，以備官司不時之點兑，而其他諸户，皆不必立定數責之收塌，❷聽其或出或入，惟申嚴其日間行用中半之制，無拘於官户、吏户、軍户，及一切小小户，並五家爲一

❶「收元引」，乾隆本作「者元元」。「收」，清鈔甲本作「被」。
❷「必」，清鈔甲本無此字。「收」，清鈔甲本作「成」。

甲，遞相糾察。其不用會者，❶告者重賞，犯者痛懲，則人人無不用會，❷而會子無不流通矣。

凡會子之所以不行者，非與者之不肯用，由受者之不肯用也。五家相糾察，則凡有用財，與者不容於不與，而受者亦不容於不受矣。又奏請小會以濟之，使零碎皆有得用之便，又措置前後之所，實與平民相通，無徒爲人吏官族户之所專有，而官司又無先自萌其壅塞之意，如輸納既用會，而異税色及裹足頭合不肯用會之類，❸又無先開其減折之門，如交易既如元錢，❹而又減下七百三十以恤兑便家之類。果若是，則會子自然流通，可永久無滯，蓋又不待如前之約束矣。

區區干冒台嚴，伏乞裁察。

上莊大卿論鬻鹽❺

某伏覩判府大卿先生視事以來，愛民如子，痒痾疾痛皆切於身，有病民者爲之輒弛，實漳民千一不可逢之幸會。然合境赤子，有久年纏飢刻骨之錮疾，日夜甚切望醫救而不可得者，今正遇其時，敢爲斯民一冒

❶「用」，清鈔甲本作「容」。
❷「用」，清鈔甲本作「容」。
❸「合」，原漫漶不清，今據清鈔甲本訂正。
❹「錢」，原漫漶不清，今據清鈔甲本、清鈔乙本訂正。
❺「鹽」下，乾隆本有小註「郡守名夏」。

言之。

夫鬻鹽一横賦，在漳民實爲錮疾，民罹斯苦，餘七十年矣。蓋自紹興庚申，虔寇陸梁於西隅，陳敏一軍屯于郡，❶林倅安宅爲權宜之計，創以食鹽暫鬻民間，以佐軍須，❷民以一時桴鼓之警，義在掃除，猶未言病。後來寇靖，屯移於泉，而鹽鬻如故。斯民皙皙始告病矣。

紹興丙子，陸侯涣特疏請罷於朝，閏十月丙辰，蒙聖旨依奉施行，奈何陸侯去，而姦吏爲之復起。紹興庚辰，鄉人主簿林公宗臣，又以書謁臺諫，論其病，時汪參政澈爲侍御，爲之敷奏，四月八日再蒙聖旨，特降本州駐罷。奈何至乾道辛卯，高侯禹以少年武弁，不爲民遠慮，復於城中鬻之。然利門一啓，歲入甚羡，人非夷齊，見率動心。官府來繼者，人人類欲囊橐之厚；胥徒效命者，人人類欲室家之肥。於是張皇滋蔓，流毒四出，❸遂爲漳民之痼疾，纏肌刻骨，不可以復解矣。

始者十八鋪，後旋廣而數倍之，徧及鄉村外邑，鋪有監胥一人，走卒十數輩，擅將人户編排爲甲，私置簿籍，抄括姓名，分其主客，限以斤數，或父子一門而並配，或兄弟同居而均及。雖深山窮谷，無有遺漏；雖單丁孀户，無獲逃免。

---

❶「郡」，清鈔甲本作「群」。

❷「須」，乾隆本作「需」。

❸「四」，乾隆本作「百」。

每季客户勒買九斤，斤十七文，該錢一百五十三足，通一歲計六百一十二足。主户勒加三斤爲十二斤，該錢二百單四足，通一歲計八百一十六足。又有加至六斤，爲十五斤，該錢二百五十五足，通一歲計一貫二十足。成數一定，列在私籍，更不容脱。

至其俵鹽，則非復有元斤數之給，但一升半合，姑以爲名云耳。而鹽又非復官倉故物，雜以灰泥黲汙，不可食，人户多有寧空輸錢而不願受鹽者。

其或與校斤秤、詰美惡，則以不肯買鹽、率衆甲而罪禍立至。繼者懔然，更無誰何。强弱賢愚，一噤聽命。間有偶他出户閉者，則撮少鹽於屋簷之瓦溝，或門限上，或户外有敗瓦器，傾之而去。其姓名已掛私籍，❶及季將終，踵門索錢，急於星火，往往鬻妻質子、賣牛解屋以償者。

亦有聚落僻處，絶無升合俵散，但持空籍，按月索錢，如數取足。稍有稽遲，則呵詈箠楚，縶縛拘囚，亦有被杖毆斃者。或欠零金數十餘，其農器即徑攜去，更不問所直若干。農民遇有錢，欲以就贖，則季終替去，無可從得矣。

一季一胥，前胥之去，必以是籍授于後胥；後胥之來，復以是籍按於前。鹽既不實給，則自官倉所請而來者，俵散極少而堆剩極多，故百户之聚，只半籮可匝；千户之鄉，只五籮可均。其餘堆剩，則主胥又徑作一綱，私賣與龍平、水頭二鋪之吏，或寄轉貨於商旅，每籮本價例一千七百，而客販騰踊，則又不啻此，總之

❶「其」，清鈔甲本作「則」。

又動以百計。❶

漳土瘠薄，民之生理本艱，與上郡不同。主户上等，歲粟斛千者，萬户中末一二；❷其次，斛三五百者，千户中末一二；❸外此，大率皆僅收斗斛，不足自給，與無産業同。年間二正税所輸升斗，尚不能前，正税之外，所謂二産，鹽不過數斤，復不能了，況四季又重疊以鬻鹽錢，所謂八百一十及一貫二十足者，夫豈易供哉！

其餘客户，則全無立錐，惟藉傭雇，朝夕奔波，不能營三餐之飽，有鎮日只一飯，或達暮不粒食者，歲輸身丁一百五十猶不能辦，則四季所謂鹽錢六百一十二足者，將於何而出之？民生所最急處，在飢無糧，而何闕於鹽？假使官司實有按月如數給之，❹彼亦何用此鹽爲？

當旰不足以代糧，❺當食不足以代肉，故諺者類曰：「官與鹽一合，恐我飯無夾。不知我無飯，飢來不可呷。官與鹽一甌，恐我肉食淡。不知我無肉，瘦來不可啖。」況胥輩於中，又有需糧索酒之擾，攘雞盜犬之殃，是以愁嘆之聲，窮年竟日，喧溢田里。

❶「又」，清鈔甲本作「爲」。
❷「末」，乾隆本作「未」。
❸「末」，乾隆本作「未」。
❹「實」，清鈔甲本作「或」。
❺「旰」，清鈔甲本作「飢」。

嘗以所親目松州一鋪實計之。松州一鋪，每季定額官倉支鹽一萬二千斤，爲一百二十籮，敷錢二百單四貫足。而鋪籍所管户眼，有四千餘，無不盡數徧敷。今且就四千載數言之，以二千五百户爲客户，自一户九斤，該錢一百五十三足而積之，計三百八十二貫足；又以二千户爲主户之加三斤者，自一户該錢二百單四足而積之，計二百單四貫。又以五百户爲主户之加六斤者，自一户該錢二百五十五足而積之，計一百二十七貫五百足。合計七百一十三貫五百足。就其中以二百單四貫足納官司元額，其餘五百單九貫五百足，則入之胥家。兼以鋪内如前所謂堆剩而私貨者，百二十籮中，可有百籮爲錢，不啻一百七十貫足，通計一季，合得六百八十貫足，則鹽錢所入官府，得四分之一有縮；胥家得四分之三有贏。又有納賂得兼董兩季者，合兩季爲得一千三百六十貫足，彼胥無故安坐不久而驟得此横富之財，買田置屋，頓爲巨室，果何理哉！

即此一鋪以推其餘，皆可類見。環千里之郡爲幾萬户，歲之所敷爲幾萬緡，大抵到官五萬緡，則入胥家者十五萬緡；到官十萬緡，則入胥家者三十萬緡。正如刼盜分贓，坐家指縱者聽一分，而親操戈者三分以優之，官府何故貪戀一分，甘冒刼民之盜而不耻，乃反爲胥家大作暴斂，縱與之三分而不啻乎？

紹興辛亥，朱侯待制察其然，亟罷去沿海之鋪十有一，正欲區處盡罷，迫於奉祠而去。至嘉泰癸亥甲子間，俞侯監簿，又深爲討論，灼見底裏實無與乎歲計，於是一舉闔郡諸鋪而盡除之，載在廳壁記，可攷也。

時惟特存龍平、水頭二鋪，以此二鋪者，乃賣鄰郡商旅之鹽，與吾郡内之民無相干，所謂諸弊亦無容作，凡其來販，皆汀贛之民，動以千百爲羣，苟措置有方，俾鹽皆精白上品，長厚堆鋪前，斤兩不虧而貿易無阻，則所貨易流通，而所入易豐衍。每鋪元額一年一萬六千緡，合二鋪爲三萬二千緡，其公家雜用綽然矣。

自俞侯盡罷諸鋪後，應經費之外，如燕饗、❶營繕、犒軍、招卒，皆無闕用，而又代納民丁一萬七千緡，❷至秩滿，郡帑亦無損前政交承之數，則罷鹽之利害，自昭然可見。其或以歲計爲辭，而聽之存留者，用實不及，竟將何歸，亦可不言而喻也。民沾俞侯實惠，二年之内，帖息安寢，吏不登門，真若痌疾脱去而體復康寧，❸再生爲太平人。

奈未幾，而開禧丙寅毛侯監丞爲其子運屬所迫，舊病依然再發，復纏肌刻骨，以至于今，漳民於此，抑又重不幸哉！本路瀕海四州，上三州皆弛禁不鬻，漳獨非王土王民乎？而獨罹荼毒，至根深枝蔓如此之甚！貪夫汙吏，❹頑然瞪目，固不足與語；仁人君子見之，惻然動心，豈能一日以安？而亦豈能以一日留？

今大卿廉素之節、仁慈之德，蓋與朱侯待制、俞侯監簿，共骨骼而同肝膽，真醫國治人手也。❺必能仰體紹興兩罷之聖旨，而深斥高毛再發之姦謀，一洗漳民百年之痌疾，而永貽漳民萬古之遺愛。

---

❶「燕饗」，清鈔甲本作「延訾」。
❷「二」，清鈔甲本作「十」。
❸「而體」，原作「體而」，今據清鈔甲本乙正。
❹「汙」，清鈔甲本作「奸」。
❺「治」，乾隆本作「活」。

觝生於此時，苟不爲斯民出而一言以贊其決，則進爲有隱於君子，❶而退爲抱愧于鄉人矣。所以冒昧而前，並録汪侍御劄子，別紙以參照本末，而不自知其瀆也。❷伏望台慈，特賜矜察。

上胡寺丞論重紐侵河錢

某伏覩使判近以侵河官錢失陷，委官打量，欲别行均敷，此誠公平之大政。某因采訪來歷，的見其失陷之由，敢不冒聞。

竊以州縣二河民居千百家，❸前靠官路實地，元納樓店務錢，❹後抵官河虚地，元納河岭錢，後來官中改名爲侵河錢，各有定籍，上下相承，已經數百年矣。❺樓店務錢，古例委甲頭催納取足。今雖不用甲頭，而都監人吏按月隨門批歷領去，無容有欠者。

所謂侵河錢，古例以《千字文》爲號，每號以一名爲甲頭，隨月催足。後因官司不取辦於甲頭，而聽人户自納，於是人户不齊，有納有不納，其間或甲賣與乙，乙賣與丙，遷徙不定，官籍虚存甲姓名，而乙丙遂成漏

---

❶「有隱」，清鈔甲本作「無益」。

❷「自」，清鈔甲本無此字。

❸「民居」，原作「居民」，今據《四庫》本改。

❹「錢」，原作「前」，今據清鈔甲本改。

❺「矣」，原作「之」，今據清鈔甲本改。

落者。或户絶歸官，後人請買，而公據不聲載者；或宗室官户，及前名胥家，並無敢登門催納者；或鄉居人買負郭屋，日常户閉，而人吏無敢催納者；或賃人之屋，以屋主居遠爲辭，而無復爲納者；或交關明載契面，而恃頑不納者；或交關故不入契面，而謂祖無此額者。凡此等類，無甲頭爲之糾察，年深月久，遂至失陷。

今別行均敷，此等固無脱漏，然一例並行而無所分別，則恐常輸二項錢、元無虧官之家，重併被擾，回視聖旨，數番減降，不聞加增，似幾違戾。且其步畝一聽於兵馬司、莊宅牙輕重之手，有計囑則縮多爲寡，無計囑則喝少爲多，居民驚憂，不遑安處。

前守何寺丞侑，于淳熙甲午間，亦嘗打量重紐，已給歷付人户矣，而民間惶惶。本路漕使風聞，即下本州住罷。❶於文移未到之前，何寺丞亦自覺其爲不便，已榜諸市曹曰：「河之通塞，於州治初無利害，民既不便，官司自是不爲，何必洶洶聚議，日夜不已？已將手分謝舉斷罷，❷仰人户仍依舊籍送納。」❸既而漕司文移復繼至，❹民間頓釋慘戚爲懽欣，變怨謗爲歌頌。

今若欲屈己便民，則莫若帖兵官住量紐之議，又照祖籍，委甲頭催足。有不納者，仰甲頭申官施行，❺

---

❶「罷」，清鈔甲本作「服」。
❷「已」，清鈔甲本無此字。
❸「仍」，清鈔甲本無此字。
❹「既」，清鈔甲本無此字。
❺「申」，原作「甲」，今據清鈔甲本、清鈔乙本改。

則亦可以無漏落。若欲公私兩便，則莫若逐處各委巷長副同廂司，隨家看驗納錢庫狀歷頭，如月間有納二項錢庫狀歷頭，❶即是常輸之家，依然仍舊。如無庫狀歷頭可照者，即是脱漏失陷之家，巷長副具姓名、結罪狀，付廂司申，方特與紐估科納。❷籍既均定後，亦付甲頭，司其催納之責。如此，則人口永無走漏，官司永無失陷，而常輸之家亦無至重擾，實爲大公至正之舉。❸

君侯，一郡父母，萬民之命係焉，慈仁愷悌，素已安習。一旦忽有疾痛，不得不以呼號，撫之如子，在吾侯誠無有替。

鯫生竊不自揆，輒以民之至情告焉。干冒台嚴，不勝惶惕戰懼之至。❹

❶「月間」，清鈔甲本作「照門」。

❷「與」，清鈔甲本作「舉」。「紐」，清鈔甲本作「納」。

❸「舉」，清鈔甲本作「本」。

❹「紐估科納」至「戰懼之至」一百二十一字，原闕。今據乾隆本、清鈔甲本及清鈔乙本補。

北溪先生大全文集卷第四十五

劄

代人奏藁

臣聞今天下有若可安之勢，而實非所以爲安者，不可不深爲之慮。有若可緩之形，而實非所以爲緩者，不可不急爲之防。

夫山東諸豪，乘殘胡逃死之機，紛然四起而共圖之，蜂屯蟻聚，跨州據邑。大者數萬人，小者數千人，一旦皆相率以中原遺黎而歸附於我，俯伏轅門，惟吾命之聽，此其勢若可以爲安矣。然彼之所謂豪傑者，本非循禮守法之士純爲忠義，而發其大概，不過民之元凶劇惡、里之老雄巨俠，平生素負跌踼不可羈之才，而素蓄桀驁不可御之志，每思其便而一逞之，非能帖然真有屈服於我，則我之容接之，當如御龍虵、御虎豹，略其禮法而操縱之，適宜非可遽以爲得計而恃之以爲安也。

亡胡自入夏以來，退伏屏息，不復爲吾疆埸之擾，而吾三邊之民爲之解嚴。自江淮達荆益數千里，皆得以偃旗卧甲，弛轉輸，寬調發。而京畿萬姓，亦得以奠枕而無北顧之驚。自目靑視之，亦若有可緩之形矣。

然彼狼子野心，非實畏我而遁也。以韃人深仇分道夾攻之急，❶倉皇抗禦爲救命之計，未暇以及我，而其咆哮蹂躪之素態，固未嘗一日不思騁於我，則我當亟爲之圖萬全之備，如賑焚溺，如刀鋸之迫其後，非可便以爲無事，而視之以爲緩也。

今按山東諸豪，乃安然不復顧忌，而以庸將董之，庸將若何而可以得其心乎？且運糧而餉之，吾糧若何而可以常繼乎？束縛之以規矩繩墨，如内執事之比，使不得與妄行攻取，以起兵端。此固聖人愛民之至仁，而有妨於祖宗復讎之大義，❷蓋山林獨善閉户自守者之私態，而堂堂立國於天地間，豈其正道之所宜？無乃區區過爲畏虜之情，而非所以待中原豪傑也。

彼其心岈焉不得騁，無以發其怒而飽其所欲，❸則必至反搏而内噬，正如養虎於房室之内，不與攫狐嚙兔於山林，則必至於壞房室而傷人；豢龍於池沼之中，❹不與行雲致雨於霄漢，則必至於裂池沼而爲淵，亦其勢之所必然，容可不爲之慮乎？

况彼之能糾集統帥，亦必有超群出類之智謀勇略，吾能虚懷大度，以高祖所以御韓彭之術御之，束縛於

---

❶「攻」，原作「改」，今據乾隆本、清鈔甲本改。
❷「於」，清鈔甲本無此字。
❸「所」，清鈔甲本無此字。
❹「中」，清鈔甲本作「内」。

規矩繩墨之内，籠之以高爵之虚名，結之以不時賜賚之德意，淑之以故國遺黎之大義，❶而付之以中原舊物之雋功，使各隨機會乘便進取，得郡則與郡、得邑則與邑，禽虜酋則爵之王，其不捷於吾無損，而吾亦無容責之也。❷夫如是，則彼將人人踴躍於前趨，而以後爲羞矣。是乃所以駕御豪傑，得其心而爲吾用之道，不可忽焉而不介慮者也。❸

今於虜騎之退、邊庭方稍寧謐，則以爲幸安，上下中外便歌詠太平，百司庶府一切爲之紓緩廢弛，不知戎狄豺狼不可厭也，宴安鴆毒不可懷也。似聞亡胡甚祈安於韃人，使命至懇，萬一韃人與之有講解之漸，則必復來肆侵軼於我，或夫果積怒勦絶其命，❹而韃人奄其故墟，則與我爲鄰者，又當强梁之新敵，❺志驕而氣盈，其變必益急而其應必益繁，容可圖之或緩乎？

且吾自顧吾國，亦能如杜牧爲唐人之上策，品式條章果自治？賢才姦惡果自治？干戈車馬果自治？

---

❶「淑」，乾隆本作「喻」，清鈔甲本作「激」。
❷「而吾」，清鈔甲本無此二字。
❸「焉」，清鈔甲本作「棄」。
❹「夫」，乾隆本、清鈔甲本作「天」。
❺「又」，清鈔甲本作「必」。

井閭阡陌、倉廩財賦果自治乎？又能如王朴爲周人先立不可勝之計，群才果既集？❶政事果既治？❷財用果既充？❸士民果既附乎？❹

舉天下官軍，狃於承平不用之久，無一可恃，甚有似於崇、觀、靖康之不能兵，蓋不特沿邊之不足用而惟靠於民兵耳。如沿邊民兵，謂姑以暫濟一時之急可矣，非可專恃爲長久計也。不早覺而爲之變通，則一旦噬臍，如何其悔之？

政事必内修而後夷狄可外攘，王猷必允塞而後徐方可來庭；朝廷之本强而後精神折衝，禮義廉耻之臣誠死封疆社稷而後有金城之固。未能厚德允元而難任人，則蠻夷何以率服？未能任賢勿貳、去邪勿疑、無怠無荒，則四夷何以來王？妄進一男子，必起單于之笑；在位無一賢，必莫制千里之難。必汲黯在朝，而後淮南寢謀；必顏真卿守太原，而後河朔有所恃；必藺相如在趙，而後秦人不敢加兵；必真儒用於魯，而後齊人歸汶陽之田；必軍中有韓范，而後西賊骨寒膽破；❺必中國相司馬，而後遼人、夏人無敢生事開邊隙。

---

❶「既」，乾隆本、清鈔甲本作「能」。

❷「既」，清鈔甲本作「能」。

❸「既」，乾隆本、清鈔甲本作「能」。

❹「既」，清鈔甲本作「能」。

❺「西」，原作「四」，今據乾隆本、清鈔甲本及清鈔乙本改。

此正古今所以尊强中國、❶鎮服外夷之常經而當世切時之急務，不可一日緩焉而不講者也。惟陛下特留神介念，❷深爲之慮而急爲之防，無以苟且拘攣失大機，無以宴安廢弛壞大計，則禍患庶幾其可弭，安强指日其可致，實宗社無疆之幸也。

與李推論海盗利害

某寓客，不當出位而言，但耳目所接，海盗利害關係甚重，其事幾有不容失，敢與同志者一言之。夫賊之南徙，❸非畏我而遁也，以賢太守之精明，賢幕府之忠勤，相與謀謨規畫爲甚切，出軍遣將、厚餉醲賞，無一毫少吝，而賊未能即就擒者，失之倉卒而無素具故也。

賊跳粱於巨浸中，而大軍之屯岸上者過多，布水道者殊少，賊徒示我以驕狂不可犯之勢，而我軍冒不相及，且無虎飛鷹搏之術，而又狃於安平日久，無誓不與賊俱生之意。岸上之兵，徒束手而空視；水道之師，又幸風而逗留。民船單寡，器械不精，日夜望官軍而不得會合。董戎者雖親履行陳，相度要害，甚爲懇切，

❶「今」，清鈔甲本作「人」。「尊」，清鈔甲本作「爭」。
❷「念」，清鈔甲本作「意」。
❸「徙」，清鈔甲本作「涉」。

而下無驍鋭將校，誰與統率勇進而先登？❶

民船與官船不相應，將心與士心不相一，賞格雖明，而罰紀不張，請行者雖奮發，而至止者競餒縮，賊氣不挫，勢不衂，雖曰南徙，必易我而復來，而我不可安然置之度外。既往者不可咎，及今以後，不可不亟爲之備，以俟其來。

今爲州司計者，一宜急揀悍鋭之卒，及選募重役軍兵，與海道作過之人，約五百餘額爲水軍；又擇驍勇出羣之才，分布諸船以將之，督習水戰於南門外新橋之側，日有課，旬有按，月有閱，而郡將時或不測臨觀以激厲之，使其身慣出入於風濤之上，如履平地而不没；足熟馳逐於檣桅之旁，❷如騁康莊而不蹎，然後手施擊刺斬斫之技，隨吾意之所之而無不捷，若是者，不出兩月，必爲精水軍矣。

二宜按境内瀕海諸灣澳船户之籍，凡有船總若干，分爲若干陳，各隨諸灣澳，推其才力過人者，郡補爲首領，以統率之，使督所統之船，各新利其器械，亦日習水戰。❸彼生長於水，❹禦寇之技本其素習，今再從而激厲振作之，則氣爲之益鋭，而技爲之益精。至於教習已成，則民船與官軍，又期一日大會于近江，而郡

---

❶「與」，清鈔甲本無此字。
❷「桅」，原作「於」，今據清鈔甲本改。乾隆本作「舵」。
❸「亦日」，清鈔甲本作「以」。
❹「水」上，清鈔甲本有「海」字。

將復親按閲焉。若是，則公私皆有水戰可用之兵，而郡之武威大振矣。

三宜立軍政。夫驅人於萬死一生之地，人情莫不惜生而畏死，必用命者有賞，不用命者有戮，❶然後人敢於勇而不顧。雖聖賢行軍用師，亦不能以廢此。

近世軍政不立，賞罰莽鹵俱廢者，❷固不足道；間有賢人君子，存忠厚不嗜殺之心，專用醲賞以厲將士，而於重刑有所不忍，且身後堆金積帛，豈足以奪人舍生之心？而區區敲朴之威，又豈足以絶人畏死之路？矧鋒刃既交，前有決死之敵，後無必死之刑，誰不思退而寧肯冒進？

昔諸葛武侯街亭之役，至流涕以斬馬謖，此公豈嗜殺者？觀其言曰：兵交方始，若復廢法，何用討賊邪？亦以大義所當斷，不容行姑息之仁而忍於一人，乃所以爲千萬生靈之地也。

大抵用命俱奮，則有可生之理；顧命不前，則有俱斃之勢：此決然無可疑者。今賊未殲，正立法之始，賢太守親筆奠文，❸收録死事之孤，❹於賞固不吝矣。然似聞當時失利，同事中有先奔不爲援者。若果然，而廢其不用命之誅，則異日討賊，將士卒伍決不以區區之賞而冒赴必死之地，❺吾恐波濤洶湧之間，彼此顧

---

❶「戮」，乾隆本作「罰」。

❷「莽鹵」，乾隆本、清鈔甲本作「鹵莽」。

❸「筆」，清鈔甲本作「舉」。

❹「事」，清鈔甲本作「士」。

❺「必」，清鈔甲本無此字。

望不前，其失豈特無功而已哉！

區區竊以爲三者，誠此邦目下之急務，果能揀練民兵以精水戰之技，又能大明誅賞以作其用命之心，技既精、人皆致死，雖用之大敵，何往不克？而況蕞爾海寇乎！

外此，更當講明裕財之策以副之。蓋事役重大，❶非財力豐羸，❷則運用斡旋不能以如志。或曰：賢太守一毫不妄取於民，其如郡計之不充何？曰：事有經、有權。平居無事，❸不妄取於民者，經也；倉卒有警，隨宜而取之者，權也。今海道不寧，米船百貨爲之不通，而郡民生生之具蹙，❹此一邦通患，正用權之時，民力竭矣。常賦之外，決不可以妄取。若寺院者，民之保障，乃國家物力。而住持者掌之，非僧家祖業與房奩中物也，移國家財爲國家用，以安國家之民，非郡守私計也，於僧乎何傷？

蓋空門設教，本事清虚寂滅以獨潔其身，於斯世已爲無用。今其曹無復有脩祖師來意，大率只是飽食煖衣於幽閒無事之境，專一巧運機籌，鼓唱邪説，以攫良民財帛爲姦養之資；且低眉拱手，先意趨和以勾致時官權貴之欲，而藉其聲勢，凌壓愚騃，肆行邪慝，❺無所不至。此與盜賊無異，未可例以齊民視之。

---

❶「事」，清鈔甲本作「士」。

❷「非」下，清鈔甲本有「貲」字。「豐」，原爲墨丁，今據清鈔甲本補。乾隆本、《四庫》本作「充」。

❸「居」，清鈔甲本作「安」。

❹「郡民生」，清鈔甲本作「群」。

❺「行」，清鈔甲本作「志」。

矧今亦無名色過取，只約住持五年者納貼頭錢與換貼，不願納者聽別納錢者，住持至甲乙寺，亦隨坐高下比附而行之。此舉人自樂輸，何過取之有？及童行輩，諸寺動以百爲羣，暨諸鄉齋堂道流，日集民禮塔而取其金，動以千百計。小民沾體塗足，爲仰事俯育之資，終歲所獲能幾何？而積日累月取之，❶爲之一空，良可哀憫。今將此曹悉籍之丁帳，未爲過也。

至如樂山一所，非有寺額，而僧道設計哀斂民財，尤爲精緻。每一歲間，招誘農商工賈，遞分節次，各以時會，名曰燒香。就稠衆中察其猾黠能事者，❷分俵疏且請爲勸首，❸抄題錢物，每疏以數百緡，經年積蓄，今已浩大，而其中輩行屢經官司爭主首之權，此亦可以按籍舉而歸之官。

又如尼寺，一遭回禄，疏題民財，見以巨萬計，此誘陷良民子女之淵藪，天其或者故一除之，而愚民逆天再造。今按其疏目移爲公家討賊之助，❹正所以順天理、合人心，又何疑焉！

至是而又不足，則勸諭沿海豪户助軍，彼亦切身利害，自其所願；又不足，然後次第及城中巨賈貴族之借助，亦義不容辭者。凡此等類，皆所謂時措之宜，而不失爲權中之經，未可以小不忍而重行之。

---

❶「積」，原作「即」，今據乾隆本、清鈔甲本改。
❷「能」，原爲墨丁，今據乾隆本補。
❸「且」，清鈔甲本作「題」。
❹「疏」，清鈔甲本作「數」。

君子舉事，惟其理之當而已，隱忍回互最害智，因循苟且最害義。拳拳之愚，恐可以少助幕中參謨之萬一，惟剛明正大者，試一擇焉，實邦人千萬之幸也。

代王迪父上真守論塔會

某輒有所聞，冒浼台聽。

六月初，道路讙傳以爲闤闠之民聚議，欲於本府衙前創建塔會，云舍人已峻卻其請矣。有識之士方嘆詠識度之高明，越旬日後，又讙傳已得郡判許其爲塔會，民間安排措置，欲赴道場，❶所云有定期矣。識者聞之愕然，爲之不敢信。誠以此等事，乃出於鄉閭武斷者，假托異教裒斂民財，以爲媚上行姦之計，而非出於細民戴慕歸美之誠心；蓋好名俗吏之所喜爲，而高明正大君子之所深惡也。意道路之傳其然，豈其然乎？

夫佛氏絶滅天倫，枯槁山林，本欲遂其獨善爲我之私，蓋特西胡一方外之士，非可通其教於世。自王道不明，邪説詖行流入中國，而華人之譎誕者，又文莊列之虛無以佐其高，於是無父無君之教，充盈乎天下。七閩自五代僭僞，荼毒生民，罪惡彌天，妄靠浮屠以爲讖悔，故度僧創刹，視它所爲特盛。泉人至今動輒以佛國自名，而不知爲生靈巨蠹，愚民蚩蚩，奔趨日熾。其憚耕種、偷安佚者，競樂爲其徒，且莊嚴金像，

❶「道場」，清鈔甲本作「塔會」。

大倡冥司福田果報之説，鳩索寶財，肆爲安居美衣豐食之計。

其聚男女雜坐，以梵書輪玩，則謂之「傳經」；率男女躡足行拜於通衢，則謂之「朝嶽」；列男女行伍，張燈膜拜，則謂之「塔會」。充爲勸首者，非豪强之姦民，則暴横之公族；執疏登門，如誅所負。無告愚民，一怵於身後之冥福，❶再怵於儔類之嗤笑，三怵於勸首之陵壓，至妻子藜藿不充而典質以赴佛會，父母甘旨不贍而供具以奉它人，奪仰事俯育有用之財而爲無用之給，剥塞向墐户至切之貲而爲不切之費，生理日窘，皆此之由。

今者無故復於通都大衢，創爲此會，在隨波逐流時樣其官之前，❷亦未足爲怪；在立節守義學古名賢之下，❸則大爲不便。蓋不惟大可怪而亦大可嘆，不惟大可駭而亦大可惜。以舍人平日器識甚正，名義甚高，斥白玉蟾之妖術於群公趨和之日，却呪水解厭之邪説於奉行天討之時，何於今殆若相反？豈昨明而今遽暗歟？竟不知其果何説也。謂爲百姓祈福歟？昔韓公持國帥許，伊川程子往見，謂公曰：「適市中聚浮屠，何也？」公曰：「爲民祈福也。」程子曰：「福斯民者，不在公乎？」韓公即爲媿悔服義。今寇盜清夷，❹年

❶「福」，乾隆本作「禍」。
❷「隨」，原漫漶不清，今據乾隆本、清鈔甲本訂正。《四庫》本作「阿」。
❸「學古」，乾隆本作「古學」。
❹「夷」，清鈔甲本作「平」。

穀豐熟，民均按堵，吏絶登門，闔境和氣熙熙，實皆賢太守精神心術之所運，哀矜惻怛之所形，其賜有不可誣者。夫豈必待數百人膜拜而後致此哉？謂斯民欲以種太守之福歟？聞聖經有求福不回之説矣，有自求多福之説矣，未聞以邪道外求也。彼佛氏所謂福田、果報、天堂、地獄等説，揆之天地大化與幽明實故，❶萬萬無此理。如依憑邪法，爲之私祈陰禱，是乃衰世州縣貪夫納賂以囑公事者之鄙態，寧有當乎天地神明福善禍淫之公心正道？寧不反以貽笑於天地神明之側乎？

若曰：邪説本無足惑，但斯民拳拳酬恩報德不自已之誠，有重違其情耳。果然，則是豈不可明言以喻四民？謂爾但各安爾田里，各勤爾生業，各修爾孝弟忠信，無爲非理爭訟以虛撓太守之庭，是乃所以實報太守，而亦太守之至願也。❷何用爲此虛幻之舉乎？且大賢君子，時人耳目當世所儀，則舉動一不謹，則無知之民視爲當然，群趨百和，猶揚狂瀾而助之長，鼓頹風而使之旺也。其害寧有既哉？

昔王公詹事守此邦，當時豪民亦有以衙前塔會爲請者。詹事公照其姦，送之理，以正其衰斂之罪，末雖以闔郡公牘從恕，猶封罪名於案，以杜其後。自是一懲，良民得免掊克之擾者二十餘年。最後姦雄之徒，久鬱不得逞，乃從臾權貴子弟爲倡首，而塔會復興。識者觀其顛末，未嘗不爲此邦風俗慨嘆也。先生德望器局，王公詹事輩行也，豈舉措尚在王公詹事後乎？

---

❶「大化」，清鈔甲本無此二字。

❷「至」，清鈔甲本作「志」。

或恐謂外典之道甚高，未容以遽輕，則彼高談性命，所謂最精妙處，特不離告子「以生爲性」之説，而其内省工夫至極處，亦不過「滅情以復性」而已。蓋皆儒家所深鄙而指爲吾道之賊，則維持名教者，尤不可不謹也。

况乎夫耕婦織之業於是而廢焉，男女淫奔之風於是而作焉，醉夫争鬬之獄於是而興焉，回禄不虞之變又於是而可慮焉，虚福未見而實禍立聞，抑其利害又有甚者。

此邦近創大道場有三所：一則衙前，❶二則壽寧，三則開元寺之普度會。所謂勸首者，雖隱匿姓名托之它人，而主其謀者，大抵實豪强之宗子也。此等平日聚博屠牛，交結胥吏肆爲非法，本非向善之人。所以爲此者，特不過以姦謀詭計遇賢太守無所施，故借是色目裒斂民財，而恣其醉飽淫蕩之私耳。集衆定社已封羊釃酒，一出題疏，僕夫負財，爛醉而歸。原其假托，實與平時聚博屠牛等事，同工而異曲耳。

矧頭會箕斂，動以太守爲名，到梵音一畢，則所積丘山，席卷而歸，誰敢冒凶焰而勾稽之？此其肺肝，自可灼見。假如一受其陷，則異日有違法至於黄堂之前，寧不爲之動而躊躇其筆乎？

區區一介，非固爲是狂僭之言。所深惜者，以明月之珠、夜光之璧，有纖微玷纇，則非十全之寶矣。幸毋以山判已出爲嫌，此正聖賢不遠之復，而闔郡觀聽所由新，❷所謂正人心、移風俗之機也。惟大賢君子深誓之。

---

❶「前」上，清鈔甲本有「門」字。
❷「所」，清鈔甲本作「之」。

北溪先生大全文集卷第四十六

劄

上傅寺丞論學糧

某伏以判府寺丞，下車首先篤意學校。風化本原，以教與養不可偏廢。謙謙訪及利病，因竊博采内外僉言，參贊耆老公論。皆以本州學糧，古來號爲天下豐羨，大觀、政和間，教養五百額，後減殺至二百員。淳熙甲辰、乙巳間，田教全年破供，無旬休、節暇及堂試日，並皆造食，常綽然有餘。及有學糧官後一年二補，每補僅破一百日食；况又累政撥田入學，乃常告匱，至有今日之極，其故何邪？大抵始者非天雨鬼輸而來，❶今又非冰融雪消而去，皆係乎其人。若非監官之耗蠹，則庫子之盜竊；非催科吏之蔽欺，則輸納户之欠折。

❶「雨」，乾隆本作「運」。

今惟先攷究府庫失陷之弊，以清學糧所聚之地，則日下便可以蘇醒有濟；❶繼又兼整理田畝失陷之弊，以豐學糧所出之原，則日後益可以久遠無壞。謹畫一開具于後，少裨采訪之末，幸賜台覽。

一、學糧庫不在學之弊

本學倉庫，❷元皆在學，見有舊所存在。因癸酉詔通貢院引試，黄推官桂遂搬出錢糧，權寄軍資庫。試後因循，不復搬回。然在軍資庫，與學隔越，易生情弊。湯推官政内，嘗因士子有請，❸搬回在學。未及一年，復爲胥輩轉移而之軍資庫。今莫若仍舊在學，此乃十目之地，庶幾諸弊不生。

一、庫子兼管他庫之弊

學糧今在軍資庫内，與歲計共一庫，與增鹽庫相接聯，❹見是吴深一名充三庫子。軍人或借請歲計錢，吴深常將學糧錢代支；及或用鹽錢，又將學糧錢借撥，擅於移易如此，❺所以致滲漏消折。今若移學糧庫在學，則免與諸庫混雜，只差吏人一名專掌，而無兼他庫事，❻則可杜移易借撥之弊矣。

---

❶「日」，清鈔甲本作「目」。
❷「庫」，清鈔甲本無此字。
❸「因」，原漫漶不清，今據乾隆本、清鈔甲本、清鈔乙本訂正。
❹「接」，原爲墨丁，今據乾隆本、《四庫》本補。
❺「於」，清鈔甲本作「自」。
❻「事」，原作「眼」，今據《四庫》本改。

一、催科不嚴之弊

村民佃租爲數不多，其欠亦少。惟在城抱佃之人，自五緡十緡，至三四十緡者，❶或以假儒，或以勢族，或正官户，或宗室，僞名多方，計囑司吏。如今年秋收已畢，却遷延不輸，至明年新租之起，尚納未盡。新租既起催，則舊欠不復督。更拖一二年，便望赦恩蠲放矣。此學糧所由欠折。

今革其弊，所爲催科之限，須如州司納子蚪錢，責之正額典貼，一年拘催一年，以取足爲了當，不許過期拖欠，有賞有罰。如此，則承行者無不效力，而欠户難隱蔽矣。

一、學糧典貼盜用之弊

本學催租，只差齋僕，蓋懲吏卒下鄉之擾也。用之既久，弊所由生。村民居遠，或以租錢付齋僕，齋僕不爲輸納，與司吏通同使用，❷遂免點檢違限，❸書吏亦往往兜攬在脚盜用。監官稍緩比校期會，則積欠愈多。設若監官令典貼剗出欠户，彼既嘗用過佃户之錢，却將欠户姓名隱匿。遠鄉村民，但知有齋僕司吏手寫領榜爲憑，而剗欠又不及之。其在城抱佃之人，每月以錢賂司吏，名曰「帳脚」，覆護不催。或以一半租錢私付司吏，遂不復責之全納。此皆監官無比校，而程限不嚴之故。

---

❶「者」，清鈔甲本無此字。
❷「與」，原漫漶不清，今據乾隆本、清鈔甲本、清鈔乙本訂正。
❸「點檢」，清鈔甲本作「檢點」。

今革其弊，須逐年全録佃户姓名，作三册子：其一監官所，其一學官所，其一在學。常嚴程限比校，如有懶催不登數者，監官或不糾，則學官當徑申州。如此，則催科一一分明，可無漏落倖免者矣。❶

一、納米之弊

本學輸納，被佃户作弊。❷米變爲穀，穀變爲錢；大斗變爲小斗，百足變爲百省。其來已久。向者白米之納，倉厫盈溢，陳陳相因。近來不過年納二百餘石，僅可以周一補造飯；繼後一補，則官庫支錢，就米鋪糴。錢既不時給，鋪户皆臨時供惡濕之米。蓋由納米之日，斛子與典貼取裹足太重，一石至費六百文，佃户苦之。遂計囑減落米數，秪作錢納。如遊洋一庄，租來納白米，米又精良。去年，湯推官臨替，却計會納錢，是致學糧米數又須減少。外有合納本色之户，多遷延不納，至來春，却圖折價。折價既行，又不鋪錢，❸此皆在城拖佃之人，百端計囑，司吏通同作弊，遂至學厨一旬有三五日不造食。

今革其弊，須覈實一年合用若干米，取元納米精良處，籍定其數，俾永輸本色。仍減輕裹足，立爲定制，而嚴禁胥徒之横取，然後人户樂輸，而年間可以足用矣。

一、庫子受納之弊

---

❶「可無」，清鈔甲本作「無可」。

❷「被」，清鈔甲本作「彼」。

❸「鋪」，乾隆本作「納」。

舊學中受納，監官給一到庫印與職事收。每日有人户納錢到庫，庫子交收訖，即批上都曆，職事遂將庫狀就都曆上合同打到庫印，付人户去。❶及人户取鈔時，將庫狀比都曆上合同，方給鈔與之。此更無可容弊處。後來庫子爲見其中無所取，乃轉移監官，毀職事印，只給一印與庫子自打，庫狀從此遂無稽考。

如，有一日，或十户鈔到，皆是自印庫狀，付佃户去。其實只將五户納入附都曆，而餘五户，別作小草簿，私記姓名，爲盗用計。官司無從而知，但云鼓門下抄附納錢有總曆，皆本人自抄附，已有登帶。然鼓門抄附所納佃户姓名、錢數，不曾申學糧官，學糧官亦不曾就門頭取會一日有若干人錢數，是致庫子公然盗用一半，不入都曆，誰敢詰其端？

由此觀之，庫子私記小簿，最是作弊要處，藏之甚秘。如：去年春，庫子楊茂，冬則陳起，一年首尾盗用數百緡。或下獄，或逃竄，皆以私領佃户錢不入曆之故。亦獄司不測打開私櫃，攫取私記小簿，鞫之，乃獲知其狀情，然其錢竟無復追補。

今若移庫在學，并依舊差職事，於受納時親就都曆打到庫印，則此等盗用諸弊，無容作矣。

一、庫口椿錢之弊

納錢權椿庫口，至晚，監官須入庫收藏，或請職事監收。今多閱日不曾搬入收藏。吏人垂涎，無不潛移

❶「人」上，清鈔甲本有「與」字。當從。

盗用，❶則是官司以錢付盗手，❷而非盗者之盗用官錢也。

一、驅磨且從近年

主學糧前後亦多美惡不常。如甲子年間，在黄判官景淵手，多有計校，減下租數，然未到無支梧處。❸至癸酉甲戌間，在敖教政内，俸錢猶依舊例，定於本月初六日支；食錢定於旬日給。歲暮又預出來春兩月錢與人，爲歲節之用，亦未聞以匱告。

及丙子後，入湯推官政，便支遣不行，或春季錢至秋而後支，❹或秋季錢次年而後給。緣是湯推官不了胥輩多作姦弊，不曾知覺，且時受其蕉布、吉布厚貢，❺每以十疋爲束，因遂鉗口，無復檢點矣。豈知蕉布、吉布等物，即是學糧錢换名邪？❻至任滿之末，有人户錢被吏人領去，在己以百貫爲率而不到庫者；有欠在人户分上，只厚賂吏人庇蓋而不復納者。

葉檢院見學糧大欠闕，不與批書，責其填補。未幾，而權要之書至，復與批書去。新官交印，乃曰：「前

---

❶「用」，原爲墨丁，今據《四庫》本補。乾隆本作「取」。
❷「則」，原爲墨丁，今據《四庫》本補。
❸「梧」，乾隆本作「吾」。
❹「支」，清鈔甲本作「至」。
❺「厚」，清鈔甲本無此字。
❻「是」，清鈔甲本無此字。

事吾不理。」於是，諸作弊老姦巨猾網漏矣。

今幸遇天開日明，若未能從遠年驅磨，且近從湯推政內丙子年以來，委清明官驅磨，其出納之數，年間所納若干、所出若干，一一嚴核其實，則諸般滲漏侵盜情弊，皆瞭然不能逃矣。

一、主學糧時擇清明官，不可拘在一司

學糧專在一司掌管，則官無常人。有公清者，有不公清者；有明曉者，有不明曉者。幸而遇公清明曉者，則才有樂育之善，❶士無不飽之嗟；不幸所遇非人，則其中姦弊紛拏膠轕。惟隨時選擇曹職中清明者主之，至或滿去，則又聽學中公論，推薦曹職中清明者代之，而不拘定在一司。此窮則變、變則通之常道。果如是，則管學糧常得人，而士子常沾國家教養實惠矣。

一、教官與錢糧官通知出入之數

學糧收支出入，固當責之監官；而稽攷參驗，權當在學官。若學糧官主錢糧，而教官只知教導，各不相通，財則已匱而教官增額太濫，錢當給而學糧官反以窘乏爲辭。前此教官亦嘗檢點學糧，同簽押，似乎通融，而權實不在教官。及湯推官稟白州郡，復不令教官與檢點，而錢糧官始專其權，以自恣矣。

一、學糧典貼及庫子，須擇人充

舊來典貼及庫子，皆都副吏保明，選差正額手分、貼司，謹畏、有家地底保人充。後來所差不擇，多用會

---

❶「善」，《四庫》本作「喜」。

子數百求之。緣其中可以作弊，大有所獲之故，老姦巨猾一入其中，肆行盜用，無所顧忌，寒士更莫敢誰何。必欲選差，宜從舊例。

一、虛蠹學糧之弊

舊未有錢糧官，差龍溪縣尉受納，有茶湯錢；舊置武生員，以兵官爲教導，有教導錢。今尉司無與受納，而供茶湯錢者如故；武生員廢已久，而供兵官教導錢者猶昔。果何爲乎？

右關府庫失陷條件，大概其間情弊頗多，未能悉知，更在委清明官以類推究。先且從湯推官內，三年來驅磨其出內之數；復移庫置學中，擇謹畏人吏專掌；然後即諸宿弊，一併洗清之。則府庫之失陷者，可以立振矣。

一、學田圖籍有青册子，可按爲準

本學田元租有大觀年間圖籍，傳之既久，頗有遺亡，不具在。淳熙戊申間，黄推官渥主學糧，注意覈實，爲久遠計，申州重造圖籍，每莊保田各差職事一員，副以官牙一名，書吏一名，畫匠一名，前去地頭打量步畝，圖畫田段，紐定租數，類爲簿籍，名曰青册。已公平明允，可按以爲準。一正本藏學糧司，一副本寄軍資庫。及黄推官滿去，諸姦弊即復旋生。今已三十餘年，田租數數更變，未悉此青册尚無恙與否。❶恐有惡其害己，而去其籍者。今宜速契勘，此青册果儼然無變動，必按其圖以覈今見在之田，按其數以覈今見在之租，則凡今之不如

---

❶「悉」，原作「委」，今據乾隆本改。

舊者，皆可從而整理矣。如其無足憑，則重差人造圖帳，亦不容廢。

一、累政撥田添學糧

前郡守自傅樞、傅侍郎、俞監簿、莊侍郎、趙寺丞諸公，屢撥廢院田添助學糧，或二百斛，或三百斛。又在青册租數之外，具載碑記分明。年間用度宜有寬羨，而乃日甚焦熬，何也？此等田，若例遭作弊曖昧，則方近接耳目，未至無稽考處。不可不覈定數，附青册子，爲傳遠計。

一、田租減落之弊

本州學糧元號萬餘，今年間所入僅止七八千而已。蓋緣三十年來，累被姦猾佃户計囑司吏，於錢糧官臨替之日，假作抛荒逃亡，詭名入狀，計較減落田租，承佃依舊只是元佃本人。然租簿所批附減落之數，不過只是司吏自注，有何勘會憑據？有何經官印押？大抵都是作弊莽鹵，❶所以大至失陷。

今欲一一整理，須先多散榜諸庄保内，許人户告首其隱没之數者，與賞佃；或自首其元數者，亦與元佃。及趁春工未動，許人增租改佃，務以青册元業爲率，❷則學糧庶乎可復舊矣。

一、田租瞞減之證

湧口莊，元係莊氏捐百斛租田以助學糧，具載學碑。始者，每壹桶㪷納錢一百五十足；中間將貳桶㪷

❶「莽鹵」，乾隆本作「鹵莽」。

❷「業」，清鈔甲本作「額」。

折爲三官㪷，❶納錢三伯足，❷有舊鈔可憑。後來佃户郝謙之、蔡恭叔、林容等，計較將每㪷壹伯足作七十價輸納，今元佃見在無恙，而租錢乃至三變。然其間亦有人户分佃，如陳高、黄進者，目今尚每㪷作壹伯足納官；比郝謙之等，瞞官頗多。豈有一項租田，却有兩價？按庫鈔相校，爲弊灼然。上項本末，莊氏子弟備知端的。其他莊田情弊，亦多類此。舉此一端，則他田情弊，可以類推。

一、學田有偷賣者

村民有世佃學田，上世祖父立鬮書遺後人，載所佃學田與諸子分佃；至再易世後，又再立分佃鬮書，而不聲説是學田，又易數世後，子孫不復知其由，以爲祖父産業，遂立赤契與人户交關，❸而無可奈何矣。若明皇莊田是也。

一、學田有偷占者

本學田有一段，在城東之村七里，❹曰赤嶺。圖記分明，而無有的知疆界之所在。遣職事出地頭訪之，居民皆曰無之；又以圖記細考而物色之，乃覺其爲武斷鄉村者所盜據。居民蓋畏憚而不敢言。然此段，竟

---

❶「折」，原作「析」，今據乾隆本、清鈔甲本改。

❷「伯」，乾隆本、清鈔甲本作「百」。下同。

❸「赤」，乾隆本作「賣」。

❹「村」下，清鈔甲本有「北」字。當從。

亦無如之何。❶

一、學田有偷入帳請買者

本學官洲莊田有三洲，年科占穩穀一千五百斛。❷其中大者曰北洲，該納九百六十斛；次二洲，共五百四十斛。今北爲洪水流崩，未有拄應。淳熙間，趙師洽捨田入學，其田下沿生泥淤，學中歲收蒿草錢一百九十一貫，殆未足以裨補北洲所崩地位。近緣謝念二、念九盜刈蒿草，❸斷罪挾怨；欺罔顔知縣宅，唆令幹人計較入帳請買。❹顔宰最是潔白之官，一時爲村人所誤，納錢請買。豈有本學沿生泥白而可以入帳請買乎？❺近又計較林廷秀，詭名增三百石租摻佃。彼官洲佃户，父祖世居在彼，或有海濤衝突，隨即補治，久而輸納無欠。豈應爲謝念三計較詭名摻佃乎？

右關田畝失陷條件，大概其間情弊頗多，未能悉知，亦在委清明官以類推究。於府庫既有倫序之後，必又相繼按青册子田圖租數，從根本處整理。若明白易見者，先與之正定其經界；或曖昧難知者，徐爲之爬梳其條緒。務要如青册子元業，則田畝之失陷者，可以復還矣。

---

❶「竟」，原作「意」，今據清鈔甲本、《四庫》本改。
❷「穩」，清鈔甲本作「租」。
❸「二」，清鈔甲本作「三」。下文有「謝念三」。
❹「唆」，清鈔甲本作「吡」。
❺「白」，清鈔甲本作「田」。當從。

北溪先生大全文集卷第四十七

劄

上傅寺丞論民間利病六條

某伏承台慈，不以愚賤，訪及民間利病，敢采摭目前切近者，凡六條，上浼台聽。

一、此間民俗，大概質朴畏謹。然其間亦有姦雄健訟，爲善良之梗，使不獲安息者，在民師帥不可以不知。蓋緣一種人，長於詞理，熟公門事體淺深，識案分人物高下，專教人詞訟爲料理公事，利於解貫頭錢爲活家計。凡有詞訟者，必倚之爲盟主，謂之主人頭。此其人，或是貢士，或是國學生，或進士困於場屋者，或勢家子弟宗族，或宗室之不覊者，或斷罷公吏，或破落門户等人。皆於影下教唆，或小事粧爲大事，或無傷損粧爲幾喪性命，或一詞實而粧九虚以夾之，或一事切而粧九不切以文之。承行之吏，亦樂其人爲鷹犬；而其人，亦樂於挾村人之財，與之對分。此詞訟之所以日繁一日，聽斷之所以徒爲虚勞，而善良者之所以虚被其撓也。

前政趙寺丞知其然，當聽訟時，灼見有此等人，便嚴行懲斷。其在士類者，則善處之自訟齋，齋在州後園。

窮年不與歸，人因畏戢，不敢健訟。次年所引詞狀，日不到三十紙。莊卿繼之，廢自訟齋，詞訟翕然，日至四五百。其中虚妄健訟者，雖亦能燭破其情，末却放之善去，❶無所懲艾，於是姦雄鼓舞而詞訟益蔓，善良益不克安迹矣。張郎中再按趙寺丞故事，榜儀門曉示，詞訟又頓少。

今寺丞下車，第一引詞狀日幾至三四百者，亦以故事未曾舉行故也。❷而今而後，宜申嚴約束，如有此等人出入公門，隱匿司房，爲詞人盟主者，門卒案吏同坐。若其人非士類，則依條重行科斷；在士類者，則循舊例，決竹篦，處之自訟齋，窮年使讀《論語》、《小學》之書。是乃以善治之之道，如此，則健訟者無復敢恣爲虚妄而肆行教唆，然後人之以詞訟來者，必皆其事之不可已而情之不容僞，聽斷自可常清明，獄訟自可常簡少也。

一、此間村民有一種折合之風，甚爲善良之擾。蓋村民中有浮浪、貧窮、無顧藉人，不安己分營生，反妬人之有財，專萌折合之心。如同儕輩是一樣門户，纔見渠所蓄有二三十緡，稍勝於己，便思以事與相干涉而折合之。或以牛羊踐踏賴，或以妻兒鬭罵賴，甚至或食野葛仆於其室，或潛夤夜經於其門，必卷他家之財爲己有然後已。

況視産業温燠家，其設計謀取錢物尤爲詭譎，一唱百和，至朴拙無能者亦相效成風。故或田主取償於

❶「末」，乾隆本作「狀」，當從，屬上讀。
❷「曾」，清鈔甲本作「嘗」。

佃户，而佃户適有家人病死，乃以賴其金穀者；或財主索債於貸户，而貸户無還，乃殺其幼孩以謀錢帛者；或屋主有責事於店客，❶而店客生憾，乃扼吭殺其病母，以刼白金數百兩者；或良家産户，婢僕不幸嬰病以卒，而父母、兄弟、姑姨、叔伯，必把爲奇貨，羣湊雇主之門，争攫珍貝者。悖理傷義，大不可言，亦由州縣無清明，❷有司復於其中乘隙圖一分己賂，推波助瀾，遂愈滋蔓。

前政葉檢院知其俗，一鎮以無事。凡有此意來者，悉折之不行，至其實有鬬死，方與依條究治。蓋其所辨别，亦惟以貧論富，以賤論貴，則決知其爲折合之計；或兩家之力俱相等，方疑其有鬬敵而爲之受詞。龍溪陳宰亦深能照破此等姦狀，只於其始便遏絶之，不與肆。數年來，閭閻田里此風稍息，❸粗獲安寢。今仁政之下，決不容此等俗，然亦不可以不預知。

一、屠牛之風與盜賊實相表裏。蓋屠牛者，盜殺人之牛，與承盜者之牛而屠之，以盜遇盜，豈但姑爲一牛之故而已？必無不盜之所由長也。此間屠牛，在城是宗室不檢者，鄉村是亡命浮浪者。近日肆行，蓋緣前政以軍需牛皮，不欲科配，只出官錢付吏和買。承吏因自收錢入己，只分些少與屠家爲名，屠家因是公然牽人之牛而屠之。村民失牛者，拱手相視，無敢誰何。

---

❶「事」，清鈔甲本作「求」。

❷「明」，清鈔甲本作「白」。

❸「閻閭」，乾隆本、清鈔甲本作「閭閻」。當從。

今使府新政之初，尚稍觀望斂戢，既而旬日，便遂縱横無顧忌。春功將動，耕牛有限，安能供日日無窮之屠？恐不可不申嚴約束。如有犯者，若是亡命浮浪人，宜借一人重行懲治，以警其餘，未可只與一決杖，快便而去，須索烹宰之具槌毁之，錮身徧押諸下縣，納牛肉錢，及徧號令四境諸鄉村以苦之。到一年後，有犯者代之，方可聽放。若是宗室，亦如前，決竹篦，窮年閉之「自訟齋」以善治之。又嚴左右鄰甲告首，若容隱必同坐。如此，則人自不敢犯。果屠牛能禁止，則是亦去盗賊之一端也。

一、此間有所謂「鄉税」擾民，甚於官租。官租猶時有定目，鄉税則不可以一目計，而又無時之能已也。何謂鄉税擾民之甚？如諸廟之率斂民財，其一也。蓋此間民俗尚淫祀，多以他鄉非鬼立廟，其植禍深，其流殃蔓。今未暇細論，姑以目前粗擾者言之：一般浮浪不檢人，託鬼神圖衣食，称廟中「會首」，每裝土偶如將校衣冠，名曰「舍人」，或曰「太保」。時騎馬街道，號爲「出隊」。羣不逞十數輩，擁旌旗，鳴鉦鼓隨之，擎疏頭假簽，士居尊秩名銜，爲都勸緣。繼以宗室列其後，入人家抄題錢物，託名脩廟，或託名迎神禳灾，脅以禍福，不分貴賤貧富，必足數而後去。雖肩擔背負小夫，亦必索百文五十爲香錢。連日自朝至暮，徧匝城市，無一户得免者。其實所抄題錢，大概皆是會首入己自用，爲醉飽計，爲肥妻孥計，於鬼神何有計？闔城諸祠，似此類假託者，不知其幾廟。一歲間，自春徂冬，人户遭此等撓聒者，❶不知其幾番。❷愚民無知，畏鬼誅譴，

❶「聒」，乾隆本、清鈔甲本作「括」。
❷「幾番」，原漫漶不清，今據清鈔甲本、清鈔乙本訂正。

割仰事俯育之具爲無用不切之輸，不勝其苦。此鄉稅之至横者。

漳民無大經商，衣食甚艱，十室而九匱，非如温陵市舶連甍、富饒之地，其何以供？此爲千里神人之主，可坐視而不之問乎？假鬼神以亂政，及哀斂民財，在法有明禁，恐不可不申嚴約束。如有故違者，將會首計贓依條重行斷罪，仍押徧歷在城及鄉村諸廟門號令，以困苦之。若然，則姦民知懼，不復賣弄，人户遂可省此等横賦之擾，庶乎其稍蘇矣。

一、此間多有一般無行止姦雄、浮浪客旅，上既非商賈販賣之流，下又非殘疾跛躃之輩；❶形貌魁堂如大兵，氣力兇很如暴虎。假名尤溪師巫，或攜刀子，或鳴牛角，或吹竹筒，或木拳槌胸打業，或蓬頭，或裸體，入人家乞丐，厲色峻辭，如誅所負，排門逐户，無一放過，應之稍遲，便出惡口。人户畏憚，不敢譏呵。有人一日一番，有人三四日一番，有日三四人疊至，編氓間日又爲此等所擾，❷茲又鄉稅之一横者。

熟覷其人，實非乞丐，乃假託此態，窺覷人門户，爲盜竊計。目今夜行之黨甚熾者，多此曹之預其間也。前政張郎中嘗榜緝捕，閭里清晏。今亦不可不申嚴約束，應旅邸不可居停。❸有依舊臨人門户者，許人户

❶「疾」，清鈔甲本作「病」。

❷「編」，原作「偏」，今據乾隆本、清鈔甲本改。

❸「邸」，原作「邪」，今據乾隆本、清鈔甲本、《四庫》本改。「旅」上，乾隆本有「禁」字。

告廂官、地分等捕捉，悉押出境。❶不然，刺爲散兵而重役之。是亦去盜賊、蠲鄉稅之一端也。

一、此間僧寺極多，極爲富饒，十漳州之産而居其七。凡爲僧者，住無礙屋，喫無礙飯，著無礙衣，使無礙錢，因是不復知稼穡艱難，而至於驕縱。雖已出家爲方外之徒，不肯安分修方外之行，却與俗人結冤於貪癡嗔愛之場，争人我者甚大。如五禪大刹，爲郡頭目，皆出頭好鬭。至猾黠者圖之，握錢穀大權在手，聚姦凶大衆在院，遂作無邊罪苦，侵虐平民，陵抗士夫，非有率衆脩善根意。以聖節道場一所，係闔郡文武祝聖，爲體甚重，而主者乃舊住光孝，犯姦坐獄、行賕苟脱之人。豈不爲公家汙辱？其他多此類，不待言。

外而環城諸寺，尤爲豪横，多買士居尊官爲庇護，舉院界限，❷皆託名爲士居尊官墳林，倚靠聲勢，酷毒村民。有拾界内一枝薪者，則以爲斫墳林而弔打之；有牛馬羊豕食界内一葉草者，則以爲踐墳庭而奪没之。村民受苦，無敢誰何。諸寺類皆招集無圖浮浪人充行者，結束作士人衣冠，凶悍如大兵氣勢，專以打人示威，名曰「爪牙」，外護其出入踐履公庭，尤甚於民間健訟之夫，至其恃財縱欲行姦，亂民伍、汙風教者，久被俗之常態，❸穢人楮筆，不在論。

祖例州縣凡有營繕修造等大役，官司量以錢付僧家，仍授之規模而責成焉。至有不給，則令彼出陪補，

❶「悉」，原漫漶不清，今據乾隆本、清鈔甲本及清鈔乙本訂正。

❷「限」，原爲墨丁，今據乾隆本補。《四庫》本作「址」。

❸「久被」，乾隆本作「多陂」。

亦不離公家常住之財，於吾民免被擾，而閭里獲安息。後來諸僧院設計厚賂，都吏去其籍，遂破元例。而有事復斂之民，民遂被擾，而僧家安養端坐無爲矣。自是有司行遣，作輟不常。存心公明正大者，則寧役無用閒僧，而不忍擾吾民；以種福田爲心者，則無暇慮及吾民，而惟恐一毫有傷於佛子。二説相持，然一邪一正、一公一私，賢有司爲國家根本地者，不可莽鹵無辨也。❶

昔南軒先生帥靖江，日待僧家甚得體。以公廳非接見夷狄之所，凡有干謁白事者，但令趨庭，無上廳接見之禮。其説載在《語録》，誠可爲斯世大公至正之式。

今宜比傍「自訟齋」，將後園冗屋一間，作「自訟庵」，有躡訟庭、犯典憲，其罪不在流徒之科者，❷處於其中，一如「自訟齋」行遣，是亦善治之道，而可使之斂戢，無復縱橫者矣。

上傅寺丞論淫戲

某竊以此邦陋俗，常秋收之後，❸優人互湊諸鄉保，作淫戲，號「乞冬」。羣不逞少年，遂結集浮浪無圖

❶「莽鹵」，乾隆本作「鹵莽」。

❷「流徒」，原作「徒流」，今據清鈔甲本改。

❸「常」，乾隆本作「當」。

數十輩，❶共相唱率，號曰「戲頭」。逐家裒斂錢物，豢優人作戲。或弄傀儡，築棚於居民叢萃之地、四通八達之郊，以廣會觀者，至市廛近地、四門之外，亦争爲之，不顧忌。

今秋自七八月以來，鄉下諸村，正當其時，此風在在滋熾。其名若曰「戲樂」，其實所關利害甚大：一，無故剥民膏爲妄費；二，荒民本業事遊觀；三，鼓簧人家子弟，玩物喪恭謹之志；四，誘惑深閨婦女出外，動邪僻之思；五，貪夫萌搶奪之姦；六，後生逞鬭毆之忿；七，曠夫怨女邂逅，爲淫奔之醜；八，州縣二庭，紛紛起獄訟之繁，甚至有假託報私仇、擊殺人無所憚者。其胎殃産禍如此，若漠然不之禁，則人心波流風靡，❷無由而止。豈不爲仁人君子德政之累？

謹具申聞，欲望台判案榜市曹，明示約束，并帖四縣，各依旨揮，散榜諸鄉保，❸申嚴止絶。如此則民志可定，而民財可紓；民風可厚，而民訟可簡。闔郡四境，皆實被賢侯安静和平之福，甚大幸也。

上傅寺丞論告訐

某竊謂：民生秉彝，以人倫爲重；治民聽訟，亦以人倫爲本。故百姓不親、五品不遜，聖人所深憂。而

❶「圖」下，乾隆本有註「圖，漳州府志作賴」。
❷「風」下，清鈔甲本有「俗頹」二字，可從。
❸「保」下，清鈔甲本有「甲」字。可從。

聽五刑之訟，必原父子之親、立君臣之義以權之，亦王制所先務，誠以美教化、厚風俗，所係在此而不容緩也。

共惟判府寺丞，治貴清净，政尚中和，用刑必期于無刑，聽訟欲使之無訟。下車之始，即明榜通衢，首崇輯睦之風，申明孝友之道，勸喻諄切，可謂知所本矣。今已漸及一朞，固宜人心感格，同歸于善；風流篤厚，莫不恥言人過。竊怪近日以來，乃不其然。

民間詞訟，大概多是告訐，或蔓引其無干涉之説，或妄發其十數年之事，揆之事理無甚緊切，按之人倫大相悖戾。以兄弟均父母遺體，而交相告訐，入室操戈，如何相之於何尚忠、林鼐之於林衡等類是也。以叔視姪爲猶子，姪視叔爲從父，而交相告訐，入井下石，如戴世略之於戴夢松、王振之於王椿等類是也。甚而婦姑勃谿，有違不順父母之律而不恤者；夫妻反目，有違前賤後貴之説而不顧者。似此類例，姦險百出，不可枚數，皆關人道之大經，犯天理之大戒。抑又有難露楮筆者，雖其情狀不能逃神明之鑒，然而賊害綱常、敗壞風教，莫此爲甚。此而不禁，將恐薄惡之習愈熾，❶而醇厚之風不聞。

昔舊邦君樞相傅公在此，嘗勸人户賑糶。有林仁壽者，告其兄林堯壽産錢之高，合先糶穀。公判其狀曰：「官司寧可無二百石穀，而兄弟告訐之風不可長。」此判一出，邦人傳誦以爲神筆，聞者褫魄，無復效尤。今弊俗如此，可駭可嘆。

❶「薄惡」，清鈔甲本作「惡薄」。

某辱知門下，有所聞見，不敢隱默，謹具公劄申聞，欲望台判嚴榜曉示，杜告訐之一門，明人倫之大法，以開其友睦、禮遜、秉彝之良心，使人人知恩義所自來。有相賙相恤之愛，而無相刃相靡之薄，一還昔日清漳道院之美，豈不偉歟！或自此之後，猶有循習不悛者，則用孔子拘三月之説以揉之，庶幾良心必有悔悟，天理必有還復之時矣。

北溪先生大全文集卷第四十八

劄

上傅寺丞論釋奠五條

某伏以仲春上丁，禮期在近，其間有大不備當預措置及大失禮當預禁約處，謹條畫于後，少俾郡國典禮之末議，伏幸台覽。

一、祭器大不備，爲侮神甚矣。按先聖先師三正位，每位前祭器一分，該用籩十、豆十、俎八、簠二、簋二、爵一，皆初獻官所親臨，固不敢闕。次而東西壁從祀十位，每位前祭器一分，該用籩三、豆二、簠一、簋一、俎一、爵一，迫近先聖先師左右，亦初獻官目之所及，猶不敢不具。至兩廡從祀九十八位，每位前祭器一分，亦如東西壁之數。爲其初獻官目所不接，大故欠闕，[1]往往九十八分之中，所見存只有三之二，故於陳設不能一一均備。或兩神位共祭器一分，或三四神位共祭器一分。亦有神位對空而無所設者，使諸賢神明

[1] 「故」，康熙本、清鈔甲本作「段」。

一皆來格，則全分者如何其獨安？共分者孰先而孰後？無分者得無空視乎？其爲侮慢，可謂極甚，大有失禮經「備物盡志」之義。宜移文學中掌儀，閱實其數。除先聖先師三正位及東西壁從祀十位分前所合用祭器足數外，凡兩廡從祀九十八位，分前所見存祭器，實有若干，所欠若干，若籩豆、若簠簋、若俎爵，逐一計數；并尊罍之屬，有損當脩、有闕當製者，一併具申。早差工匠製造，使前期照數一一了辨，❶庶至期應用無少闕乏，❷而有以實致其事神之敬矣。

然祭器之所以多欠闕者，亦有其故：緣本州社稷風雷雨師壇俱無祭器，當行禮時，只就本學借用。春秋二社日祭社稷，立春後丑日祀風師，立夏後申日祀雷雨師，每年間借用凡四次。所用既頻，在本學乃士人收管，固自謹重；而外借用者，兵卒搬擔，既不保護，而吏胥抛擲，復不愛惜。或閱日之久而不還，或委地之濕而致腐，遂至損壞遺失，有此欠闕。及本學正當釋奠禮官，苟簡蔵事，不知點檢；掌儀鹵莽供職，復憚申紥，非惟無以致事神之誠，而反以重慢神之罪，其害顧不大哉！

《禮》：「大夫祭器不假。」此言大夫家祭器，不可假人，亦不可假於人。況堂堂郡國，而可爲假借用事乎？以先聖之位之尊，而其祭器乃浪假於人，何以示嚴肅之意？以社稷諸神之重，而乃假人之器以祭，亦何以致恭誠之心？「大夫祭器未成，不造燕器。」今燕器純用金銀，且無不備。祭器古朴，所費甚簡。豈能

❶「前期」，清鈔甲本作「期前」。當從。「一一」二字，乾隆本作「其」。「辨」，清鈔甲本無此字。

❷「期」，《四庫》本作「臨時」。

當燕器百分之一？而不專致其用，豈州郡事力不足辦之？❶良亦不識輕重緩急之體矣。

今莫若於社稷祭器，亦各專置一副，仍於官庫所特立一祭器閣，謹其出用而嚴其收藏，不必專靠假借於學。則在學者，不致易損壞，❷有全敬事先聖之心；❸而在社稷者，亦獲盡精專，無失欽崇命祀之意，爲兩得之矣。

一、牲牢大不備，爲瀆神甚矣。如先聖先師三正位，分前牲體，皆初獻官所親享，固不敢不備。次而東西兩壁從祀十位，分前迫近先聖先師左右，亦初獻官目之所及，猶不敢草率。至兩廡從祀九十八位，分前乃初獻官目所不接，大故滅裂。❹不惟祭器欠闕三之一，而牲肉只據位前所見，有祭器實之，每分一俎，羊腥肉一小片，豕腥肉一小片，如指面大，可謂至極微鮮。堂堂州郡，奉行國家尊祀先聖重大典禮，以諸賢陪從爲榮，其正食惟在牲禮，而所薦只如此，使諸神一皆來享，則若何而飽乎？或三四位共一分，則若何而均乎？或對空無分者，又何以爲顔乎？其爲褻瀆，得無太重？大有失禮經所以厭飫事神之義。

按朱文公《釋奠申明旨揮》，❺乃頒諸州縣所通行者也。其中附載「政和五禮新儀」一條，稱：「釋奠文宣

❶「事力」，清鈔甲本作「力事」。當從。
❷「損壞」，清鈔甲本作「壞損」。
❸「事」，原漫漶不清，今據康熙本、乾隆本、清鈔甲本及清鈔乙本訂正。《四庫》本作「享」。
❹「故」，康熙本、清鈔甲本作「段」。
❺「旨」，乾隆本、《四庫》本作「指」。

王，羊五、豕五，其割牲體大小，各有定品。」今本學釋奠，羊豕僅三頭，又涉稚嫩，未該肥腯。而所割豐約，又皆無度。聞官府例破牲牢錢六十貫，❶今宜依文公申明羊豕之數，乃就上件錢數内，會計諸色祭饌，如鹿臡、魚、兔、棗、栗等類，所經措置牲牢，羊、豕各五頭，宜從使旨裁斷，每頭羊若干斤樣，每頭豕若干斤樣，立一定數，合該用錢若干可以了辦，其上件錢有無剩欠，如或少欠，則併與支添，永爲定例。

牲牢既備，又依禮割，則庶幾從祀俎實可以豐潔，足致郡侯奉祀之敬，而不爲虚享以瀆神矣。至祭畢之後，又須從使府指揮，索久近例，分胙有無、豐約之數，別加裁處，立爲尊卑隆殺一定之品，庶以均神之福，而無至褻神之惠；又以定人靖恭之心，而息人貪競之志，令終一於禮也。

國之大事，莫重於祭，毋以餕爲祭之末，尊者不屑細務而忽之。《禮》曰：「善終者如始。」餕其是已。故由餕可以觀政，所以別貴賤之等，而興施惠之象。以廟中爲境内之象，而祭爲澤之大者，上有大澤，則惠必及下，而境内之民無凍餒者，此之謂也。

一、按古禮經，皆是「質明而始行事」。質者，正也。方正明而日光未見，未及乎文也。❷今《釋奠儀》有「丑時行事」之文，乃是奏大安、大成等樂，多占時刻之久，至行獻處，實在交寅以後。前後有司行禮，多是始於丑初，未及寅而已畢，皆失之過早。

---

❶「六」，清鈔甲本作「五」。

❷「文」，原爲墨丁，今據康熙本、清鈔甲本補。《四庫》本作「明」。

惟晦菴先生在此，於五鼓一點而始行事，至禮畢而天明，庭中恰已辨色。參之禮經，雖非「質明而始行事」，亦至「質明而畢事」也。欲及將來上丁行禮之期，一以晦菴先生爲式，庶不失早晏之中，爲得禮之宜。

一、灌酒是盡傾于茅上。❶其三獻中，所謂三祭酒，是少傾三滴也。每獻畢，執事者徹爵中餘酒于他器，於受胙主人之就席也，執事者奉先聖前所獻餘之酒，詣主人之右；主人搢笏跪受爵，祭酒、啐酒、飲爵。是乃飲神之惠，爲福酒，不當别以酒進于主人，恐非所宜。

一、子弟士人觀禮者，多入殿内，兩隅至四五十人。既迫近褻狎，紛擁喧譁，無以肅事神之儀；而其間又有寡廉鮮耻者，於獻官方徙步未出殿前，而已争攫菓攫燭；燭光頓滅，軍人乘隙又攫肉攫酒。盈殿中不勝其鬧，❷甚非古人祭後陶陶遂遂之義。使先聖神駕尚留，寧不大見鄙於殿上乎？

昔晦庵先生行禮，雖郡齋中子弟來觀，只設次於戟門内廡右旁植碑之處，未嘗敢有一人徑造殿内者。今欲乞約束禁止，仍於戟門内廡右旁植碑之處，特設一觀禮幕次，以待觀禮者造焉。庶幾殿内肅静，無犯禮之虞。

右畫一如前，欲望台慈特賜詳酌施行，非徒以整飭一時禮儀之事，實所以興起一邦禮義之風，誠非小補。區區干冒台嚴，不勝皇恐之至。

---

❶「茅」，原漫漶不清，今據康熙本、乾隆本、清鈔甲本及清鈔乙本訂正。

❷「殿」，清鈔甲本作「庭」。

請傅寺丞禱山川社稷

某恭惟判府寺丞仁心愛民，以春序過半，農事正興，雨意頗慳，朝夕憂勞。與僚屬躬禮百神，遍走祠廟寺觀，凡祈求之方，無所不至。雖或屢灑而復收，竟未蒙優渥之應，此其故何邪？

竊按之《禮經》曰：「天降時雨，山川出雲。」言雨之所從出者，在於山川也。又曰：「山林、川谷、丘陵，能出雲爲風雨者，皆曰神。非此族也，不在祀典。」言山川神靈，爲祀典之正者也。又曰：「諸侯祭名山大川之在其地者，亡其地則不祭。」言諸侯所當祭者，惟境内山川諸神，而不可以他求者也。

近世張南軒帥靖江，以堯山灕江爲州之望壇而祝之，❶水旱禱焉，隨感隨應。今漳之望，其山則天寶圓嶠，雄據西隅，天將雨則雲氣先冒于顛。其川則西北二江，發源汀、潮，夾遶州治而合歸于海。此正吾州陰陽融結之會，宜於城西五里内，度高爽之地，築壇壝，載祀典。但今倉卒未暇，姑席地望禱，亦合禮典之正。其次，則有社稷風雷雨師之壇在焉。❷近邵武陳史君於水旱，惟專詣社稷致禱，俗人笑之，而不知其爲禮之正也。天人一氣，幽明一機，本相與流通無間。而郡侯者，又千里山川社稷之主，而萬户生靈之命係焉，其所感格爲尤切而甚易，惟患誠之不至爾。

---

❶「祝」，清鈔甲本作「祀」。

❷「稷」下，清鈔甲本有「壇」字。

有其誠則有其神，無其誠則無其神。誠者，心與理真實無妄之謂。在山川社稷，有是真實無妄之理矣，若又加之真實無妄之心，以萃集其神靈，則必能實感而實應。不於此致極精專，乃雜焉外求之異端淫祀，彼土木偶何從而有雨露邪？既無是理而强爲之，心雖虔，於造化乎何關？

至如舞師巫、繞僧道、設齋醮、禁腥臊等類，又皆循俗之常儀，非所以交神明之要，雖圓山嘗致禱矣，然所主乃山下寓居之鬼，而本山之神未之及也。惟龍潭祈祭，❶亦此州山川之一者，但恐文具而往，初無所補。況因而圖利，抑又甚邪？

今若掃去流俗一切冗雜之説，而專一致吾精意於山川社稷正神之前，則脉絡貫通，無有不感格者。設若至是猶未獲大應，則更退而求之政事之間。若刑賞、若財賦，恐或微有召天意之慳，是亦湯自責已。吾夫子素行合神明，所以爲禱之實也。

某辱知門下，不皇寧處，敢冒昧以此少裨黄堂之末議，并録南軒《堯山灕江壇記》上呈，惟高明垂照，幸甚。

禱山川事目

一、就西門外五里内，擇高陵平曠、四達無壅之地，見天寶、圓山呈露分曉，剗草爲壇場。設爲四席位，

❶ 「祭」，清鈔甲本作「禱」。

每位各以幕圍三面，其上露天幕，不必高，恐遮蔽，只平胸，乃須上下縛定。其天寶山神席位，直向天寶山；圓山神席位，直向圓山；西江神席位，向圓山、天寶二山之間，正平匀對中，是西江上源來處；九龍江遠，不可見水，其神席位，只向梁岡、天寶二山之間，正對縫中，是九龍江上源來處。每位前留空地，稍寬，度可展拜縟，及陪位官列班。

一、每位各用牌子，以紙粘上。寫曰「天寶山神座」，❶曰「圓山神座」，曰「西江神座」，曰「九龍江神座」。

一、行禮之序：先天寶，次圓山，次西江，次九龍江。每一位脯一盤，用猪肉三斤；醢一盤，用魚三斤；作鮓菓子三盤。並列作一行。其餘茶盞、酒盞、香卓、香爐，❷如常儀，或用牲牢隨意。

一、祭饌多是庖卒無知，易至竊食。須令監官務極精潔。

一、差官出門做事，多是影下假託科配，乃其常態。須嚴行約束，無騷擾村民，以動其怨嘆之聲，反虧祈禱之敬。

一、禱名山大川事體之重，須三日齋戒。致極精虔，則精神所注，神靈必集，有感格之理。

一、山頭帆屋幕次，恐難宿齋。只宿齋於郡館，四更命駕到幕次，少静坐，澄息思慮，凝定精神，至五更行禮。

---

❶「寫」，原漫漶不清，今據乾隆本、清鈔甲本及清鈔乙本訂正。《四庫》本作「書」。

❷「卓」，清鈔甲本作「燭」，乾隆本、《四庫》本作「桌」。

一、逐位各一祝版。

一、讀祝宜差官。

一、祝版之文，須識本州山川來歷，説及相關係處，方切事情，有通神意。如：天寶山發脉行龍，湧爲州治，實郡之宗祖。如：圓山雄據西隅，鎮翼右臂，實郡之藩屏。如：西江發源汀潮，遶抱州治，實爲郡右襟帶。如：九龍江發源汀贛，遶郡東臂，與西江匯歸于海，實爲郡左襟帶。四者皆漳之望，恐撰祝文官外州人，未諳悉此，不可不報知。

與仙遊羅尉論禁屠牛懲穿窬

某少有所聞，敢浼台聽。此間鄉民，甚感戴前政禁屠牛、懲穿窬二件。德惠之美，三年内，四境編民晏然奠枕。

兹者幸遇台旌之來，鄉民深望其舉行故事，以爲帲幪之賜。蓋前政於此二件處，不可坐視其俗之惡，而聽其所之。若坐視其俗而聽其所之，是乃恣其俗而助之爲惡也。

今獻歲在近，❶舊俗將作。不如稟官長，預先出榜，明文戒約。又逐鄉責保司與團司，罪狀入按，令他

❶ 「在」，乾隆本作「期」。

預隨門戒喻，不能止絶者同坐。當其時，更遣人郊外默默緝之。❶或所在有此風不改者，以違法論，追保司、團司及犯人，痛行懲治，押逐鄉號令，則人必畏戢，而惡俗可革矣。

區區所聞，不敢不以告也。更在台慈詳之，以爲百里編氓之惠，❷且以爲兼善天下之兆，自此而始，尤千萬之望也。

---

❶「默默」，清鈔甲本無此二字。

❷「氓」，乾隆本作「民」。

北溪先生大全文集卷第四十九

祝文

祭四先生

謹以釋奠之明日，致祭于濂溪周先生、明道程先生、伊川程先生、文公朱先生。道喪千載，得自濂溪。《太極》一書，渾淪再闢。二程親受，濬其淵源，河洛洋洋，與洙泗並。聞而知者，卓有文公，發揮微言，皎如星日。惟四先覺，前後一心，道統攸歸，百世師表。學官列像，昭示儀刑。敢率彝章，少陳明薦，陟降庭止，惠我光明。

三賢

謹以釋奠之明日，致祭于唐相國常公、四門助教歐陽公、高州刺史周公。閩自唐世，始向儒風。惟爾三賢，倡導之力。遺祠在學，稱思未忘。❶敢率彝章，少伸報享，洋洋昭格，惠我無疆。

---

❶「思」，乾隆本作「頌」。

蔡端明❶

謹以釋奠之明日，致祭于端明學士忠惠蔡公。惟公義概忠風，在朝顯著，筮仕之始，由此幕賓。厥有遺祠，稱思未泯。敢循故典，少薦微衷。昭明格思，慰我景慕。

李侍郎❷

謹以釋奠之明日，致祭于徽學侍郎忠肅李公。公在紹興，力排和議，權臣見嫉，出牧此州。建學崇儒，人懷忠烈，遺祠未泯，報事敢愆。式遵彝儀，少陳明薦，來格來祐，多士以寧。

東溪先生❸

謹以釋奠之明日，致祭于東溪先生高公。惟公志節堅高，議論鯁切，一視夷險，之死弗渝。賢者之清，

---

❶ 乾隆本有註云：「郡判名襄。」
❷ 乾隆本有註云：「名彌遜，連江人，户部侍郎。力排秦檜和議。檜陷以相位，正詞拒之。出爲漳州郡守。」
❸ 乾隆本有註云：「郡人，名登。」

聞風肅立。學存遺像，❶庸激懦貪。敢率彝儀，少陳明薦。英靈如在，鑒此拳拳。

立后土祠

敢昭告于后土氏之神。古者家有中霤之祭，謂土神也。故禮經自天子至大夫，皆祭五祀。而中霤與户、竈、門、行之神並列。而其所以祭之，則皆用特牲爲禮。士不得祭五祀，以位卑禄薄，不克備特牲之禮。然《禮》有士「禱于五祀」之文，則雖不得行祭，而五者之神無不具。亦以人之所居，雖有小大之差，而五者之事，則無不同也。

某以庶士之賤，❷於五者不敢僭禮以並立，竊惟土位中央，神實爲尊；而居地之主，在有家所不容廢。今輒以義起，而特立「中霤」一祠，以朝夕致其奉事祈報之誠。創事之初，敢伸一薦。惟爾有神，尚明鑒之。

禱山川代傅寺丞❸

具位敢以酒菓脯醢之奠，昭告于天寶山之神。禮：諸侯祭境内之名山大川，以其能興雲致雨，而潤澤

❶「存」，清鈔甲本作「行」。
❷「士」，清鈔甲本作「人」。
❸「代」，原作「氏」，今據乾隆本、清鈔甲本改。

羣生，有神靈在焉。惟本山發脉行龍，結爲州治，實郡宗祖，爲漳之望。合築壇壝，編諸祀典，而闕然未有舉之。

今春序過半，雨意甚慳，羣民告病，日甚一日。某膺民命之寄，惕不皇寧，❶敢席地望拜，虔精以禱。迫於倉卒，鮮克如儀。惟爾山靈垂閔，大蒸雲氣，沛爲三日之霖，❷以慰我民來蘇之望，俾四境均洽，無失歲事，有以生生，實賴我神無疆之休。謹告。

圓山之神。同前。惟本山雄據西隅，鎮翼右臂，實郡藩屏，爲漳之望。後並同。

西江之神。同前。惟本江發源汀潮，遶于州治，實郡右襟帶，爲漳之望。後並同，只改山靈爲川靈。

九龍江之神。同前。惟本江發源汀贛，遶郡東臂，與西江滙歸於海，實郡左襟帶，爲漳之望。後並同。

禱雨良崗山

年月日，從政郎長泰縣令鄭煬，謹遣佐官迪功郎權主簿陳淳，躬致香茶酒菓之奠，❸昭告于良崗山之神。禮：諸侯得祭名山之在其地者，以其能興雲致雨，潤澤羣生，有神靈在焉。今之邑，亦古子男國之比。而此

❶「皇」，乾隆本作「遑」。
❷「三」，清鈔甲本作「一」。
❸「躬」，清鈔甲本作「恭」。

山行龍，自北而來，結爲邑治，實吾邑宗祖。巍然一巨鎮，蓋居民所賴惠澤以爲生，而有司當建壇壝以嚴祀事者，❶乃久焉闕典。

今春氣已暮，雨意尚慳，種不及施，民甚告病，恐蹈舊歲，與死爲隣。吏膺民命之寄，惕不皇寧，是用奔走俯伏，爲民請命于爾山之神，倉卒爲儀，未能如式。惟爾神靈昭鑒，亟垂閔救，蒸氣興雲，沛爲三日之霖，優渥四境之内，俾我合邑土田，春膏溶溶，播種畢興，無失一歲之望，以活我萬户生靈，實賴爾神無疆之休。尚饗。

黏蠅

維爾之生，于氣之查。腥渠鮑壑，乃爾之家。非可與人，是儔是侶，同焉是食，雜焉是處。況此之地，待聖對賢，天心之講，王道之傳。於赫有臨，齊嚴莊肅，尤非爾曹，所宜厠足。云胡麾之，頑不肯歸，天討明命，豈容已而。咨爾司黏，恪共乃職，❷澄清誅夷，以會于一。

喻蟻

維人之生，得天之精，服役萬物，通天之靈。惟物之生，得天之穢，服役於人，其天則昧。惟爾蟲蟻，又

---

❶「祀事」，清鈔甲本作「事之」。

❷「共」，清鈔甲本作「恭」。

穢之餘，腥渠飽壑，乃爾之居。非可蠢蠢，入人之室，循人之器，嚼人之食。况我竈君，爲祀甚尊。我家奉之，潔净精勤。爾物之么，尤不可黷。胡爲於斯，羣趨隊逐。汙我庖厨，蟣我鼎鼒，非惟黷神，抑干我私。匪干我私，實亂天紀，姑息苟容，則非天理。噫爾有義，能相君臣，物性之中，亦覺其真。今與爾約，三日而徙，四圍之外，各遠去耳。三日不徙，徙之不遥，是爾有罪，昏頑踞驕。天討明刑，吾何容止？即命司寇，恭行而已。以掃以除，焚如棄如，誅夷澄清，一復厥初。嗚呼蟻酋，告爾黨類，吾言不再，爾毋自斃。

祧遷祝祠

親未盡遞遷

世序代易，義當遞遷。追舊感新，不勝慘愴。

親盡别子祖

世易親盡，於義當祧。惟别子祖，盍遷于墓。

親盡族有親未盡

世易親盡，於義當祧。族脉猶存，盍遷彼室。

親皆已盡

世易親盡，義當祧遷。追舊感新，不勝慘愴。

祭　文

奠侍講待制朱先生

嗚呼！痛哉！吾道之不幸而先生之亡也。

自孔孟既云没，至周程始得其宗。然提其綱者，甚簡而未悉；闡其緒者，微露而未彰。聞者方疑而未信，望者亦眩而莫從。遊其門者莫繼其志，誦其書者莫追其蹤。

獨吾先生見明守剛，❶超羣儒而妙契，能至至而終終，體致廣大而用盡乎精微，志極高明而行道乎中庸。自一本而萬殊，無一事之不貫；由萬殊而一統，無一理之不融。所以能訛者訂而闕者補，晦者瑩而略者詳，啓羣哲之未發，集百氏之所長。會聖訓以作程，極至正而大中。辭達意以俱到，無或欠而或豐。折天下言論之衡而定于一，合今古道術之異而歸之同。使真是真非若白黑之不亂，人心衆理有脉絡之可通。聖心賢蘊如丹之炳炳，帝謨王範在目之洋洋。大金聲之條理，粹玉振之玲瓏。蓋不直可以當周程之嫡嗣，是又益精而益光，所謂青於藍而寒於冰，半與事而倍其功。天既不付之以重任，使大施所學以措斯世於堯舜，何不假之以遐齡，使大備斯文以覺後學於無窮？

❶「獨」，乾隆本作「惟」。

嗚呼！痛哉！吾道之不幸而先生之亡也。《禮經》脩矣而未具，將誰有制作之才，❶可以紹其業？《書傳》纂矣而未就，將誰有帝王之學，可以畢其章？《春秋》深斥諸儒失聖經之旨，又將誰與發其大義而振其宏綱？

嗚呼！吾道真不幸而先生之亡也。先生之藴，浩乎滄溟；先生之德，巍乎穹窿。望之儼然乎其敬，即之温然乎其雍。其春風之和，薰然襲人而可挹；其雷霆之威，厲然斷事而不可當。其襟懷磊落明快，如青天白日之豁；其節行屹立萬仞，如泰山華嶽之崇。其取善也，樂而無纖微之棄；其疾惡也，嚴而無回互之藏。其强健，天行而不息；其明睿，日進以無疆。其應學者，愈出愈新，直探諸懷而不匱；而言之入人也，又涣然洞徹乎心胸。真可謂通儒全才，而體道之大成。抑自學知、利行之至，純熟而從容。

淳以小生獲侍門墻，荷警策之十年，幸不至於迷蒙。昨歲暮之趨隅，誨諄諄而益隆。謂愚根本之已立，正可闊步而力攻。責之以參乎之「貫」，戒之以點爾之「狂」。宜友善於天下，毋孤陋于厥鄉。抑上論於千古，毋隘守于厥躬。須萬變之畢習，❷庶十分之可充。於臨岐之丁寧，且再約乎兹冬。豈謂斯言之在耳，反爲永訣之悲傷！❸

❶「誰」，原作「訟」，今據康熙本、乾隆本、清鈔甲本及《四庫》本改。

❷「習」，清鈔甲本作「集」。

❸「反」，原作「及」，今據康熙本、乾隆本及清鈔甲本改。

嗚呼！而今而後，有疑無復質矣！但日誦遺編以自攷，而無嚴訓之忘。薄寫情而寄奠，泫流涕其淋浪。惟昭明而不昧，有以迪乎愚衷。

祭侍講待制朱先生大祥

惟先生講明是學，於周程夫子之後，又精明而光大之。上以達于洙泗淵源之盛，使聖人嘉言懿範，益信白於天下來世，而諸家百氏之似是亂真者，悉顛末炳炳，無復可遁其情。其於斯文之功，大矣！雖使泰山其壽，長爲吾道之主盟於戴履可也。何乃氣數之不融，而遽與化爲徒，使海內學者頓失依歸，而長抱山頹安仰之恨耶？

況如某者深荷教育，幸粗知向，儀刑永隔，無從卒業，則其痛慕之思，❶又將何時而已邪？日月不居，奄及大祥。慨道里之云阻，望几筵而莫親。竊惟先生道在天下，昭明洋洋，無往不臨。謹爲位茲精舍，薄陳蔬酌，聊伸一慟之誠。儀菲哀長，辭不盡意，惟先生之靈實鑒之。

❶「思」，原作「私」，今據清鈔甲本改。

爲廖帥舉哀❶

惟朱夫子唱明洙泗、❷濂洛之學於斯世，遊其門者庸詎以數計？公獨所志毅然，終老而不衰；所守確然，經變而愈厲。所謂百煉之金，不以烈焰爍其精；歲寒之栢，不以嚴霜改其翠。蓋前輩老成之風，而吾黨直諒之士，非惟有以無忝師門之傳，而亦足以少增善類之氣。何爲不早及於中朝之顯用，而僅晚見於南方之小試？所抱負於胸中，姑稍施其一二，方祠奉之未幾，遽壙息之奄至。嗚呼！哀哉！追念平生情義周緻，切磋琢磨其已矣。遥望潸然而出涕，爲位家塾以泄哀。昭明洋洋兮來戾。

奠廖帥

惟我夫子，發明周程之所傳，上以達于孔孟。在斯世者蓋五十年，天下士無貴賤，羣趨而争湊之者，何啻以千。自排僞之説一行，未仕者顧遠舉而奔潰，已仕者顧位禄而變遷。卓然於門墻之下，一始終而不變者，能幾何焉！

公以剛嚴毅直之資，獨屹屹乎其間。所志者，自少至老而愈厲；所守者，更險如夷而益堅。夫子嘗爲

❶ 乾隆本註云：「即德明。」

❷ 「唱」，乾隆本作「倡」。

之嘉嘆，謂公獨爲拳拳，正猶「寒松之節不爲嚴霜而改，精金之質不爲烈焰而燃」。非惟師門之無忝，而亦國士之所難。何爲不顯用於中朝，而僅小試於南偏？

始漳户職，已趣操之特特，不同流而合汙，常自律以清德。分教韶潯，惟宣究夫道心，揭先覺之模範，正所適於青衿。撫字于莆，篤哀鰥而恤孤，閔歲荒之在疚，屢切切以蠲租。倅貳于潮，當僞禁之正苛，圖太極以立祠，鰯砥柱於頹波。執憲南粤，適洞蠻之猖獗，設方略以捍禦，督師徒而平遏。移憲而帥，抑森嚴乎閫制，❶清海道以寧謐，鎮連氓而安泰。雖胸中之負抱，未及竟其施行，然學之篤而見之實，得之深而養之精。故所至如春風和氣之著物，隨所寓而無不發生。何琳館之清游方適，❷而壙息之大期已丁！

嗚呼！哀哉！追念疇昔，辱公知之最密，不以愚之晚進，每謙謙而下屈，時切磋而琢磨，一相與以情實。凡書牘之往來，則縷縷其盈溢：或所疑之講訂，或所聞之攷質；或師説之推明，或己見之剖析；或證印其所是，或辨正其所失；或相發以並進，或交規而互敕。既有以挹其虚懷樂義之洪，又有以浹其責善輔仁之益。雖相去之甚越，固精神之無隔。懔訃音之奄至，嗟死生之異轍。

嗚呼！哀哉！吾黨之彫零若是，斯文誰與扶持而提挈？則愚之西望以哭公也，豈爲私慟？而緘詞以奠公也，豈爲私設？昭明洋洋，鑒此誠切。

❶「抑」，康熙本、清鈔甲本作「益」。「乎」下，清鈔甲本有「其」字。

❷「適」，清鈔甲本作「息」。

奠陳憲❶

惟公出忠臣義士之後，負英明信厚之姿，高標偉躅，有祖之遺。天子象賢崇德，特垂眷遇之私。以南方赤子之未遂，俾分符秉節而撫綏。惠澤浹東衡之民，威信著永寧之夷。洗冤澤物於曲江之上，又接踵乎濂溪之規。何世道之不諧，未及竟而遽歸！逍遥山水之爲樂，殊亡身世之是非。❷方耆年之尚壯，忽勇退而高飛。兹其雅趣之不凡，未可常情而度窺。蓋不以榮貴利達之爲事，而超然欲怡神養性以終享。於期頤何七袠之未周，而仙馭之去不可復追？

嗚呼哀哉！公胡爲而遽止於斯！某有同窗之契，既而翔泳之分殊而雲水之勢睽。自十數年來，蒙其不鄙，聯緘累牘之貽，❸拳拳以其嗣伯澡爲切磨理義之囑，且復招致金山，爲家塾之師。略形迹之不事，披誠悃之爲儀。既感公之教子高誼，欲成聖門之器，以脱流俗之陋；亦感伯澡之能恭父命，每篤講學之功，而精入道之思，頗能有以繼父志而悟旨。竊喜之，殆若千里似人之爲必，將無忝庭訓以副先志；亦私自幸，此學之不孤而斯道有望於扶持。則公之所以教子弟、隆師友者，非世俗相從於無根無用之比，而孟子所謂人

---

❶ 乾隆本註云：「即光祖。」
❷ 「亡」，康熙本、清鈔甲本作「忘」。
❸ 「貽」，清鈔甲本作「遺」。

樂有賢父兄者，於兹見之。

昨聞伯澡有銓闈之捷，意其旦夕榮歸，侍下團欒戲綵之愉怡。何及境尚一程之未達，❶而反成契闊千古之悲！藥餌不及躬，殮含不及親，固足爲終天之恨。然全送終大義以慰亡魂於九泉，而謹承顔致孝以奉偏親於慈幃者，尤子職所當深念而不可虧。始得訃於行道，莫可覈其的。今承書以爲信，重驚怛而痛悲。嗟善人之不淑，夫何脩短之參差！慨然緘詞以寄奠，引領東望，不知涕泗之交垂。惟公之有賢嗣以昌厥後兮，在公爲不死矣。諒昭明焄蒿如在兮，❷其照予之衷曲，而鑒予之哀詞。

---

❶「達」，原漫漶不清，今據康熙本、乾隆本、清鈔甲本及清鈔乙本訂正。《四庫》本作「及」。
❷「焄」，原作「焄」，今據康熙本、乾隆本及《四庫》本改。

北溪先生大全文集卷第五十

祭文

祭石子餘[1]

論學於去聖頽波之世者，知精行密，固難其人。然能識向背之大分，而卓不迷其所趨者，亦千一而未聞。

惟夫子卷道于兹，不得其門，而爲叔孫之自絶者，蓋泯泯而棼棼。如君以耆艾之年，不知爲將老之身，乃奮然一屏其平生馳騖之氣，而斂躬肅容，與後進趨隅而問津。不自諱其淺陋，而傾囊倒橐以求是正之真，俛焉孜孜，不惰于勤。此其志趣之超卓，夫豈尋常之可倫？况其抱剛方不屈之資，可與勇於義而果於仁。自建陽再謁而歸，氣象温然，非復曩時行行之云。使天假之年，則其所就又未易論。

某辱同門之義，所以嚴鞭勇策者，方有賴乎終始之勳。何癸丑之冬，君有南游之興，而間闊乎二春？

[1] 乾隆本註云：「名洪慶，龍溪人。」

幸去秋之來歸，謂合簪之有因；矧一緘之先枉，惟疑辨之是詢。何望望更不及見，而是緘反爲永訣之文！

嗚呼！吾畏友喪矣，吾將誰爲作德之鄰？山川之阻，哭臨莫親。忽焉斗建之九移，而適壙息之將湮。是用走价，薄奉一酹，而東向長望，不知泫然流涕之四奔。❶昭明如在，其鑒此誠兮石君。

祭陳景文

嗚呼！哀哉！吾愛友景文之死，爲可惜也。

世競挐攫於利門，爲機巧者百出；而子獨恬然守先人之稼穡也。世争馳鶩於榮途，至皓首不肯休；而子獨退然惟林泉之樂以自適也。世皆以絺章繪句爲學，無一字反諸身；而子獨毅然屏去時技之習，一惟躬行自飭也。蓋其稟純慤近道之姿，而非世味之所能溺也。生長田間，而有士君子之實也。胸中負抱有定主，而時人莫之識也。

自少年講學，一聞聖賢正大之論，則信之不復疑，而嗜之不容釋也。凡《語》《孟》之格言要旨，則誦詠之甚力也。事有觸乎前則舉以應之，若流諸肺腑而不外索也。故日用對境，而至理成法，昭昭在目，不揜匿也。其文雖不足，而甚有餘其質也。其節目雖闊疏，而所謂大經大本，則無慚德也。

以先業積累艱難之爲念，與其兄一心共保之，而不異籍也。友于兄如一體，而無纖毫之間隙也。所以

---

❶「泫」，康熙本作「潸」。

爲之經紀其後累者，不以存亡彼此二其心，而一如己息也。充此念以往，端可質神明而入堯舜之域也。平時輕財重義，無吝嗇也。存心濟人，常怛惻也。四鄰假貸無不賙之，而未嘗爲爾汝之擇也。宿逋積負，時必蠲之，而未嘗計錐刀之獲也。仁恕達于一方，而困窮無告者均含茹其澤也。與人直情，而行無粉飾也。所合者不苟，而胸中涇渭，則甚白也。賢者之交，久要不忘；而挾勢之臨，則一毫不可得也。日飭十畝之園，而蔬菓之是植也。藏脩游息於是，而悠然以朝夕也。與童子六七人，絃誦乎其中，而視浴沂之趣一也。外此無所知，亦無所役也。蓋上古之遺民逸士，與比屋可封之叟、康衢順則之童者，爲儔匹也。非後世所謂耦耕荷篠、竹林自放之徒，或潔身而亂大倫，或蔑禮法而爲名教之賊也。其視斯世之醉生夢死於頹波流俗、顛迷於私欲詭道不自覺者，大有徑庭之隔也。

昔與予相聚隆興，迨今蓋三十餘年，而尊德樂道之誠，如一日也。每以得一言之訓不迷錯者爲深感，而謂成己之恩爲罔極也。常存父事之敬，而拳拳不忘悃愊也。年來屢有遊圃之約，而因循未之前即也。夏季之簡，方以學道不勤者自咎而請益也。何越秋未幾，忽以訃聞，爲之震驚而褫魄也？

嗚呼！哀哉！天何奪我愛友景文之若是亟也。知心者世固鮮，而知子之心者，誰其的也。哀死者人之常，而子之死誠可痛戚也。❶嗚呼！哀哉！追念疇昔，心如噎也。一樽之奠，儀甚瘠也。所以寫繾綣哀情於子而不自已者，非私爲之昵也。惟精爽之不昧兮，其歆我之誠，而來格也。

---

❶「戚」，清鈔甲本作「慼」。

祭十五伯父伯母

噫惟二老，享壽俱隆。如彼雙椿，垂蔭我宗。一門長稚，均在帡幪。❶胡爲兹今，相繼云亡？合族失庇，如露于空。號鳴躑躅，莫訴彼蒼。行趨窀穸，益愴于中。恭陳菲奠，❷聊寫哀衷。靈兮不昧，來挹其芳。

奠陳親晦之

人生氣稟，最難其醇。如君之質，湛乎其人。不隨風而靡靡，不逐流而奔奔。其衷洞洞，其容温温，其行謙謙，其言恂恂。持恭之常，不以隱而廢；處義之厚，不以利而湮。接物無所忤，而非詭道之謂；與人無不周，而非汙合之云。蓋有得乎惠之和而不流，而語其資之所達，則暗與道以相隣。是所謂吾黨之德友，豈直爲同門之懿親？何相與之未幾，遽幽明之兩分！嗟游陪之契闊，孰始卒其陶薰。感壙息之及期，愴兹懷而莫論。聊一奠以寫哀，噫來格兮靈魂。

❶「在」，清鈔甲本作「作」。

❷「奠」，清鈔甲本作「儀」。

祭王氏姊

維靈父母兄弟，蚤已俱亡，孑然以一身，孤立於太原之冑。歲時來往乎宗家者，恩意未嘗少間。視叔父如乃父，同祖兄弟無異乎同胞。

壬子之冬，與濟陽氏姊胥燕于吾家，合親族長幼萃焉。獻酬祝頌，方相期於壽考期頤之地，百歲團欒常如此日。竊亦喜其康寧未艾，謂歲歲必可星團萼聚，以洽骨肉之懽。何意自此反成終訣！靈之歸方再閱旬，略不聞有微恙，而遽奄然以訃，而濟陽氏姊亦繼此不可再見。

嗚呼！天何降割于我有系之如此邪？一朝千古，感舊如新。❶薄奠告哀，語不能究。惟靈其垂饗之。

祭蔡氏姊

惟我兄弟姊妹，自同祖而下，惟太原氏姊居長，靈而爲次。❷平時相與，於義甚篤，未嘗有爾汝之間。壬子冬暮之集，壽觴交錯。方相期於團欒未艾，何一別而去？春籥方更，而太原氏姊忽焉如奪；淚睫

---

❶「舊」，清鈔甲本作「愴」。

❷「靈而」，清鈔甲本作「而靈」。

未乾，而夏之季靈又繼之。

嗚呼！哀哉！靈之秉心，甚慤而直；靈之處己，甚約而質。其志潔也，絲毫垢污不能容；其性仁也，里閭惸獨無所吝。亦非歉然於壽者之證也，天胡降割而遽止於斯？

嗚呼！哀哉！昨朝侍疾之語，今歷歷恍然在耳，❶豈謂自此，遂成永訣耶？一樽之奠，莫訴予悲。靈兮不昧，其鑒于兹。

祭程氏姊

嗟嗟姊兮，與我同祖。恩義綢繆，有若同父。雖既從人，而義不阻。歲時往來，寧曰爾汝！何事不常，倏焉齟齬。數奇以窮，閱十而五。六袠方開，遽判今古。男二未室，女一幼處，骨肉之痛，徹我心膂。窀穸届期，益重愴楚。聊薦一樽，以寓哀素。靈魂不昧，來格來顧。

與堂兄等祭程親正仲

前年丙寅，鶉尾之會，哀哀涕漣，既哭我姊。如何丁卯，方閱歲餘，淚痕未乾，復哭姊夫。吁嗟君兮，慈

❶「然」，《四庫》本作「如」。

良其性！於己不華，於物無競。來往我門，❶恩義甚敦，與我輩行，如親弟昆。其在家居，恂恂信實。伉儷如賓，伯仲如一。仁何不壽？善何反殃？夫婦中年，相繼云亡。蒼蒼茫茫，不可致詰。爲君痛悼，中心如噎。一樽之奠，聊寫此誠。儀非哀長，詞不盡情。

妻李氏祭嫂宋氏

哀我嫂嫂，何遽喪兮？棄我父母，不終養兮。反令舅姑，哭汝葬兮。三衰爲婦，一如夢兮。人道反常，何勝痛兮！我感疇昔，而來慟兮。一樽之奠，有餘愴兮。君蒿如在，其來享兮。

妻李氏祭姊八姨

嗟嗟姊兮，何數之奇而命之促也！往歲既喪爾良人兮，何未匝四朞，而姊又繼之不淑也！棄其父母不以周旋兮，反令爲汝哭也。四十八年兮，如夢之倏也。僅有一子兮，庶幾其遺躅也。幽閒貞静之姿兮，不可以復覿也。温恭婉娩之容兮，不可以復矚也。我疇昔姊妹之情兮，何勝其痛毒也！感窀穸之屆期兮，病不能以行服也。姑一奠以寄哀兮，歉然終不足也。惟靈之格思兮，少鑒我心曲也。

---

❶「來往」，清鈔甲本作「往來」。

同族人祭八叔

哀哀我公，粹乎爲人。吾鄉之表，吾族之尊。辭氣謙和，容貌恭温。與人有義，接人有恩。視五服外，如親子孫。凡我宗人，帲幪是均。一朝契闊，若喪厥親。號攀愴慕，痛懷莫論。菲奠薦誠，聊寓此樽。洋洋格思，嗚呼靈魂。

奠外姑黄氏

惟靈享壽，七十有四。婦道母儀，兩無所愧。我託恩庇，餘二十年。一朝千古，痛復何言。窀穸戒期，❶薄陳奠俎。❷靈魂洋洋，鑒此衷素。

代姨子奠外祖母黄氏

惟靈以膏腴之胄，朴淑之資，❸出自江夏，適于隴西。育一男而二女，早畢夫昏嫁之儀，與君子以偕老，

---

❶「戒」，清鈔甲本作「屆」。

❷「奠」，清鈔甲本作「樽」。

❸「資」，清鈔甲本作「姿」。

享壽齡於七十四朞。在人生之希有，固亦何憾而怨咨！

惟痛念夫我父之蚤世兮，不得預行服之列，鞠躬盡瘁，以答授室之義。而我母又繼以先亡兮，不克執喪服勤，以終大事，而報夫劬勞罔極之恩。

私此實孤外孫終天之所長恨，無一日忘諸心者，而在靈亦豈能恝然瞑目於斯？上無以訴之天神，下無以白之地示。

惟願達此情於我父母兮，交相陰隲以默祐，使我粗克立於斯世，以無墜乎香火之祠，則其於無可奈何之中，或稍其庶幾。

嗚呼！哀哉！日月不居，窀穸有期。聊薄奠之，敬陳以寓哀乎此詞。詞不盡兮哀長，惟靈如在其鑒兹。

祭三十一堂兄

嗚呼！哀哉！吾兄曷歸，我輩之悲！兄弟手足之愛，同氣連枝，天屬真情之所在，終有不可得而虧。自孩童至耆艾，相與羣聚乎一門，恩意綢繆，何可以歲月而計之？

以兄爲之長，正所賴其蔭樾之私。況兄稟氣之厚，雖年登六十有九，❶而姿態未瘁，殆如五十之期。意

❶「登」，清鈔甲本無此字。

相處之未艾，何一旦忽焉不可得？而追所享年者未爲不壽，亦未可以爲怨咨。惟其卧病不及知候以藥療，而其屬纊不及知與於扶持，所爲弟者弗獲於此，以盡吾義，而於兄者遽成終古之永相違。

嗚呼！而今而後，更莫陪游息而奉笑語，更莫聆謦咳而睹容儀。嗟天倫之割痛，將正寢之告離。日月逝其益遠，涕泗霈其淋漓。一尊之奠，❶莫寫哀思。惟英靈之不昧兮，其鑒斯。

祭三十二堂兄

惟我與兄，皆自一祖。同根而生，同門而處。出則同游，入則同聚。食則同饌，事則同語。恩義相期，何可計數？胡爲中道，遽判今古。壽不享百，衮僅周五。禍變殫極，莫可扶救。死者已矣，生者何慕！原鴒之情，曷勝痛楚！日月云吉，肅奉爾柩。壬山之麓，於焉安厝。雖弗如儀，亦可保固。一樽之奠，聊泄哀素。靈魂如在，來享來顧。

---

❶「尊」，乾隆本、清鈔甲本作「樽」。

北溪外集

奠文

王雋

維年月日，學生王雋等，謹致奠于近故北溪先生判簿陳公之靈。

嗚呼！ 夫誰不傳道受業，真實難其人。昔在洙泗，若曾與顔，所造彌真。降及伊雒，尹謝游楊，實超等倫。逮近世紫陽朱子之門，號爲嫡嗣，亦惟先生與黄、廖諸君子，僅僅若參辰。

始先生之進見紫陽也，貌木訥而甚古，語期吃而少文。紫陽隨其叩擊，察其素藴，蓋有本而有根。延之郡庠而禮特異，接之郡齋而情愈親。凡有所質正、有所辨難，衆方訝其陵僭，紫陽則傾囷倒廪，而樂爲開陳。蓋先生親切洒落之見，基於覃其思、研其精。而先生研精覃思之功，則又得於静而一、敏而勤。紫陽明睿絶世，故洞識其所學於始覿之辰。

逮精舍之合并，則又痛加砭劑，既博之以尚友四方之志，復約之以從古聖賢克治之實，屢警誨之諄諄。紫陽是時，蓋望先生以成德，而先生亦心領意會，而書諸紳。

繼是紫陽即世矣，先生念遺訓之拳切，懼正道之廢堙，愈精思而力踐，學進進而又新。

雋等不獲遇文公而親炙，得師事於先生而幸。實均荷抽關而啓鑰，闢正塗而指迷津。熟四書之講貫，摭字義而討論。拔雋等於坎穽，脱雋等於荆榛。如焦土而沃以膏澤，如晦谷而耀以曦輪。尚賴先生之終教，豈謂訃音之遽聞！

嗚呼！天其忍喪斯文歟？思昔先生承紫陽直截之訓，未幾，紫陽遽爾奄逝。今雋等正望先生痛切之規，有求未即，而亦遽泣先生于蒼旻。

嗚呼！先生探其賾而索隱，精其義而入神。遡大原之脉絡，觗異説之紛綸。别分數於理欲之界限，析錙銖於全體之渾淪。攷古之博，而精禮文之品節；窮理之粹，而究易學之淵源。徹終始表裏之謂敬，極生意不息之謂仁。議論也，水有源而浩浩；德行也，玉有彩而磷磷。其言語，朴乎若訥；而發爲詞章，則有爛如之雲。其辭色，凛乎若嚴；而即之造請，則有温如之春。

嗚呼！天何忍奪雋等之師匠！孤哉！此道其誰與鄰？抱羣疑之轇轕，攬遺卷而酸辛。設靈几以一慟，徒有涕以霑巾。緘詞遠奠，意不盡言。

奠文

陳宓

嗚呼！自文公朱夫子闡孔孟之秘，吾道大明。遊其門者，天下居其半，獨北溪先生傳一派於南漳。問學高明，踐履端方。嚌嚅理義之奥，沉酣道德之鄉。使伊洛源委於是乎有屬，而開誘後進，不至擿埴索塗，而馳騁乎康莊。學優則仕，意謂官無崇卑，皆可以行志。天胡不憖！一病莫支，而公之抱負，不及設施其一二。

宓托契之久，聞訃驚怛，恨不及往唁繐帷，以少見朋友之義。所幸傳家有子，含英咀華，猶可以繼志而述事。薄奠效誠，不覺潸然而出淚。尚饗。

祭文

黄必昌

嗚呼！講學至於精微，則益易差；進道至於峻絶，則愈難守。孔門之速肖凡七十，而具體者蓋亦僅有。自軻死以及周、程，越千四百年，而授受尹、謝、游、楊，皆有過人之才，終未盡化乎查滓。又歷數傳，乃及朱子，集諸儒之大成，振前聖之墜緒。朱之門人半天下，其升堂入室者又可數。

伏惟先生，朱門嫡嗣。一見之初，遂蒙許與。外若朴鈍而明敏絶人，言若拙訥而勇進莫禦。混然之中而有粲然者存，尋常之中而有精妙者寓。慤乎子輿省身之誠，湛乎曾皙詠歸之趣。德量渾涵，則顔子之不校；氣象巖巖，則孟氏之無懼，宜乎獨得朱子之大全，而考亭夢奠之後，猶使學者有所宗主也。

嗚呼！後學所望於先生者何如！而一旦遽止於此也，人莫不悼先生之亡，而孰知僕之戚戚，尤不能已也？

僕慕先生之道，亦既有年；去先生之居，僅數百里。然而進見之日爲最晚，親炙之時蓋無幾。迨夫同試南宮，棲遲逆旅，耳提面誨，猶姪猶子。念聚會之爲難，急講明乎大旨。既而金陵之游，僕守不遠有方之戒，而不敢從；嚴陵之講，僕懷倚門之望，而不能俟。及先生横經温陵，僕僅得私傳諸人而淑艾乎已。將謂先生來仕安邑，而僕已解戍安陽，❶則卒業之期尚可倒指。曾謂西郊拜別，❷而遂判袂於生死乎！

嗚呼！先生之疾不知時，没不知日，既不及盥手以飯含，又不及執紼於道周。聞訃遣奠，獨在諸賢之後。僕之罪不敢諱，而先生之恩義，將曷酬已焉哉！泊然之容，不可復見；琅然之音，不可復聞。所恃者，遺書之可攷，則堂堂之心，庶千古其猶存。悵南望以何極，徒紓哀於此文。嗚呼！哀哉！尚饗。

墓誌 叙述附

有宋北溪先生主簿陳公墓誌銘

朝奉大夫主管建康府崇禧觀陳宓撰

嘉定十六年四月一日，北溪陳先生卒。後四年，其門人蘇思恭、梁集、陳沂，以書抵莆陽陳宓謁誌。陳宓既題其墓，又爲之辭曰：

先生生有淑質，幼而穎悟。少長，趣識已端高，爲學務實，以同於俗爲恥。間取濂洛遺書，伏而讀之，曰：「是若與吾心會。」蓋真得洙泗之傳者。循墻闖門，未身其奥，吾心恧焉。聞朱夫子講道武夷，是又真得

❶「戍」，清鈔甲本作「戍」。

❷「別」，清鈔甲本作「送」。

濂洛之傳者。贏糧願從，厄於無資。

天啓其逢夫子出守，實維先生之鄉。一見與語，知其用工之深久，直以「上達」之理發之。謂：「凡閱義理，必尋究其根原。如爲人父，何故止於慈？須窮慈之根原所自來。爲人子，何故止於孝？須窮孝之根原所自來。」先生一聞其語，深思默探，日求其所未至，不以苟得而遽止也。夫子去漳，每語諸人，屢以「南來，吾道得一安卿」爲喜。或士友疑問不合夫子意，獨稱安卿爲「善問」。其許可如此。

先生又積其十年之學，凡所讀聖賢之書，講明義理，洞究淵微。日用之間，行著習察，有以洞見乎天理流行之妙，胸中灑落，隨其所處，莫不有從容順適之意。不遠千里質之夫子，有喟然與點之嘆。則又告之曰：「當大作下學之功，毋遽求上達之見。當如曾子專從事於所『貫』，毋遽求曾子之所『一』；當如顔子專從事於『博約』，毋遽求顔子之『卓爾』。」夫子蓋許先生以曾皙之意，而勉先生以子路、冉求、公西華之事也。

先生於是無書不讀，無物不格，旁搜廣覽，惟恐或遺。嘗語人以「文公表而出四書與《近思録》，乃聖賢傳心明道之要法，學者造道成德之大端，非謂天下道理、聖賢事業可以取足於此而已也。凡經傳子史之所載，紀綱制度之詳，禮樂刑政之用，古今興衰治亂之原，得失利害之機，與夫異端邪説似是之非，淺深疏密難明之辨，須一一講究勘驗過，方得」。又曰：「《書》乃帝王大用流行處，《周禮》乃周公大用流行處，《春秋》乃孔子大用流行處，皆不可不盡心焉者。蓋妙道精義，須從千條萬緒中串過，無一不周匝，然後爲聖門之實學。不然，則不免落空矣。」此皆先生中年再聞朱夫子「一貫」「博約」之語，積功而有得者也。至是，夫子之所以教，先生之所以學，徹上徹下，該貫精粗，無復遺恨矣。

夫子没，先生僻處南陬，與四方同門朋友聲問不相接。鄉閭諸老曩在朱門者，皆已零落。後人累於科舉，習於見聞，絕無此志。唯鄰郡泉、莆，間有相信從者。

嘉定丁丑，以特試，寓中都。四方士友所萃，有平昔同門而未識面者，聞先生至，叩門求質者甚衆。朝士大夫，争迎館焉。鄭侯之悌刺嚴陵，招致學宫，坐臯比講道。發明正學，求其指歸，則有《道學體統》等四篇；觝排異端，中其膏肓，則有《似道》、《似學》二辨。蓋近世固有學無師傳、竊似亂真、自立門庭者，但教人默坐求心，謂一蹴可以至道，而以致知、格物爲支離，認人心爲道心，而理欲是非之所在，皆置之不問。後生晚出，喜其奇而便其簡，羣而和之，牢不可破。朱子没，其説益張，其徒益繁，故先生極力排之者。昔孔子没，有孟子，息邪距詖以正人心，而孔子之道始尊。嗚呼！是先生之所以爲心歟！

歸自中都，泉之人士争師之。先生爲之講解，率至夜分，惟恐聽者之勞，而在己曾無一毫倦色。惟慮夫人無以受之，而不憚於傾其所有以告。於是，門人隨其口授，而筆之於書。《大學》、《論》、《孟》、《中庸》，則有《口義》；仁、義、禮、智、心、意、性、情之類，隨事剖析，則有《字義詳講》。仙谿陳沂往來其門，歲月逾久，以一時問答之言，輯《筠谷所聞》二卷，尤其深切著明者也。今二邦學子，欲識聖門蹊徑者，皆賴是書以爲標的云。

維先生之道，至晚益尊。行著於鄉，德形於言。其胸中明瑩，湛乎太空之無雲也。其辯説條暢，浩乎水涌而山出也。其推己及人之心，甚於飢渴嗜慾而不能以自遏也。先生調官泉南，諸生預竊自幸其有以終教於我也。將之官而先生卒。於是相與哭之哀，曰：此後學之不幸也。

嗚呼！先生仕不逮禄而行可爲法，功不及時而言可明道，死而不亡。信然！非邪？

先生諱淳，字安卿，漳之龍溪北溪人。淳熙己酉與計偕，嘉定丁丑該特奏恩。越明年，授迪功郎，主泉州安溪簿。壬午以恩循修職郎。享年六十有五。曾大父宥，大父尚德，父懷忠，咸韜德弗耀。妻曰李氏，同門友唐咨之季女。子曰榘，能讀父書，而詮次其家集爲五十卷。女二人，長適蕭篤志，次未行。銘曰：

在昔洙泗，孔聖尚存，羣弟親炙，各有所聞。及師既没，源遠流分。子夏知過，蓋爲離羣。卓爾曾子，道晚益尊。偉矣先生，始登朱門，妙契厥旨，一貫糾紛。師去愈久，不替討論。由泉暨莆，從者如雲。衛道嚴陵，大論始伸。剖析幽微，如木斯春。瑞泉之里，石鼓之原，過者必敬，歸彼新墳。

敘述

門人陳沂

先生稟姿無華，識性穎悟。少習舉子業，嗜學精勤，趣向不凡。高東溪門人林簿宗臣，鄉之儒先也，一見奇之。謂曰：「子之所習，科舉文爾！聖賢大業，則不在是。」乃以紫陽朱文公所編《近思録》授之。先生退而誦習，始知濂洛之淵源。於是盡屏舊學，博訪諸君子之書，專研精究，得其梗概。時有愕然疑、誼然笑、譁然毁者，先生確然自信，不爲之感。❶思欲摳衣文公之門，迫於親養，而未能也。

歲在庚戌，文公出守臨漳。先生抱十年願見不可得之誠，廼袖所著《自警詩》而贄敬焉。文公恨見之

❶「感」，清鈔甲本作「惑」。

晚，首授以「根原」二字。謂：「凡看道理，須各窮个根原來處，方見得端的確定而不可易。首末表裏，必極其透徹，不可只窺見一斑半點便以爲足。」因劇論詳剖，且歡然曰：「某到此未曾將這般道理說與人。今向公都說了。」先生面領心會，時造郡齋講論，或至夜分。凡所扣擊，❶無非向上意旨。文公屢以「善問」稱之。延寘學宫，表率後進。

辛亥夏，文公去郡。先生推詳所授「根原」，析爲問卷。書來印證，有「看得甚精密」之語。貽書于李唐咨堯卿，曰：「區區南官，喜爲吾道得此人爾！」丙辰秋，先生因感嚴時亨《與點論》大有遺闕，發爲詳說。槎溪廖子晦先生劇與辯論，猶以「語上遺下、語理遺物」爲疑，質之文公。雖未免互有得失之答，然終喜先生所見浄潔，爲不易。

文公晚年嘆此道之寂寥，屢書招致。己未冬，再謁于攷亭。文公時已寢疾，延至卧内，扣以「十年之别，有甚大頭項工夫」？先生縷縷開陳。文公復抑之，曰：「所欠者，惟當大專致其下學之功爾。」蓋至是甚喜先生已見「根原」大意，復欲其詳驗、實體於日用事物之中也。故「竹林所聞，無非直截痛切、喫緊爲人底語，與昔日郡齋從容和樂之訓，迥然不同」。越明年，庚申正月告歸。文公借棋引喻，猶欲其博友四方，則拳拳屬望之意有在矣。

三閲月，而文公即世。先生追思嚴訓，痛自裁抑，一掃平日立定大底意見，平心下氣，悉力探討。於書

❶「扣」，清鈔甲本作「叩」。

無所不讀，於事無所不格。凡千條萬緒分合出入，實是實非易惑難辨者，無不毫分縷析，各有以詣其極而無餘。故其真積之久，渾然不見其本末精粗之間，此先生再見文公而深有得也。

先生之道，默探乎太極渾淪之妙，而實不離乎粲然日用之中；剖析乎事物流行之費，而實總會乎本原之所自出。故其言「太極」，曰：「太極只是理。理本圓，故太極之體渾淪。以理言，則自末而本、自本而末，一聚一散，而太極無所不圓。具以象言，❶則自博而約、自約而博，一闔一闢，而太極無所不極。至自萬古之前，與萬古之後，無端無始，此渾淪太極之全體也。自其冲漠無眹，而天地萬物皆由是出，及天地萬物既由是出，又依舊冲漠無眹，此渾淪無極之妙用也。聖人一心，渾淪太極之全體；而酬酢萬變，無非太極流行之用。學問工夫，須從萬事萬物中串過，湊合成一渾淪大本。又於渾淪大本中，散爲萬事萬物，使無少窒礙，然後實體得渾淪至極者在我，而大用不差矣。」其言「仁」，曰：「仁只是天理生生之全體。畢竟天理二字除不得，一个生字亦除不得。仁無表裏動静、隱顯精粗之間，惟此心純是天理之公，而絕無一毫人欲之私，乃可以當其名。若一處有病痛，一事有欠缺，一念有間斷，則私意行而生理息，便頑痺不仁矣。」又謂：「忠如水之潤，恕如水之流。發出忠底心，便是恕底事；做成恕底事，便見忠底心。至於心思與形體之動，則驗其所發之時，微不同；食色與才禀之性，則辯其所指之本，大有異。」皆探賾發微之至論也。其他闡明經旨，誘掖後學，循循有序，爲之立一定之則，此渾淪聖門所從入之地。則曰：「聖人言語，皆從大本中流出，雖一

---

❶「具」，清鈔甲本作「且」。

言半句若常談，而莫非精義妙道之所發見。凡義理都藏在句裏，其間有正面説者，有偏旁及者，又有縱横顛倒説者。雖不同，然須先於本物根株上見得爛熟，然後縱横顛倒，無所不通。」

其始學未有所入者，則正其路脉而語之，曰：「讀書之法，須字字句句曉其文義，然後通全章以會其旨歸。文義旨歸既通，然後吟哦諷誦，以玩其底藴，固不可只皮膚上淺淺獵涉，亦不可就字旁生枝節支離。❶但虛心玩味，浹洽日久，自然有得。」

其已學粗有所得者，則進以入德之次第而勉之，曰：「道理渾淪，非可以一蹴到。凡看道理，須就裏面重重入細做工夫，自會到至精至極處。最緊要是就身心上著實體驗，其有無欠缺，常切照管，勿令間斷，方可已分上有得，不是懸空閒説。」

恐其騖於高遠，則曰：「道理初無玄妙，只在日用人事間，但循序用功，便自有見。非如老莊，脱人事之外，而求之虛空曠蕩之表也。所謂下學上達者，非謂專務下學便能上達，須下學工夫至到，然後可著上達工夫，則冰融凍釋，自不勞力爾。」

恐其畫於小成，則曰：「盈天地間千條萬緒，是多少人事；聖人大成田地千節萬目，是多小工夫。惟當開拓心胸，大作基址，須萬理明徹於胸中，將此身放在天地間一例看，然後可以語孔顔之樂。須明三代法度，通之於當今而無不宜，然後爲全儒，而可以語王佐事業。須運用酬酢，如探諸囊中而不匱，然後爲資之

❶「旁」，清鈔甲本作「多」。

深，取之左右逢其原，而真爲己物。若拘拘只守一隅，道理偏著在己，則寡陋窄狹，孤單枯槁，是乃一夫之小善，何足以言道！何足以言學！」

至於「以天理人欲分數，而驗賓主進退之幾，如好好色、惡惡臭，而爲天理人欲彊弱之證，必使之於是是非非如辨白黑，如遇鏌鋣，不容有騎墻不决之疑，則雖艱難險阻之中，無不從容自適。夫然後爲知之至而行之盡」。此又深砭學者之膏肓，而示以至極之標的也。

先生平居里閈，不沽名譽，不拘流俗，恬然退守，若無聞焉。然德名播天下，大夫、士有志於道者，往來必致敬。壬申夏，趙公汝讜守臨漳，一見先生貌粹而古、言約而精，信其爲得道君子也。重禮招屈，處以賓師之位。先生遜謝不獲而後就。其後，大老賢侯時造其廬，或質以所疑，或咨以時政得失，泉莆之間，❶學子問道踵至。

歲在丁丑，待試中都。同志之士遠及川蜀，争投贄謁；朝紳之彦，聞風加禮。歸過嚴陵，郡守鄭公之悌率僚屬人士，延講郡庠。先生嘆陸學張王，學問無源，全用禪家宗旨，認形氣之虚靈知覺爲天理之妙，使人終日默坐澄心，以求大本，屏去「道問學」「窮格」工夫，欲一超徑造上達之境，反托聖門以自標榜，牽聖言以就老釋意。❷其爲吾道之賊，極口辨論，辭不少遜。遂發明吾道之體統、師友之淵源、用功之節目、讀書之

❶「咨以」至「之間」，原闕，今據乾隆本補。

❷「意」，康熙本、清鈔甲本作「慮」，乾隆本作「惡」。

次序，析爲四章，以示學者大公至正之標的。於是儒名墨行、盜名於一方者，斂縮不敢肆；而志學向道者，始釋然知邪正之所由分。然則先生之息邪説、詎詖行、正人心，其有功於斯道也，大矣！

注簿安溪，❶未上而殁。學者痛慕，或奔赴其喪，或爲位而哭，或緘詞寄奠。寺丞復齋陳公宓，大書其阡曰：「嗚呼有宋北溪先生之墓。」復誌而銘之。

先生學力造微，充養有道。胸懷磊落而榘度端方，智識高融而文理縝密。言語簡訥，而入人也如時雨之潤；容貌樸古，而接物也如春陽之温。形於議論，不待思索，自中流出，如長江大河，有沛然莫能禦之勢；見於動作，不事矯揉，而見面盎背，有粹然不可揜之美。

晚年嘆師友之凋零，直以傳道授業爲己任；樂於教人，雖終日應酬而不倦。或有憤悱而不能自發者，先生爲之達其詞意，徹其骨髓，令人言下省悟，忻懌不能止。

生理素薄，量入而出；衣敝緼袍，略無少憾；菽水甘旨，曲盡其歡。其順親有道：世俗多用浮屠，先生諭父以理，屏去不用。母疾亟，藥劑罔功，先生號泣于天，乞減己壽以延母年。弟妹之未婚嫁者，則竭力任責，以次了遣。親黨之不能葬送者，則倡義經營，爲之安厝。

先生雖不見用於世，然憂時論事，感慨動人。每誦前輩歌詞，擊節長嘯，以發其勃勃英毅之氣。嘗代人奏劄，言：「山東歸附，有若可安之勢，而實非所以爲安者，不可不深爲之慮。亡胡屏息，有若可緩之形，而

---

❶「注」，康熙本、清鈔甲本作「主」。

實非所以爲緩者，不可不急爲之防。」目擊閭閻利病，慨然開陳，如止横斂、懲豪姦、實檢旱、秤會價、禁屠牛、懲穿窬、戢海寇之請，無非深切時政，杜絶民害。如請改黌泮、移貢闈、罷塔會、禱山川社稷、禁淫戲淫祀，則又一以崇化導民爲意。陳復齋嘗云：「鹽筴爲漳害最深。先生條畫詳盡，使其説果行，則惠流數世，何必仕是邦而後爲政耶？」

先生舊所編緝，則有《禮詩》、《女學》之書，外有《字義詳講》、《大學中庸口義》、《筠谷瀨口金山所聞》。皆諸生所録，而先生筆削之矣。其他著述，與夫往復書問，先生之子榘編次爲五十卷。吁！道必真得其人而後明，學必真得其人而後傳。若先生，真文公之嫡嗣歟！

沂摳衣師門，二十年矣，❶先生不以其愚，❷刮目期待，誘其入而厲其志，❸扶其偏而起其痼者，不知其幾。識昧質柔，每嘆仰鑽瞻忽之不能企。❹先生往矣！今乃以終身之誦，求十分之心，將何以升其堂而入其室乎？然遺訓洋洋，如在其上，何敢昧此心之靈！惟知俛焉孳孳，斃而後已。

昔韓子云：「聖人之道大而能博，門弟子不能徧觀而盡識，故學焉皆得其性之所近。」沂不敏，敢記所聞

---

❶「矣」，康熙本、清鈔甲本作「而」。當從。

❷「以其」至篇末，原脱，今據康熙本補。

❸「志」，清鈔甲本作「進」。

❹「企」下，清鈔甲本有「及」字。當從。

以備遺忘，願與同志考之。若夫譜系、官簿見於誌銘者，兹不復書云。紹定壬辰正月元日，文林郎新就差新州軍事推官陳沂敬述。❶

❶「差」下，清鈔甲本有「官」字。

「《儒藏》精華編選刊」選目

經部

周易鄭注
漢魏二十一家易注
周易注
周易正義
周易口義（與《洪範口義》合册）＊
温公易説（與《司馬氏書儀》
《孝經注解》《家範》合册）
漢上易傳
誠齋先生易傳
易學啓蒙
周易本義

楊氏易傳
易學啓蒙通釋
周易本義附録纂注
周易啓蒙翼傳
易纂言
周易本義通釋
易經蒙引
周易述
周易述補（江藩）（與李林松
《周易述補》合册）
周易述補（李林松）
易漢學
御纂周易折中

周易虞氏義
雕菰樓易學
周易集解纂疏
周易姚氏學
尚書正義
鄭氏古文尚書
洪範口義
書傳（與《書疑》《尚書表注》合册）
書疑
尚書表注
書纂言
尚書全解（全二册）
尚書要義

讀書叢説
書傳大全（全二册）
古文尚書攷（與《九經古義》合册）
尚書集注音疏（全二册）
尚書後案
毛詩注疏
詩本義
吕氏家塾讀詩記
慈湖詩傳
詩經世本古義（全四册）
毛詩稽古編
毛詩説
毛詩後箋（全二册）
詩毛氏傳疏（全三册）
詩三家義集疏（全三册）
儀禮注疏

儀禮集釋（全二册）
儀禮圖
儀禮鄭註句讀
儀禮章句
儀禮正義（全六册）
禮記正義
禮記集説（衛湜）
禮記集説（陳澔）（全二册）
禮記集解
禮書
五禮通考
禮經釋例
禮經學
司馬氏書儀
春秋左傳正義
左氏傳説

左氏傳續説
左傳杜解補正
春秋左氏傳賈服注輯述
春秋左氏傳舊注疏證（全四册）
春秋左傳讀（全二册）
公羊義疏
春秋穀梁傳注疏
春秋集傳纂例
春秋權衡（與《七經小傳》合册）
春秋集注
春秋經解
春秋胡氏傳
春秋尊王發微（與《孫明復先生小集》合册）
春秋本義
春秋集傳

春秋集傳大全（全三册）
孝經注解
孝經大全
白虎通德論
七經小傳
九經古義
經典釋文
群經平議（全二册）
新學僞經考
論語集解（正平版）
論語義疏
論語注疏
論語全解
論語學案
孟子注疏
孟子正義（全二册）

四書集編（全二册）
四書纂疏（全三册）
四書集註大全（全三册）
四書蒙引（全二册）
四書近指
四書訓義
四書賸言
四書改錯
四書説
爾雅義疏
廣雅疏證（全三册）
説文解字注

史部

逸周書
國語正義（全二册）

貞觀政要
歷代名臣奏議
御選明臣奏議（全二册）
孔子編年
孟子編年
陳文節公年譜
慈湖先生年譜
宋名臣言行録
伊洛淵源録
道命録
考亭淵源録
道南源委
聖學宗傳
元儒考略
理學宗傳
明儒學案

宋元學案
四先生年譜
洛學編
儒林宗派
程子年譜
學統
伊洛淵源續録
豫章先賢九家年譜
閩中理學淵源考（全三册）
清儒學案
經義考
文史通義

子部

孔子家語（與《曾子注释》合册）
曾子注釋
孔叢子
新書
鹽鐵論
新序
説苑
太玄經
論衡
昌言
傅子
大學衍義
大學衍義補
朱子語類
龜山先生語録
胡子知言（與《五峰集》合册）
木鐘集
西山先生真文忠公讀書記
性理大全書（全四册）
居業録
困知記
思辨録輯要
家範
小學集註
曾文正公家訓
勸學篇
仁學
習學記言序目
日知録集釋（全三册）

集部

蔡中郎集
李文公集
孫明復先生小集

直講李先生文集
歐陽脩全集
伊川擊壤集
元公周先生濂溪集
張載全集
温國文正公文集
公是集（全二册）
游定夫先生集
和靖尹先生文集
豫章羅先生文集
梁溪先生文集
斐然集（全二册）
五峰集
文定集
渭南文集
誠齋集（全四册）

晦庵先生朱文公文集
東萊吕太史集
止齋先生文集
攻媿先生文集
象山先生全集（全二册）
陳亮集（全二册）
絜齋集
文山先生文集
勉齋先生黄文肅公文集
北溪先生大全文集（全二册）
西山先生真文忠公文集
鶴山先生大全文集
閑閑老人滏水文集
郝文忠公陵川文集
仁山金先生文集
静修劉先生文集

雲峰胡先生文集
許白雲先生文集
吴文正集（全三册）
道園學古録　道園遺稿
師山先生文集
曹月川先生遺書
康齋先生文集
敬齋集
涇野先生文集（全三册）
重鐫心齋王先生全集
雙江聶先生文集
歐陽南野先生文集（全二册）
念菴羅先生文集（全二册）
正學堂稿
敬和堂集
涇皋藏稿

馮少墟集
高子遺書
劉蕺山先生集（全二册）
霜紅龕集
南雷文定
桴亭先生文集
西河文集（全六册）
曝書亭集
三魚堂文集外集
紀文達公遺集
考槃集文録
復初齋文集
述學
揅經室集（全三册）
劉禮部集
籀廎述林
左盦集

出土文獻

郭店楚墓竹簡十二種校釋
上海博物館藏楚竹書十九種校釋（全二册）
秦漢簡帛木牘十種校釋
武威漢簡儀禮校釋

*合册及分册信息僅限已出版文獻。